Das Mac-Buch für Windows-Umsteiger

Aktuell zu Mountain Lion

von

Jörg Rieger, Markus Menschhorn

Vierfarben

Liebe Leserin, lieber Leser,

ein neuer Mac steht auf dem Tisch, der alte Windows-Rechner daneben. Sie haben den Umstieg gewagt und den Mac vielleicht auch schon eingeschaltet, die Benutzeroberfläche bestaunt und das ein oder andere Programm gestartet. Obwohl Ihnen vieles vertraut vorkommt, sind Ihnen sicher sofort einige Unterschiede aufgefallen. Doch auch wenn am Mac vieles anders ist als auf einem Windows-PC, müssen Sie nicht auf lieb gewonnene Funktionen und Programme verzichten.

Dieses Buch zeigt Ihnen, wie Sie die gewohnten Aufgaben am Mac erledigen, etwa im Internet surfen, E-Mails schreiben oder ausdrucken, Fotos bearbeiten und Musik hören. Jörg Rieger und Markus Menschhorn erklären Ihnen anhand vieler Schritt-für-Schritt-Anleitungen nicht nur die Besonderheiten des Macs, sondern auch, wie und wo Sie Funktionen auf dem Mac wiederfinden, die Sie bereits von Windows her kennen. Und damit Sie auf Ihrem neuen Mac nicht bei Null anfangen müssen, erfahren Sie natürlich, wie Sie Ihre Dateien sicher vom Windows-PC auf den Mac bringen. Zahlreiche Tipps und Tricks der Autoren runden dieses Buch ab und helfen Ihnen, in kurzer Zeit sicher und gekonnt mit dem Mac umzugehen.

Dieses Buch wurde mit größter Sorgfalt geschrieben und hergestellt. Sollten Sie dennoch einmal Fehler finden oder inhaltliche Anregungen haben, freue ich mich, wenn Sie mit mir in Kontakt treten. Für konstruktive Kritik bin ich dabei ebenso offen wie für lobende Worte. Doch zunächst einmal wünsche ich Ihnen viel Freude beim Lesen!

Ihre Maike Lübbers
Lektorat Vierfarben

maike.luebbers@vierfarben.de

Auf einen Blick

Sie haben Fragen, Wünsche oder Anregungen zum Buch?
Gerne sind wir für Sie da:

Anmerkungen zum Inhalt des Buches: maike.luebbers@vierfarben.de
Bestellungen und Reklamationen: service@vierfarben.de
Rezensions- und Schulungsexemplare: thomas.losch@vierfarben.de

An diesem Buch haben viele mitgewirkt, insbesondere:

Lektorat Maike Lübbers
Korrektorat Annette Lennartz, Bonn
Einbandgestaltung Janina Conrady
Coverentwurf Daniel Kratzke
Coverfotos Apple Incorporated
Herstellung Iris Warkus
Typografie und Layout Vera Brauner
Satz Typographie & Computer, Krefeld
Druck OAN, Leipzig

Gesetzt wurde dieses Buch aus der The Sans (9,5 pt/13,25 pt) in Adobe InDesign CS6.
Hergestellt in Deutschland.

Bibliografische Information der Deutschen Nationalbibliothek
Die Deutsche Nationalbibliothek verzeichnet diese Publikation in der Deutschen Nationalbibliografie; detaillierte bibliografische Daten sind im Internet über *http://dnb.d-nb.de* abrufbar.

ISBN 978-3-8421-0053-4

1. Auflage 2013

Vierfarben ist ein Verlag der Galileo Press GmbH
Rheinwerkallee 4, D-53227 Bonn
www.vierfarben.de

Der Verlagsname Vierfarben spielt an auf den Vierfarbdruck, eine Technik zur Erstellung farbiger Bücher. Der Name steht für die Kunst, die Dinge einfach zu machen, um aus dem Einfachen das Ganze lebendig zur Anschauung zu bringen.

Inhalt

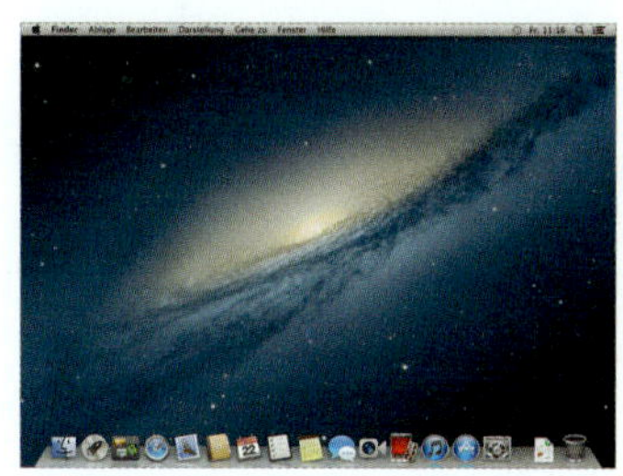

Finder

Happy Birthday!

Infos
Jörgs MacBook Pro
Vor 1 Minute geortet
Ton abspielen oder Nachricht senden
Fernsperre
Fernlöschen

Joerg Rieger
Jorg Rieger
rotgruenblau

1 Herzlich willkommen am Mac

Mac oder PC? Eine Frage, die für Sie wohl schon beantwortet ist, denn Sie können sich wahrscheinlich schon als stolzen Besitzer eines Mac-Computers bezeichnen. Sicherlich haben Sie ihn auch schon das erste Mal eingeschaltet und die Programmoberfläche bestaunt. Das freundliche Lächeln des Finders ist bei OS X Programm. Sie werden begeistert sein, wie einfach man einen Apple-Computer bedienen kann.

Wie bei Windows handelt es sich bei OS X »Mountain Lion« um ein grafisches Betriebssystem. Vielleicht erscheint Ihnen die Oberfläche sogar vertraut – allerdings unterscheidet sich OS X in einigen Bereichen doch gewaltig von Windows.

Abbildung 1.1
Apple MacBook Air: schickes Alugehäuse und ultraflach (Foto: Apple)

Auch äußerlich heben sich die Macs von ihren PC-Kollegen deutlich ab, und das schon seit Jahrzehnten. Das schicke Design hat bei Apple Tradition, und jede neue Rechnergeneration setzt Maßstäbe im Industriedesign – schlicht gesagt, ein Apple macht jeden Schreibtisch zum Designerstück und vermittelt das »Think different«-Gefühl, ganz nach dem Firmenmotto. Hören werden Sie von den Macs der neueren Generation nahezu nichts. Die Notebooks arbeiten gänzlich ohne Lüfter, die Desktop-Rechner sind massiv schallgedämmt.

1.1 Was kann OS X besser als Windows?

Apps am Mac

Am Mac lautet seit der Lion-Version die Devise: »Lass uns Programme ab und zu auch Apps nennen«. Das ist dem iPhone und iPad entlehnt, dort heißen die Mini-Anwendungen schon immer App. Daher werden Sie auch am Mac öfter über diese Bezeichnung stolpern. Wirklich konsequent wurde das aber noch nicht umgesetzt, da die Apps beispielsweise im Ordner **Programme** liegen. Daher werden wir auch im Buch die Begriffe abwechselnd verwenden. Also – egal, ob App, Programm, Software, Anwendung oder Applikation, im Grunde genommen ist das alles ein und dasselbe.

Wenn der erste Eindruck vielleicht etwas verwirrend erscheint, können wir Sie beruhigen – OS X ist in vielen Bereichen wesentlich einfacher zu bedienen als Windows. Das beginnt schon bei der Installation neuer Programme. Meistens genügt es, die Programme einfach von der Installations-CD auf die Festplatte (Macintosh HD) zu kopieren. Dabei werden keinerlei Dateien in den Systemordner von OS X gespeichert. Somit funktioniert auch die Deinstallation ohne großen Aufwand. Was bei Windows nur mit komplizierter Deinstallationssoftware geht, funktioniert beim Mac mit einem Wurf in den Papierkorb. Programme mit separater Installationsroutine bilden hier die Ausnahme. Diese legen dann doch die eine oder andere Datei in den Mac-Systemordner. Der ist erfreulicherweise gut strukturiert und längst nicht so anfällig wie die Windows-Registry. Folglich kann man auch »große« Programme einfach in den Papierkorb ziehen, die kleinen Rückstände auf der Festplatte sind OS X völlig egal. Mehr dazu lesen Sie in Abschnitt 4.4, »Programme installieren und deinstallieren«.

Es gibt fast niemanden, der nicht schon einmal mit einem Trojaner oder Virus zu kämpfen hatte. Die digitalen Schädlinge plagen viele Windows-Anwender. Schutz bieten aufwendige Antivirenprogramme, die mit häufigen Updates den mittlerweile weit über 40.000 verschiedenen Viren den Kampf ansagen. Wie geht der Mac-Anwender damit um? Gar nicht, denn es gibt bis zum jetzigen Zeitpunkt keinen einzigen Virus, der OS X und somit Ihrem Computer schaden könnte. Zudem können Sie Ihren Mac mit wenigen Mausklicks gegen Datenklau über Netzwerke oder das Internet komplett abschotten.

Schon seit Längerem gibt es mit *Time Machine* außerdem ein Backup, das Ihnen für den Fall der Fälle das komplette System vollautomatisch auf eine externe Festplatte sichert. Auch einzelne Dateien können aus beliebigen Ordnern oder direkt aus der Anwendung wiederhergestellt werden. Auch im Fall eines Systemumzugs auf einen neuen Computer ist die Time Machine der ideale Partner: Sämtliche Einstellungen, Programme und sogar das Hintergrundbild werden einfach mit nur einem Mausklick auf den neuen Mac übernommen. Wie das im Detail funktioniert, erfahren Sie etwas weiter hinten im Buch in Kapitel 13, »Benutzerkonten und Datensicherung«.

Abbildung 1.2 >
Ganz schön sicher – Apple-Produkte sind auch heute noch immer frei von Viren, Trojanern oder anderen digitalen Schädlingen. (Foto: Thomas Jansa, Fotolia.com)

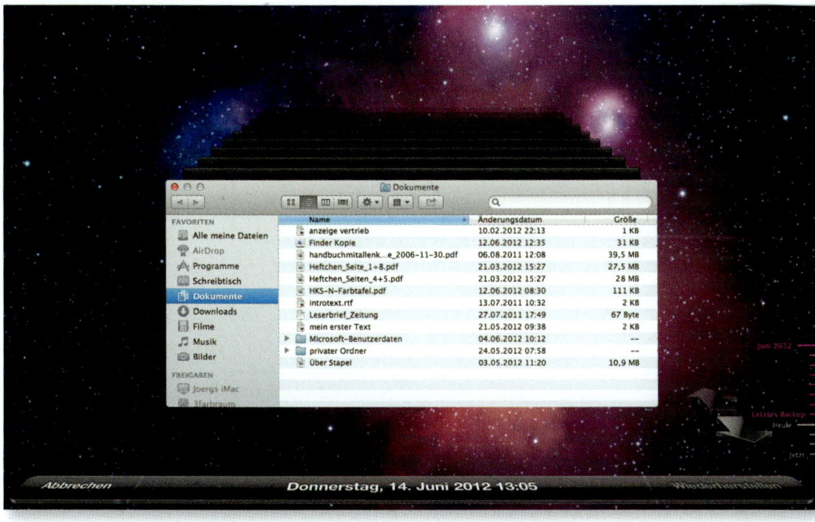

Abbildung 1.3
Die Time Machine in OS X 10.8 sichert automatisch Ihre Daten auf externe Festplatten.

Was Apple schon seit Jahren vom Rest der Technikwelt unterscheidet, ist neben der Bedienung auch die reibungslose Zusammenarbeit aller Geräte und Komponenten. Aktuell zeigt das Unternehmen mit *iCloud*, wie einfach man Inhalte auf verschiedenen Geräten so synchronisieren kann, dass immer überall identische Daten verfügbar sind. Sprich, das Foto, das Sie heute Vormittag mit Ihrem iPhone aufnehmen, ist direkt auch auf Ihrem iPad im Fotoordner; Ihre Lieblings-MP3-Sammlung liegt auf allen Geräten und aktualisiert sich vollautomatisch, sobald Sie auf einem Ihrer Geräte eine Änderung vornehmen, also beispielsweise ein neues Album kaufen. Erfreulicherweise werden hier sogar die PCs mit einbezogen. Das zeigen wir Ihnen ausführlich in Kapitel 8, »iCloud – Termine, Adressen und vieles mehr organisieren «.

Abbildung 1.4
Wie auf Wolken – iCloud hält alle Daten für jedes Gerät synchron bereit. (Foto: Apple)

1.2 Windows und OS X friedlich vereint

Wenn Sie jetzt noch immer »Heimweh« nach Windows haben, ist das kein Problem. Die Macs der aktuellen Generation ermöglichen Ihnen dank eines Intel-Prozessors die Installation von Windows. Beim Computerstart wählen Sie dann einfach zwischen beiden Welten. *Boot Camp* heißt das dafür zuständige Dienstprogramm von Apples Betriebssystem, das bei jeder OS X-Installation kostenlos mit dabei ist. Windows 7 ist hier aber Voraussetzung, mit älteren Versionen klappt das leider nicht.

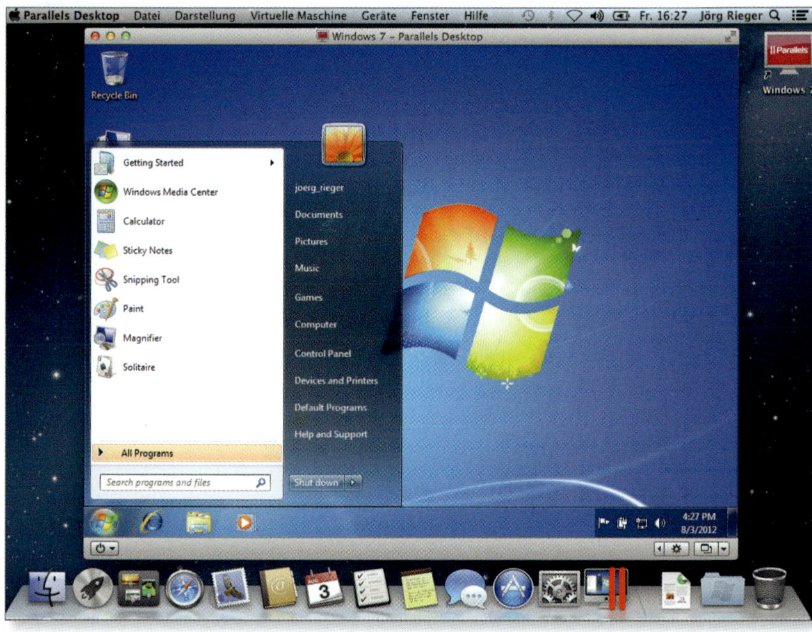

Abbildung 1.5 >
Microsoft Windows auf jedem Mac – mit einer sogenannten Virtualisierungssoftware ist das ein Kinderspiel. (Foto: Parallels)

Mehr Komfort bieten die Zusatzsoftware *Parallels Desktop* oder auch *VMware Fusion*. In Verbindung mit einer Windows-Installation besteht damit die Möglichkeit, Windows-Programme direkt unter OS X zu starten und dann auch auf ältere Versionen, bis hinunter zu Windows 98 und teilweise sogar MS-DOS, zurückzugreifen. Das ist durchaus sinnvoll, denn es gibt tatsächlich Programme, die einfach nur auf dem PC laufen.

1.3 Was kann der Mac nicht?

Zunächst muss man festhalten: Es gibt fast nichts, was der Mac nicht kann. Von Microsoft Office (für Mac) über Bildverwaltungs- und Bearbeitungsprogramme (Photoshop CS und Photoshop Elements) bis hin zu Musiksoftware kann ein breites Spektrum an Software auf dem Mac installiert werden. Trotzdem gibt es Bereiche, in denen OS X an seine Grenzen stößt. Spielefreaks werden nicht selten enttäuscht sein, denn nur wenige Spiele sind auch für Mac OS X programmiert. Prinzipiell ist zu sagen, dass Windows-Programme, sofern es sie nicht auch in einer Mac-Version gibt, unter OS X regelrecht unbrauchbar sind. In Kapitel 9, »Fotos, Filme und Musik am Mac«, und in Kapitel 10, »Ersatz für wichtige Windows-Programme«, stellen wir Ihnen aber passende Alternativen vor.

Als letzter Ausweg bleibt Ihnen nur eine Zusatzinstallation von Windows und von Hilfsprogrammen, wie beispielsweise *Parallels Desktop* oder *VMware Fusion*, die Ihr Mac-Betriebssystem gewissermaßen in einen vollwertigen PC verwandeln. Werfen Sie einfach einen Blick in das Kapitel 14, »Windows auf dem Mac« – dort wird aus Ihrem Mac im Handumdrehen ein richtiger Windows-PC, vorausgesetzt natürlich, Sie wollen das überhaupt.

Nicht im Lieferumfang

Wichtig ist hierbei auch, zu wissen: Sie benötigen in jedem Fall eine gültige Lizenz von Windows mit Seriennummer, ganz wie beim PC. Windows wird bei OS X nicht mitgeliefert, was irgendwo natürlich auch verständlich ist ...

Mittlerweile haben fast alle Hardwarehersteller erkannt, dass man auch Apple-Anwendern Treiber und andere Software-Unterstützung anbieten sollte. Der Kauf zusätzlicher Hardware ist daher ein völlig stressfreies Unterfangen. Probleme tauchen meistens nur dann auf, wenn Sie ein älteres Gerät anschließen wollen, zum Beispiel einen Drucker, einen Scanner oder eine Webcam. In solchen Fällen hilft meistens nur die Recherche in diversen Online-Hilfeforen, in denen zumeist kostenlose Treiber angeboten werden. Wie Sie Ihren alten parallelen Drucker in OS X integrieren, erfahren Sie ganz ausführlich in Kapitel 11, »Hardware richtig installieren«.

»Wie bekomme ich meine PC-Daten auf den Mac?«, lautet eine Frage, an der man als Umsteiger wohl nicht vorbeikommt. Die gute Nachricht: Egal, ob CD, DVD, USB-Stick oder externe Festplatte, alle Speichermedien werden vom Mac problemlos erkannt. Lediglich bei Datenträgern, die speziell nur für Windows formatiert sind (NTFS-Format), kommt es zu Problemen. Die Daten können zwar gelesen, jedoch nicht übertragen werden. Kleine Softwaretools schaffen hier aber Abhilfe und ermöglichen den reibungslosen Zugriff auf NTFS-Partitionen. Wir möchten Ihnen hier *Paragon NTFS* vorstellen. Mehr dazu erfahren Sie in Kapitel 14, »Windows auf dem Mac«.

Keine Schwierigkeiten hingegen gibt es bei den Dateiformaten. Ein Word-Dokument beispielsweise kann am PC erstellt und am Mac aufgerufen werden, ohne dass Sie beim Speichern etwas beachten müssen. Das gilt auch für Digitalfotos, Musikdateien und viele andere Dokumente. Sollte es Besonderheiten und Ausnahmen geben, werden Sie bei der Lektüre dieses Buches darauf hingewiesen.

Abbildung 1.6
Alles iPad oder iPhone? Auch am Mac sind die »Apps« allgegenwärtig.

Ist also tatsächlich alles prima am Mac? Sie bekommen hier von uns ein recht uneingeschränktes »Ja«. Als Windows-Anwender werden Sie sich in einigen Dingen aber umgewöhnen müssen, da OS X einige Bedienungsgrundlagen und Vorgehensweisen als Standard voraussetzt und hier auch keine Anpassung erlaubt. Beispielsweise kann die Schriftgröße der Menüoberfläche nicht wie bei Windows angepasst werden, vermutlich um die Ästhetik zu erhalten. Auch ein Ausschneiden von Dateien, wie man es bei Windows kennt, blockiert OS X. Unter dem Strich werden Sie aber sehen: Die Vorteile überwiegen, und der Spaßfaktor ist enorm hoch. Den möchten wir Ihnen in diesem Buch vermitteln und vor allem auch dann erhalten, wenn es doch einmal etwas knifflig wird.

1.4 Vokabeltrainer Windows – Mac

In Tabelle 1.1 stellen wir die wichtigsten Begriffe für Sie zusammen, die Sie bei der Arbeit mit dem Mac kennen sollten. Sie sind den jeweiligen Windows-Entsprechungen zugeordnet, damit Sie sich immer gut zurechtfinden.

Windows	Mac
Anzeige (Vista: Anpassung)	Erscheinungsbild
Benutzerkonten	Benutzer
Bibliotheken	Favoriten (Finder)
Bildschirmschoner	Schreibtisch & Bildschirmschoner
Computer	Finder
Datum & Uhrzeit	Datum & Uhrzeit
Desktop	Schreibtisch
Desktophintergrund	Schreibtisch & Bildschirmschoner
Drucker & Faxgeräte	Drucken & Faxen
Drucker-Warteliste	Drucker-Warteschlange
Eigene Dateien	Alle meine Dateien
Eingabehilfen (Vista: Center für erleichterte Bedienung)	Bedienungshilfen
Energieoptionen	Energie sparen
Explorer	Finder
Infobereich der Taskleiste	Menulets
Internetoptionen	**Safari > Einstellungen**
Maus	Tastatur & Maus
Netzwerkverbindung	Netzwerk
Ordneroptionen	Ordner markieren und **Darstellung > Darstellungsoptionen einblenden** wählen
Sicherheitscenter	Sicherheit Kindersicherung
Sounds & Audiogeräte	Ton
Startmenü	Dock
System	Apfelmenü und **Über diesen Mac > Weitere Informationen**
Systemsteuerung	Systemeinstellungen
Taskleiste	Dock
Tastatur	Tastatur & Maus
Verwaltung > Task-Manager	**Programme > Dienstprogramme > Aktivitätsanzeige und Programme sofort beenden** (Aufruf über `cmd`+`alt`+`esc`)
Windows-Sidebar-Eigenschaften (Vista)	Dashboard aktivieren und auf Plussymbol klicken

Tabelle 1.1
Wichtige Begriffe und Befehle bei Windows und OS X im Vergleich

2 Der erste Rundgang

Der Umgang mit Mac OS X ist einfacher zu erlernen, als man denkt. Erfahrungsgemäß gelingt der Umstieg von Windows auf den Mac innerhalb weniger Stunden – schon bald werden Sie vergessen haben, wie kompliziert die Bedienung von Windows dagegen war. Hier lautet die Devise: Wer Windows auch nur ansatzweise beherrscht, kommt mit Apples OS X 10.8 Mountain Lion problemlos zurecht.

Den Mac in Betrieb nehmen

Wenn Sie Ihren Mac zum ersten Mal einschalten, werden Sie von Apple durch einige wenige Schritte zur Inbetriebnahme geleitet. Falls Sie hierbei Hilfe benötigen, schlagen Sie auf Seite 350 nach.

2.1 Den Mac ein- und ausschalten

Wir gehen davon aus, dass Sie den meist gut versteckten Einschaltknopf an Ihrem Mac gefunden haben. Falls nicht, lohnt ein Blick in das Apple-Handbuch, denn bei fast jeder Computergeneration aus Cupertino sitzt dieser Knopf an einer anderen Stelle. Ganz früher war er sogar direkt auf der Tastatur angebracht. Der fast schon legendäre Startton am Mac, ein sonorer, mehrstimmiger Akkord, ist hingegen seit Jahren unverändert.

Um den Computer nach der Verwendung wieder auszuschalten, klicken Sie am linken oberen Bildschirmrand auf den grauen Apfel und anschließend auf **Ausschalten** ❶ (siehe Abbildung 2.1).

Jetzt erscheint ein Dialogfeld, um Ihren Computer endgültig abzuschalten (siehe Abbildung 2.2). Ohne Eingabe schaltet OS X automatisch nach einer Minute ab; ansonsten können Sie das Abschalten auch unmittelbar bestätigen beziehungsweise den gesamten Vorgang abbrechen.

Der Punkt **Beim nächsten Anmelden alle Fenster wieder öffnen** ❷ ist eine nette Service-Einrichtung. Ist er angehakt, werden Programme und Dokumente wieder so geladen, wie sie waren, als Sie den Mac »verlassen« haben. Auch geöffnete Webseiten werden wiederhergestellt. Apple nennt diese Funktion übrigens *Resume*, Englisch für »fortsetzen«.

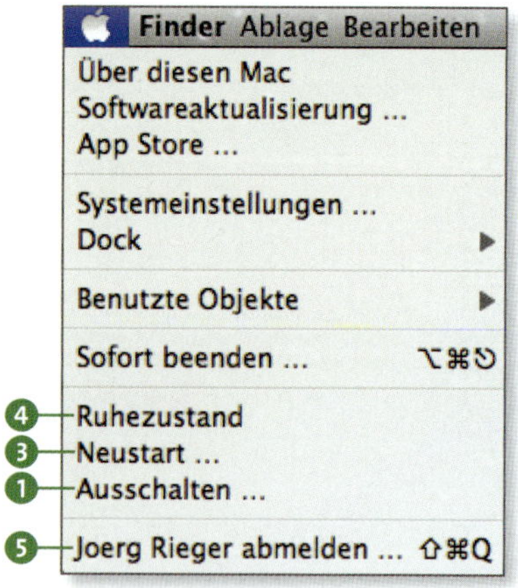

Abbildung 2.1
Über den grauen Apfel kann der Mac ausgeschaltet oder in den Ruhezustand versetzt werden.

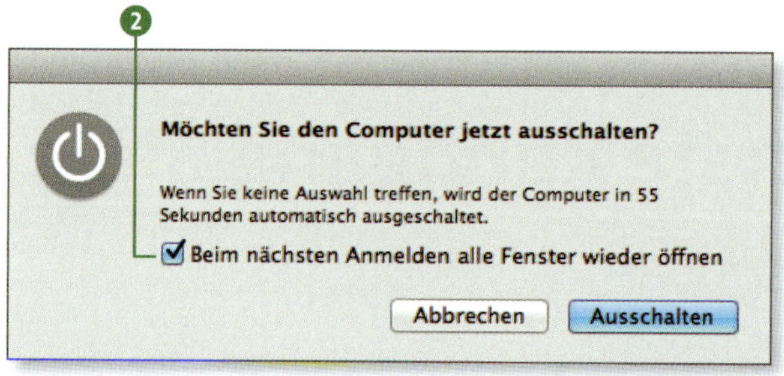

Abbildung 2.2
OS X 10.8 fragt vorsichtshalber nach, ob der Computer tatsächlich ausgeschaltet werden soll.

Ob das Anklicken grauer Äpfel nun unbedingt logischer ist, als bei Windows zum Ausschalten auf den Start-Button zu klicken, sei dahingestellt. Ein Klick auf **Neustart** ❸ beendet ebenfalls sämtliche Programme und fährt den Computer herunter, startet danach aber wieder neu.

Soll der Mac nur »schlafen«, also in den Standby- oder Ruhezustand versetzt werden, führt der Weg ebenfalls in das Apfelmenü (graues Apfelsymbol). Wählen Sie dann einfach die Option **Ruhezustand** ❹ aus. Wenn Sie Ihren Mac zu neuem Leben erwecken wollen, genügt ein Klick per Maus, Trackpad oder der Druck einer beliebigen Taste auf der Tastatur. Bis er endgültig wieder startklar ist, ist auch beim Mac etwas Geduld gefragt – auch durch hektische Mausbewegungen oder erneutes Tastendrücken geht es nicht schneller.

Schlaf, Mac, schlaf

Damit Sie auch sehen, dass Ihr Mac ruhig schläft, pulsiert eine helle Status-LED-Anzeige am Gehäuse jedes Apple-Computers.

Genau wie bei Windows können auch unter OS X mehrere Computerbenutzer angelegt werden. Um den Benutzer zu wechseln, klicken Sie im Apfelmenü ganz unten auf den letzten Eintrag. Dort steht dann normalerweise Ihr Name und **abmelden** ❺.

Sämtliche noch geöffneten Programme werden dann – wie beim Ausschalten – geschlossen. Allerdings erscheint nun die Benutzerauswahl, um eine andere Person am Mac einzuloggen. Wie Sie neue Benutzer anlegen und diese komfortabel verwalten, erfahren Sie übrigens in Kapitel 13, »Benutzerkonten und Datensicherung«.

Abbildung 2.3
Wie bei Windows: Mehrere Anwender sind auch unter OS X kein Problem.

2.2 Die Benutzeroberfläche im Überblick

Nach dem Einschalten werden Sie sofort feststellen, dass sich die Benutzeroberfläche Ihres Macs grundlegend von der unter Windows unterscheidet. Das ist aber kein Grund zum Verzweifeln, denn viele Komponenten heißen zwar anders, funktionieren aber ähnlich wie unter Windows. Viele Elemente, die man vom Microsoft-System her gewohnt war, sind auch beim Mac zu finden, nur eben an anderer Stelle.

Auf den folgenden Abbildungen sehen Sie die wichtigsten Elemente der beiden Benutzeroberflächen im Vergleich, sozusagen als erste Orientierungshilfe:

1. Finder (Windows-Explorer und **Computer**)
2. Dock (Startmenü und Taskleiste)
3. Menulets (Infobereich der Taskleiste)
4. Papierkorb
5. Favoriten
6. Ausschalten, Neustart, Ruhezustand (Herunterfahren, Neu starten, Ruhezustand)
7. Liste verfügbarer Laufwerke

Windows 7 als Standard

Wir orientieren uns im Buch an Windows 7 – zum einen, weil es mittlerweile Standard ist, zum anderen unterscheidet es sich in der Bedienung nur marginal von Windows Vista. Aber auch als ehemaliger XP-Anwender können Sie den Umstieg wagen, wenn auch die Screenshots etwas anders aussehen.

< **Abbildung 2.4**
Der Mac-Schreibtisch mit dem Dock, dem aufgeklapptem Apfelmenü und dem Finder

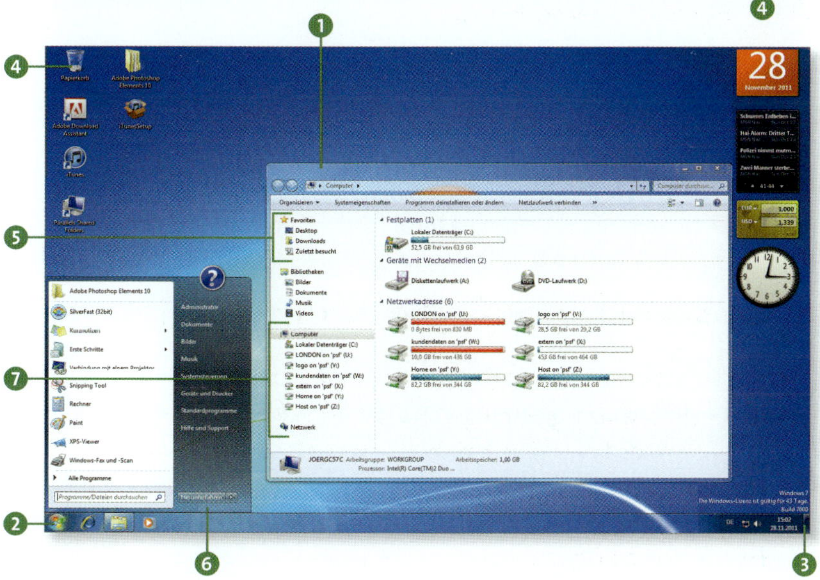

< **Abbildung 2.5**
Der Desktop von Windows 7 mit Startmenü und Explorer/»Computer«

2.3 Windows-Desktop = Schreibtisch

Der Finder, ein Alleskönner

Mit dem Finder können Sie nicht nur Ihre Dateien und Laufwerke verwalten, sondern auch CDs brennen, »mitdenkende« Ordner anlegen, den virtuellen Schreibtisch sortieren oder Netzlaufwerke verbinden.

Der Schreibtisch von OS X kommt standardmäßig mit futuristischem »Space«-Hintergrund auf Ihren Bildschirm. Die Funktionsweise ist ähnlich – Dokumente und Programme können hier abgelegt werden. Der Zugriff auf Dokumente, Laufwerke und Programme erfolgt aber an anderer Stelle, nämlich über den Finder.

2.4 Windows-Explorer = Finder

Der Finder ist in Mac OS X die Schaltzentrale für alle Aktionen im Bereich der Datei- und Programmverwaltung, vergleichbar mit dem Windows-Explorer oder dem Bereich **Computer** auf Ihrem PC. Sobald Sie Ihren Mac einschalten, wird er automatisch gestartet.

Abbildung 2.6
Der Finder kann einfach per Mausklick im Dock aktiviert werden.

Um auf Ihre Dateien und Ordner zuzugreifen, genügt ein Mausklick auf das freundliche Gesicht links unten im Dock. Es öffnet sich ein sogenanntes Finder-Fenster. Über dieses Fenster haben Sie dann Zugriff auf Ihr Dateisystem. Alternativ können Sie auch auf ein Laufwerksymbol auf dem Schreibtisch doppelklicken, um ein solches Fenster zu öffnen. Voraussetzung dafür ist natürlich, dass die Laufwerke bei Ihnen auch angezeigt werden (siehe Seite 31). Haben Sie noch kein Finder-Fenster geöffnet, erkennen Sie übrigens lediglich an der Menüleiste links oben, dass der Finder aktiv ist.

Abbildung 2.7
Die Menüleiste

2.5 Startmenü und Taskleiste = Dock

Flagge zeigen

Wenn Sie möchten, können Sie Ihre Nationalität in den Systemeinstellungen unter **Sprache & Text** und **Eingabequellen** durch Setzen eines Häkchens bei **Eingabequellen in der Menüleiste anzeigen** lassen. »Bilinguals« und alle anderen Mehrsprachler können dort zudem ganz einfach zusätzliche Sprachen aktivieren und so über das Menü später ganz einfach das Tastaturlayout ändern.

Was sich im ersten Moment sehr majestätisch anhört, ist bei genauerem Hinsehen nichts anderes als ein eleganter und raffinierter Ersatz für das Startmenü. Das Dock befindet sich standardmäßig am unteren Bildschirmrand und ist nach der Installation mit einigen Programmen bestückt.

Das Dock ermöglicht Ihnen einen schnellen Zugriff auf die wichtigsten Programme auf Ihrem Mac. Das Dock ist aber tatsächlich nur eine Ablage für das »Best of«; alle Programme erhalten Sie im **Programme**-Ordner oder über das Launchpad (siehe Abschnitt 4.3, »Apps – Arbeiten mit Programmen«). Außerdem im Dock: der Papierkorb im klassischen Drahtgeflecht-Look.

Drucker- und Systemsteuerung = Systemeinstellungen

Sie vermissen Drucker- und Systemsteuerung? Diese Optionen sind alle gesammelt in den Systemeinstellungen von OS X untergebracht. Sie erreichen sie ebenfalls über das Dock, und zwar über das markante Zahnradsymbol ❶. Was man dort genau einstellen kann, zeigen wir Ihnen immer wieder im Laufe des Buches – wer es jetzt schon ganz genau wissen will, findet die Details in Kapitel 12, »Systemeinstellungen zum schnellen Nachschlagen«. Selbstverständlich können Sie das Dock Ihren eigenen Bedürfnissen entsprechend ändern und anpassen. Wie das im Detail funktioniert, erfahren Sie in Kapitel 3, »Finder und Dock – Zugriff auf Dateien und Programme«.

Abbildung 2.8
Das Dock ist ein perfekter Ersatz für das Windows-Startmenü.

Das Dock unter OS X ersetzt auch die von Windows bekannte Taskleiste. Auch hier können Sie vorübergehend nicht benötigte Programme, Dateien oder Finder-Fenster mit elegantem Schwung ablegen. Ein Klick auf den **Minimieren**-Button ❷ genügt, und das jeweilige Fenster verschwindet mit einer trichterförmigen Animation im Dock.

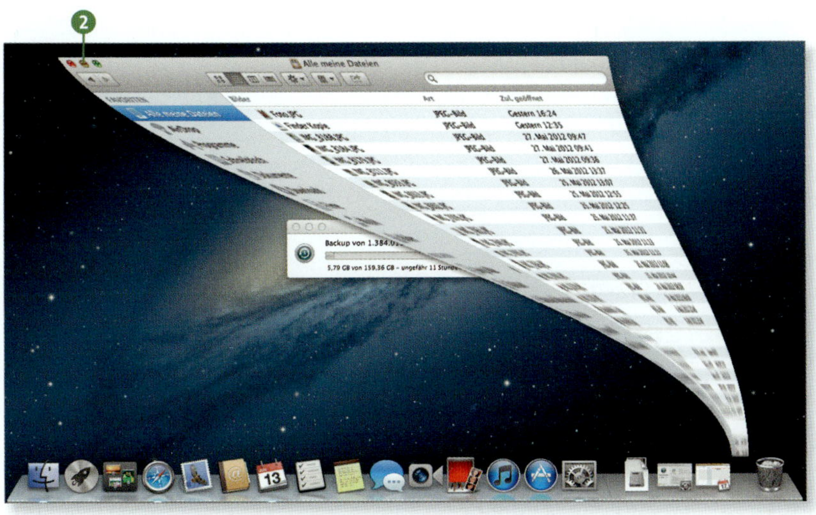

Abbildung 2.9
Über den gelben Button links oben wird verkleinert.

Infobereich der Taskleiste = Menulets

Alles, was Sie von der Taskleiste her sonst noch gewohnt sind, finden Sie beim Mac am rechten oberen Bildschirmrand. Dort sind standardmäßig die

Datumsanzeige ❸, der Lautstärkeregler ❹, bei Notebooks die Akkulaufzeit bzw. der Netzbetrieb ❺ sowie die Symbole für Wi-Fi bzw. W-LAN ❻ (siehe Kapitel 6, »Mit dem Mac ins Internet«) und Bluetooth ❼ untergebracht.

Optional werden in dieser Leiste übrigens auch der Benutzername ❽ (sofern am System mehrere Benutzer angemeldet sind) sowie das Symbol für das automatische Backup ❾ und die Suchfunktion ❿ angezeigt.

Sämtliche hier abgelegten und angezeigten Funktionen können per Mausklick aufgeklappt werden und zeigen dann die möglichen Optionen. Bei der Uhrzeit können Sie beispielsweise auch eine klassische Uhr ⓫ mit Zeigerdarstellung einblenden.

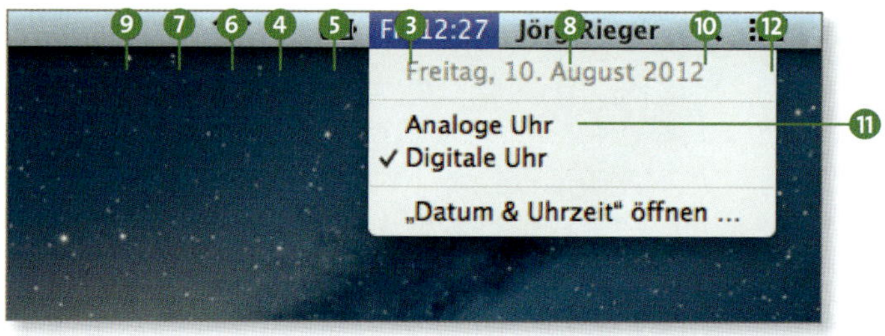

Abbildung 2.10 >
Über die Menulets oder Menü-Extras haben Sie viele Funktionen und Einstellungen Ihres Macs direkt im Blick.

Die Icons geben durch ihr Aussehen gleichzeitig Auskunft über den Status der jeweils angezeigten Funktion. So ist beispielsweise Bluetooth ❼ in Abbildung 2.11 inaktiv (ausgegrautes Icon), der Zugriff auf ein WLAN ❻ ist hervorragend (alle Striche sind schwarz), die Lautstärke ❹ ist auf »Mittel« eingestellt, und das Notebook ist hier gerade an das Stromnetz angeschlossen ❺. Ganz rechts befindet sich das Icon für die Benachrichtigungen ⓬. Hier werden alle Termine, E-Mails und vieles mehr in einer kompakten Übersicht angezeigt.

2.6 »Eigene Dateien« = »Alle meine Dateien« und viel Verwirrung

Eigene Ordner für jeden

Wenn Sie den Mac mit mehreren Benutzern teilen und auch jeder sein eigenes Login hat, gibt es keinerlei Möglichkeiten zum »Datenklau«. Jeder Benutzer hat natürlich seinen eigenen Datenordner, auf den andere keinen Zugriff haben.

Bei Windows war es so schön sortiert – eigene Dateien, Musik und Bilder ganz übersichtlich. Unter OS X dürfen Sie sich ein wenig umgewöhnen. Ganz getreu dem Apple-Motto »Think different« geht es in Sachen Dateimanagement etwas anders zu.

Zunächst sehen Sie im Finder in der linken Seitenleiste den Eintrag **Alle meine Dateien** ⓭. Hier wird in einer Art Zeitleiste alles an Daten angezeigt, was in letzter Zeit gespeichert und erstellt wurde oder sonst irgendwie auf Ihren Rechner gelangt ist. Diese Sortierung erfolgt automatisch und unabhängig davon, wo die Daten auf Ihrem Mac wirklich abgespeichert sind. Obwohl – ganz unabhängig nicht, denn externe Festplatten bleiben außen vor, dafür werden Inhalte des Papierkorbs hier angezeigt. Ein Programmierfehler? Offensichtlich.

< **Abbildung 2.10**
Ein Mausklick auf das Finder-Icon im Dock bringt Sie zu dieser Ansicht.

Aber keine Panik, OS X ist nicht darauf aus, alle Daten in einen Topf, oder besser gesagt Ordner, zu schaufeln. Sie sehen direkt die weiteren Optionen oder vielmehr Direktlinks: **Dokumente** ⑭, **Filme** ⑮, **Musik** ⑯ und **Bilder** ⑰ haben natürlich auch am Mac ein eigenes Zuhause. Das ist doch wieder ganz, wie von Windows her gewohnt, oder?

< **Abbildung 2.12**
»My home is my castle« – in OS X sind alle Benutzerdaten zentral zugänglich.

Auch Downloads aus dem Internet werden in einem separaten Verzeichnis fein säuberlich im gleichnamigen Ordner ⑱ einsortiert – egal, mit welchem Internetbrowser Sie unterwegs sind. Auch das ist ganz wie bei Windows. Aufmerksame Zeitgenossen werden sicher entdeckt haben, dass über den Finder sogar der gesamte Inhalt des Schreibtischs ⑳ zugänglich ist.

AirDrop

Was hat es mit AirDrop ⑲ auf sich? Wenn Sie mit mehreren Mac-Computern online sind, können Daten hier ganz ohne komplizierte Netzwerk- und Serververbindung ausgetauscht werden.

2.7 Arbeitsplatz, das vergessene Kind?

Sie haben unter Windows gern über den **Arbeitsplatz**, beziehungsweise **Computer** auf die verschiedenen Laufwerke und auf den Ordner **Eigene Dateien** zugegriffen? Nun ja, unter OS X tun wir uns da ein wenig schwer, Ihnen den direkten Ersatz zu nennen. Im weitesten Sinne können aber alle Aufgaben des Arbeitsplatzes direkt im Finder ausgeführt werden – die Laufwerke stehen links zur Auswahl, und unter **Favoriten** sind die einzelnen Ordner als Ersatz für **Eigene Dateien** und Ihre Bibliotheken verfügbar. Öffnen Sie dazu kurzerhand mit einem einfachen Klick auf das Finder-Icon im Dock ein Finder-Fenster (Sie erinnern sich, das ist der Ersatz für den Windows-Explorer).

2.8 Benachrichtigungen

Eine Funktion wie *Benachrichtigungen* gibt es in Windows bis Version 7 gar nicht. Sie vereint die Programme Apple Mail, Messenger, außerdem Social-Media-Angebote wie Twitter und Facebook sowie Ihre Termine aus dem Programm Kalender in einer einzigen Übersicht, der *Mitteilungszentrale*. Das Ganze sieht aus wie auf dem iPhone, und Apple hat dort auch ganz gewaltig abgekupfert. Das gereicht Ihrem Mac jedoch nicht

Abbildung 2.13 >
Die Benachrichtigungen unter OS X erinnern Sie an Ihre Termine, Updates, Twitter-Neuigkeiten und E-Mails.

unbedingt zum Nachteil. Nach einem Klick auf den Button **Mitteilungszentrale** ❶ in der Menulets-Leiste offenbaren sich jede Menge Informationen rund um Ihr digitales Leben – sofern Sie sie richtig konfiguriert haben. Die Benachrichtigungen werden mit Ihren anderen Geräten über iCloud abgeglichen, sodass Sie immer und überall auf demselben Stand und aktuell informiert sind. Wie das genau funktioniert, erfahren Sie in Kapitel 8, »iCloud – Termine, Adressen und vieles mehr organisieren«.

2.9 Laufwerke

Windows-geplagte Anwender zweifeln spätestens seit der Erfindung von Kartenlesegeräten am Sinn des Betriebssystems. Egal, ob eine Speicherkarte eingelegt ist oder nicht, angezeigt werden immer alle vorhandenen Laufwerke – und beim Kartenlesegerät können das ganz schnell bis zu fünf oder sechs Stück sein. Im Übrigen macht das Windows schon immer so, denn auch das CD-Laufwerk wird ja unabhängig davon angezeigt, ob auch tatsächlich ein Silberling eingelegt ist. Bei Mac OS X gibt es so etwas nicht. Laufwerke werden grundsätzlich nur dann angezeigt, wenn sie auch gefüllt sind. Ihr Kartenleser wird also, wenn keine Speicherkarte eingelegt ist, erst gar nicht sichtbar sein. Auch das CD/DVD-Laufwerk werden Sie aus diesem Grund erst einmal vergeblich suchen.

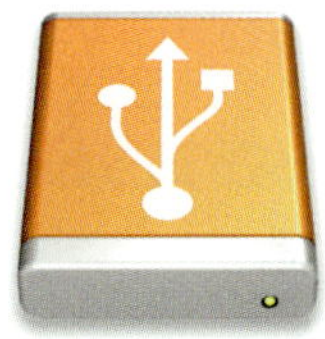

Abbildung 2.14
USB-Laufwerksymbol am Mac

Ist ein Laufwerk erst einmal aktiv, wurde also zum Beispiel eine CD oder DVD eingelegt, sehen Sie es immer im Finder auf der linken Seite im Abschnitt **Geräte** eingeblendet. Sie können dann von dort aus per Mausklick direkt darauf zugreifen.

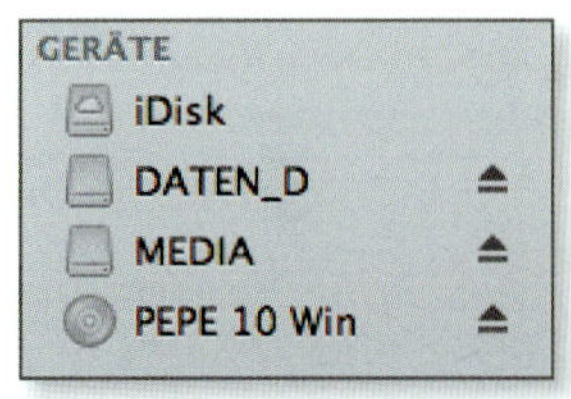

Abbildung 2.15
Aktive Laufwerke werden bei OS X in der Seitenleiste des Finders angezeigt.

Auf der Suche nach der Festplatte

Apple mag es einfach – daher fehlt nach der Basisinstallation von OS X der Zugriff auf das von Windows gewohnte *Laufwerk C:*, das am Mac *Macintosh HD* heißt. Das ist vor allem als Sicherheitsfunktion für unerfahrene Anwender gedacht, damit diese nichts am System verstellen können. Da Sie ja schon zu den »alten Hasen« gehören, hier unser Powertipp für das Laufwerksmanagement am Mac. Zusätzlich können Sie alle Laufwerke noch auf dem Schreibtisch zum Direktzugriff einblenden – auch eine äußerst praktische Sache. So funktioniert es:

1. **Festplatten in Seitenleiste einblenden**
Klicken Sie den Finder im Dock an, und gehen Sie im Finder-Menü auf **Einstellungen**. Im folgenden Fenster gehen Sie oben auf den Punkt

Seitenleiste ❷. Ganz unten bei **Geräte** sehen Sie, dass bei **Festplatten** ❸ das Häkchen fehlt. Klicken Sie hier hinein, und schon wird auch die Festplatte Macintosh HD künftig in der Finder-Leiste für den direkten Zugriff angezeigt.

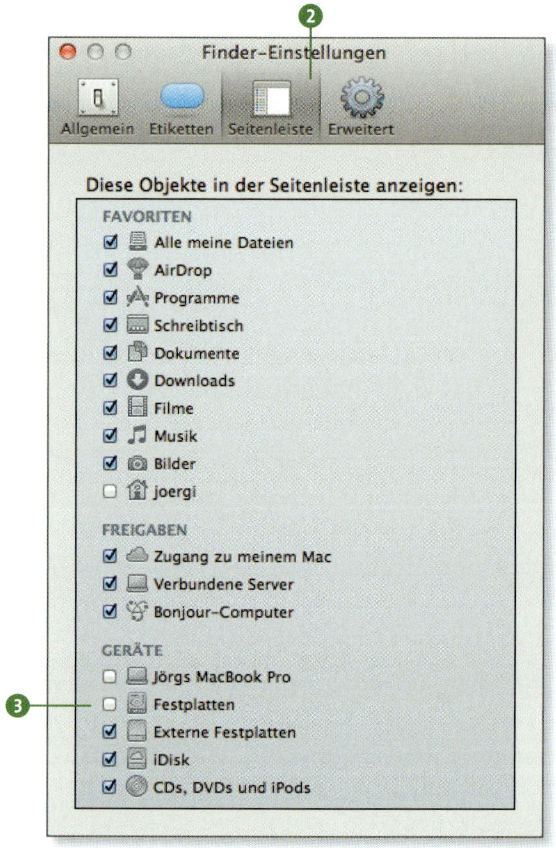

Abbildung 2.16 >
Der Finder lässt sich individuell einstellen.

2. Laufwerke auf dem Schreibtisch anzeigen

Der Mac kann, wenn Sie das möchten, alle aktiven Laufwerke auch für den Schnellzugriff direkt auf dem Schreibtisch anzeigen. Wir mögen diese Funktion, und Sie können es einfach ausprobieren.

Abbildung 2.17 >
Schön versammelt – die Laufwerke auf dem OS X-Schreibtisch

Gehen Sie auf den Reiter **Allgemein**, und werfen Sie einen Blick auf **Diese Objekte auf dem Schreibtisch anzeigen**. Hier setzen Sie nun einfach bei jenen Objekten ein Häkchen, die Sie direkt auf der Oberfläche sehen wollen.

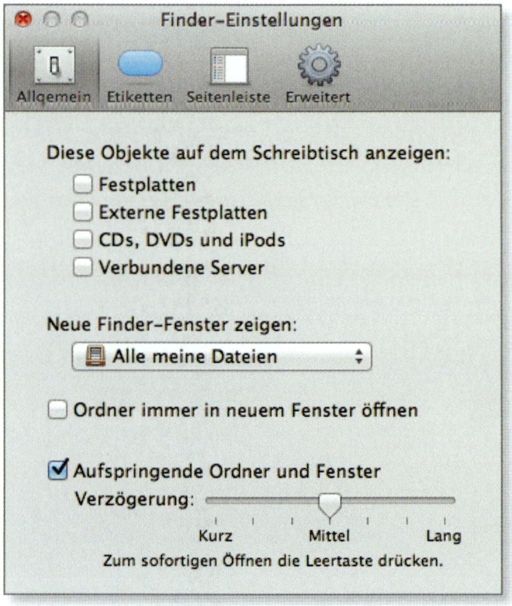

< **Abbildung 2.18**
Standardmäßig werden Festplatten und auch CDs und DVDs nicht auf dem Schreibtisch angezeigt.

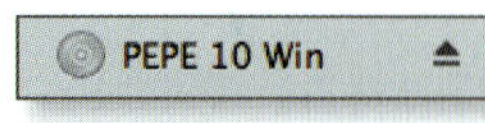

∧ **Abbildung 2.19**
Der Button zum Auswerfen sitzt in der Finder-Leiste direkt hinter dem Laufwerk.

CDs, DVDs und Laufwerke auswerfen

Ist erst einmal ein Laufwerk geladen, rückt der Mac das Medium so schnell nicht mehr heraus. Das hat bei Apple schon seit Jahren Tradition: Suchte man früher am Mac den **Auswerfen**-Knopf für die Diskette, kann man das heute beim DVD-Laufwerk tun.

Das Auswerfen einer DVD oder CD erfolgt entweder über die entsprechende Taste am Keyboard (siehe Abschnitt 2.13, »Tastatur«) oder indem Sie in der Finder-Leiste hinter dem Laufwerk den identisch aussehenden **Auswerfen**-Button drücken.

Dies funktioniert übrigens auch hervorragend mit allen anderen Laufwerksarten – egal, ob USB-Festplatte, USB-Stick oder Speicherkarte. Mehr zum Thema erfahren Sie in Kapitel 3, »Finder und Dock – Zugriff auf Dateien und Programme«. Sind die Laufwerke auf dem Schreibtisch eingeblendet, wie vorangehend erläutert, können Sie diese zum Trennen auch einfach auf den Papierkorb ziehen.

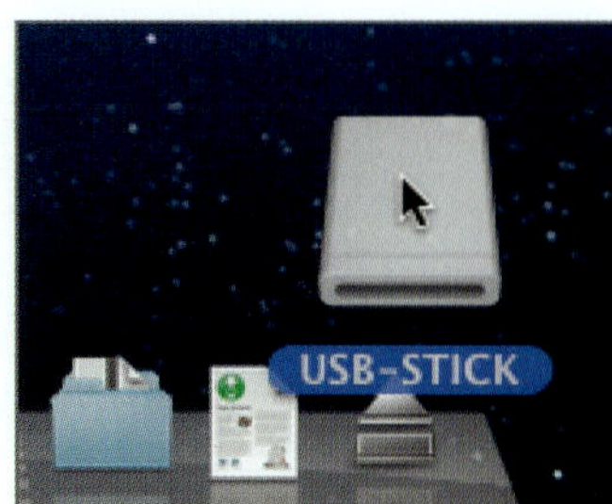

∧ **Abbildung 2.20**
Der Papierkorb verwandelt sich in das »Auswerfen«-Symbol.

2.10 Systemsteuerung = Systemeinstellungen

Die Systemeinstellungen am Mac beinhalten wirklich fast alle Funktionen, die Sie auch von der Windows-Systemsteuerung her kennen. Klar sind hier einige Aufgaben anders ver- und unterteilt, aber vom Prinzip her können Sie in den Mac-Systemeinstellungen auch all das einstellen, was Sie unter Windows getan haben: die Benutzeroberfläche nach Wunsch konfigurieren, Netzwerkeinstellungen tätigen, angeschlossene Hardware konfigurieren, die Firewall einschalten und vieles mehr. Ganz ausführlich werfen wir in Kapitel 12, »Systemeinstellungen zum schnellen Nachschlagen«, einen Blick darauf.

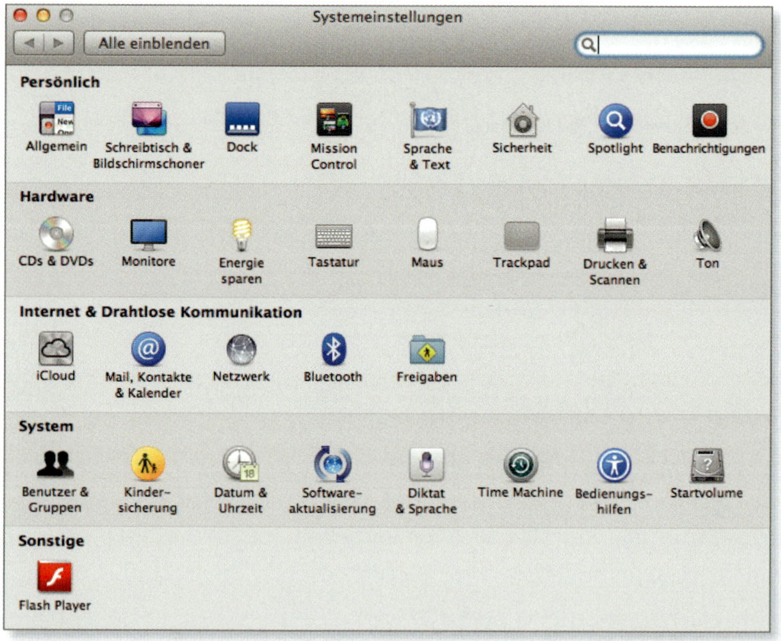

Abbildung 2.21 >
Fast so bunt wie in Windows – die detaillierten Systemeinstellungen

2.11 Trackpad

^ Abbildung 2.22
Für alle Macs ohne Trackpad gibt es dieses schlaue Gerät auch als separates Zubehör. (Foto: Apple)

Die Bedienung des Macs mit Maus und Trackpad ist in vielerlei Hinsicht der Bedienung am Windows-PC ähnlich oder sogar gleich. Trotzdem gibt es einige Spezialitäten und Unterschiede. Der offensichtlichste gleich vorab: Am Mac gibt es keinen rechten und linken Mausklick – hier heißt das Ganze *primärer Klick* (links) und *sekundärer Klick* (rechts). Auch das Wörtchen »Maus« ist hier verschwunden, denn die Klicks können auch mit einem Touch- bzw. Trackpad erfolgen.

Abbildung 2.23
Das Trackpad eines aktuellen MacBooks

OS X 10.8 Mountain Lion ist mehr denn je auf die Bedienung mit dem Trackpad ausgelegt. Damit folgt man dem Trend, dass immer mehr Anwender einen mobilen Computer haben oder die Bedienung von iPhone und iPad lieben. Viele Eigenschaften dieser kleinen mobilen Geräte findet man auch in OS X wieder. Daher werfen wir zunächst einen Blick auf das Trackpad.

Das Trackpad der aktuellen Notebook-Serien von Apple sieht unscheinbar aus, kann aber eine ganze Menge. Damit steuern Sie den Mauszeiger auf dem Bildschirm, führen sowohl primäre als auch sekundäre Klicks aus, können scrollen, Bilder drehen und, und, und ...

Rechtsklick mit dem Trackpad

Der sekundäre Klick, der von Windows gewohnte »Rechtsklick«, klappt auf dem Trackpad einfach mit einem Klick mit zwei Fingern.

Dieses Multifunktionswerkzeug macht in der Bedienung so viel Spaß, dass Apple das Trackpad als separates Eingabegerät auch für den iMac und den MacPro anbietet. Eine Alternative zur Maus, die man sich überlegen sollte.

Damit Sie mit dem Trackpad die Funktionen von OS X voll nutzen und per »Fingerwisch« ausführen können, zeigen wir Ihnen die verschiedenen Möglichkeiten auf den folgenden Seiten. Mit ein wenig Übung macht das sogar richtig Spaß – Sie müssen diese Tipps auch nicht gleich einsetzen, sondern können sich das auch für später vormerken, wenn Sie mit Ihrem Mac noch vertrauter sind. In den Trackpad-Einstellungen sehen Sie, wie es geht.

Wenn Sie das Trackpad individuell konfigurieren möchten, geht das immer über die Systemeinstellungen. Sie erreichen Sie über das Zahnradsymbol im Dock. Wählen Sie hier **Trackpad** mit einem Klick auf die primäre Maustaste oder per Tippen auf Ihr Trackpad aus. Dort stehen Ihnen nun alle Funktionen zur Verfügung, um das Zeigegerät nach Wunsch einzurichten. In den folgenden Abschnitten stellen wir Ihnen die wichtigsten Funktionen vor.

Abbildung 2.24
In den Systemeinstellungen konfigurieren Sie das Trackpad.

Scrollen

Mit zwei Fingern verschieben Sie Bildschirminhalte nach oben und nach unten, der Inhalt folgt dabei der Fingerbewegung, wie Apple es zu bezeichnen pflegt. Wenn Ihnen diese Richtung unsympathisch ist, gerade für ehemalige Windows-Anwender sehr verwirrend, entfernen Sie im Bereich **Scrollen und Zoomen** das Häkchen bei **Scrollrichtung: Natürlich**.

Wo sind die Scrollbalken?

Von Windows ist man es gewohnt, dass Scrollbalken erscheinen, sobald Inhalte nicht mehr in das Fenster passen. Mit OS X Mountain Lion und dem Trackpad oder der Magic Mouse werden sie nur noch eingeblendet, wenn Sie in dem jeweiligen Fenster tatsächlich scrollen. Ändern können Sie das in den Systemeinstellungen (siehe Seite 261).

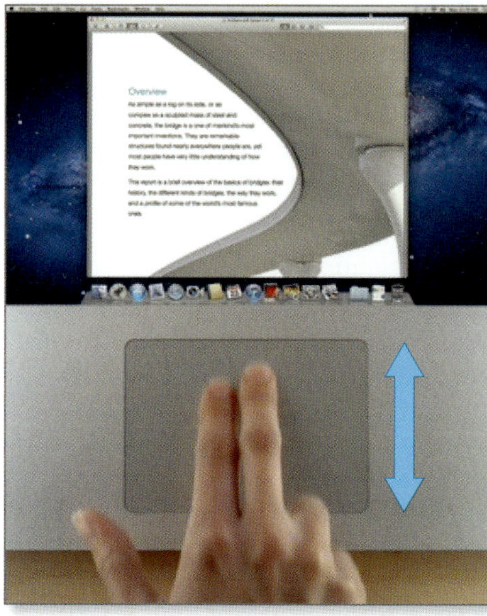

Abbildung 2.25 > *Gut gescrollt, geht es mit zwei Fingern am Mac zur Sache.*

Navigieren

Geblättert wird ebenfalls mit zwei Fingern, hier aber horizontal, statt vertikal. Damit können Sie in PDF-Dokumenten in der Einzel- oder Doppelseiten-Ansicht wie in einem Buch blättern oder im Verlauf Ihres Webbrowsers vor- und zurückblättern.

Probieren Sie es am besten in Safari aus, und wischen Sie mit zweien Ihrer Finger mit Schwung über das Trackpad. Von links nach rechts blättern Sie im Verlauf zurück, von rechts nach links geht es vorwärts. Sie können auf diese Weise auf einer umfangreichen Webseite auch nach links und rechts scrollen, wenn deren Inhalte nicht auf einen Bildschirm passen. Dazu müssen Sie sich mit dem Mauszeiger am besten im horizontalen Scrollbalken befinden, sonst wird eventuell wieder im Verlauf geblättert (siehe auch Kasten »Wo sind die Scrollbalken?«).

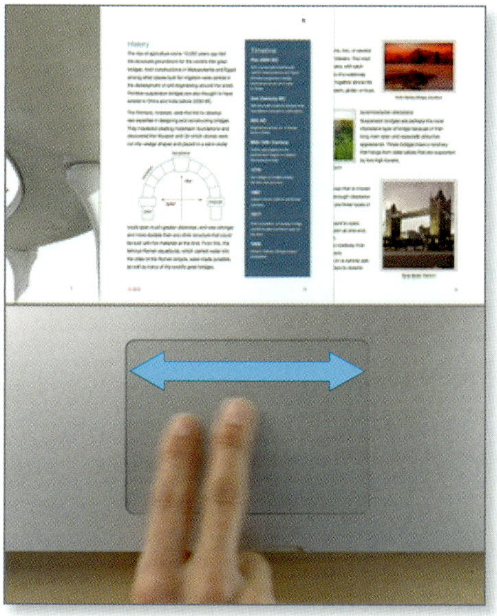

Abbildung 2.26
Wie im Buch blättern – zwei Finger machen das möglich.

Zoomen und Drehen

Beim Betrachten von Bildern, zum Beispiel in iPhoto (siehe auch Kapitel 9, »Fotos, Filme und Musik am Mac«) oder in der OS X-Vorschau, bringen Sie mit Daumen und einem zweiten Finger die Schnappschüsse auf das richtige Format. Ziehen Sie beide Finger auseinander, wird das Foto größer, ziehen Sie sie zusammen, wird es verkleinert. Dies funktioniert übrigens auch perfekt bei Internetseiten, um einen Ausschnitt ganz genau zu betrachten.

Auch das Drehen von Bildern klappt mit zwei Fingern in einer Drehbewegung – als ob man eine Flasche auf- oder zuschrauben würde. Hier gilt: Einfach ausprobieren, denn das ist schon echte Fingerakrobatik.

Abbildung 2.27
Fotos vergrößern ganz einfach – nutzen Sie Daumen und Zeigefinger.

Mission Control

Mission Control bringt Ordnung in Ihre geöffneten Apps, Fenster und Dokumente und zeigt diese übersichtlich nebeneinander geordnet an. Auch Mission Control holen Sie per Fingerstrich auf das Display. Streichen Sie mit drei Fingern auf dem Trackpad nach oben, um diese Ansicht zu starten. Streichen Sie nochmals nach oben oder unten, verschwindet sie wieder. Diese Einstellung müssen Sie aber erst in den Systemeinstellungen für das Trackpad aktivieren (siehe Seite 277).

Abbildung 2.28 >
Mission Control sortiert alle geöffneten Fenster und Programme – perfekt, oder?

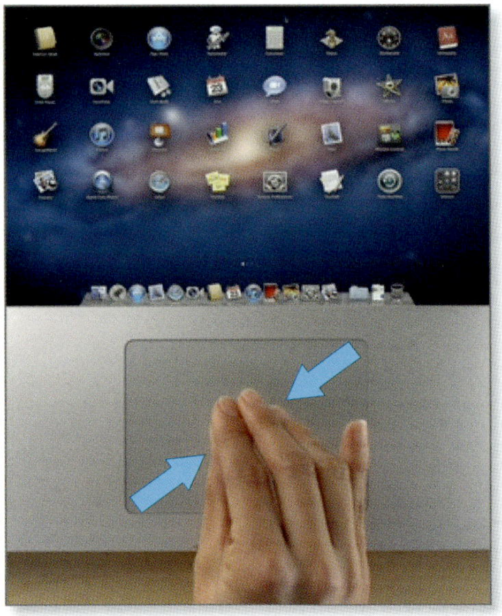

Abbildung 2.29 >
Das Launchpad bringt alle Programme schön übersichtlich auf den Bildschirm.

Launchpad

Ihre »Programmschnellstartzentrale« kommt dank Ihrer Finger noch schneller bildschirmfüllend auf Ihren Mac. Ziehen Sie vier Finger auf dem Trackpad leicht zusammen, und schon wird Launchpad aktiviert. Damit können Sie jetzt Ihre Lieblings-App starten oder mit der gleichen Bewegung das Launchpad wieder schließen (siehe auch Seite 88).

2.12 Mac-Maus

Kein Mac ohne Mac-Maus – das ist bei Apple schon seit dem ersten Computer ein Credo. Während in den 1990ern die PC-User noch Befehle über eine klobige Tastatur eingeben mussten, konnten Mac-User bereits mit einer Maus grafische Symbole am Bildschirm hin- und herschieben.

Lange Zeit kam die Mac-Maus mit einer einzigen Taste aus – seit 2006 sind aber alle neuen Apple-Mäuse multifunktional. Der Clou dabei: Die Mac-Maus sieht weiterhin nach klassischer Ein-Tasten-Maus aus, die Bedienelemente sind komplett berührungssensitiv.

Damit Ihre Mac-Maus von Ihrem Rechner erkannt wird, müssen Sie gegebenenfalls Bluetooth aktivieren. Am einfachsten geht das über die Menüleiste und einen Klick auf das ausgegraute Bluetooth-Symbol. Im folgenden Menü wählen Sie dann **Bluetooth aktivieren**.

< Abbildung 2.30
Die Magic Mouse von Apple hat nicht nur ein unsichtbares Scrollrad, sondern auch insgesamt vier Funktionstasten.

< Abbildung 2.31
Bluetooth aktivieren

Hier listen wir Ihnen auf, was die Mac-Maus so alles kann – Sie werden bemerken, dass das leider deutlich weniger ist als das, was das Trackpad leistet.

PC-Maus am Mac?

Sie können natürlich jede beliebige PC-Maus mit USB-Schnittstelle an Ihren Mac anschließen und problemlos auch ohne Treiberinstallation nutzen.

Scrollen

Das Scrollrad ist unter der Mausoberfläche verborgen. Und so funktioniert es: Fahren Sie mit dem Zeigefinger in der Mitte der Maus nach vorn und nach hinten, und schon fährt der Scrollbalken und damit auch die Seite nach oben oder nach unten. Je schneller Sie Ihren Finger bewegen, desto schneller wird auch geblättert. Man kann mit dieser Maus aber auch horizontal scrollen. Dazu setzen Sie ebenfalls Ihren Zeigefinger ein, mit dem Sie nun allerdings von links nach rechts oder umgekehrt über die Maus streichen.

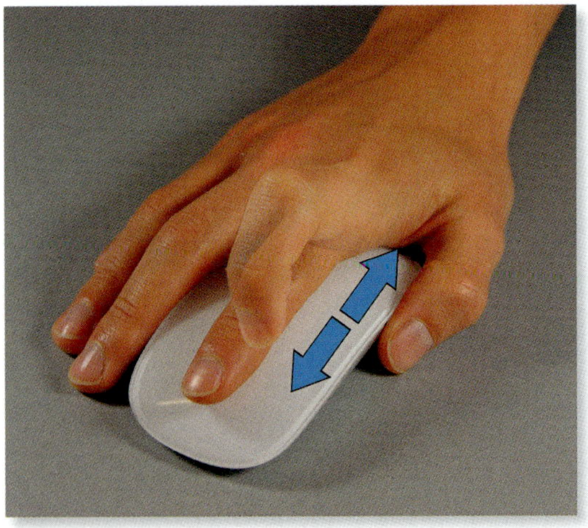

Abbildung 2.32
Ganz lässig – scrollen mit dem nicht sichtbaren Scrollrad

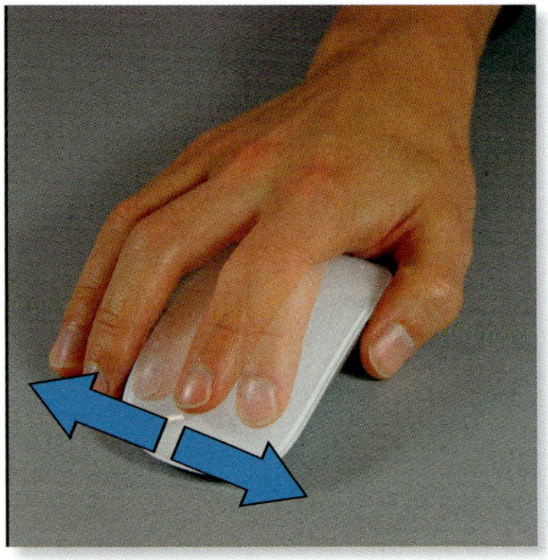

Abbildung 2.33
Horizontal scrollen ganz einfach – mit der Magic Mouse

Navigieren

Blättern, beispielsweise das Vor- und Zurückblättern von Webseiten, funktioniert bei der Magic Mouse mit einem Fingerstrich nach links oder rechts. Achtung: In diesen Programmen ist es dann allerdings nicht ohne Weiteres möglich, horizontal zu scrollen, wie gerade beschrieben. Hier müssen Sie gegebenenfalls ein wenig herumprobieren (siehe auch Seite 36).

Abbildung 2.34
Mission Control wird mit einem »Zweifingertipp« geladen.

Mission Control

Wenn Sie mit zwei Fingern doppelt auf die Mausoberfläche tippen (nicht klicken!), erscheint Mission Control. Ein weiterer identischer Doppel-Tipp lässt diese Ansicht wieder verschwinden.

Rechtsklick mit der Ein-Tasten-Maus

Sie haben, sei es aus nostalgischen oder einfach aus praktischen Gründen, an Ihrem Mac noch eine Ein-Tasten-Maus? Hier wird es natürlich schwer, einen Rechtsklick hinzubekommen. Um Kontextmenüs aufzurufen oder eben sämtliche Aktionen der rechten Maustaste abzurufen, drücken Sie die [ctrl]-Taste und klicken dann mit der Maus. Schon beherrscht auch die alte Apple-Maus den »rechten« Klick.

Die Qual der Auswahl

Um verschiedene, nicht hintereinanderstehende Objekte oder Dateien auszuwählen, klicken Sie das erste Objekt mit der linken Maustaste an. Jetzt drücken Sie die [cmd]-Taste und wählen mit einem linken Mausklick beliebig viele weitere Objekte aus.

2.13 Tastatur

Die Mac-Tastatur unterscheidet sich prinzipiell nicht von jener für den PC. Bei der aktuellen Mac-Generation wird allerdings serienmäßig eine Tastatur ohne Nummernblock ❶ ausgeliefert. Eine große Tastatur kann aber bei jedem Mac gleich bei der Bestellung als Option gekauft oder später nachgeordert werden.

An der Stelle, wo bei einer Windows-Tastatur die Windows-Taste sitzt, finden Sie auf Mac-Tastaturen die Command-Taste ❷. »Command« heißt »Befehl« und ist ein bunter Mix aus [Strg]- bzw. [ctrl]-Taste und Windows-Taste, wie Sie sie von Windows her kennen.

^ Abbildung 2.35
Die aktuelle Mac-Tastatur hat statt der Windows- eine [cmd]-Taste und standardmäßig einige Funktionstasten für Multimedia & Co.

Im Finder steht die [cmd]-Taste als Ersatz für die Steuerungstaste [Strg] bereit. Beim Auswählen einzelner Dateien halten Sie sie einfach gedrückt und klicken die gewünschten Zeilen an – das funktioniert genauso wie unter Windows. Zur Auswahl ganzer Reihen benutzen Sie auch beim Mac die gedrückte [⇧]-Taste ❸.

Für das Aufrufen von Tastenkürzeln ist ebenfalls die [cmd]-Taste zuständig. Um schnell eine Datei zu speichern, drücken Sie unter OS X beispielsweise immer [cmd]+[S], zum Kopieren und Einfügen nutzen Sie [cmd]+[C] und [cmd]+[V].

Steuerungstaste

Die vom Windows-Keyboard her bekannte Steuerungstaste heißt am Mac [ctrl] ❹. Sie dient lediglich dazu, die rechte Maustaste zu simulieren. Das stammt noch aus der Zeit, als Mac-Mäuse mit nur einer Taste ausgestattet waren. Und da auch heute noch einige Mac-Nutzer mit einer Ein-Tasten-Maus arbeiten, bietet Apple diese Taste natürlich weiterhin an. In Programmen, die Sie vielleicht bereits aus Windows kennen, sind die Funktionen der Steuerungstaste daher unter OS X auf die [cmd]- und [ctrl]-Taste verteilt.

Funktionstasten

Oben an der Tastatur finden Sie, wie bei Windows-Keyboards, die [F]-Tasten ❺. Unter OS X sind sie doppelt belegt und bieten direkten Zugriff auf Multimedia- und Systemfunktionen. Das, was beim PC die sogenannten Multimedia-Tastaturen konnten, funktioniert bei Apple serienmäßig: Über diese Tasten starten Sie die Wiedergabe von CDs, DVDs oder Filmen und regeln die Display-Helligkeit genauso wie die Lautstärke inklusive Stummschaltung. Diese Tasten sind standardmäßig aktiviert. Um die originären Funktionen der [F]-Tasten zu nutzen, müssen Sie bei Notebooks gleichzeitig die [fn]-Taste gedrückt halten, bei Desktop-Rechnern verwenden Sie dazu die [cmd]-Taste.

Tastenkürzel

Wenn Sie gerne mit Tastenkürzeln arbeiten, sollten Sie die Menüs der Programme auf Ihrem Mac beachten: Hat ein Menübefehl ein Tastenkürzel, wird es dort aufgeführt. Das Zeichen [⌥] steht dabei für die [alt]-Taste. Mit dem Zeichen [⌘] ist die [cmd]-Taste gemeint.

Alt-Taste – mehr Funktionen

Die [alt]-Taste ❻ (Wahltaste) hatte schon am PC relativ wenig mit einem Senior gemeinsam. *Alt* ist eine Abkürzung für *Alternative* und hat am Apple-Computer dieselbe Funktion wie am PC: Wenn Sie diese Taste drücken, haben Sie Zugriff auf die Symbole der dritten Tastaturebene. Das sind die Zahlen, Buchstaben und Symbole, die ganz klein auf den entsprechenden Tasten aufgezeichnet sind.

Auswerfen

Um CDs oder DVDs direkt auszuwerfen, haben Apple-Computer schon seit Jahren eine separate Taste ❼. Ein Tastendruck genügt, und schon werden geladene Datenträger ausgeworfen. Das funktioniert natürlich nur, wenn Sie die Dateien der entsprechenden CD, DVD etc. nicht gerade bearbeiten.

Entfernen und Druck

Bei einem Apple-Notebook und bei Macs mit der kleinen Tastatur werden Sie außerdem die [Entf]-Taste ❽ suchen. Die wurde dort ersatzlos weggelassen. Sie haben dann nur die Möglichkeit, über die [←]-Taste ❾ einzelne Zeichen zu löschen.

Die [Druck]-Taste am PC ist für Bildschirmfotos, die sogenannten *Screenshots*, zuständig. Unter Windows genügte ein Druck auf diese Taste, und schon war der Bildschirm »abfotografiert« und in die Zwischenablage kopiert. Von dort aus konnte man das Bild dann in Word oder in eine Bildbearbeitungssoftware laden. An der Mac-Tastatur werden Sie diesen »Druck-Knopf« vergeblich suchen.

Natürlich kann man auch unter OS X Bildschirmfotos schießen, das geht sogar noch viel komfortabler als unter Windows. Für ein Foto des kompletten Bildschirms drücken Sie die Tastenkombination [cmd]+[⇧]+[3]. Nach dem »Ritsch-Ratsch«-Geräusch wird direkt eine PNG-Bilddatei auf dem Schreibtisch abgelegt, die Sie dann beliebig weiterverwenden können.

Möchten Sie hingegen nur einen Ausschnitt des Bildschirms ablichten, verwenden Sie die Kombination [cmd]+[⇧]+[4]. Es erscheint ein Fadenkreuz am Monitor, das Sie mit gedrückter Maustaste um den zu »fotografierenden« Bereich ziehen. Fertig! Auch in diesem Fall wird direkt eine Bilddatei auf den Schreibtisch gezaubert.

Sie müssen übrigens bei keinem Mac auf Ihre PC-Lieblingstastatur verzichten. Wie die Installation funktioniert, erfahren Sie in Kapitel 11, »Hardware richtig installieren«.

@- und €-Zeichen eingeben

Wenn Sie auf einer Mac-Tastatur die beiden Sonderzeichen @ und € eingeben wollen, werden Sie sich umgewöhnen müssen. Das @-Zeichen erreichen Sie nämlich nicht, wie vielleicht zu erwarten gewesen wäre, über [cmd]+[Q], sondern über [alt]+[L]. Eine ziemliche Umstellung, an die Sie sich aber schnell gewöhnen sollten; mit [cmd]+[Q] schließen Sie nämlich das komplette E-Mail-Programm, wenn Sie einfach nur ein @-Zeichen eingeben wollten, denn »Q« steht hier für »quit«, also »schließen«.

Auch beim €-Zeichen müssen Sie statt der [cmd]-Taste die [alt]-Taste benutzen, um zum Ziel zu kommen. Immerhin bleibt aber die zweite Taste gleich: Mit [alt]+[E] fügen Sie dieses Sonderzeichen ein.

3 Finder und Dock – Zugriff auf Dateien und Programme

An dieser Stelle können wir Ihnen schon einmal versichern, dass das Arbeiten mit OS X einfach Spaß macht. Wie im vorhergehenden Kapitel beschrieben, sind aber einige Grundkenntnisse notwendig, damit der Umzug zu OS X keine Reise ins Ungewisse wird. In diesem Kapitel geht es deswegen vor allem um den Finder und das Dock als die wichtigsten Anlaufstellen auf Ihrem Mac.

OS X – zu einfach?

In diesem und auch späteren Kapiteln werden Sie des Öfteren damit konfrontiert, dass diese oder jene Funktion zusätzlich geladen oder eingeblendet werden muss, um das »Windows«-Feeling zu erreichen beziehungsweise liebgewordene Funktionen auch unter OS X nutzen zu können. Warum diese Tools nicht schon standardmäßig aktiv sind? OS X soll ein einfach zu bedienendes System sein. Folglich ist die Basisinstallation darauf ausgelegt, den Anwender nicht durch zu viel Information und Funktion zu überfordern.

3.1 Dateiverwaltung mit dem Finder

Der Finder ist sozusagen die Kommandobrücke Ihres Macs. Alles, was mit Dateien, Ordnern oder Programmen zu tun hat, wird hier zusammengefasst und koordiniert. Das klingt ganz nach einer Mischung aus Windows-Explorer und Arbeitsplatz – tatsächlich werden Ihnen viele Funktionen und selbst die Bedienung vertraut vorkommen. Vor allem aber werden Sie verblüfft sein, wie problemlos, einfach und praktisch Sie künftig unter OS X mit Daten jonglieren können.

Aufbau des Finders

Wenn Sie ein Finder-Fenster geöffnet haben, zum Beispiel per Klick auf das Finder-Icon ganz links im Dock, erscheint das Bild aus Abbildung 3.2. Die wichtigsten Schnellverknüpfungen sind in der Seitenleiste im Bereich **Favoriten** ❶ untergebracht. Per Voreinstellung kommen Sie auf den Schreibtisch, zu den Programmen und zu Ihren Dokumenten, Ihren Filmen, Ihrer Musik und Ihren Bildern.

∧ Abbildung 3.1
Der Finder – Windows-Explorer, Arbeitsplatz und »Computer« in einem

Alle meine Dateien

Diese Funktion bringt alle Dokumente, die OS X auch als solche erkennt, als praktische Übersicht auf den Bildschirm. **Alle meine Dateien** ist damit eine dynamische, ordner- und laufwerksübergreifende Zusammenstellung und kein »echter« Ordner.

Sie können nach Belieben weitere Ordnerverknüpfungen anlegen. Das geht ganz einfach: Navigieren Sie im Finder einfach zu dem gewünschten Ort auf Ihrer Festplatte. Normalerweise wird das ein Ordner sein. Dann ziehen Sie diesen Ordner einfach mit gedrückter primärer Maustaste in die Rubrik **Favoriten**. Damit ist eine Verknüpfung hergestellt. Soll der Ordner von dort wieder entfernt werden, wird es etwas komplizierter: Hier hilft nur ein sekundärer Mausklick auf die entsprechende Verknüpfung und die Auswahl von **Aus der Seitenleiste entfernen**.

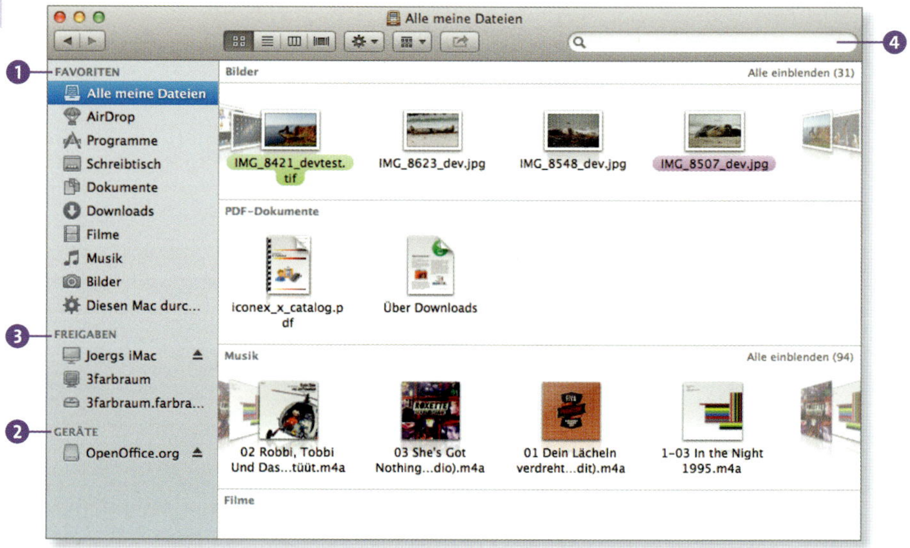

Abbildung 3.2 >
Der Finder ist Ihre ganz persönliche Kommandozentrale.

Ebenfalls in der linken Spalte werden unter **Geräte** ❷ alle aktiven Laufwerke angezeigt. Im Gegensatz zu Windows werden »leere« Laufwerke, wie beispielsweise ein Kartenlesegerät ohne eingelegte Speicherkarte, nicht angezeigt. Erst wenn ein Medium eingelegt wird, erscheint es in der Seitenleiste des Finders. Das gilt auch für CD- und DVD-Laufwerke. Die **Freigaben** ❸ erscheinen nur dann, wenn der Mac an einem Netzwerk mit anderen Computern angeschlossen ist.

^ Abbildung 3.3
In diesem Suchfeld können Sie nach Dateien, Ordnern und vielem mehr suchen.

Direkt aus dem Finder heraus kann eine Suche nach Dokumenten oder Dateien gestartet werden. Beachten Sie das Suchfeld ❹: Hier tippen Sie einfach den Begriff oder Namen ein, nach dem Sie auf Ihrem Computer suchen möchten. OS X zeigt Ihnen bereits während des Eintippens passende Suchergebnisse und filtert sie detaillierter, je mehr Buchstaben Sie eingeben. Die umfassende Suchfunktion heißt *Spotlight*, und in Abschnitt 4.2, »Besser suchen und finden mit Spotlight«, und in Kapitel 12, »Systemeinstellungen zum schnellen Nachschlagen«, lernen Sie, sie im Detail anzuwenden.

Ein weiteres praktisches Werkzeug ist die *Übersicht* ❺. Viele Dokumenttypen, Bilder oder Videos können Sie damit direkt im Finder betrachten – ganz ohne langwierigen Programmstart. Einfach die gewünschte Datei auswählen und die Leertaste drücken. Ein weiterer Druck auf die Leertaste schließt die Ansicht wieder.

Schnellansicht per Taste

Mit der Leertaste können Sie jede unterstützte Datei im Finder direkt per Tastendruck in Großansicht laden. Soll die Datei dann in ihrem zugeordneten Programm geöffnet werden, klicken Sie einfach auf den Button oben rechts **Öffnen mit [Programmname]**.

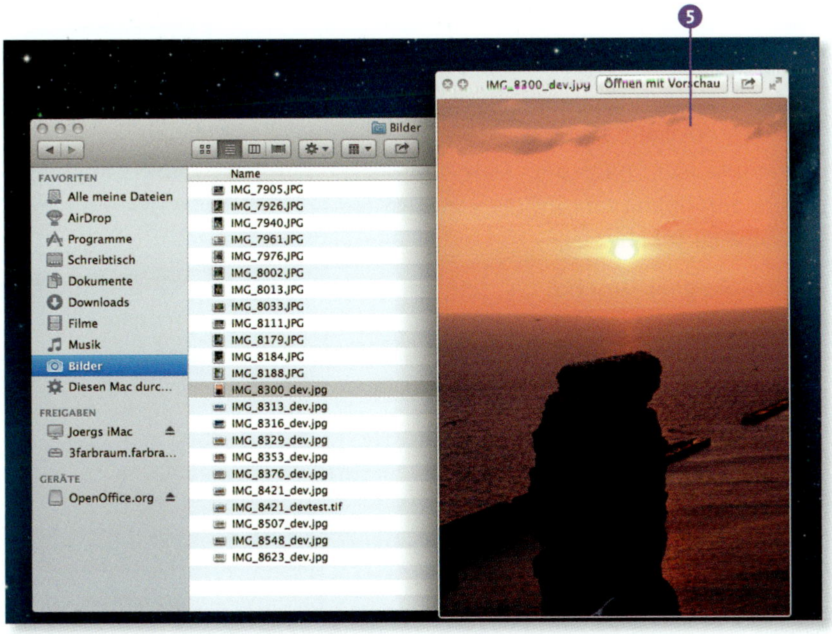

< Abbildung 3.4
Die Übersicht ist bei OS X immer verfügbar und bringt Bilder, PDFs oder Office-Dokumente ganz schnell groß auf den Bildschirm.

Symbolleiste

Die Symbolleiste des Finders ist sehr simpel und mit wenigen Symbolen ausgestattet. Die ersten zwei ❻ werden Ihnen von Ausflügen ins Internet her bekannt vorkommen. Direkt nach dem Öffnen eines Finder-Fensters sind die beiden Pfeile noch nicht anklickbar. Sobald Sie sich aber durch verschiedene Ordner auf Ihrem Mac bewegt haben, werden sie aktiv. Sie können dann über Klicks auf diese zwei Pfeile komfortabel eine Ordnerebene höher oder tiefer springen.

< Abbildung 3.5
Die Symbolleiste des Finders ermöglicht Ordnernavigation und bietet Ansichtsoptionen.

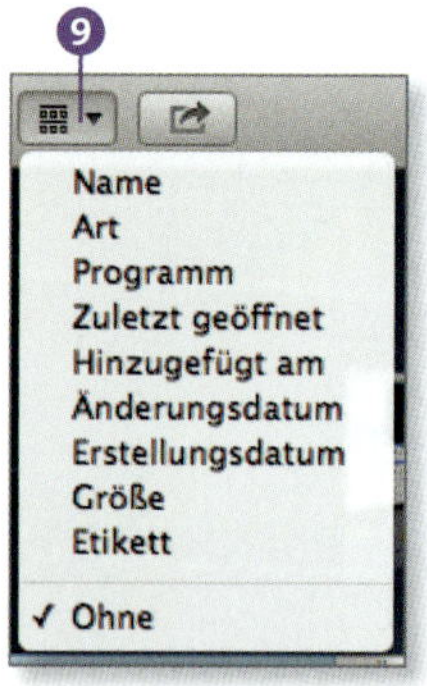

Abbildung 3.6
Die Sortierung der Dateien kann hier geregelt werden.

Die nächsten vier Buttons (7) (ebenfalls noch in Abbildung 3.5 zu sehen) sind für die Ordneransicht zuständig. Sie können zwischen einer Symbol-, Listen-, Spalten- oder Cover-Flow-Ansicht wählen. Das Zahnradmenü **Vorgänge** (8) beinhaltet all das, was Sie auch mit der rechten Maustaste im Kontextmenü erledigen können. Mehr dazu lesen Sie in Kapitel 4, »Mit Dateien und Programmen arbeiten«.

Wie die jeweils eingeblendeten Dateien angezeigt werden, wird über den nächsten Button (9) geregelt. Die Sortierung kann nach verschiedensten Kriterien erfolgen. Bei Fotos ist es beispielsweise durchaus sinnvoll, die Sortierung nicht nach dem Dateinamen, sondern nach dem Erstellungsdatum vorzunehmen, um die Schnappschüsse in der gewünschten Reihenfolge zu sehen.

Wollen Sie gleich mehrere Ordnerebenen überspringen, klicken Sie einfach mit gedrückter [cmd]-Taste auf das Ordnersymbol oder die Ordnerbeschriftung im Fenstertitel (10). Es erscheint ein Menü, in dem Sie jeden der übergeordneten Ordner auswählen können.

Abbildung 3.7
Ein Klick auf die Ordnerbeschriftung zeigt die genaue Ordnerhierarchie an und ermöglicht den Sprung über mehrere Ordner hinweg.

Ansichtsoptionen umschalten

Die verschiedenen Ansichtsmöglichkeiten schalten Sie im Finder über die entsprechenden Symbole um. Alternativ klappt das auch über die Tastatur und die Kombination aus [cmd]+[1], [2], [3] oder [4].

Wer lieber auf Tastaturbedienung setzt, kommt ebenfalls ganz auf seine Kosten: Über [cmd]+[↑] bzw. [cmd]+[↓] können Sie über das Keyboard ebenfalls die Ordnerebene wechseln.

Symbolansicht

In der Symbolansicht (1) werden Ihnen alle Dateien und Programme mit einem großen Symbol angezeigt, Bilder sogar in einer kleinen Vorschau.

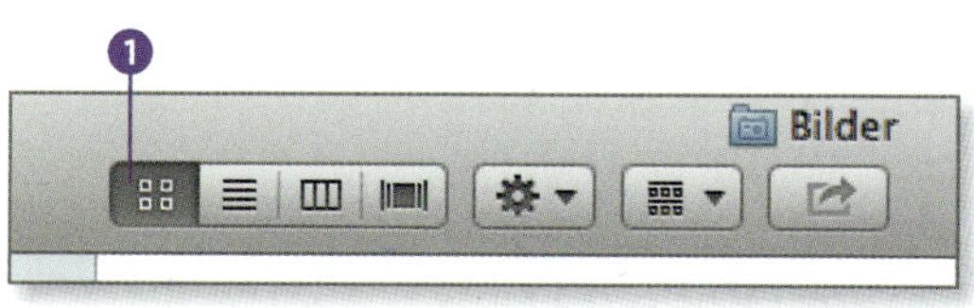

Abbildung 3.8
Der Button für die Symbolansicht im Finder

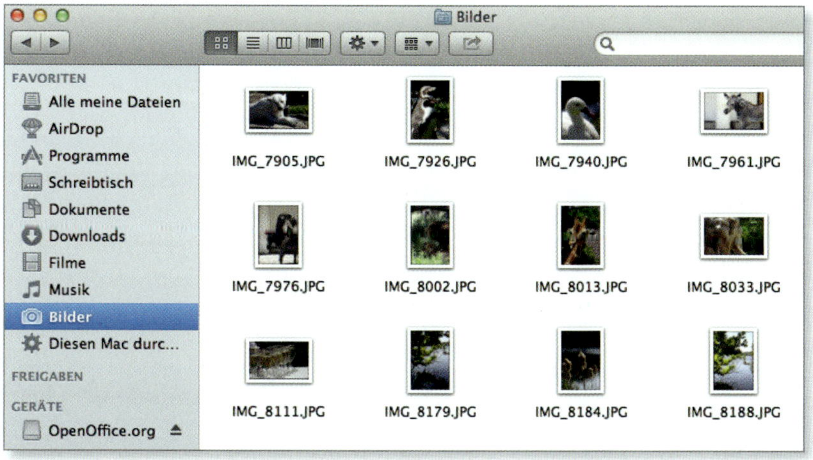

Abbildung 3.9
Die Symbolansicht – perfekt für den schnellen Überblick

In Windows kannten Sie diese Ansicht ebenfalls als Symbolansicht, allerdings gab es dort gleich mehrere Versionen, in denen hauptsächlich die Größe der Symbole variierte.

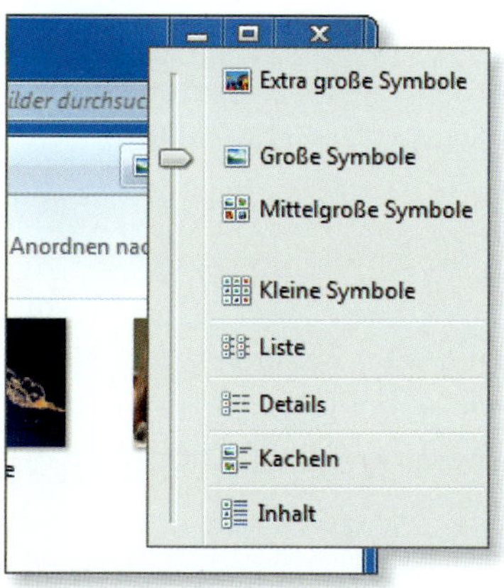

Abbildung 3.10
So viele Symbolansichten in Windows ...

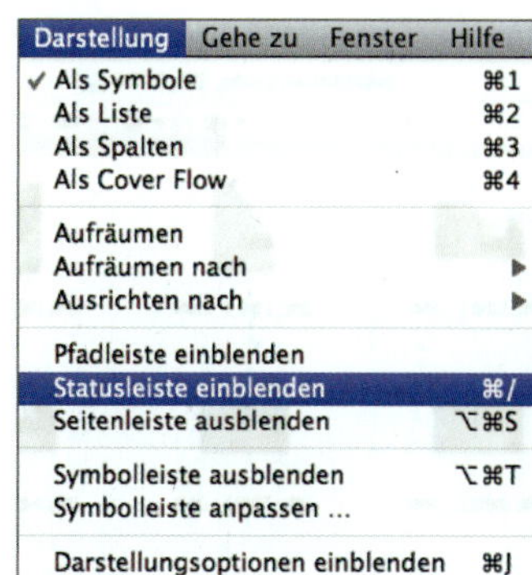

Abbildung 3.11
Die Statusleiste bringt mehr Info in das Finder-Fenster.

Am Mac lässt sich die Symbolgröße stufenlos mit einem Schieberegler anpassen, der allerdings zuerst im Menü **Darstellung > Statusleiste einblenden** aktiviert werden muss. Der Zoomregler ❷ erscheint dann ab sofort im unteren Bereich Ihres Finder-Fensters.

Abbildung 3.12
Der Zoomregler muss separat eingeblendet werden.

In der Statusleiste können Sie übrigens nicht nur die Symbolgröße ändern. Dort wird auch der verbleibende Speicherplatz (❸ in Abbildung 3.12) auf dem aktuellen Laufwerk angezeigt.

Die Ordnernavigation in der Symbolansicht funktioniert genauso wie bei Windows: Wenn Sie mit der linken Maustaste auf einen Ordner doppelklicken, kommen Sie in die nächste Ebene. Zurück geht es dann entweder mit den Navigationspfeilen links oben oder, wie vorher schon beschrieben, über die Fensterbeschriftung oder Tastenkürzel.

Symbolansicht anpassen

Um die Ansicht ganz auf Ihre Bedürfnisse abzustimmen, klicken Sie in der Finder-Menüleiste auf **Darstellung** und dann auf **Darstellungsoptionen einblenden**.

Abbildung 3.13
Die Darstellungsoptionen der Symbolansicht

Ausrichten nach ❶ entscheidet, ob Sie die einzelnen Dateien einfach im Ordner frei arrangieren können oder ob eine Sortierung nach Erstellungsdatum, Dateiname etc. erfolgen soll. Wählen Sie hier zum Beispiel **Programm**, werden die Dateien des Ordners jenen Programmen zugeordnet, mit denen sie standardmäßig geöffnet werden. Diese Ansichten können dann mit **Sortiert nach** ❷ wiederum nach Name, Erstellungsdatum usw. arrangiert werden. Ziemlich speziell, aber unter Umständen ganz nützlich.

Je nach Computerbildschirm ist es sinnvoll, die **Symbolgröße** ❸ mit dem Schieberegler zu verändern. Das können Sie aber auch alternativ, wie vorhin beschrieben, über den Regler unten im Finder-Fenster steuern. Der **Gitterabstand** ❹, der ebenfalls per Schieberegler zu verstellen ist, setzt die Symbole entweder dicht gedrängt oder sehr großzügig nebeneinander.

Die folgenden Optionen beziehen sich auf die Darstellung des Dateinamens. Wenn Sie Brillenträger sind, ist die 12 Punkt große Bildschirmschrift vielleicht einfach zu klein. Ändern Sie sie doch einfach wunschgemäß ab ❺. Ebenfalls optional wird der Dateiname auch neben statt üblicherweise unter den Bildsymbolen platziert ❻. Ein Häkchen bei **Objektinfo einblenden** ❼ beispielsweise gibt bei Digitalfotos die Fotoauflösung als zusätzliche Information an. Natürlich ist **Symbolvorschau einblenden** ❽ ebenfalls sinnvoll, da ansonsten nicht die jeweilige Objektvorschau, sondern nur das Programmsymbol angezeigt wird, das dem jeweiligen Dateiformat zugewiesen wurde. Im Bereich **Hintergrund** ❾ haben die OS X-Macher noch ein ganz spezielles Feature versteckt. Statt der für Finder-Fenster üblichen weißen Hintergrundfarbe ist es dort möglich, eine Farbe nach Wunsch oder sogar ein eigenes Digitalfoto zu hinterlegen.

Das ist ein nettes Gimmick, gehört aber doch eher in die Rubrik »Dinge, die die Welt nicht braucht«.

Praktisch hingegen ist der Button **Als Standard verwenden** ⑩. Alle Ordner, die keine speziellen Einstellungen haben, werden dann genauso geöffnet, wie in den Darstellungsoptionen eingeblendet. In die gleiche Richtung geht die Checkbox ganz oben in diesem Fenster. Mit **Immer in Symboldarstellung öffnen** ⑪ wird immer nur der gerade geöffnete Ordner mit eben diesen Einstellungen angezeigt.

Die Symbolansicht hat folgende Vor- und Nachteile: Wegen der großen Symbole ist sie zur Bildauswahl hervorragend geeignet. Für das Datenhandling ist sie allerdings etwas unübersichtlich.

Listenansicht

Ganz geordnet geht es in der Listenansicht ⑫ zu. Hier werden Ihre Daten mit kleinen Symbolen säuberlich aufgelistet präsentiert. Hinter dem Dateinamen finden Sie Informationen zum Sicherungs- und Erstellungsdatum sowie zur Größe. Diese Ansicht ist damit das Äquivalent zur Ansicht **Details** unter Windows.

Die Navigation funktioniert grundsätzlich wie bei der Symbolansicht. Allerdings können Sie Unterordner und deren Inhalt verschachtelt anzeigen lassen, ohne die momentane Ebene zu verlassen. Klicken Sie hierzu einfach mit der linken Maustaste auf das Dreieck ⑬ vor einem beliebigen Ordner – er wird dann komplett mit Inhalt aufgeklappt. Ein erneuter Klick auf das Dreieck schließt ihn wieder.

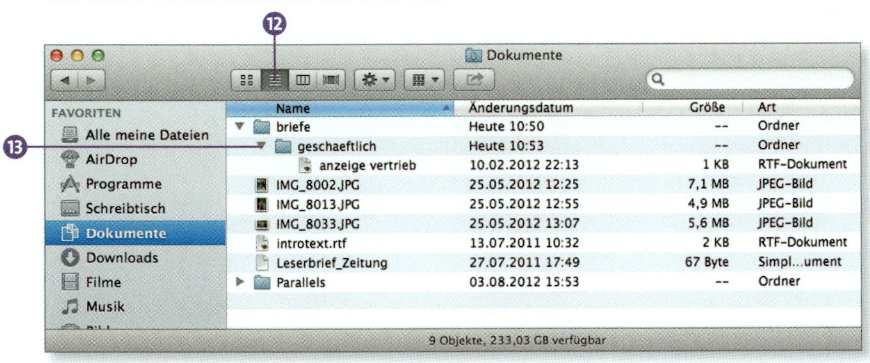

< Abbildung 3.14
Die Listenansicht bleibt auch bei großen Datenmengen übersichtlich.

Ein weiterer Vorteil dieser Ansicht ist, dass hier mehrere Ordner und Unterordner gleichzeitig geöffnet werden können. Das kann auf Dauer natürlich auch etwas unübersichtlich werden. Aus diesem Grund können Sie mit gedrückter `alt`+`cmd`-Taste und Mausklick auf den obersten Ordner auch alle Unterordner auf einmal auf- und zuklappen.

Listenansicht anpassen

Auch die Listenansicht kann ganz nach Wunsch über **Darstellungsoptionen** im Menü **Darstellung** konfiguriert werden. Im Folgenden erklären wir Ihnen kurz die einzelnen Einstellungsmöglichkeiten.

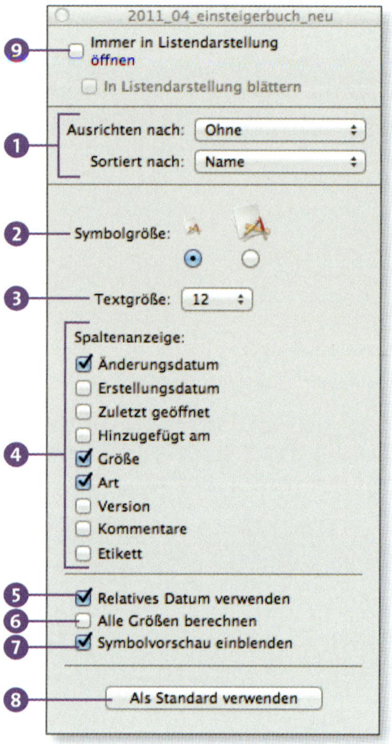

Abbildung 3.15
Die Darstellungsoptionen der Listenansicht

Ausrichten nach und **Sortiert nach** ❶ funktioniert ganz so, wie in der Symboldarstellung beschrieben. Allerdings hat Apple schon beim ersten Menüpunkt gespart: Bei der **Symbolgröße** ❷ kann nur zwischen klein oder groß gewählt werden. Bei der Darstellungsgröße der Dateinamen haben Sie da unter **Textgröße** ❸ schon etwas mehr Auswahlmöglichkeiten. Im Menüpunkt **Spaltenanzeige** ❹ definieren Sie, welche Dateiinformationen im Finder neben dem Dateinamen angezeigt werden sollen. Vorsicht: Je mehr Sie hier per Klick auswählen, desto unübersichtlicher wird die Ansicht.

Nun wird es richtig spannend: Was in aller Welt meint OS X mit **Relatives Datum verwenden** ❺? Ganz einfach – ist dieser Menüpunkt aktiviert, benutzt das System die Bezeichnung »Gestern« und »Heute« in der Listenansicht, anstatt das entsprechende Datum auszuschreiben. Liegt die Änderung schon länger zurück, gibt das Betriebssystem dann ganz »normal« das Datum an.

Alle Größen berechnen ❻ müssen Sie nur anhaken, wenn Sie auch bei Ordnern direkt in der Liste die Gesamtgröße sehen möchten. Beachten Sie, dass OS X zu dieser Berechnung einige Sekunden Zeit benötigt. Die **Symbolvorschau** ❼ sollte aktiviert sein, damit Bilder und Mediadateien direkt als kleines Foto angezeigt werden.

Auch bei der Listenansicht gilt: Alle Ordner, die keine speziellen Einstellungen haben, werden mit **Als Standard verwenden** ❽ dann genauso geöffnet, wie es in den Darstellungsoptionen eingeblendet ist. Mit **Immer in Listendarstellung öffnen** ❾ wird stets nur der gerade geöffnete Ordner mit eben diesen Einstellungen angezeigt.

Die Listenansicht hat folgende Vor- und Nachteile: Sie ist übersichtlich; die Symbole sind in dieser Ansicht jedoch sehr klein.

Spaltenansicht

Für Windows-User ist die Spaltenansicht ❿ mit Sicherheit die ungewöhnlichste der vier Ansichtsformen. Es lohnt sich allerdings, sich auf diese neue Erfahrung einzulassen.

In dieser Ansicht sehen Sie nur den Datei- oder Ordnernamen mit einem kleinen Symbol ⓫ in der Liste. Weitere Informationen beziehungsweise der Inhalt werden erst mit einem Mausklick auf das Symbol angezeigt. Dann erhalten Sie neben einem Vorschaubild ⓬ auch detaillierte Informationen ⓭.

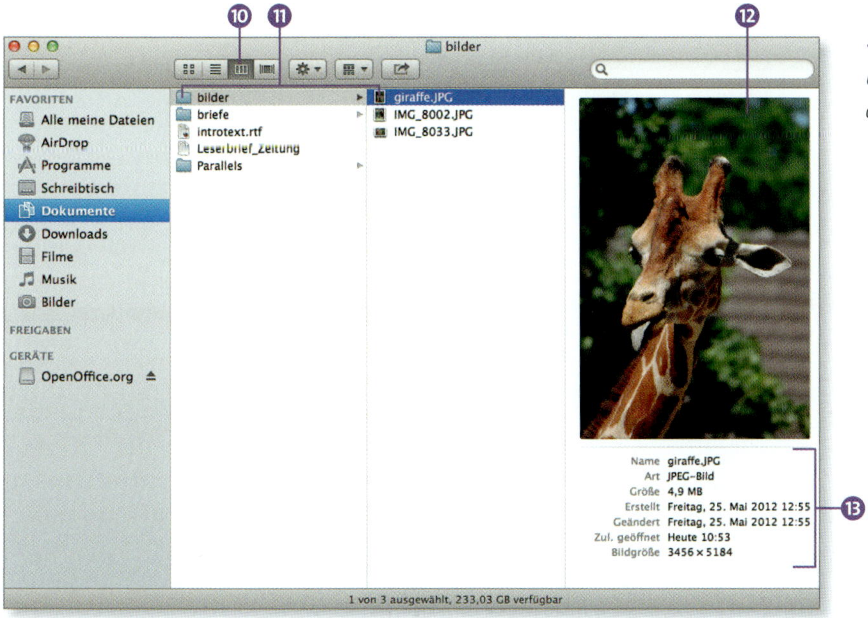

Abbildung 3.16
Ungewöhnlich effizient – die Spaltenansicht

Um in dieser Ansicht durch Ihre Ordnerhierarchie zu navigieren, klicken Sie auf einen Ordner. Daraufhin klappen die Unterordner in diesem Ordner sowie alle Inhalte nach rechts auf. Der große Vorteil dieser Ansicht ist, dass Sie immer sämtliche Ordner und Unterordner im Blick haben und gleichzeitig Ihren Klickverlauf sehen können.

Spaltenansicht anpassen

Die Spaltenansicht lässt wenig Raum zur ganz persönlichen Darstellung. Es finden sich daher unter den Darstellungsoptionen auch nur wenige Punkte. Die Punkte **Ausrichten nach** und **Sortiert nach** ⓮ (siehe Abbildung 3.16) funktionieren wieder so, wie schon in der Symboldarstellung beschrieben. Wie auch bei den anderen drei Ansichtsvarianten hat der Anwender die Möglichkeit, die **Textgröße** ⓯ der Dateinamen zu verändern.

Eine Besonderheit hingegen ist der Menüpunkt **Symbole einblenden** ⓰. Entfernt man dieses Häkchen, werden in der Spaltenansicht nur die Dateinamen aufgelistet. Das ist nicht gerade übersichtlich und vielleicht eher für Anwender gedacht, die von DOS direkt zu OS X wechseln. (Entschuldigung, das war ein kleiner Seitenhieb auf Microsofts

Kommandozeilen-Betriebssystem: Das war in den 1990er-Jahren noch sehr populär, während man mit Apples Mac OS X schon damals ein grafisches Betriebssystem hatte.)

Abbildung 3.17 >
Die Darstellungsoptionen der Spaltenansicht sind recht übersichtlich.

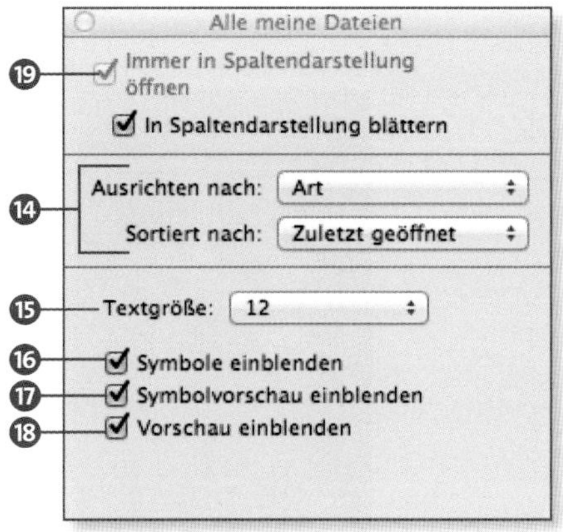

Mit **Symbolvorschau einblenden** ⑰ wird bei Digitalfotos gleich das gesamte Foto im Kleinformat und nicht nur das zugewiesene Programmsymbol angezeigt. Ob die Ansicht tatsächlich angezeigt wird, hängt davon ab, ob Ihr Mac dieses Dateiformat kennt und ob es korrekt abgespeichert ist. Bei einigen PC-Formaten gibt es da Probleme. Sobald das Bild oder Dokument mit dem entsprechenden Mac-Programm geöffnet und wieder gespeichert wird, wird aber auch hier eine Vorschau angezeigt.

Um beim Anklicken einer Datei auch gleich ein Vorschaubild mit Detailinformationen wie Erstellungsdatum, Größe und Änderungsdatum zu erhalten, sollte bei **Vorschau einblenden** ⑱ ebenfalls ein Häkchen gesetzt sein.

Mit **Immer in Spaltendarstellung öffnen** ⑲ wird der gerade geöffnete Ordner auch beim nächsten Öffnen mit eben diesen Einstellungen angezeigt. Im Gegensatz zu den anderen Ansichtsvarianten kann die Spaltenansicht nicht als Standard für alle Ordner verwendet werden.

Folgende Vor- und Nachteile hat die Spaltenansicht: Sie ist perfekt zur Navigation durch viele Unterordner geeignet und blitzschnell. Allerdings erfordert sie etwas Einarbeitungszeit, und Details werden erst beim Anklicken sichtbar.

Cover-Flow-Ansicht

Die sicher schönste Variante, gerade um Dokumente und Bilder zu durchforsten, ist die Cover-Flow-Ansicht ❶. Digitalfotos und Videos werden

- ❼ Kalender
- ❽ Erinnerungen
- ❾ Notizen
- ❿ Nachrichten
- ⓫ FaceTime
- ⓬ Photo Booth
- ⓭ iPhoto
- ⓮ iTunes
- ⓯ App Store
- ⓰ Systemeinstellungen
- ⓱ Liste aller Downloads (Stacks)
- ⓲ Papierkorb

Auf die einzelnen Programme kommen wir im Laufe des Buches noch genau zu sprechen. Wie bei Windows handelt es sich hier nur um Verknüpfungen, die auf das entsprechende Programm am jeweiligen Speicherort zugreifen.

Wenn Sie ein Programm aus dem Dock starten möchten, reicht ein Mausklick auf das jeweilige Programmsymbol. Das anschließend »loshüpfende« Symbol verrät Ihnen, dass das Programm geladen wird. Ist es einsatzbereit, bekommt es zusätzlich einen kleinen, leuchtenden, aber leider nur schwer zu erkennenden Punkt ⓳. Alle geöffneten Anwendungen werden so gekennzeichnet.

Anzahl der Programme

Nicht alle auf Ihrem Mac verfügbaren Programme sind im Dock abgelegt. Auch neu installierte Software wird dort nicht automatisch verknüpft. Das müssen Sie selbst tun. Wie das geht, erfahren Sie im nächsten Abschnitt.

Abbildung 3.28
An dem kleinen blauen Punkt erkennen Sie, dass das Programm gestartet ist.

Wie kommen Programme in das Dock und wie wieder heraus?

Natürlich können Sie das Dock nach Ihren Wünschen und Vorstellungen einrichten – und das zu tun, ist wirklich keine Hexerei. Um ein Programm im Dock zu verlinken, müssen Sie den Ordner **Programme** über die Leiste am linken Rand des Finder-Fensters aufrufen. Haben Sie das Programmsymbol gefunden, können Sie es einfach per Drag & Drop an eine beliebige Stelle im Dock ziehen und so dort platzieren. Sie können die Symbole auch im Finder-Fenster, also beispielsweise im Ordner **Programme**, per Drag & Drop umsortieren und ihre Reihenfolge Ihren Wünschen anpassen.

Um ein nicht gewünschtes Programm – oder besser gesagt dessen Verknüpfung – aus dem Dock zu löschen, greifen Sie es einfach mit der Maus und ziehen es aus dem Dock nach oben heraus. Apple hat aus Sicherheitsgründen, damit man nicht aus Versehen Apps aus dem Dock entfernt, einen Sicherheitsabstand eingebaut. Erst wenn Sie die App deutlich über das Dock hinausziehen, sehen Sie das kleine Wölkchen auf dem Schreibtisch, mit dem Ihr Programmsymbol »verpufft«; die App ist damit aus dem Dock gelöscht, aber natürlich noch immer im Ordner **Programme** verfügbar.

Abbildung 3.29 >
Platz für neue Programme – so zieht man die Anwendungen ins Dock.

Abbildung 3.30 >
Mit einer Staubwolke verabschieden sich unerwünschte Programme aus dem Dock.

Stapel selbst machen

Ihnen gefallen die aufgefächerten Ordner **Dokumente** und **Downloads** im Dock? Sie können hier *jeden* beliebigen Ordner Ihrer Festplatte zusätzlich ablegen. Ziehen Sie einfach den Ordner wie ein Programm, und lassen Sie ihn rechts vom Trennstrich los. Schon wird der Ordner im Dock zu einem Stapel, und Sie können sich seinen Inhalt mit einem Mausklick anzeigen lassen.

Geöffnete Programme, die nicht im Dock verlinkt sind, werden dort trotzdem angezeigt. Sobald die Anwendungen beendet werden, verschwindet auch das Symbol wieder aus dem Dock. Möchten Sie ein so geöffnetes Programm permanent im Dock behalten, klicken Sie das Icon im Dock einfach mit der rechten Maustaste an und wählen **Optionen > Im Dock behalten**. So haben Sie in Ihrem »Windows-Startmenü-Ersatz« immer nur jene Programme, die Sie auch wirklich brauchen.

Downloads, Dokumente und Programme als Stapel

Rechts neben der Trennlinie im Dock finden Sie einen Ordner, der Ihnen den Direktzugriff auf Ihre Downloads ❶ ermöglicht – anstatt eine normale Finder-Ansicht zu öffnen, klappt hier ein praktischer Dateistapel auf. Das sieht – wie wir finden – ausgesprochen hübsch aus und kann die tägliche Arbeit erleichtern. Die Ansicht variiert je nach Menge der abgespeicherten Werke.

Klicken Sie einfach einmal auf das Icon, und die Liste wird eingeblendet. Ein zweiter Klick auf das jeweilige Icon öffnet dann entweder den Ordner oder die Datei. Zusätzlich haben Sie noch die Möglichkeit, über **Im Finder öffnen** ❷ auf den Ordner **Downloads** im Finder zuzugreifen.

Abbildung 3.31
Praktisch bei wenigen Dateien – die standardmäßig eingestellte Fächeransicht im Download-Stapel

In diesem Bereich neben dem Papierkorb hat aber nicht nur der **Downloads**-Ordner Platz. Sie können tatsächlich jeden beliebigen Ordner aus dem Finder ins Dock hineinziehen und damit für den Schnellzugriff bereitmachen.

Es gibt mehrere Möglichkeiten, die Darstellung des Stapels optimal einzustellen. Ein Klick mit der rechten Maustaste auf den Ordner im Dock genügt, schon öffnen sich die Darstellungsoptionen (siehe Abbildung 3.31). Beachten Sie darin auch die Sortieroptionen, die definieren, wie die Dateien in den Stapeln angezeigt werden sollen. Die Listenansicht ist gerade bei vielen Dateien praktisch; für Fotos ist die Symbolansicht schöner.

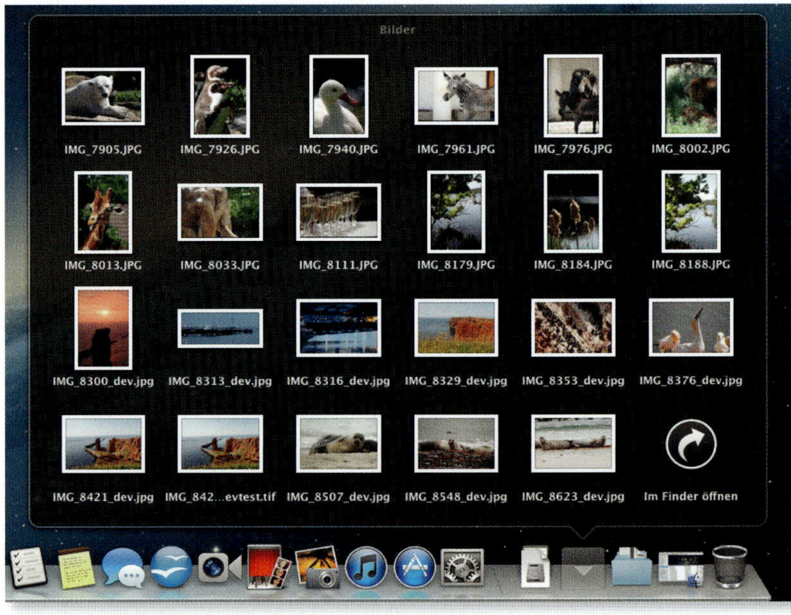

Abbildung 3.32 >
Die Symbolansicht ist besonders bei Fotos perfekt.

Einstellungen

Nicht nur inhaltlich, sondern auch grafisch kann das Dock nach Ihrem Geschmack eingerichtet werden. Alle Einstellungen können über einen Rechtsklick auf die Leerfläche des Docks vorgenommen werden. Nach dem Klick erscheint ein Auswahlmenü.

Abbildung 3.33 >
Das Dock kann nach Belieben konfiguriert werden.

Mit **Dock ausblenden** ❶ kommt Ihr Dock so richtig in Schwung: Wird es nicht benötigt, verschwindet es im unteren Bildschirmrand. Eine Mausbewegung in diese Richtung lässt es aber jederzeit wieder auftauchen. Verspielte Zeitgenossen können mit **Vergrößerung einschalten** ❷ die Symbolanimation aktivieren. Damit erwachen die Symbole im Dock beim Darüberfahren mit dem Mauszeiger zum Leben – eine nette Spielerei.

Beim Menüpunkt **Position auf dem Bildschirm** ❸ haben Sie die Wahl, das Dock ganz klassisch unten oder rechts beziehungsweise links am Bildschirm zu fixieren. Beachten Sie aber, dass dann einige optische Effekte, wie das Aufklappen der Stapel, nicht mehr funktionieren.

Der **Effekt beim Ablegen** ❹ hat eigentlich weniger mit dem Dock als mit den Programmen und Fenstern zu tun. Hier können Sie aussuchen, ob nicht benötigte Programmfenster mit einer »linearen« oder trichterförmigen Animation im Dock in Wartestellung gehen.

Detailliert wird es bei **Systemeinstellung Dock** ❺. Mit den beiden Schiebereglern für **Größe** ❻ und **Vergrößerung** ❼ (Abbildung 3.35) kann der »digitale Programmhafen« individuell an jede Bildschirmgröße angepasst werden. Standardmäßig ist hier auch festgelegt, dass das Öffnen von Programmen (mit dem bereits erwähnten hüpfenden Symbol) animiert wird ❽ und dass (mit dem ebenfalls schon erwähnten blauen Punkt) eine Anzeige für geöffnete Programme eingeblendet werden soll ❾.

^ Abbildung 3.34
Wem es gefällt – das Dock kann auch rechts oder links am Bildschirm fixiert werden.

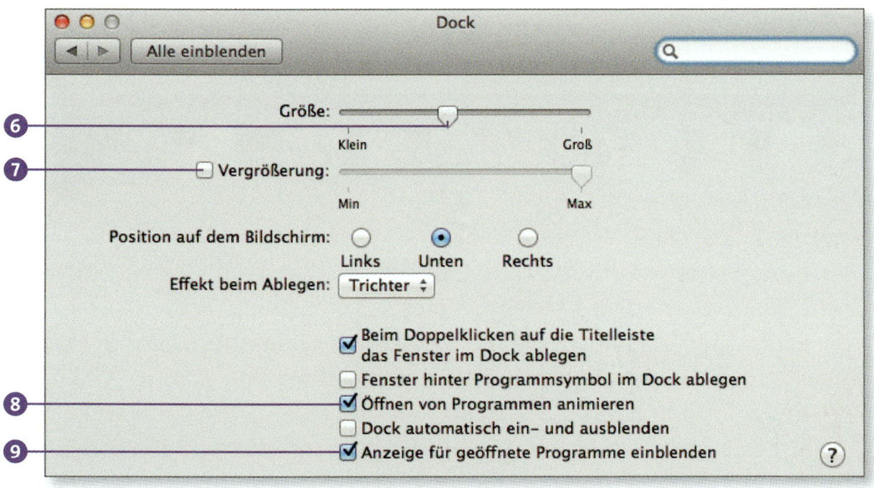

< Abbildung 3.35
Die Dock-Einstellungen im übersichtlichen Fenster

Geübte Anwender können die Größe des Docks übrigens auch mit der Maus verändern. Sobald Sie mit dem Mauszeiger auf die Trennlinie fahren, verändert sich dessen Aussehen – jetzt können Sie mit gedrückter Maustaste und einer Bewegung nach oben oder unten die Gesamtgröße des Docks anpassen.

< Abbildung 3.36
Das Dock kann man einfach per Mausklick auf die Trennlinie vergrößern oder verkleinern.

3.3 Der Papierkorb

Auch der Papierkorb ❶ ist ein wichtiger Teil des Docks, er ist aber durch die eben angesprochene Trennlinie von den Programmen deutlich abgehoben.

^ Abbildung 3.37
Das Windows-Pendant, ebenfalls gut gefüllt

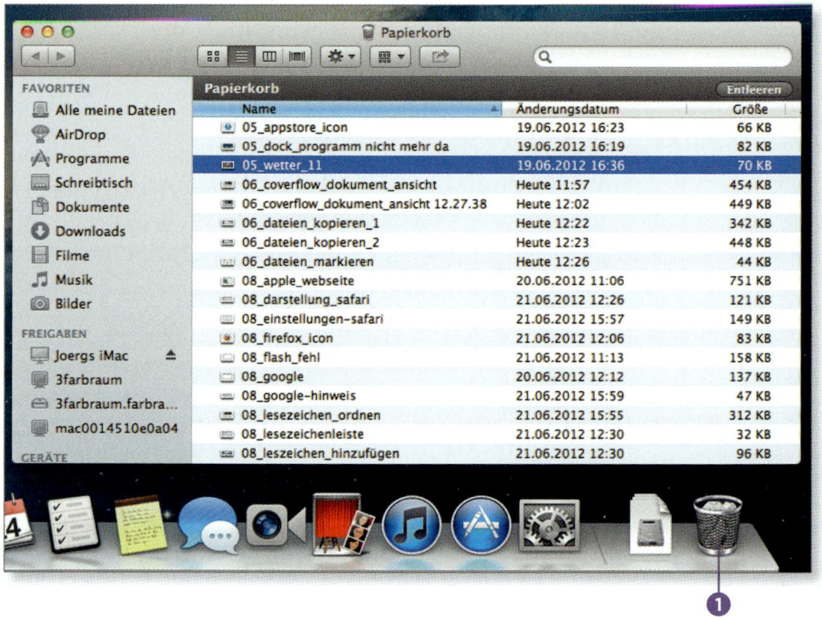

Abbildung 3.38 >
Der Papierkorb funktioniert ähnlich wie in Windows.

Wenn die Dateien auf Ihrem Schreibtisch überhandnehmen und nicht mehr benötigt werden, können Sie diese umweltfreundlich entsorgen: Mit gedrückter Maustaste ziehen Sie die unerwünschte Datei in den Papierkorb. Dieser ist aber erst »aufnahmebereit«, wenn er in vergrößerter Form zu sehen ist und etwas dunkler dargestellt wird. Ein Rascheln bestätigt, dass die Datei in der »Ablage P« gelandet ist. Alternativ können Sie Dateien auch mit dem Tastenkürzel `cmd` + `←` löschen. Das geht meist etwas schneller.

Wie von Windows gewohnt, sind auch bei Mac OS X Ihre Daten in diesem Zustand noch nicht endgültig entsorgt. Möchten Sie in Ihrem Müll wühlen, beispielsweise um fälschlicherweise gelöschte Dateien zu suchen, genügt ein simpler Klick auf das Papierkorbsymbol. Daraufhin öffnet sich direkt ein Finder-Fenster, das Ihnen alle im Papierkorb abgelegten Objekte anzeigt.

Von dort können aber keine Dateien direkt geöffnet werden. Erst wenn Sie sie mit gedrückter linker Maustaste auf den Schreibtisch ziehen, sind sie wieder als »normale Dateien« verwendbar.

Löschen im Netzwerk

Wenn Sie in einem Netzwerk arbeiten, sollten Sie beim Löschen von Dateien vorsichtig sein. Denn hier wird der Papierkorb zum Daten-Schredder – die Dateien von Netzlaufwerken werden umgehend gelöscht.

»Schatz, bring doch bitte schnell mal den Müll runter!« – auch beim Mac müssen Sie also selbst den Papierkorb ausleeren, um Ihre gelöschten Daten endgültig zu entsorgen. Klicken Sie dazu mit der rechten Maustaste auf das Papierkorbsymbol im Dock, und wählen Sie den Befehl **Papierkorb entleeren**.

< Abbildung 3.39
Mit einem sekundären Klick wird der Papierkorb entleert.

Wenn Sie sich gerade auf dem Schreibtisch befinden, können Sie alternativ auch im Menü **Finder** den entsprechenden Befehl **Papierkorb entleeren** wählen. Das klappt auch mit einem sekundären Mausklick auf den Papierkorb bei gedrückter `cmd`-Taste.

Mit **Papierkorb sicher entleeren** werden Ihre Daten so gelöscht, dass sie selbst mit Spezialsoftware nur schwer wiederherzustellen sind. Konkret werden Ihre Daten vor dem eigentlichen Löschen mehrfach mit zufälligen Bitmustern überschrieben und somit unleserlich gemacht. Sollte jemand tatsächlich versuchen, auf diesem Weg gelöschte Daten wiederherzustellen, erhält er lediglich »Datensalat«.

< Abbildung 3.40
Ab ins Daten-Nirwana – mit diesem Finder-Befehl werden gelöschte Dateien sicher und dauerhaft entfernt.

3.4 Externe Datenträger

Nicht immer werden Sie Ihre Daten nur auf Ihrem Mac speichern wollen. Gerade zum Datenaustausch werden oftmals USB-Sticks, CDs und DVDs oder auch externe Festplatten verwendet. Wenn Sie solche externen Laufwerke an Ihren Mac angeschlossen haben bzw. eine CD oder DVD eingelegt haben, werden sie in der Regel automatisch erkannt und im Finder in der Seitenleiste angezeigt.

Laufwerk ohne ABC

Laufwerke haben am Mac keine Laufwerksbuchstaben wie C: oder D:, sondern werden nur durch den Datenträgernamen bezeichnet.

Nach getaner Arbeit müssen diese externen Laufwerke auch unter OS X »von Hand« im Betriebssystem abgemeldet werden. Wenn Sie die Datenträger einfach so herausziehen, kann es zu Datenverlust kommen – nämlich dann, wenn OS X noch etwas abspeichern möchte oder eben noch nicht ganz fertig ist. Das war unter Windows nicht anders, hier ging das über **Hardware sicher entfernen**. Unter OS X heißt dieser Vorgang schlicht **Auswerfen** – ein wenig Nostalgie, kommt der Begriff doch aus Zeiten, als man noch mit Disketten gearbeitet hat.

Sie dürfen Datenträger am Mac also keinesfalls einfach abschalten – das sollte man am Windows-PC ja eigentlich auch nicht tun, aber es kommt dort zumindest keine so eindringliche Warnmeldung wie bei OS X. Immerhin müssen Sie die Verbindung nicht kompliziert über **Hardware sicher entfernen** trennen.

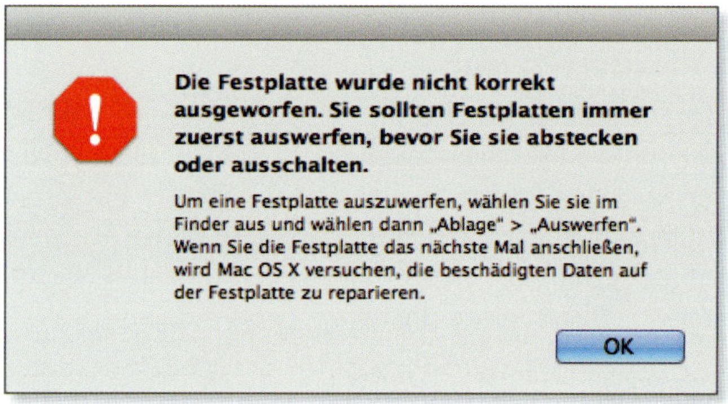

Abbildung 3.41 >
Hoppla – OS X 10.8 meckert ziemlich lautstark, wenn Sie externe Laufwerke, Speicherkarten oder USB-Sticks einfach rausziehen.

Wenn Sie nun einen externen Datenträger korrekt auswerfen wollen, klappt das einfach über das **Auswerfen**-Symbol in der Finder-Leiste hinter dem entsprechenden Laufwerk. Einmal darauf geklickt, wird es vom System abgemeldet und Datenverlust vermieden. Sollte eine Datei des externen Datenträgers noch in einem Programm geöffnet sein, verweigert OS X das Auswerfen und sagt Ihnen direkt, wo das Problem liegt.

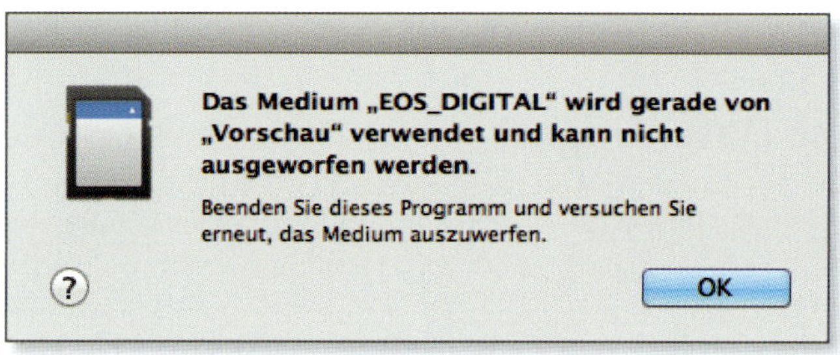

Abbildung 3.42 >
Hier werden eine oder mehrere Dateien noch von anderen Programmen verwendet, das Auswerfen schlägt daher fehl.

Wenn Sie eine Festplatte mit mehreren Partitionen (den sogenannten Volumes) geladen haben, erscheinen diese als getrennte Laufwerke. Zum

Auswerfen müssen aber nicht alle Volumes einzeln angeklickt werden. Es genügt, bei einem dieser Laufwerkssymbole auf den **Auswerfen**-Button zu drücken, denn OS X denkt mit und bietet Ihnen mit der in Abbildung 3.45 dargestellten Statusmeldung eine Entscheidungshilfe. Konkret müssen Sie hier nun entscheiden, ob Sie nur das gewählte Volume auswerfen möchten ❶ oder vielleicht doch den gesamten Datenträger mit allen aktivierten Volumes ❷.

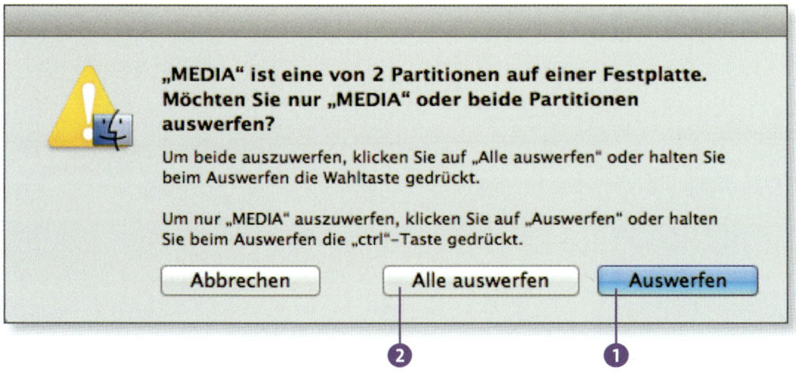

< Abbildung 3.43
OS X denkt mit – das Auswerfen einer einzelnen Partition oder des gesamten Laufwerks ist nach Wunsch möglich.

Als Windows-User werden Sie nun überrascht werden – denn der Papierkorb aus dem vorangehenden Abschnitt erfüllt beim Mac noch eine weitere Funktion. Sollten Sie Ihren Computer so eingerichtet haben, dass die Laufwerke auf dem Schreibtisch erscheinen (siehe dazu den Abschnitt »Auf der Suche nach der Festplatte« auf Seite 31 in Abschnitt 2.9), können Sie diese zum Auswerfen einfach in den Papierkorb ziehen.

∧ Abbildung 3.44
Über den Papierkorb werfen Sie nicht benötigte Medien aus.

4 Mit Dateien und Programmen arbeiten

Nachdem Sie sich nun bereits mit der Benutzeroberfläche Ihres Macs auskennen und wissen, wie Sie auf Dateien, Ordner und Programme zugreifen, wollen Sie jetzt sicher endlich richtig loslegen, nicht wahr? Und das dürfen Sie auch – in diesem Kapitel arbeiten Sie mit Programmen, installieren neue Apps und erfahren, wie Sie Dateien am Mac richtig ausdrucken, PDFs erstellen und CDs und DVDs brennen.

Abbildung 4.1
Ganz einfach – Dateien und Ordner unter OS X verwalten sich »fast wie von alleine«. (Foto: S. John, Fotolia)

Bevor es damit jedoch losgeht, erfahren Sie zunächst noch, wie Sie für Ordnung auf Ihrem Mac sorgen. So halten Sie das Datenchaos im Zaum und finden sich auch in einem halben Jahr noch gut zurecht. Und sollte doch einmal eine Datei »wie vom Erdboden verschluckt« sein, gibt es ja immer noch die grandiose Suchfunktion *Spotlight*.

4.1 Ordnung auf dem Mac – Dateien verwalten

Sicherlich kennen Sie von Windows zahlreiche Möglichkeiten, Dateien zu markieren, zu sortieren oder neue Ordner zu erstellen. Das funktioniert natürlich auch unter OS X – allerdings gibt es da ein paar Kniffe und dazu

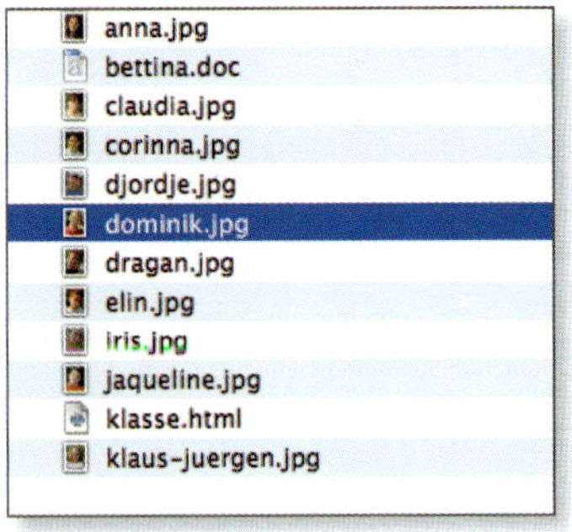

Abbildung 4.2
Klicken Sie einmal auf die gewünschte Datei, und schon ist sie markiert und damit blau unterlegt.

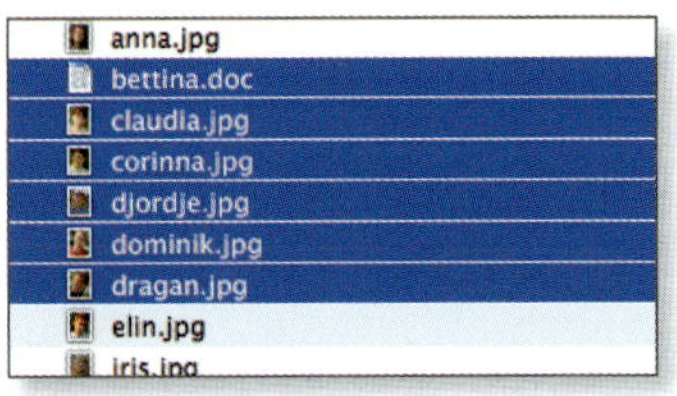

Abbildung 4.3
Zusammenhängende Dateien in einer Reihe werden mit gedrückter ⇧-Taste ganz fix markiert.

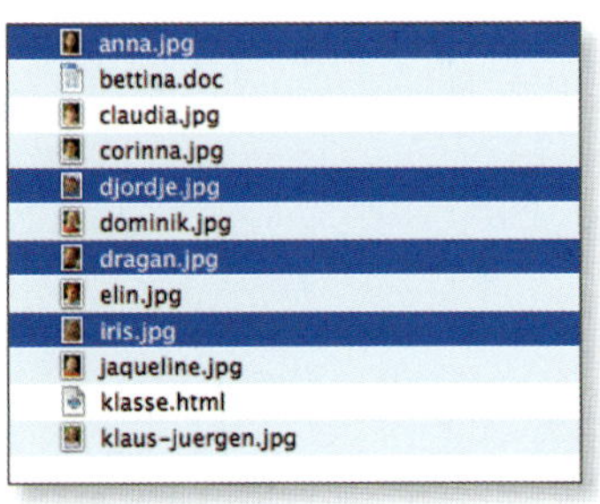

Abbildung 4.4
Um mehrere Objekte auszuwählen, die nicht in einer Reihe stehen, drücken Sie die cmd-Taste und klicken die Objekte an.

überaus praktische Funktionen, die Ihnen den grauen Alltag des Dateimanagements versüßen.

Dateien auswählen und markieren

Die Auswahl von Dateien und Objekten unter Apples OS X 10.8 ist sehr einfach und logisch gelöst. Wie bei Windows oder auch Linux werden Dateien hauptsächlich mit der Maus markiert und hin- und hergeschoben. Die Vorgehensweise wird Ihnen, sollten Sie schon länger mit Windows gearbeitet haben, recht vertraut vorkommen. Sie könnten diesen Abschnitt also unter Umständen überspringen, wenn Sie möchten. Aber vielleicht geben wir Ihnen in diesen Zeilen genau den Tipp, den Sie schon unter Windows so dringend benötigt hätten. Gehen wir die einzelnen Möglichkeiten also einmal durch:

- **Eine Datei auswählen:** Ein einzelnes Objekt, egal, ob Ordner, Multimedia-Datei oder Dokument, wird mit einem einfachen Klick ausgewählt. Standardmäßig ist es dann im Finder blau unterlegt.
- **Mehrere Dateien in einer Liste auswählen:** Sollen aus einer Dateiliste beispielsweise die Digitalfotos von Bild 10 bis Bild 33 durchgehend ausgewählt werden, markiert man zuerst das erste Objekt der Liste. Anschließend scrollt man zum letzten Objekt, drückt die ⇧-Taste und klickt auch dieses dann an – schon sind auch sämtliche Dateien und Ordner dazwischen markiert. Das ist doch ganz einfach, oder? Die ⇧-Taste können Sie übrigens loslassen, sobald die Markierung sichtbar ist.
- **Mehrere Dateien in unterschiedlicher Reihenfolge auswählen:** Oftmals möchte man in einem Ordner nur bestimmte Dateien markieren. Das funktioniert am Mac mit der cmd-Taste. Das erste Objekt wird angeklickt, und beim Anwählen weiterer Objekte halten Sie die cmd-Taste gedrückt. Haben Sie ein Objekt zu viel markiert, klicken Sie es einfach nochmals bei gedrückter cmd-Taste an. Dabei muss die Taste nicht permanent gedrückt werden. Es genügt, sie einfach vor dem nächsten Mausklick zu drücken.
- **Alle Dateien eines Ordners auswählen:** Ist ein Ordner geöffnet, in dem sämtliche enthaltenen Objekte ausgewählt werden sollen, hilft eine Tastenkombination weiter. Mit cmd+A werden sie ganz unkompliziert ausgewählt.

  Mit gedrückter cmd-Taste und Mausklick besteht hier anschließend auch noch die Möglichkeit, einzelne Objekte wieder aus der Auswahl zu entfernen. Wenn fast alle Dateien eines Ordners ausgewählt werden sollen, aber eben nicht alle, ist diese Methode oft einfacher, als die Dateien nacheinander mit der cmd-Taste anzuklicken.

- **Mehrere zusammenliegende Dateien per Auswahlrahmen auswählen:** Es gibt noch eine weitere, sehr intuitive Möglichkeit, Elemente zu markieren. Zum Ausprobieren wechseln Sie im Finder in die Symbolansicht. Ziehen Sie jetzt bei gedrückter Maustaste einen Rahmen um die Objekte, die markiert werden sollen. Lassen Sie die Maustaste los, sobald alle Objekte eingerahmt sind. Das funktioniert natürlich aber nur dann, wenn alle Dateien oder Ordner »auf einem Haufen«, also direkt nebeneinanderliegen.

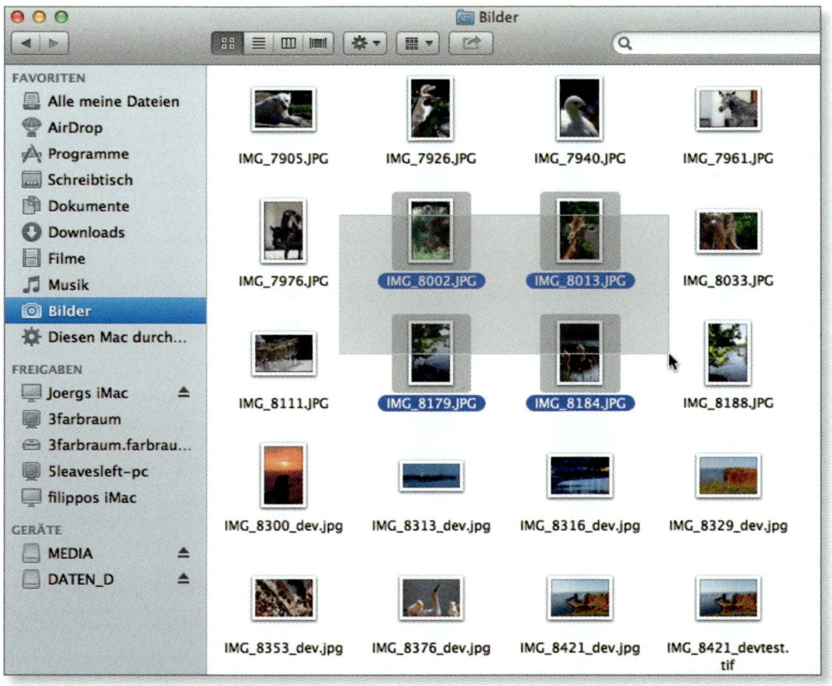

Abbildung 4.5
Das Markieren mit der Maus ist unter OS X gar nicht kompliziert.

In allen anderen Ansichtsmodi (Spalten-, Listen-, Cover-Flow-Ansicht) ist die Auswahl mit der Maus natürlich auch möglich. Hier markieren Sie nicht, indem Sie ein Rechteck aufziehen, sondern klicken einfach in die angezeigte Liste: Wählen Sie zuerst das erste Objekt einer Liste aus, und halten Sie dann die Maustaste gedrückt. Ziehen Sie die Maus nun einfach so weit nach unten oder oben, bis alle gewünschten Dateien ausgewählt sind.

Wichtig: Hier müssen der Mausklick und das Ziehen der freien Fläche vor den Dateinamen und Symbolen (1 in Abbildung 4.6) oder dahinter 2 erfolgen. Keinesfalls sollten Sie diese Markierungsart auf dem

⇧-Taste in der Symbolansicht

Warum auch immer – in der Symbolansicht ist es nicht möglich, die Blockmarkierung per ⇧-Taste durchzuführen. In diesem Ansichtsmodus hat diese Taste die gleiche Funktion wie die cmd-Taste.

Dateinamen oder dem Symbol versuchen, damit werden die Objekte nämlich verschoben oder kopiert! Auch bei dieser Markierungsmethode können Sie mit gedrückter `cmd`-Taste und Mausklick einzelne Objekte wieder aus der Auswahl entfernen.

Abbildung 4.6 >
Gut geklickt ist halb markiert.

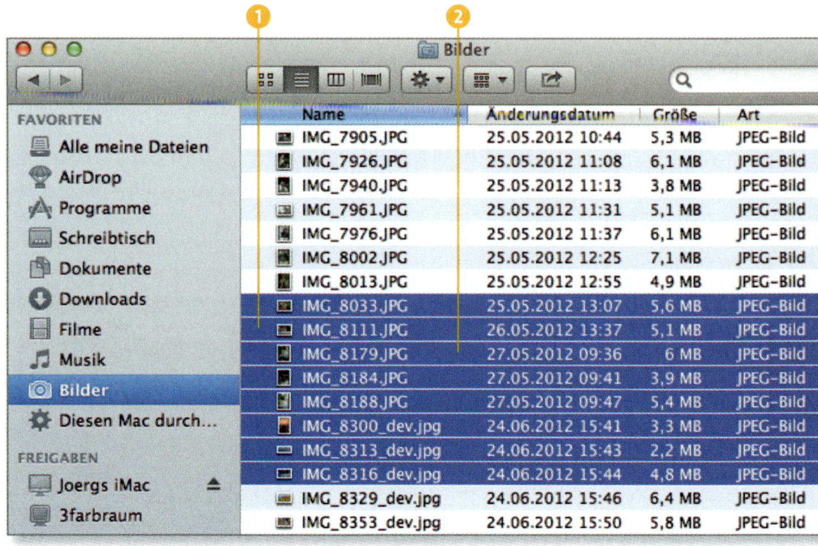

Drag & Drop

Drag & Drop nennen es die englischsprachigen Computeranwender. In Deutsch würde es wohl am besten mit »Ziehen & Fallenlassen« übersetzt werden. Egal, wie Sie es nennen, damit wird der Vorgang bezeichnet, Objekte mit der Maus zu bewegen.

Kopieren oder verschieben?

Beim Mac sieht man sehr deutlich, ob man Daten kopiert oder verschiebt. Taucht beim Ziehen der Dateien ein weißes Plus im grünen Kreis auf, wird kopiert. Falls nicht, werden die Daten verschoben. Mit gedrückter `alt`-Taste erzwingen Sie das Kopieren, beispielsweise auf dem gleichen Laufwerk.

Dateien kopieren und verschieben

So, das Markieren von Dateien funktioniert nun schon ganz prima? Dann zeigen wir Ihnen jetzt, wie Sie diese auch kopieren und verschieben können. Wie bei Windows gilt: Wenn Sie Dateien auf einem Laufwerk in ein anderes Verzeichnis legen, werden diese standardmäßig verschoben. Arbeiten Sie laufwerksübergreifend, wandert die Datei also beispielsweise von einem USB-Stick auf Ihren Home-Ordner, wird automatisch kopiert.

Sie haben unter Windows schon mal Dateien mit der Maus kopiert? Dann haben Sie bisher sicherlich zuerst den Ordner geöffnet, der die Dateien enthält, ihn auf die Seite geschoben und dann den Zielordner geöffnet und daneben platziert. Anschließend haben Sie die Dateien vom einen Ordner mit gedrückter Maustaste in den Zielordner gelegt. Stimmt so, oder? Die frohe Botschaft ist, dass Sie so auch am Mac unter OS X weiterarbeiten können. Es geht aber sogar noch etwas einfacher, wie Sie gleich sehen werden. Öffnen Sie einfach die entsprechenden Ordner oder Laufwerke, und schon können die Dateien auch am Mac mit gedrückter Maustaste kopiert und verschoben werden.

Sie müssen sich dabei nämlich lediglich zum Quellordner durchklicken – also zu jenem Verzeichnis, aus dem die Dateien kopiert werden sollen. Den Zielordner erreichen Sie auf eine andere Weise: Ziehen Sie die markierten Dateien aus dem Quellordner einfach zunächst auf das gewünschte Ziel in der Seitenleiste des Finders bei **Favoriten**. Lassen Sie die Maustaste aber nicht sofort los, sondern verweilen Sie dort einen Augenblick. Schon öffnet OS X das entsprechende Ziel in einem neuen Fenster. Auch hier ziehen Sie das kopierte »Paket«, weiterhin mit gedrückter Maustaste, auf jenen Ordner, der Sie Ihrem Ziel näherbringt. Das funktioniert sogar über mehrere »Etagen«, sprich Unterordner hinweg; und Sie können sogar auch wieder eine Stufe zurückspringen.

Am Ziel angekommen, lassen Sie die Maustaste einfach los: Die Dateien werden entsprechend abgelegt. Praktischerweise wird der Zielordner auch sofort nach dem Kopiervorgang wieder geschlossen, Ihr Desktop bleibt also schön »sauber« und ohne Fensterchaos.

Auf diese Weise bleibt Ihnen also das vorherige Öffnen des Zielordners erspart, Sie können sich stattdessen ganz intuitiv durch die aufspringenden Ordner bewegen. Wie lange es übrigens dauert, bis ein Ordner aufspringt, legen Sie in den Finder-Einstellungen fest. Sie erreichen sie über `cmd`+`,` und wählen dort im Menüpunkt **Allgemein** mithilfe eines Schiebereglers die **Verzögerung** 3.

Kopieren abbrechen

Sollten Sie versehentlich in einem falschen Ordner gelandet sein oder den Vorgang aus einem anderen Grund abbrechen wollen, drücken Sie einfach die `esc`-Taste, während Sie auch die Maustaste noch gedrückt halten.

Kopieren probieren

Kopieren mit dem Mac und der beschriebenen Methode will gelernt sein und erfordert eine ruhige Hand. Testen Sie diese Funktion am besten zuerst mit unwichtigen Dateien.

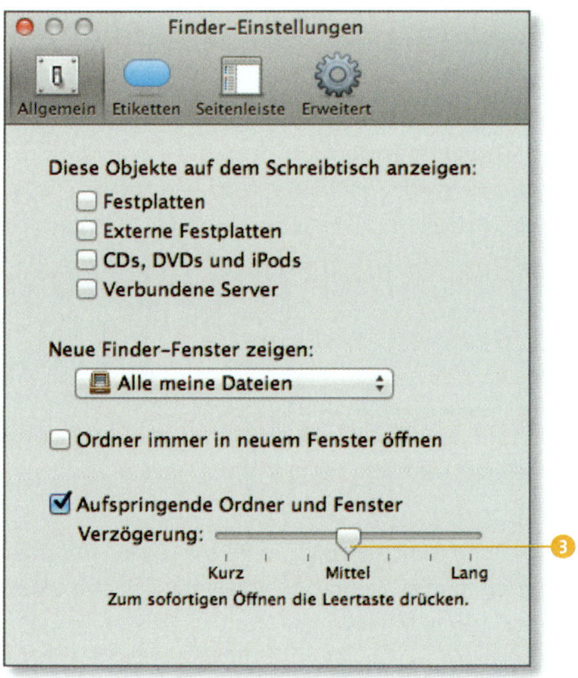

Abbildung 4.7
Ganz nach Wunsch – Einstellungen im Finder

Das Kontextmenü von Dateien

Sie haben es schon bemerkt – auch am Mac haben Sie Ordner (Verzeichnisse), Dateien und Programme, die auf Laufwerke kopiert werden können. Das »Dateimanagement« funktioniert daher auch relativ ähnlich.

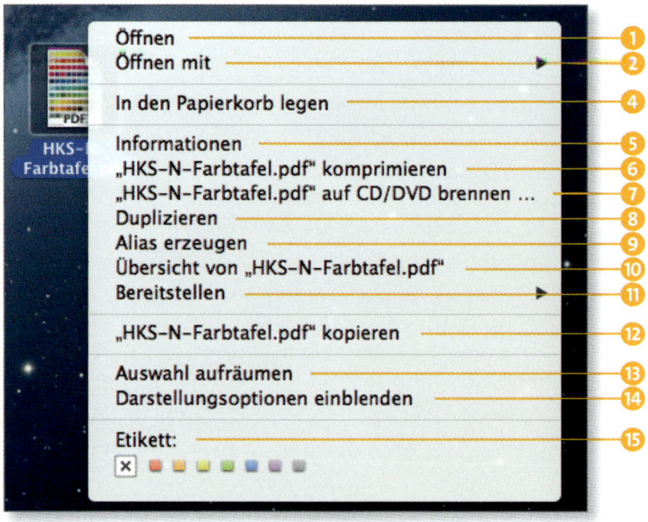

Abbildung 4.8 >
Mit einem sekundären Klick auf eine beliebige Datei haben Sie jede Menge Möglichkeiten.

^ Abbildung 4.9
In der Finder-Symbolleiste können Sie über das Menü »Vorgänge« ebenfalls die in Abbildung 4.8 gezeigten Funktionen abrufen.

Grundsätzlich gilt unter OS X: Ein sekundärer Klick (also ein Rechtsklick) auf eine Datei oder einen Ordner öffnet ein Kontextmenü mit den zur Verfügung stehenden Optionen. Alternativ können Sie auch das Zahnradsymbol (**Vorgänge**) in der jeweiligen Finder-Menüleiste verwenden. Das Menü umfasst folgende Befehle:

1. **Öffnen**: Hier wird das gewählte Programm gestartet und die ausgewählte Datei geöffnet. Diese Funktion funktioniert am Mac aber eigentlich viel besser per Doppelklick auf das passende Objekt.
2. **Öffnen mit**: Auch Windows hat die zwar meistens sehr praktische, manchmal aber auch nicht erwünschte Eigenschaft, beispielsweise Digitalfotos immer mit dem zugewiesenen Programm zu öffnen. Das gibt es auch am Mac. Wie vorhin erwähnt, öffnet OS X gleiche Dateitypen auch automatisch mit dem Programm, das von der Installation her Anspruch darauf erhebt. So werden beispielsweise unter OS X Ihre Fotos im JPEG-Format immer mit dem Programm Vorschau und nicht mit Photoshop geöffnet.

   Abhilfe schafft hier der Befehl **Öffnen mit**. Über ihn legen Sie selbst fest, mit welcher Anwendung die gewählte Datei geöffnet werden soll. OS X zeigt Ihnen mit einer Mausbewegung auf **Öffnen mit** alle Programme an, die zum Öffnen infrage kommen. Wichtig: OS X stellt nur Programme zur Auswahl, die mit dem Dateityp kompatibel sind.

Das kann unter Umständen ein paar Sekunden dauern, da OS X die Liste immer dynamisch zusammenstellt, und kann folglich bei Ihnen auch etwas anders aussehen, als es hier im Screenshot dargestellt ist.

Abbildung 4.10
Sie können bei jeder Datei vor jedem Öffnen individuell wählen, mit welcher App sie geöffnet werden soll.

Unter **Öffnen mit** wird zunächst nur einmalig das Programm definiert, mit dem die gewählte Datei aktuell geladen werden soll. Möchten Sie die Zuordnung dauerhaft ändern, müssen Sie aus der Liste den letzten Eintrag, **Anderem Programm**, wählen. OS X öffnet nun ein neues Fenster, in dem Sie das gewünschte Programm auswählen können. Bevor Sie jetzt mit **Öffnen** bestätigen, setzen Sie noch ein Häkchen bei **Immer öffnen mit** 3. Erst dann werden künftig sämtliche Dateien des gleichen Typs im ausgewählten Programm geöffnet.

Löschen per Tastatur

Noch schneller geht das Löschen mit der Tastenkombination cmd + ←: Wählen Sie beliebige Objekte im Finder aus, und drücken Sie dann die beiden Tasten – auf diese Weise landen Ihre Daten noch schneller im Mülleimer.

Abbildung 4.11
»Öffnen mit« funktioniert am Mac genauso wie unter Windows.

Abbildung 4.12
Die Dateiinformationen geben ausführlich Auskunft über Erstellungs- und Änderungsdatum und vieles mehr.

4. **In den Papierkorb legen**: In Abschnitt 3.3, »Der Papierkorb«, haben Sie bereits den Papierkorb im Dock kennengelernt. Wenn es Ihnen zu umständlich ist, Dateien und Ordner in das Dock zu ziehen, um sie zu löschen, können Sie das auch über den Befehl **In den Papierkorb legen** erledigen.
5. **Informationen**: Neugierige finden im Menüpunkt **Informationen** alle Details zur ausgewählten Datei. Neben Dokumenttyp, Größe, Erstellungs- und Änderungsdatum geht es hier schon ganz schön in die Tiefe von Mountain Lion. Aber ein kurzer Blick kann ja nicht schaden, oder?
6. **"[Dateiname]" komprimieren**: Zip-Archive sind ein praktischer Weg, viele Dateien komfortabel nicht nur per E-Mail zu versenden, sondern auch zu einem Archiv zusammenzufassen und damit Platz zu sparen. Grundsätzlich empfiehlt es sich im täglichen E-Mail-Verkehr, beim Versenden von mehr als drei Dateien diese vorher zu einem Zip-Archiv zu komprimieren. Dabei geht es im Zeitalter von DSL und Kabelinternet weniger um die Datenübertragung und den gesparten Speicherplatz als um die Übersichtlichkeit, wenn der Empfänger die E-Mail öffnet. Langer Rede kurzer Sinn – auch am Mac kann man Zip-Archive erzeugen, die plattformübergreifend auch mit Bordmitteln von Windows zu öffnen sind. Markieren Sie die gewünschten Dateien und Ordner, und wählen Sie dann im Kontextmenü **[Anzahl] Objekte komprimieren** – schon wird ein Zip-Archiv erzeugt. Ist nur eine Datei markiert, erscheint stattdessen die Meldung **"[Dateiname]" komprimieren**. Die entstandene Datei heißt dann auch tatsächlich *Archiv.zip*, kann aber natürlich nach Wunsch umbenannt werden.

Abbildung 4.13
Auch unter OS X können zip-kompatible Archive erstellt werden.

7. **"[Dateiname]" auf CD/DVD brennen**: Der direkte Weg, eine einzelne Datei (oder wenn mehrere ausgewählt sind, auch diese) auf CD oder DVD zu brennen, führt über dieses Menü.
8. **Duplizieren**: Wie der Name schon sagt: Mit diesem Befehl wird die gewählte Datei dupliziert und mit dem Zusatz »Kopie« versehen. Das ist zugegebenermaßen nicht besonders aufregend, aber vielleicht an der einen oder anderen Stelle im Mac-Alltag eine praktische Hilfe.
9. **Alias erzeugen**: Ein Alias ist eine Dateiverknüpfung und dann sinnvoll, wenn Sie beispielsweise ein Dokument immer von Ihrem Schreibtisch aus starten möchten, das Dokument aber in einem anderen Ordner

einsortiert bleiben soll. Die Funktionsweise ist den Verknüpfungen unter Windows ganz ähnlich. OS X erzeugt beim Aktivieren dieser Funktion ein Dateiduplikat **[Dateiname] Alias**, das nur die Information darüber enthält, wo sich die Originaldatei befindet. Das Alias können Sie anschließend an beliebige Orte Ihrer Festplatte verschieben.

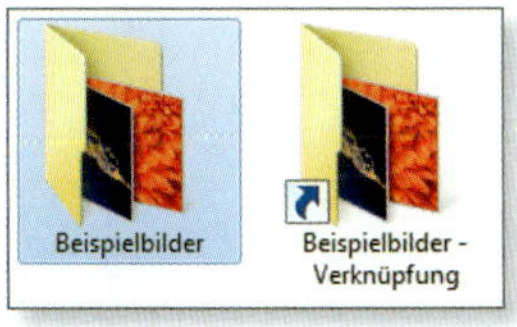

Abbildung 4.14
Die gute alte Verknüpfung unter Windows …

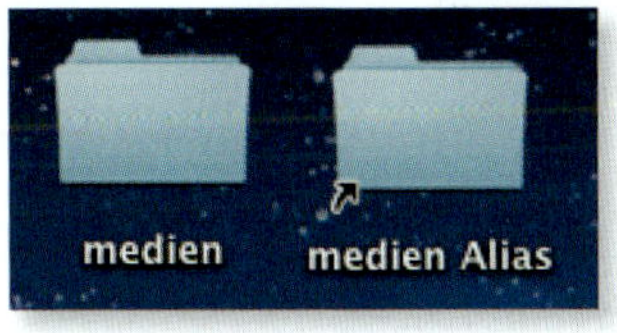

Abbildung 4.15
… ist in Sachen Optik und Funktion mit dem Alias unter OS X identisch.

AirDrop – Ganz einfacher Datenaustausch

Mit AirDrop, zu erreichen über die linke Finder-Leiste, können Sie mit allen Macs, die sich im gleichen WLAN-Netzwerk befinden, Daten einfach per Drag & Drop austauschen. Eine aufwendige Ordnerfreigabe oder Ähnliches ist nicht notwendig. Achtung: Mit OS X 10.8 wird dafür aber ein Mac benötigt, der nach 2009 produziert wurde. Bei älteren Modellen ist diese Funktion leider nicht verfügbar.

10 **Übersicht von "[Dateiname]"**: Schön ausgedrückt, Apple! Die Übersicht ist nichts anderes als eine sehr schnelle Expressvorschau des angeklickten Dokuments. Ist der Dateityp bekannt, sehen Sie dann die erste Seite eines Word-Dokuments, eines Fotos oder einer PDF-Datei, ohne dass die zugehörige Anwendung geöffnet werden muss. Anstatt den Befehl aus dieser Liste herauszusuchen, genügt es auch, das gewünschte Objekt zu markieren und dann die Leertaste zu drücken.

Abbildung 4.16
Die Übersicht zeigt Fotos oder PDF-Dokumente superschnell im Finder an.

11 **Bereitstellen**: Ausgewählte Dateien werden dank dieser Funktion im Programm Apple Mail einer neuen E-Mail hinzugefügt, an eine neue Nachricht angehängt oder für den Datenaustausch per AirDrop bereit gemacht.

Abbildung 4.17 >
»Normale« Dokumente kann man nur begrenzt bereitstellen.

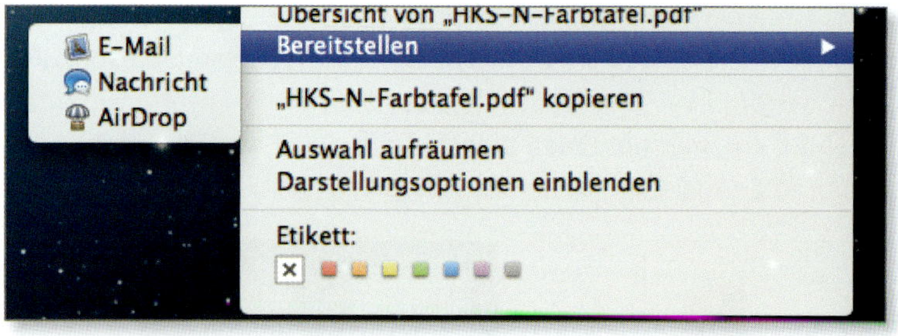

Wenn Sie eine Bilddatei ausgewählt haben, erweitert sich das **Bereitstellen**-Menü sogar noch: Das direkte Hochladen der Datei nach Twitter und Flickr ist dann zusätzlich möglich.

Abbildung 4.18 >
Es lebe das Web 2.0 – Sie können Fotos direkt in zwei verschiedenen Communitys veröffentlichen.

Ausschneiden

Den Befehl **Ausschneiden** gibt es unter OS X nicht bzw. nur innerhalb von Dokumenten – das automatische Verschieben und anschließende Löschen von Dateien und Ordnern ist nicht möglich.

⑫ **"[Dateiname]" kopieren/"[Dateiname]" einsetzen**: Das Kopieren einer Datei kennen Sie schon von Windows – wenn Ihnen das Klicken und Ziehen mit der Maus, um ein Objekt auf ein anderes Laufwerk zu befördern, zu umständlich ist, können Sie es mittels dieses Befehls einfach kopieren. Um die Datei an anderer Stelle wieder einzufügen, klicken Sie erneut mit der rechten Maustaste und wählen dann **"[Dateiname]" einsetzen**. Alternativ nutzen Sie einfach die Tastenkombinationen cmd + C zum Kopieren und cmd + V zum Einfügen.

⑬ **Auswahl aufräumen**: Diese Funktion bringt bei einer einzelnen markierten Datei recht wenig – haben Sie jedoch mehrere Icons markiert und wählen diesen Befehl, werden die Dateien ganz übersichtlich im entsprechenden Ordner sortiert.

⑭ **Darstellungsoptionen einblenden**: Die Darstellungsoptionen sind jene, die Sie schon in Abschnitt 3.1, »Dateiverwaltung mit dem Finder«, kennengelernt haben.

⑮ **Etikett**: Die bunte und praktische Welt der Etiketten erleben Sie im Abschnitt »Etiketten – bunt ist die Welt unter OS X« auf Seite 81.

⑯ **[Multifunktionsfelder]**: Im unteren Bereich des Kontextmenüs finden sich, je nach gewähltem Dateityp oder Ordner, verschiedene Spezialfunktionen. Im Beispiel aus Abbildung 4.18 hatten wir eine Bilddatei markiert, und prompt stellt der Finder unter anderem die Möglichkeit zur Verfügung, diese direkt als Schreibtischhintergrund zu verwenden.

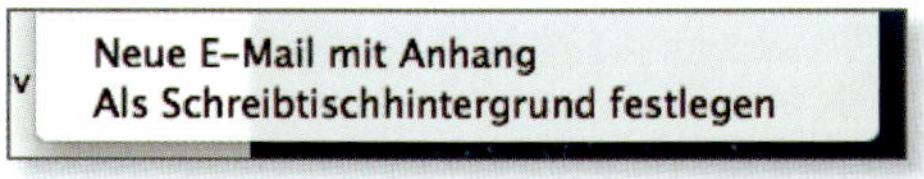

Abbildung 4.19
Je nach gewähltem Dateityp bietet OS X ganz am Ende des Kontextmenüs Spezialfunktionen.

Ordner und Brennordner anlegen

Auch unter OS X werden die Dateien in Ordnern und Unterordnern abgelegt. Hier unterscheidet sich das Apfelsystem kaum von Windows.

Einen neuen Ordner können Sie direkt im Finder an der gewünschten Position anlegen. Sie ahnen es schon: Der sekundäre Klick spielt hier wieder eine wichtige Rolle. Jetzt dürfen Sie aber, im Gegensatz zu der im Abschnitt »Das Kontextmenü von Dateien« beschriebenen Vorgehensweise, keine Datei und kein Objekt anwählen, sondern müssen in die leere Finder-Fläche klicken. Sollten Sie sich in der Cover-Flow-Ansicht befinden, funktioniert das leider nicht. Wechseln Sie dann einfach auf die Symbol-, Listen- oder Spaltenansicht.

Das Kontextmenü sieht nach dem sekundären Klick dann tatsächlich anders aus. Ganz oben steht der benötigte Eintrag **Neuer Ordner** 1. OS X erzeugt dann einen neuen Ordner 2, der neu beschriftet werden kann. Anders als unter Windows wird er sofort alphabetisch in die vorhandenen Dateien und Ordner einsortiert und nicht ans Ende der Dateiliste gestellt. Die Ausnahme von der Regel bietet nur die Symbolansicht – hier bleibt der Ordner an dem Platz stehen, an dem er erzeugt wurde. Per Tastenkombination geht es übrigens noch fixer: Drücken Sie einfach cmd + ⇧ + N, schon ist ein neuer Ordner erzeugt.

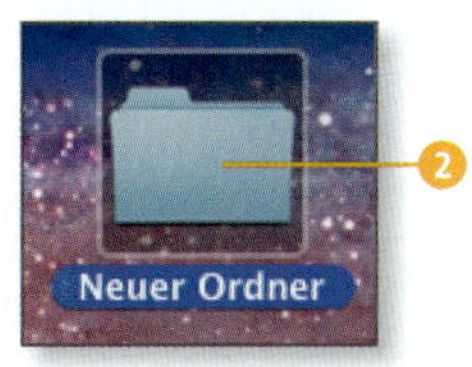

Abbildung 4.21
Das Ordner-Symbol unter Mac OS X

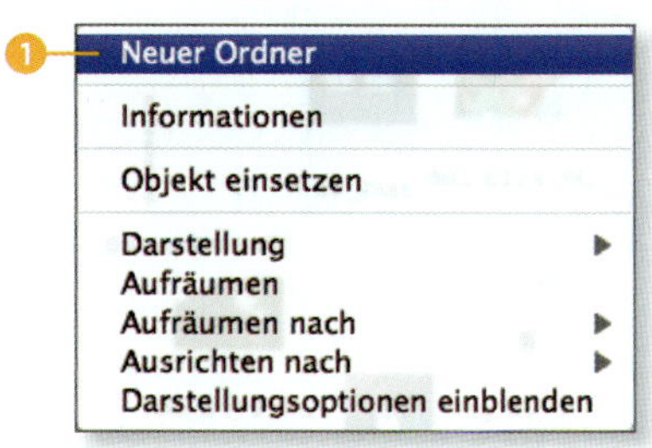

Abbildung 4.20
Ein neuer Ordner ist unter OS X im Handumdrehen erstellt.

Brennordner sind zum Erstellen von Daten-CDs beziehungsweise -DVDs gedacht. Die Bezeichnung ist vielleicht etwas irreführend, denn in diese Ordner können Sie nichts direkt hineinkopieren, Sie legen lediglich Dateiverknüpfungen an.

Abbildung 4.22 >
Ein wenig umständlich – ein Brennordner kann nur über das Finder-Menü erstellt werden.

Blu-ray ohne Apple

Standardmäßig hat Apple keine Blu-ray-Laufwerke eingebaut und unterstützt diese Technologie auch in seinen Applikationen nicht. Aber es gibt natürlich genügend externe Blu-ray-Laufwerke und auch Software, mit der man dann die HD-Videos am Mac betrachten kann.

Um einen Brennordner zu erzeugen, müssen Sie in die Finder-Menüleiste und in das Menü **Ablage** wechseln. Dort finden Sie an fünfter Stelle den Brennordner. Er wird in dem Verzeichnis erzeugt, in dem Sie sich gerade befunden haben. Unter Windows hatten Sie ähnliche Möglichkeiten. Dort konnten Sie jeden beliebigen Ordner über die rechte Maustaste an das CD- oder DVD-Laufwerk senden und damit direkt mit dem Betriebssystem brennen.

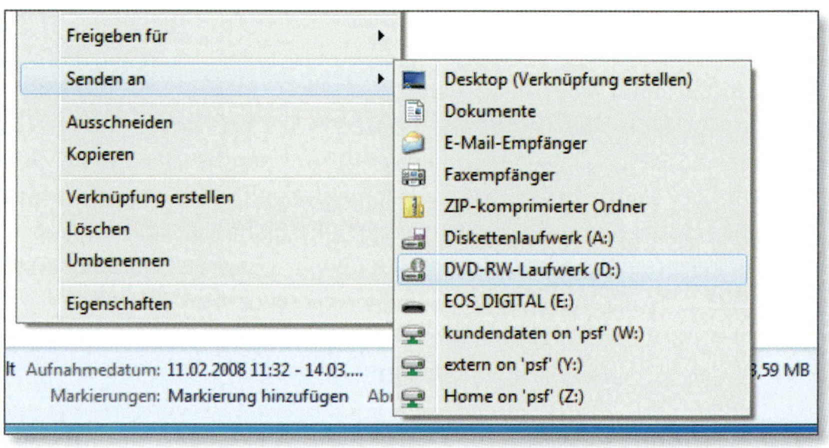

Abbildung 4.23 >
Ja, auch Windows 7 kann Ordner per Mausklick auf CD oder DVD brennen.

Aber zurück zu OS X. Haben Sie einen Brennordner angelegt, erkennen Sie ihn gleich am anderen Aussehen: Ein Zeichen, das an das Symbol für Radioaktivität erinnert, ist auf dem Ordnersymbol zu sehen. Dieses Zeichen ist übrigens bei Apple-Computern das allgegenwärtige Symbol für das Brennen von Datenträgern. Nun kann jede beliebige Datei und jedes beliebige Objekt in den Brennordner hineingelegt werden. Kopiert wird bei diesem Vorgang nichts, lediglich Verknüpfungen der abgelegten Objekte werden erzeugt. Wie Sie anschließend vorgehen, um eine CD oder DVD zu brennen, erfahren Sie in Abschnitt 4.7, »CDs und DVDs brennen«.

^ Abbildung 4.24
So sieht der Brennordner auf dem Schreibtisch aus.

Abbildung 4.25
Ein Brennordner sammelt Verknüpfungen zu Dateien, die später auf CD oder DVD gebrannt werden können.

Etiketten – bunt ist die Welt unter OS X

Sie kennen das – Sie müssen 30 Dokumente nachbearbeiten, korrigieren oder an unterschiedliche Empfänger schicken und vielleicht vorher noch verschiedene umbenennen. Doch wie behält man hier den Überblick, was schon korrigiert ist oder noch verschickt werden muss?

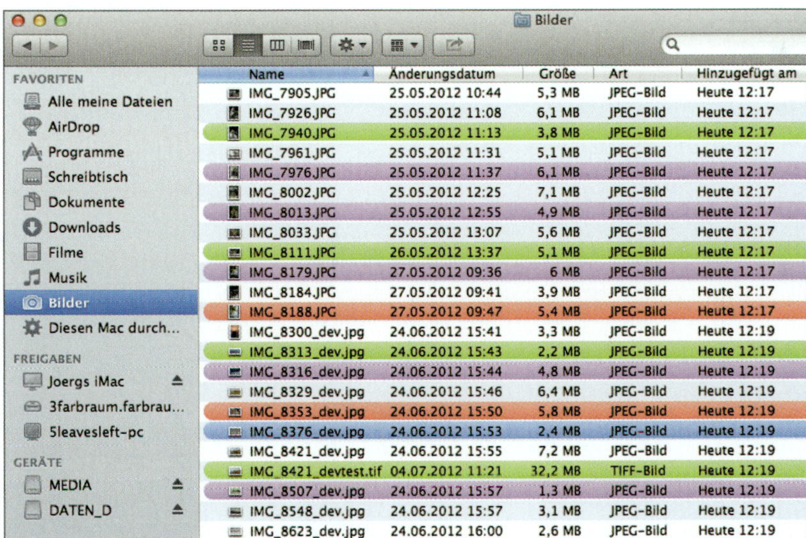

Abbildung 4.26
Die Etiketten unter OS X erleichtern den Überblick.

Apple hat dieses Problem schon vor Jahren erkannt und die Etiketten eingeführt. Mit ihnen kann jede Datei und jeder Ordner farbig markiert werden. Vorteile gibt es hierfür genug – Übersichtlichkeit ist aber wohl der allergrößte. Wir versprechen Ihnen, dass Sie diese Funktion in kurzer Zeit nicht mehr missen möchten. Wenn Sie Ihr »Ordnungssystem« an einen Windows-Anwender weitergeben, sieht der übrigens nach wie vor keine bunte Welt.

Sehen wir uns nun aber die Praxis an: Wählen Sie per Maus die Dateien aus, die Sie farbig markieren möchten. Klicken Sie nun in das Zahnradmenü in der Finder-Leiste oder alternativ mit der rechten Maustaste auf eines der ausgewählten Objekte.

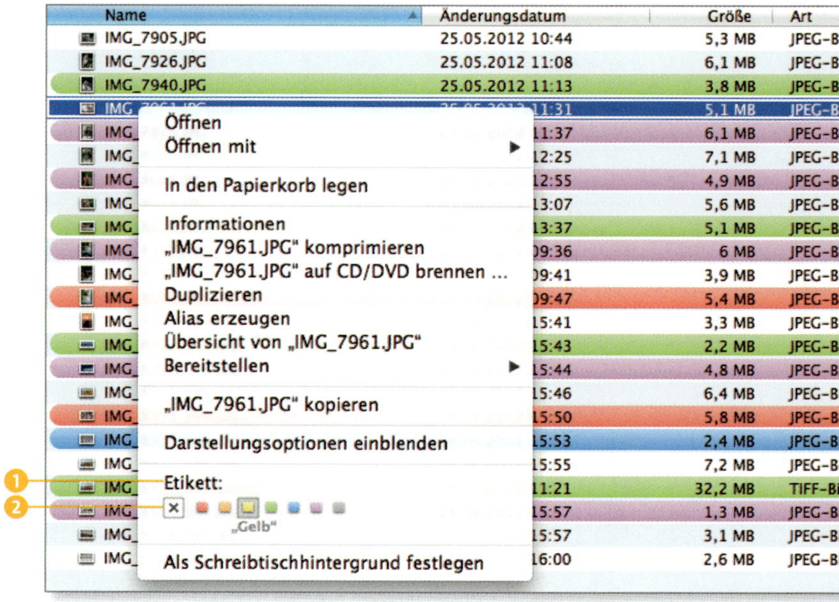

Abbildung 4.27 >
Im Kontextmenü können Sie die Farbe des Etiketts für die gewählten Dateien verändern.

^ **Abbildung 4.28**
Auch Ordner können unter OS X farbig markiert werden.

In beiden Menüs finden Sie den Eintrag **Etikett** 1 – wählen Sie dort Ihre Wunschfarbe aus. Fertig! Sollen Dateien wieder »entfärbt« werden, gehen Sie ganz genauso vor, wie eben beschrieben, und wählen statt einer Farbe einfach das **X** 2 aus. Natürlich werden auf diesem Wege auch Ordner und sogar Laufwerke markiert.

.tif, .txt oder .doc? Dateiendungen am Mac

Unter Windows geht ohne die richtige Dateiendung (*Suffix*) gar nichts. Verändern Sie beispielsweise bei einer JPEG-Datei die Endung *.jpeg* in *.zip*, kann der Computer damit nichts mehr anfangen und lädt beim Doppelklick nicht mehr das passende (Bildbearbeitungs-)Programm, sondern möchte das Dokument als Zip-Archiv entpacken und liefert daher eine Fehlermeldung. Unter OS X 10.8 Mountain Lion geschieht das nicht, denn das System orientiert sich nicht an der Dateiendung. Andersherum gesagt: Unter OS X können Sie die Endung weglassen.

Beachten Sie jedoch bitte, dass das Weglassen der Dateiendungen bei der Weitergabe der Dateien an einen Windows-PC dazu führt, dass dort der Dateityp nicht richtig erkannt wird. Sollten Sie am Windows-Computer mit solch einer Datei konfrontiert werden, sehen Sie zumeist das typische Icon für »unbekannter Dateityp«. Hier hilft dann nur manuelles Umbenennen, also das Hinzufügen der richtigen Endung (beispielsweise *.doc* bei Word-Dokumenten). Daher unser Tipp: Lassen Sie die Endungen auch unter OS X bestehen. Alle gängigen Programme am Mac fügen diese sowieso schon automatisch beim Sichern hinzu.

4.2 Besser suchen und finden mit Spotlight

Den putzigen Hund aus Windows XP, der nach Ihrem Suchbegriff »schnüffelt«, werden Sie auf Ihrem Mac vergeblich suchen; in Windows 7 wurde er ja auch schon wegrationalisiert. Unter OS X 10.8 Mountain Lion wird die Suche von Spotlight übernommen. Im Finder und aus jeder beliebigen OS X-Anwendung heraus können Sie jederzeit auf die Suche zugreifen. Sie sitzt ganz rechts oben in der Menüleiste (Lupensymbol 3). Ein Mausklick oder die Tastenkombination `cmd` + Leertaste genügt, um das Eingabefeld zu aktivieren.

Auch Vista sucht schnell!

Übrigens wurde auch unter Windows Vista ein ähnlich rascher Suchdienst wie die Spotlight-Suche eingebaut. Dieser frisst allerdings gewaltig Ressourcen, da Windows permanent neue Dateien einliest und »indiziert«, damit die Suche später schneller vonstattengeht. Interessanterweise kann OS X das quasi »nebenher«, ohne den Mac übermäßig zu belasten.

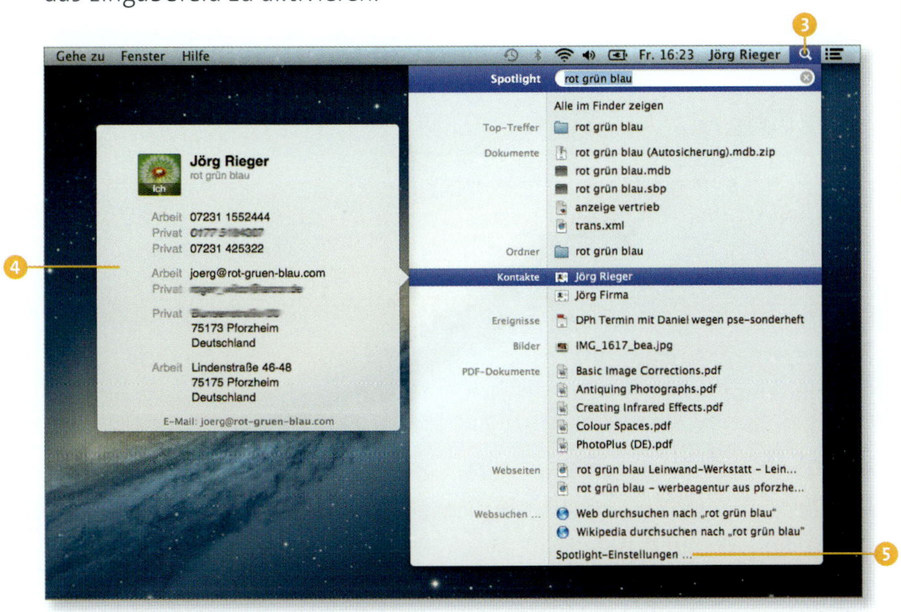

Abbildung 4.29
Spotlight, die »Turbosuche« unter OS X, wird über das Lupensymbol aktiviert.

Hier tippen Sie nun einfach den gesuchten Begriff ein – schon bei den ersten Buchstaben beginnt Spotlight, Treffer anzuzeigen und zu filtern. Dabei wird die komplette Festplatte gescannt, und es werden sogar

Die Suchfunktionen

Sie sehen, dass die Suchfunktion in OS X ganz ähnlich funktioniert wie unter Windows, wenngleich sie deutlich schneller zu Werke geht.

Dokumentinhalte, Ihr E-Mail-Postfach und relevante Webseiten berücksichtigt. Übersichtlich geordnet nach Fundort, hat man schnell das gesuchte Objekt gefunden. Verweilen Sie kurze Zeit auf einem Objekt, wird zudem eine ausführliche Information eingeblendet 4. Per Mausklick wird es dann in der jeweiligen Anwendung geladen.

Die Einstellungen für Spotlight werden entweder über **Spotlight-Einstellungen** 5 oder über die Systemeinstellungen geändert. Dort besteht die Möglichkeit, bestimmte Orte aus der Suche auszuklammern. Unter dem Tab **Privatsphäre** können Sie mit dem Plussymbol sogar komplette Ordner für Spotlight »unsichtbar« machen. Diese Ordner und Ihre Inhalte werden bei der Dokumentensuche nicht berücksichtigt.

Abbildung 4.30 >
Spotlight kann ganz individuell konfiguriert werden.

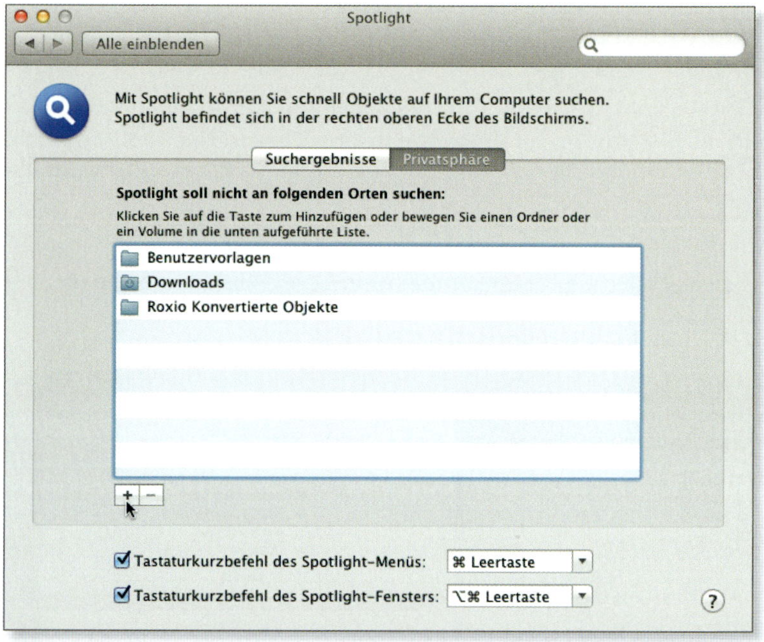

Die Spotlight-Suche über die OS X-Menüleiste ist umfassend, intuitiv bedienbar und beschränkt sich, wie bereits erwähnt, nicht nur auf Dateien und Ordner. Spotlight sucht beispielsweise auch in Ihren E-Mails oder Kontakten.

Es gibt aber noch eine zweite Möglichkeit für die gezielte Suche auf Ihrem Mac, die wir Ihnen bereits in Abschnitt 3.1, »Aufbau des Finders«, auf Seite 46 kurz vorgestellt haben: Auch im Finder-Fenster, wenn ein Laufwerk oder ein Ordner geöffnet ist, erscheint ein zusätzliches Suchfenster 6. Wenn dort ein Suchbegriff eingetippt wird, wird auch wirklich nur auf Datenträgern nach Dateien und Ordnern gesucht, und nicht etwa in Ihren E-Mails oder Kontakten.

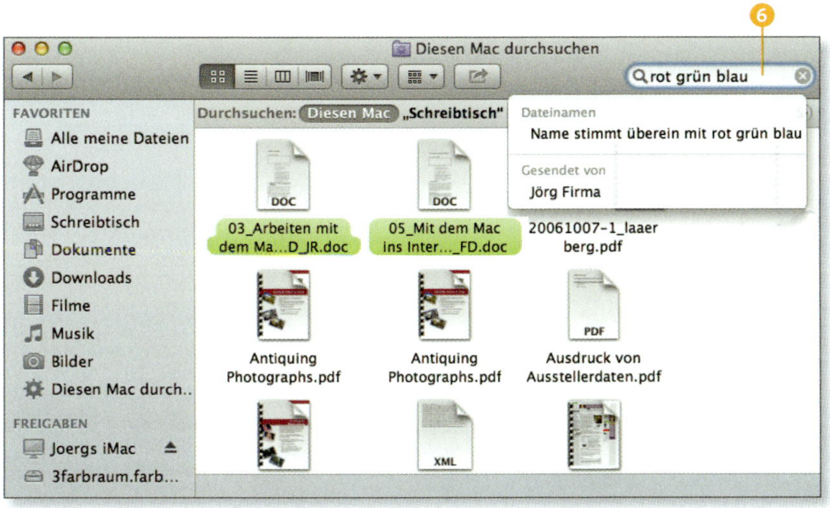

Abbildung 4.31
Die zweite Suchmöglichkeit geht direkt über das Finder-Fenster und kann dort individuell angepasst werden.

Hier wird es jetzt spannend – genügt die Namenssuche nicht, kann man an dieser Stelle die Kriterien zur Suche verfeinern. Klicken Sie einfach auf das Plussymbol 7 in der Symbolleiste, um die Suchergebnisse einzugrenzen. Sie können jetzt Ihre Suche nach folgenden Kriterien 8 filtern:

- Art
- Letztes Öffnungsdatum
- Letztes Änderungsdatum
- Erstellungsdatum
- Name
- Inhalt

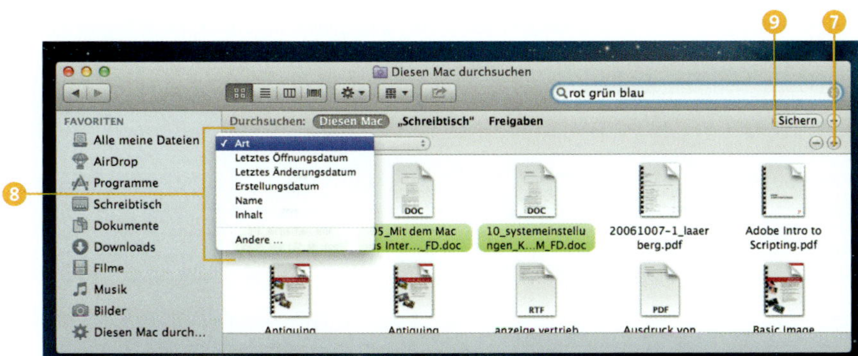

Abbildung 4.32
Hier können Sie die Suche individuell einstellen.

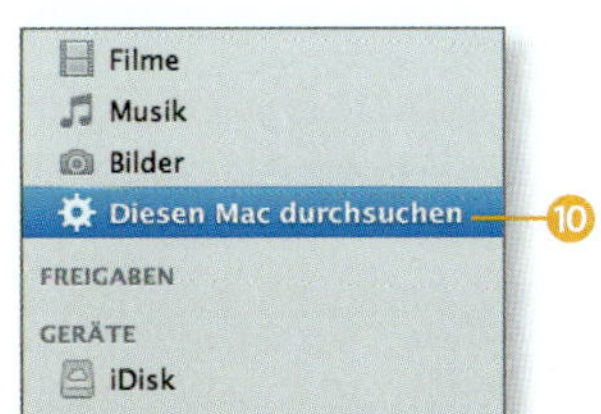

Abbildung 4.33
Die Suche wird in der Finder-Leiste links mit allen Kriterien abgelegt.

Zusätzlich können Sie über den Eintrag **Andere** weitere Suchkriterien auswählen und über einen weiteren Klick auf das Plussymbol mehrere Kriterien kombinieren. Ein Klick auf **Sichern** 9 speichert die angepassten Suchkriterien in der Seitenleiste des Finders ab 10. Diese Liste steht dort als sogenannte intelligente oder, besser gesagt, dynamische

Suchfunktion jederzeit per Mausklick zur Verfügung. Jedes Mal, wenn eine neue Fundstelle den Suchkriterien entspricht, wird sie anschließend dem Suchergebnis hinzugefügt.

4.3 Apps – Arbeiten mit Programmen

Sie haben, sofern Sie nicht durch Zufall diese Seite zuerst aufgeschlagen haben, bis jetzt sicher schon einige Programme geöffnet – und wenn es nur der Finder war, der ja auch eine Art Programm darstellt. In diesem Abschnitt wollen wir nun einen etwas genaueren Blick auf den Umgang mit den Apps am Mac werfen.

Programme starten und beenden

Wie bereits erwähnt, befinden sich nicht alle Programme im Dock. Hier hat Apple nur die wichtigsten Apps für Sie zusammengestellt. Alle Programme finden Sie im Ordner **Programme**, den Sie über die Seitenleiste des Finders erreichen. Ein Blick in diesen Ordner lohnt sich, denn dort finden sich so hilfreiche Programme wie *TextEdit* (ein einfacher Texteditor) oder, im Unterordner **Dienstprogramme**, das Programm *Bildschirmfoto*, mit dem Sie Screenshots erstellen können. Vor allem, wenn Sie ein Trackpad haben, empfehlen wir Ihnen auch den Einsatz des Launchpads, das wir im Abschnitt »Launchpad« auf Seite 87 beschreiben.

Haben Sie das gewünschte Programm gefunden, können Sie es über den Finder mit einem Doppelklick oder über das Dock mit nur einem Mausklick starten. Sollten Sie ein Programm nicht mehr benötigen, beenden Sie es über das Programmmenü und den Eintrag **[Programmname] beenden**. Schneller geht es über das Tastenkürzel `cmd` + `Q`.

Abbildung 4.34
Programme können über das Dock direkt beendet werden.

Sollten Sie einmal aufgrund eines (zugegebenermaßen auch ab und zu beim Mac auftretenden) Softwarefehlers nicht mehr auf ein Programm zugreifen können, springt das Dock als Retter ein. Klicken Sie mit der rechten Maustaste auf das entsprechende Programmsymbol im Dock, und wählen Sie im nun erscheinenden Kontextmenü einfach den Befehl **Beenden** (1). Auf diesem Wege können Sie sämtliche Programme schließen. Falls noch nicht gesicherte Dokumente geöffnet sind, wird OS X vorsichtshalber nochmals nachfragen, bevor das Programm geschlossen wird.

Alternativ hilft auch am Mac der »Geiergriff«: Statt `Strg` + `Alt` + `Entf` wie bei Windows drücken Sie bei Apple-Rechnern `cmd` + `alt` + `esc`, um eine Liste geöffneter Programme zu erhalten. Dort können Sie dann auch einzelne Anwendungen beenden. Ja, das erinnert ganz stark an Windows und an den Task-Manager.

Achtung!

Wenn Sie Programme sofort beenden, gehen Ihnen unter Umständen wichtige Daten oder nicht gesicherte Dokumente verloren. Wie bei Windows über Strg + Alt + Entf wird damit das Programm quasi »abgewürgt«.

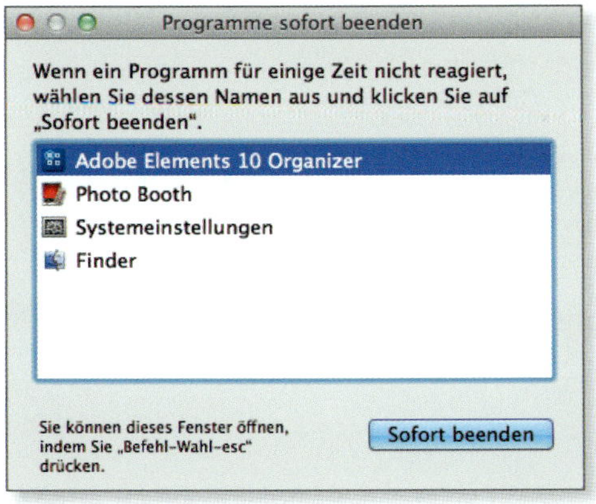

Abbildung 4.35
Das Pendant zum Windows-Task-Manager zeigt alle aktiven Programme an.

Launchpad

Eine weitere Möglichkeit, Ihre Programme oder Apps zu starten, bietet das Launchpad. Apple hat sich hierbei ganz offensichtlich am iPhone und iPad orientiert und präsentiert eine übersichtliche Startoberfläche, die man am besten mit dem Trackpad bedient.

Abbildung 4.36
Das Launchpad ist der »Schnellprogrammstarter« für alle Anwendungen.

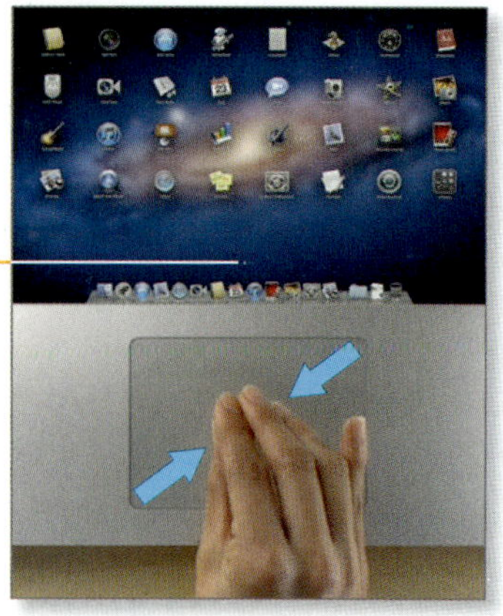

Abbildung 4.37
Etwas Übung ist notwendig, um das Launchpad über das Trackpad zu starten: einfach mit vier Fingern von außen nach innen fahren.

Sie starten das Launchpad über das Icon mit der kleinen Rakete im Dock oder indem Sie vier Finger auf dem Trackpad zusammenziehen. Im nächsten Bildschirm finden Sie sämtliche Apps aus dem Ordner **Programme**. Per »Zweifingerstrich« nach links oder rechts blättern Sie durch die Launchpad-Seiten, alternativ auch per Mausklick auf die runden Punkte im unteren Bereich (1). Sie können die Symbole mit dem Trackpad per Drag & Drop verschieben und so beispielsweise auf Seite eins Ihre Lieblingsprogramme sortieren. Das Ganze klappt natürlich auch mit Ihrer Maus.

Gestartet wird die gewünschte App per einfachen Klick. Möchten Sie das Launchpad beenden, ohne ein Programm gestartet zu haben, geht das über die [esc]-Taste oder die umgekehrte Fingerbewegung auf dem Trackpad.

Zwischen Programmen wechseln

Wer in Windows schnell zwischen Programmen wechseln will, macht das mit der Tastenkombination [Alt]+[⇆]. Unter OS X müssen Sie sich nur unwesentlich umgewöhnen, hier erfolgt der Expresswechsel mit [cmd]+[⇥]. Einmal gedrückt, erscheinen alle geöffneten Programme als Symbol – jeder weitere Tastaturanschlag mit der [⇥]-Taste (die [cmd]-Taste bleibt weiterhin gedrückt) lässt die Markierung ein Programm weiterspringen. Es ist auch möglich, mit der Maus bei gehaltener [cmd]-Taste auf das gewünschte Programm zu klicken. Sobald Sie bei der Anwendung angelangt sind, lassen Sie beide Tasten los, und die Anwendung wird auf dem Bildschirm eingeblendet.

Abbildung 4.38
Schneller Programmwechsel

Ist Ihnen das zu viel? Sie können natürlich auch per Mausklick auf das entsprechende Programm im Dock wechseln, das funktioniert ebenfalls problemlos. Geöffnete Anwendungen erkennen Sie, wie schon erwähnt, an dem kleinen, kaum sichtbaren »Leuchtpunkt« unter dem entsprechenden Symbol.

Mission Control

Mission Control bringt Übersicht ins Fensterchaos: Nach dem Start über das Dock oder per Tastatur über die Funktionstaste [F3] werden die Fenster nach Programmen strukturiert auf dem Bildschirm verteilt. Sie können dann bequem wählen, welches Fenster es sein soll. Ganz detailliert, lernen Sie diese Funktion in Kapitel 12, »Systemeinstellungen zum schnellen Nachschlagen«, kennen.

Abbildung 4.39
Mission Control sortiert Fenster und Programme.

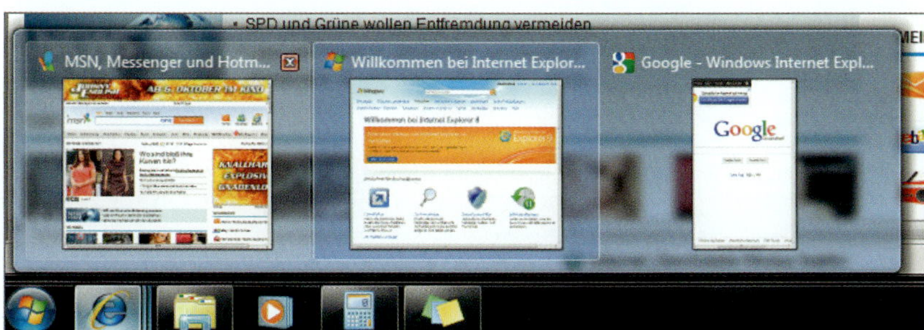

Abbildung 4.40
Recht ähnlich – in Windows offenbart ein Klick in die Taskleiste die gerade geöffneten Fenster einer Software.

4.4 Programme installieren und deinstallieren

Um auf Ihrem Mac komfortabel und effizient arbeiten zu können, müssen auch Sie sicher ein paar Apps nachträglich installieren. Die Installation erfolgt dabei, ebenso wie das Entfernen einer Software, in den meisten Fällen sehr unkompliziert.

Abbildung 4.41 >
Die Installation einer über den App Store gekauften App kann im Launchpad live mitverfolgt werden ①.

Im einfachsten Fall kaufen Sie Ihre Apps über den App Store von Apple. OS X übernimmt die komplette Installation für Sie: Nach dem Kauf wird die App im Ordner **Programme** abgelegt und ist direkt einsatzbereit. Der Kauf über den App Store hat noch einen weiteren, unschlagbaren Vorteil: Ihre Software kann, sollten Sie einen neuen Rechner kaufen wollen oder mehr als einen Mac besitzen, über den App Store auch auf diesem Gerät wieder geladen werden. Eine Sicherung der Installationsdatei ist dafür nicht notwendig, denn Apple archiviert diese für Sie.

Abbildung 4.42 >
Im App Store finden Sie unter »Einkäufe« alle bislang von Ihnen gekauften Apps.

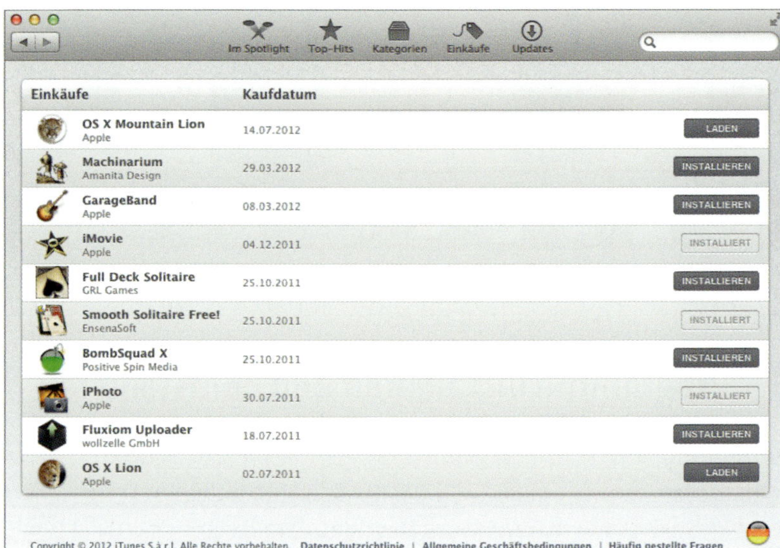

Programme aus anderen Quellen als dem App Store installieren

Programme müssen natürlich nicht ausschließlich im App Store gekauft werden. Viele gibt es auch gratis im Internet oder auf den Download-Seiten der jeweiligen Hersteller. Hier hat Apple allerdings eine Unart von Microsoft Windows übernommen: Sicherlich kennen Sie die Meldung, die vor der Installation »nicht zertifizierter Software« erscheint, eine Warnung der Benutzerkontensteuerung.

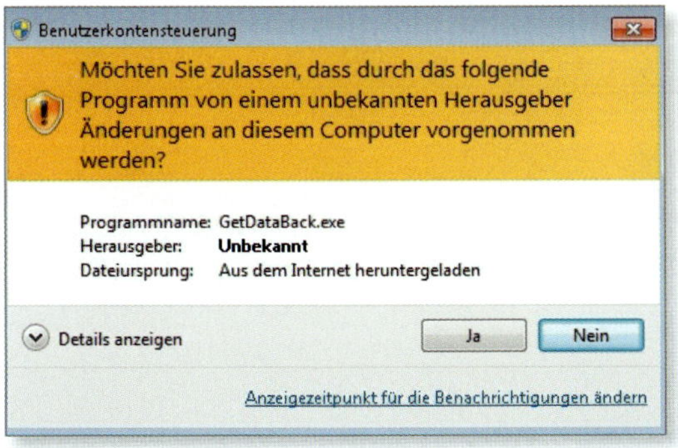

Abbildung 4.43
Die Windows-Warnung bei der Programminstallation

Das Pendant bei OS X dient eher der Förderung der App-Store-Verkäufe als dem Sicherheitsbedürfnis der Nutzer. So lässt das Betriebssystem standardmäßig nur die Installation durch Apple zugelassener oder im App Store gekaufter Apps zu. Was Sie bei Windows noch durch die Eingabe Ihres Administrator-Passworts umgehen konnten, geht mit Mountain Lion nicht: Wie Sie in Abbildung 4.45 sehen, ist eine Installation auf diese Weise unmöglich.

Abbildung 4.44
Keine Chance – OS X verweigert die Installation.

Wenn Sie selbst entscheiden möchten, welche Software Sie installieren, können Sie dies im Apfelmenü unter **Systemeinstellungen > Sicherheit** ändern. Im Bereich **Programme aus folgenden Quellen erlauben** klicken Sie einfach auf **Keine Einschränkungen**, ignorieren die Sicherheitswarnung und sind zukünftig selbst Herr Ihrer App-Installation. Ab sofort müssen Sie dann selbst aufpassen, dass Sie keinen »Schrott« installieren. Leider haben auch viele seriöse Anbieter keine Apple-Freigabe, daher ist der gerade beschriebene Weg meist unumgänglich.

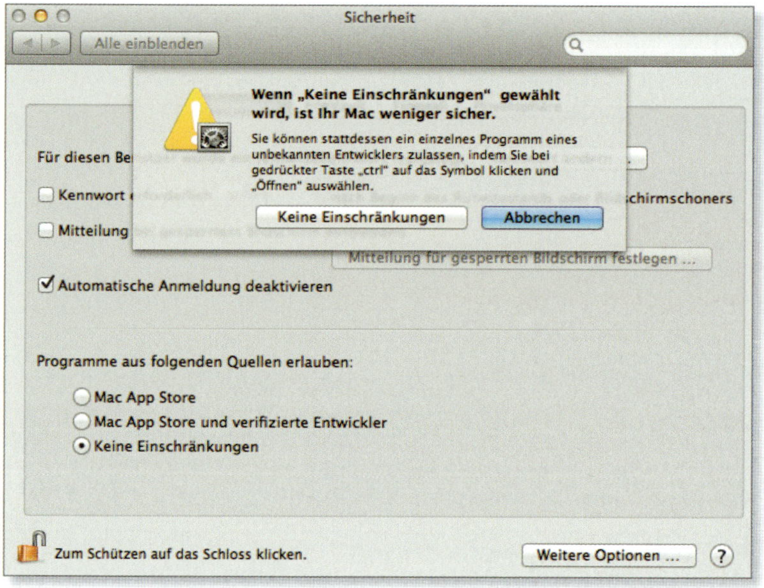

Abbildung 4.45 >
Entscheiden Sie selbst, was installiert werden darf und was nicht.

Löschen im Launchpad?

Möchten Sie ein Programm löschen, klappt das leider nicht direkt im Launchpad. Hierzu müssen Sie über den Ordner **Programme** in den Finder wechseln und dort das Programm in den Papierkorb werfen.

Doch nun zurück zur manuellen Programminstallation. Viele der Mac-Anwendungen liegen vor der Installation als Archivdateien mit der Endung *.dmg* vor. Um ein Programm zu installieren, müssen Sie einfach dessen Archivdatei per Doppelklick öffnen.

Abbildung 4.46 >
Mac-Programme sind einfach zu installieren.

Die Software erscheint dann als Laufwerk ① in der Seitenleiste des Finders, und der Inhalt wird in einem separaten Fenster angezeigt. Dort nehmen Sie einfach das Programmsymbol ② und ziehen es in den Ordner **Programme**. Mehr ist nicht notwendig: Auf diesem Wege ist das neue Programm dann betriebsbereit. Sie können das Laufwerk und die *.dmg*-Datei anschließend in den Papierkorb legen, diese Dateien werden nicht mehr benötigt. Vor allem kleine Programme oder kostenlose Programme aus dem Internet sind nach diesem Prinzip aufgebaut.

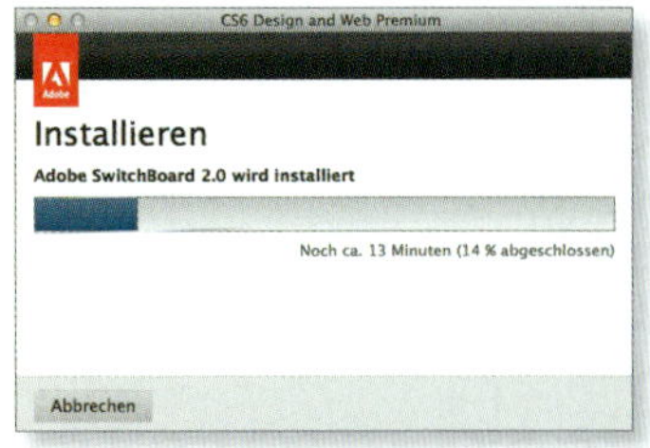

Abbildung 4.47
Ganz wie unter Windows – auch unter OS X müssen einige Programme »richtig« installiert werden.

Bei komplexen Anwendungen, wie beispielweise der Creative Suite von Adobe, ist aber doch eine Installationsroutine fällig, die dann ähnlich wie unter Windows abläuft.

Programme deinstallieren

Ganz und gar nicht wie unter Windows läuft die Deinstallation von Programmen ab. Unter OS X genügt es, die unerwünschte Software aus dem Ordner **Programme** in den Papierkorb zu verschieben, schon ist sie rückstandsfrei von Ihrem Mac verschwunden. Warum funktioniert das so einfach? Die meisten Programme unter OS X legen ihre Installationsdateien zentral ab und nicht wie unter Windows in Hunderten unterschiedlicher Systemverzeichnisse.

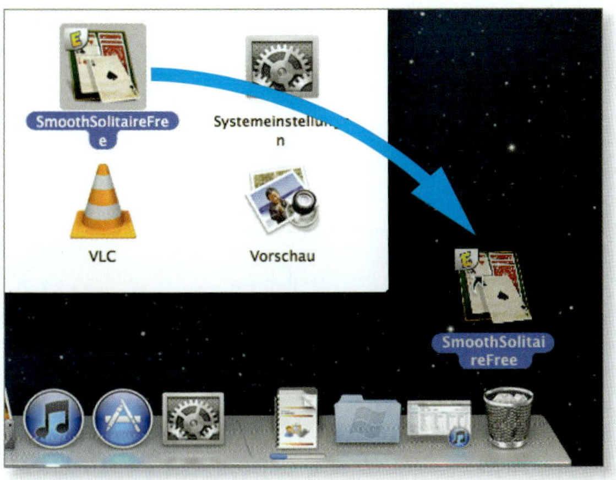

Abbildung 4.48
Apps installieren á la OS X: einfach das Programm in den Papierkorb ziehen und fertig

Abbildung 4.49
Einige Apps haben eine eigene Deinstallationsroutine.

Wie schon in Abschnitt 1.1, »Was kann OS X besser als Windows?«, erwähnt wurde, gibt es hier aber Ausnahmen. Die Anwendungen, die über eine separate Installation aufgespielt werden, legen tatsächlich die eine oder andere Datei in das Verzeichnis **Library** ab. Diese bleiben dann, wenn Sie die Software, wie eben beschrieben, entfernen, auf Ihrem Mac zurück. – Wir können förmlich sehen, wie Sie nun innerlich zusammenzucken. Bei Windows wäre so etwas über kurz oder lang der Overkill für das System. OS X ist das aber völlig egal, denn die Einträge belegen in der Library nur wenige Kilobyte. Trotzdem ist es sinnvoll, vor dem Löschen einfach nachzusehen, ob das zu entsorgende Programm nicht eine separate Deinstallationsroutine anbietet. Diese sollten Sie dann auch nutzen.

4.5 Dateien drucken

Tastenkürzel

Apples Standard-Tastenkürzel ist cmd+P. Damit starten Sie in jedem Programm unter OS X die Druckfunktion.

In jeder Anwendung finden Sie die **Drucken**-Funktion. Egal, ob Sie sich gerade in Word, Photoshop oder Pages befinden – Sie gelangen immer in das Apple-Druckermenü. Das sieht erfreulicherweise in allen Applikationen recht ähnlich aus, kleinere Funktionsunterschiede wie die Anordnung der Funktionen einmal ausgenommen.

Drucker installieren

In Kapitel 11, »Hardware richtig installieren«, erfahren Sie, wie das auch mit einer »alten Mühle« mit Parallelanschluss klappt.

In diesem Fenster werden sämtliche Einstellungen bezüglich Druckqualität, Papiersorte und -format zentral vorgenommen. Sie erinnern sich? Unter Windows konnte man diese Einstellungen immer mit einem Klick auf **Drucker einrichten** vornehmen.

Das Drucken-Dialogfenster

Auf den ersten Blick wirkt die Apple-Variante übersichtlicher – trotzdem hat sie aber ihre Tücken. Denn hier werden Begriffe verwendet, die Ihnen als ehemaligem Windows-Anwender vielleicht nicht geläufig sind. Dazu »denkt« OS X in Sachen Druckausgabe doch ein wenig anders und bietet deutlich mehr Einstellungsmöglichkeiten und Flexibilität, als Sie es bisher von Windows her gewohnt waren.

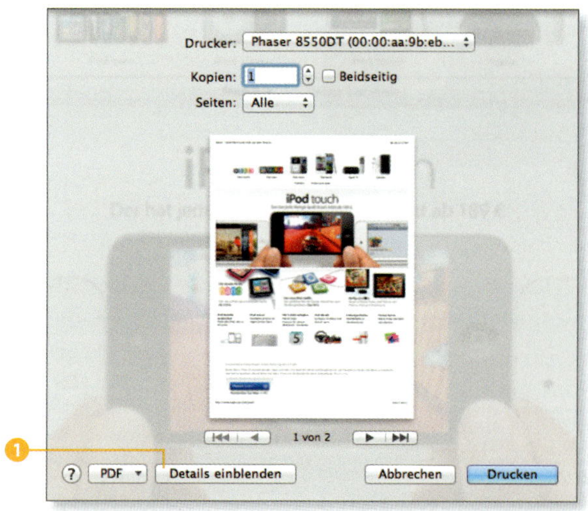

Abbildung 4.50 *Das Druckmenü sieht von Programm zu Programm unterschiedlich aus – die Funktionalität ist aber identisch. Hier sehen Sie die kompakte Ansicht.*

Wir zeigen Ihnen hier beispielhaft an einer Safari-Seite, wie der perfekte Ausdruck auf das Papier kommt. Öffnen Sie hierzu Safari, laden Sie eine beliebige Webseite, und gehen Sie dann auf **Ablage > Drucken**. Im nächsten Dialogfenster gehen Sie zunächst auf **Details einblenden** ①, um den vollen Funktionsumfang und Komfort nutzen zu können.

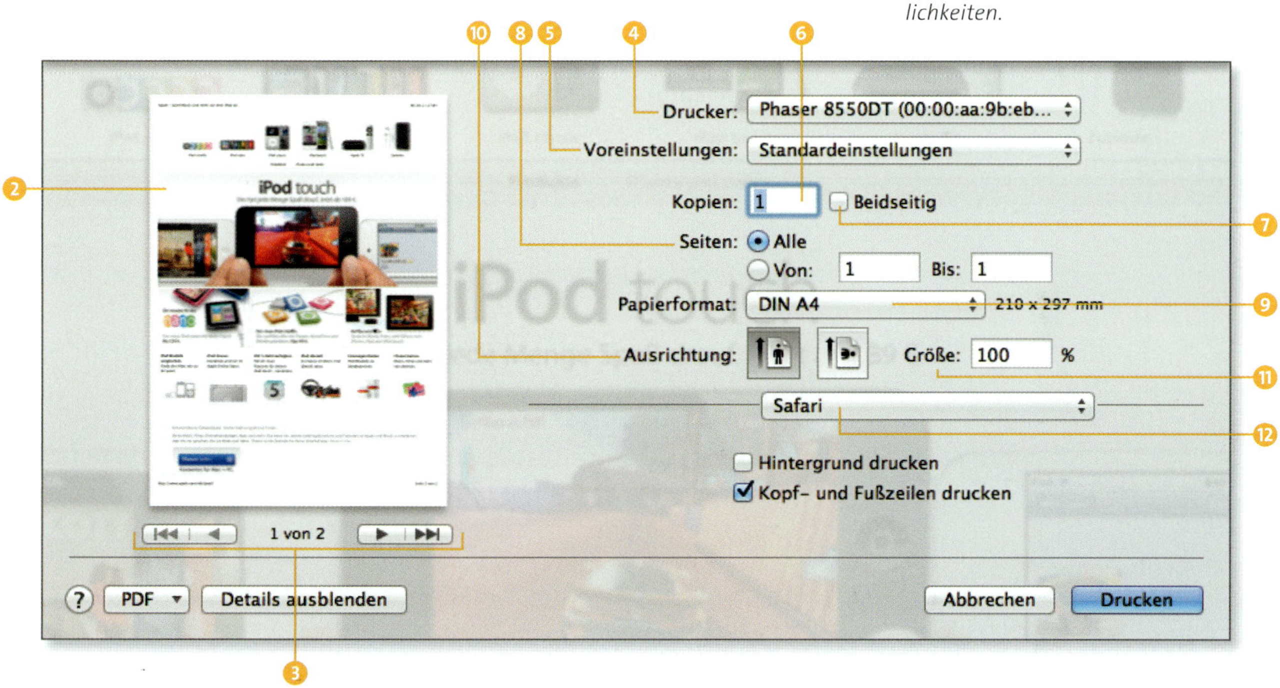

Abbildung 4.51
Das detaillierte Druckmenü hat weitaus mehr Einstellungsmöglichkeiten.

Ganz links sehen Sie die Vorschau ②. Je nach Umfang der aufgerufenen Webseite steht hier schon die Gesamtanzahl der Seiten, die ausgedruckt werden. Mit den Bedienelementen ③ ist es möglich, vorab durch alle Seiten zu blättern.

Auf der rechten Seite werden die Druckereinstellungen vorgenommen: Unter **Drucker** ④ ist Ihr Standarddrucker aktiviert. Um zu einem anderen Gerät zu wechseln, klicken Sie in dieses Feld.

Unter **Voreinstellungen** ⑤ ist immer die Option **Standardeinstellungen** festgelegt. Später können Sie Ihre individuellen Einstellungen, beispielsweise für einen Ausdruck in Fotoqualität, mit **Sichern unter** ablegen und bei Bedarf wieder aktivieren. Man spart es sich dann, verschiedene Einstellungen wie Papiersorte und Druckqualität immer wieder aufs Neue einzustellen.

Klar, das Feld für **Kopien** ⑥ gibt an, wie oft das Dokument gedruckt werden soll. Bietet Ihr Drucker die Möglichkeit beidseitiger Ausdrucke, können Sie diese Funktion **Beidseitig** direkt daneben ⑦ aktivieren.

Standarddrucker festlegen

Unter OS X können Sie, wie bei Windows auch, einen Standarddrucker festlegen, der immer an erster Stelle der Druckerauswahl steht. Gehen Sie hierzu in die Systemeinstellungen und dort zum Punkt **Drucken & Scannen**. Dort finden Sie im unteren Fensterbereich den Punkt **Standarddrucker**. Über die Pulldown-Liste können Sie nun ganz unkompliziert Ihren Druckerfavoriten küren.

Im Bereich **Seiten** 8 ist der Punkt **Alle** automatisch markiert. Somit werden alle Seiten Ihres Dokuments gedruckt. Ein Eintrag in den Feldern **Von** und **Bis** gibt Ihnen die Möglichkeit, von einer bestimmten Seite bis zu einer bestimmten Seite auszudrucken.

Beim **Papierformat** 9 werden Sie meistens A4 benötigen, ein Wechsel ist aber per Mausklick schnell erledigt. Hier sind alle Papierformate aufgelistet, die Ihr Drucker unterstützt. Außerdem gibt es in der Liste mit **Eigene Papierformate** die Möglichkeit, auch exotische Formate perfekt durch den Drucker zu schleusen. Mit der **Ausrichtung** 10 in Hoch- oder Querformat definiert man, wie das Dokument am besten ausgegeben wird. Sehr praktisch ist auch die **Größe** 11: Damit zoomen Sie auf Wunsch Ihr Dokument ganz klein oder riesengroß.

Das nächste Feld, **Safari** 12, wirkt harmlos, enthält aber sämtliche Druckereinstellungen! Dieses Feld ist übrigens immer unterschiedlich benannt und heißt in Photoshop **Photoshop** oder in Word entsprechend **Word**. Hat ein Programm keine programmspezifischen Einstellungsmöglichkeiten, beginnt das Feld in der Regel mit dem Eintrag **Layout**. In Safari gibt es lediglich die Möglichkeit, den Webseitenhintergrund zu drucken sowie Kopf- und Fußzeilen aus- oder einzublenden. Die Auswirkungen sehen Sie übrigens direkt in der Vorschau.

Abbildung 4.52
Die Druckoptionen sind versteckt und entsprechen ungefähr den Druckereinstellungen unter Windows.

Drucker einrichten

Jetzt geht es ans Eingemachte: Wenn Sie auf das **Safari**-Feld 12 klicken, öffnen sich die gesamten Druckereinstellungen von OS X 10.8 (Abbildung 4.52). Je nachdem, welche Optionen Ihr Drucker bietet, können die Einträge in diesem Menü variieren.

Bei **Layout** definieren Sie unter **Seiten pro Blatt** 13 (Abbildung 4.53), wie sparsam sie mit dem Papier umgehen. Damit ordnen Sie nämlich beispielsweise ein umfangreiches Dokument ganz professionell mit vier Seiten pro A4-Blatt an. Die Anordnung der einzelnen Seiten auf dem Blatt bestimmen Sie unter **Seitenfolge** 14 ganz nach den Lesegewohnheiten. Mit der Option **Rahmen** 15 können Sie die so angeordneten Seiten auf Wunsch mit unterschiedlichen Trennlinien separieren. Beherrscht Ihr Drucker sogar den automatischen Duplexdruck, kann zudem die Option **Beidseitig** 16 aktiviert werden, um Vorder- und Rückseite des Papiers zu bedrucken.

Abbildung 4.53
Im Bereich »Layout« können Sie Papier sparen und auch ansonsten viel mit Ihrem Dokument anstellen.

Im nächsten Feld des Pulldown-Menüs, **Farbanpassung**, hat man als Heimanwender wenige Möglichkeiten. Ein *Farbmanagement*, das die farbgetreue Wiedergabe von Bildern, Fotos und Grafiken an Bildschirm und Drucker unterstützt, ist mit Hausmitteln nur begrenzt möglich. **ColorSync**, die Standardeinstellung, ist hier genau richtig. Apple kümmert sich dann um die korrekte Wiedergabe.

Das Menü **Papierhandhabung** eröffnet zahllose Möglichkeiten bei der Seitenausgabe (Abbildung 4.54). Mit **Zu druckende Seiten** 17 werden beispielsweise nur gerade oder nur ungerade Seiten gedruckt. Die **Seitenfolge** 18 wird automatisch vorgegeben, kann aber ebenfalls geändert werden. So können Sie festlegen, dass zuerst die letzte Seite eines Dokuments gedruckt wird. Wenn Sie **An Papierformat anpassen** 19 aktivieren, ist es möglich, ein A3-formatiges Dokument auf A5 oder A4 zu verkleinern. Diese Funktion ist genauer als die bereits beschriebene Einstellung **Größe**.

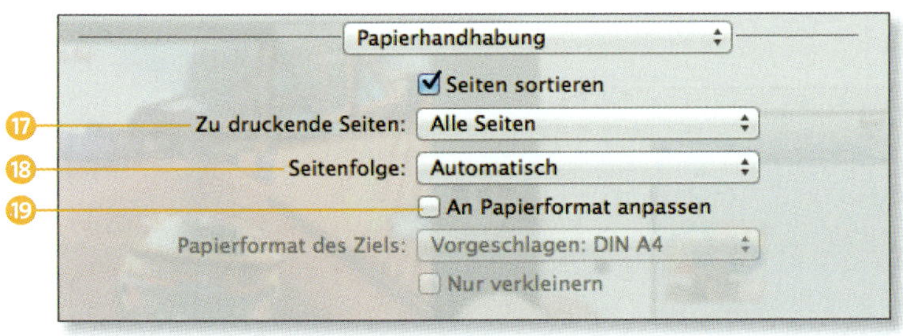

Abbildung 4.54
Was wollen Sie drucken? Dabei hilft Ihnen hier das Menü »Papierhandhabung« weiter.

Die Option **Deckblatt** ist in der Praxis eher nicht notwendig – besser wäre wohl ohnehin die Bezeichnung »Trennblatt«. Damit können Sie vor oder nach dem Dokument Blätter mit der Beschriftung »Geheim« oder Ähnlichem ausgeben. Dies ist also für zu Hause und selbst fürs Büro eine Funktion, die man nicht wirklich braucht.

In der nächsten Abteilung des Pulldown-Menüs kommen die spezifischen Einstellungen für Ihren Drucker an die Reihe (Abbildung 4.55). Wir zeigen Ihnen das Menü anhand eines Druckers von Xerox. Je nach Druckertyp weichen die Einstellungen und Bezeichnungen vom gezeigten Screenshot ab.

Abbildung 4.55
Die Einstellungen sind von Drucker zu Drucker verschieden.

Papier und Qualität

Je nach eingelegter Papiersorte kann Ihr Drucker mit verbesserter Qualität drucken. Wählen Sie aber immer die passende Einstellung! Wenn Sie beispielsweise ein hochwertiges Fotopapier einlegen, aber in den Druckereinstellungen **Normalpapier** eingestellt haben, wird das Ergebnis enttäuschend sein. Denn hier druckt Ihr Gerät dann viel zu »schlampig« und zu schnell, der Druck wirkt verschmiert. Umgekehrt bringt es nichts, am Computer als Medium ein Fotopapier einzustellen und Normalpapier im Drucker zu haben.

In diesem Dialog oder unter **Weitere Optionen** werden z.B. die Druckqualität oder der Papiertyp eingestellt. Unter Windows hatten Sie im Druckmenü über **Erweitert** die gleichen Möglichkeiten. Wenn Sie eine gewohnte Einstellung oder Funktion hier im Apple-Druckmenü nicht gleich finden, klicken Sie die Menüs sorgfältig der Reihe nach durch. Je nach Hersteller wurden die Mac-Treiber anders programmiert und manche Funktionen einfach an anderen Stellen einsortiert.

Wenn Sie übrigens die Einstellungen für einen Druckauftrag definiert haben, können Sie ihn in den Voreinstellungen über **Aktuelle Einstellung als Voreinstellung sichern** dauerhaft sichern und dort auch immer wieder aufrufen. Ein erneutes »Zusammenklicken« aller Einstellungen entfällt dann.

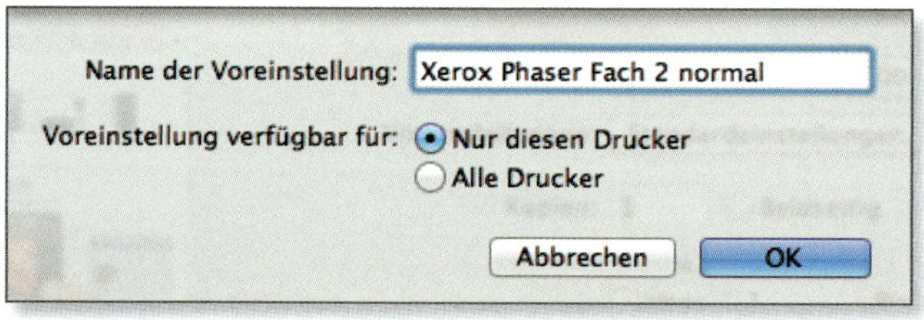

Abbildung 4.56
Ihre mühevoll eingestellten Druckoptionen können komplett gespeichert und jederzeit wieder abgerufen werden.

Drucker-Warteschlange = Drucker-Warteliste

Mit einem Klick auf **Drucken** starten Sie endlich den Druckvorgang. Ihr Druckauftrag wandert zuerst in die Drucker-Warteliste. Dort ist der aktuelle Status des Druckers ebenso sichtbar wie alle momentan bearbeiteten Druckaufträge. Dieses Fenster wird automatisch geöffnet, sobald ein Druckauftrag unterwegs ist.

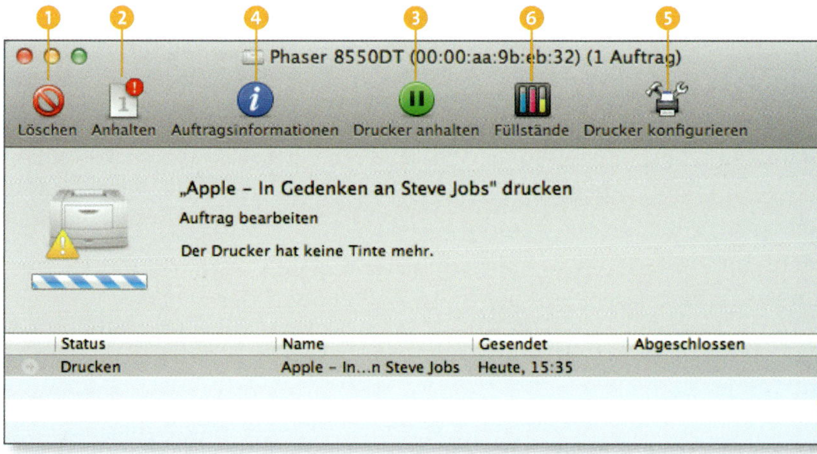

< **Abbildung 4.57**
Die Drucker-Warteliste entscheidet über Drucken oder Nichtdrucken.

Über die Symbolleiste ist die Steuerung ein Kinderspiel. Die ersten beiden Symbole sind dokumentbezogen. Das heißt, **Löschen** ① und **Anhalten** ② beziehungsweise **Fortsetzen** gelten nur für ein ausgewähltes Dokument. **Drucker anhalten** ③ (beziehungsweise **Drucker fortsetzen**) hingegen gilt global für alle Druckaufträge. Die **Auftragsinformationen** ④ zeigen Ihnen die Auflistung **Optionen** und **Zubehör** aus den Druckereinstellungen, und mit **Drucker konfigurieren** ⑤ gelangen Sie in den Bereich, um Ihren Drucker zu warten, also beispielsweise die Patronen zu reinigen oder Düsentestmuster zu drucken.

Ebenfalls abhängig vom Druckermodell ist die Angabe bei **Füllstände** ⑥. Hier sehen Sie, wie viel Tinte oder Toner noch im Drucker vorhanden ist – vorausgesetzt, Sie nutzen keine Nachfülltinte oder Nachbautoner (Refill-Produkte). Denn dann ist diese Funktion meistens vom Gerät aus deaktiviert oder einfach fehlerhaft.

4.6 PDF-Dateien erzeugen

PDF-Dokumente sind praktisch. Fast jeder kann sie öffnen, egal, ob er nun mit einem PC, einem Mac oder einem Linux-Computer arbeitet. Dazu können PDFs nicht ohne Weiteres von jedem editiert werden, wie es beispielsweise bei einem Word-Dokument der Fall wäre. Auch eine eventuell am Empfängercomputer fehlende Schriftart sorgt nicht dafür, dass deshalb ein komplettes Layout falsch dargestellt wird. Im PDF sind alle notwendigen Schriftarten eingebettet, Darstellungsfehler sind daher ausgeschlossen. Ein PDF-Dokument kann aus jedem Programm heraus erzeugt werden, egal, ob aus PowerPoint, Safari, Illustrator oder iPhoto. Am Ende steht immer ein kompatibles und plattformübergreifendes Dokument.

PDF im Klartext

PDF steht für *Portable Document Format* und ist eine Entwicklung von Adobe. Mit dem kostenlosen Adobe Reader oder der Apple-Vorschau können diese Dokumente betrachtet werden. Ein Eingriff in die Dateien ist nur mit Profi-Software wie Adobe Acrobat oder Adobe Illustrator möglich.

Am Mac ist schon serienmäßig eine PDF-Erzeugung integriert, dank der jahrzehntelangen Partnerschaft von Adobe und Apple. Sie benötigen also keine abenteuerlichen Gratis-Zusatztools wie manchmal am PC, die dann Registrierhinweise in die PDF-Dateien einfließen lassen. Die Alternative, um am PC (und auch am Mac) werbefrei zu einem PDF zu kommen, führt über Adobe Acrobat. Die Software ist ein mächtiges Instrument, um diesen Dateityp zu erstellen und zu editieren. Für das oftmals zitierte »papierlose Büro« ist diese Anwendung der Schlüssel und ein Quasistandard. Für zuhause ist das aber nicht notwendig, zudem kostet die Acrobat-Software eine Menge Geld. Hier genügt das mit OS X erzeugbare PDF vollkommen.

Um ein PDF zu erstellen, gehen Sie genauso vor, als wollten Sie das Dokument auf Ihrem Drucker ausdrucken. Rufen Sie also im Menü **Ablage** den Eintrag **Drucken** auf, oder nutzen Sie das Tastenkürzel cmd + P. Im Dialogfeld **Drucken** können Sie auch alle Layouteinstellungen wie **Seitengröße** und **Anordnung** vornehmen. Statt auf **Drucken** klicken Sie aber nun am linken Fensterrand auf **PDF**.

Das Dialogmenü beginnt mit **PDF in Vorschau öffnen** 1 – eigentlich recht unsinnig, denn damit wird das erstellte PDF-Dokument nur im Programm Vorschau geöffnet und muss dann dort gesichert werden. **Als PDF sichern** 2 ist daher die bessere Wahl, um das Dokument dauerhaft auf der Festplatte zu speichern. Soll es nur verschickt werden, kann man einfach **PDF versenden** 3 nutzen. Dann wird Apple Mail direkt geöffnet und eine neue Nachricht mit Anhang erstellt.

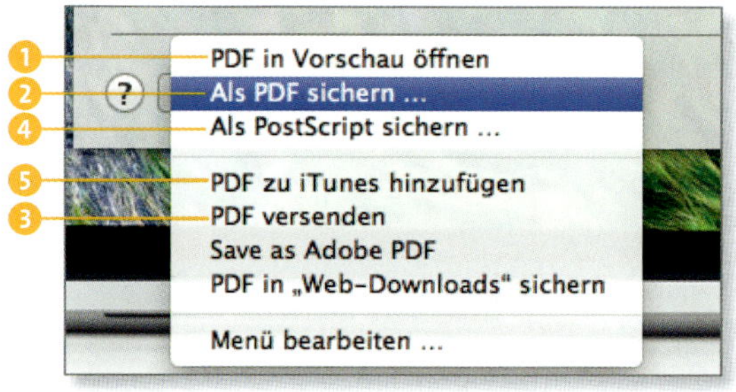

Abbildung 4.58
So schnell kann es gehen – PDFs generiert man am Mac ganz ohne Zusatztools.

Alle anderen Möglichkeiten sind eher speziell: **Als PostScript sichern** 4 erzeugt eine PDF-Datei, die theoretisch Ihr Dokument in eine Profidatei für die Druckvorstufe umwandelt. In der Praxis können Sie aber aus Word oder anderen Office-Programmen einfach keine druckfähigen Daten erzeugen. Daher brauchen Sie diese Funktion auch nicht. Auch **PDFs zu iTunes hinzufügen** 5 ist eher exotisch, hat aber folgenden Hintergrund:

Besitzen Sie ein iPad oder iPhone und haben dieses per iCloud mit Ihrem Mac verbunden, wandern mit dieser Funktion freigegebene PDFs in iBooks auf Ihr mobiles Gerät und können dort betrachtet werden.

4.7 CDs und DVDs brennen

Die Silberscheiben, egal, ob DVD oder CD, sind noch immer der beliebteste Datenträger, um Dokumente, Musik, Videos und Daten aller Art zu speichern. Am Mac benötigen Sie hierzu, wie übrigens auch am Windows-PC, keinerlei Zusatzprogramme, um zumindest die Standardaufgaben rund um das Thema Brennen durchführen zu können.

Macs ohne CD-Laufwerk

Ganz schön blöd – sowohl der Mac mini als auch das MacBook Air haben gar kein CD-Laufwerk mehr mit dabei. Hier müssen Sie auf externe Laufwerke zurückgreifen, die aber ganz einfach per USB angeschlossen werden können.

Eine Daten-CD/-DVD erstellen

Über den Finder ist es möglich, direkt eine Daten-CD beziehungsweise -DVD zu erstellen, die unter Windows und unter OS X lesbar ist. Und so funktioniert es:

1. CD einlegen und Finder öffnen

Legen Sie eine leere CD oder DVD in das Laufwerk Ihres Computers. Sofort erscheint ein Fenster mit verschiedenen Auswahlmöglichkeiten. Sofern Sie kein zusätzliches Brennprogramm installiert haben, ist die Auswahl **Finder öffnen** genau richtig. Der Datenträger wird dann als ganz normales Laufwerk auf Ihrem Schreibtisch angezeigt. Das heißt, hier können nun alle Dateien per Drag & Drop abgelegt werden, die Sie später brennen möchten.

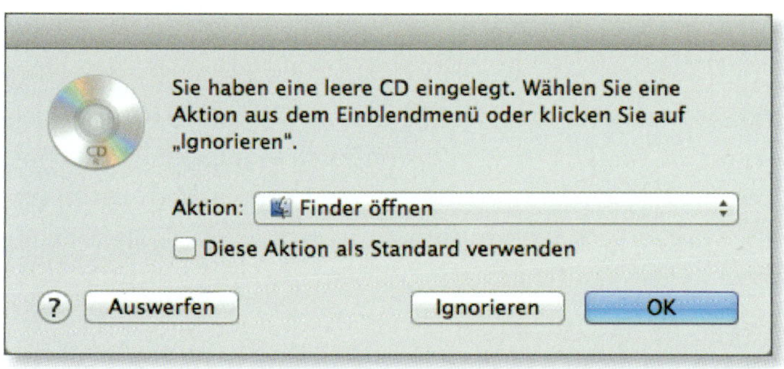

Abbildung 4.59
Wenn Sie eine leere CD oder DVD einlegen, kommt sofort der Finder ins Spiel.

2. Statusleiste aktivieren und CD-Inhalt prüfen

Mit einem Klick auf das CD-/DVD-Symbol in der Finder-Leiste öffnet sich das Laufwerk ❶. Sie können sofort sehen, welche Dateien sich bereits auf der CD oder DVD befinden (bei wiederbeschreibbaren CDs oder

DVDs, die den Zusatz RW in der Bezeichnung führen). Die Information, ob noch Speicherplatz verfügbar ist ②, müssen Sie aber erst über das Menü **Darstellung > Statusleiste einblenden** aktivieren.

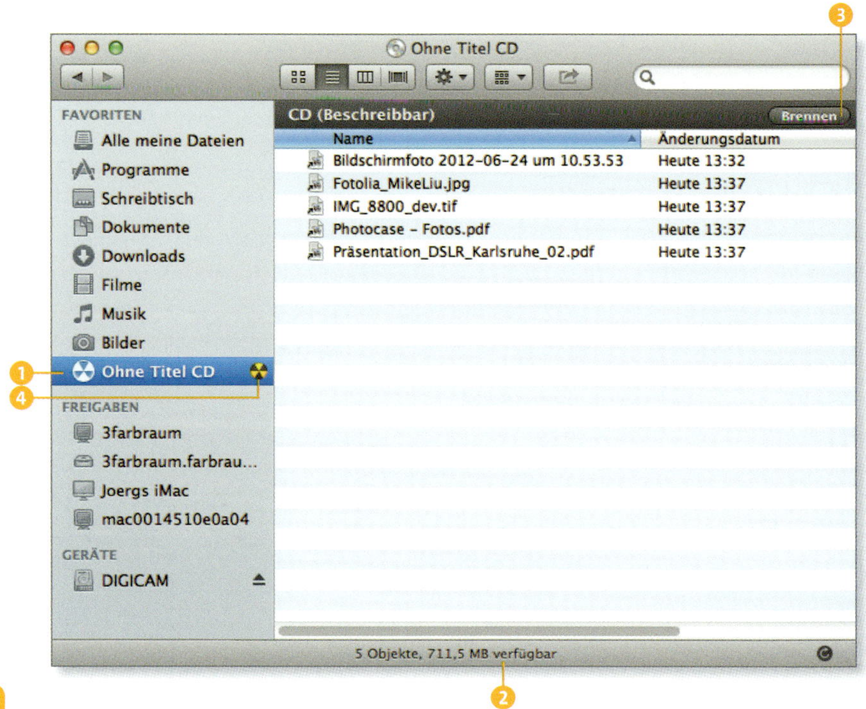

Abbildung 4.60 >
Die noch nicht gebrannte CD wird in den Favoriten angezeigt.

Leere CD/DVD auswerfen

Das irritiert: Wenn Sie eine CD oder DVD ohne zu brennen auswerfen möchten, müssen Sie trotzdem auf **Brennen** klicken. Auch ein Ziehen auf den Papierkorb ist möglich, allerdings erscheint auch hier das Brennsymbol.
Klicken Sie im folgenden Fenster dann einfach auf **Auswerfen**. Auf dem Schreibtisch bleibt gegebenenfalls der Brennordner mit den verknüpften Dateien zurück. Dieser muss dann noch separat entsorgt werden oder kann beim erneuten Einlegen einer CD/DVD später gebrannt werden.

3. Brennvorgang starten

Bis zu diesem Zeitpunkt sind die Daten noch nicht auf den Datenträger gebrannt. Erst ein Klick auf **Brennen** ③ oder das »Radioaktiv«-Zeichen ④ startet den Vorgang. Im Gegensatz zu Windows wird keine Image-Datei kopiert, sondern alle Dateien werden ohne Umweg auf den Datenträger gebrannt.

Bevor dann tatsächlich gebrannt wird, müssen Sie die CD/DVD noch benennen ⑤ und eine Angabe im Feld **Brenngeschwindigkeit** ⑥ machen (siehe Abbildung 4.62). Die Brenngeschwindigkeit kann immer auf **Maximal** eingestellt werden – moderne Computer verkraften diese Einstellung problemlos. Sollte tatsächlich das Maximum nicht machbar sein, regelt OS X das für Sie im Hintergrund automatisch.

Möchten Sie den Brennordner speichern, beispielsweise um die gleiche CD nochmal zu brennen, genügt ein kleines Häkchen bei **Brennordner sichern unter** ⑦. Sie müssen dann noch einen Titel für diesen Ordner vergeben und einen Speicherort wählen. Ein Klick auf **Brennen** startet den Vorgang. Wenige Minuten später ist Ihre CD oder DVD fertig.

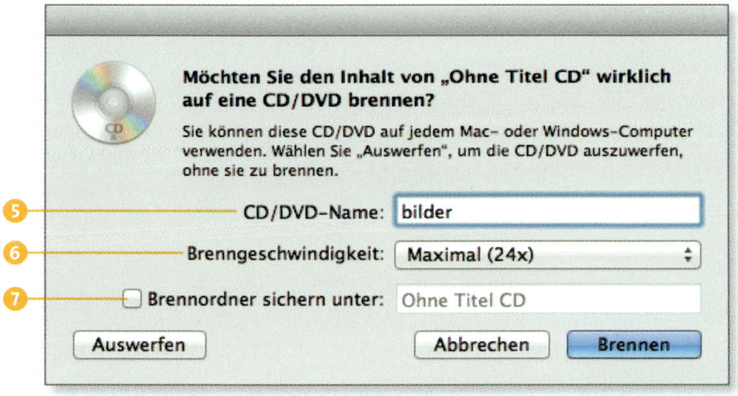

Abbildung 4.61
Zum Abschluss kann der Name der CD/DVD noch geändert und die Schreibgeschwindigkeit angepasst werden.

Das Ganze funktioniert natürlich auch umgekehrt. Sie können zuerst einen Brennordner erstellen, diesen mit Daten befüllen und die Daten dann erst auf einen Datenträger brennen. Legen Sie dazu, beispielsweise auf dem Schreibtisch, über das Finder-Menü **Ablage > Neuer Brennordner** einen entsprechenden Ordner an.

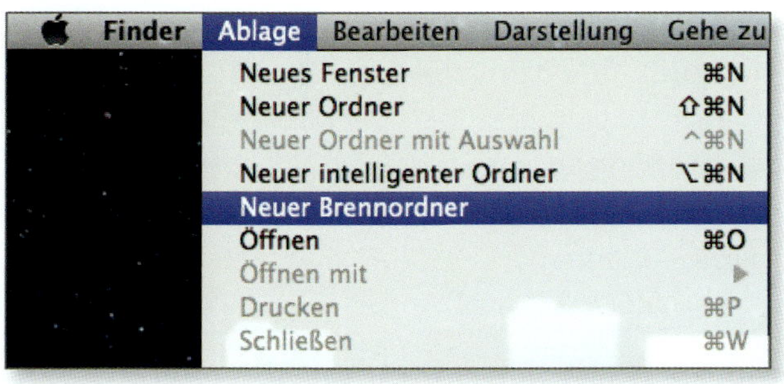

Abbildung 4.62
Ein Brennordner ist perfekt dazu geeignet, um darin Daten für einen späteren Brennvorgang einzusortieren.

Befüllen Sie ihn nun mit Daten – sinnvollerweise öffnen Sie den Brennordner per Doppelklick. Dann haben Sie immer im Blick, wie viel Mega- oder Gigabyte Sie schon zusammengestellt haben. Beachten Sie: Auf eine CD passen, je nach Typ, maximal 800 Megabyte, bei einer DVD ist bei ca. 4,7 Gigabyte Schluss.

Passt alles, klicken Sie im Brennordner-Fenster einfach auf **Brennen**. Sie werden dann aufgefordert, einen leeren Datenträger einzulegen. Abschließend folgt auch hier noch die Abfrage der Brenngeschwindigkeit, bevor der Datenträger beschrieben wird.

Eine Audio-CD erstellen

Um eine Audio-CD zu erstellen, müssen Sie beim Einlegen der leeren CD statt **Finder öffnen** die Aktion **iTunes öffnen** wählen. Wie Sie in dieser Software eine Musik-CD nach Ihren Wünschen erstellen und mit iTunes Ihre gesamte Musik verwalten, erfahren Sie in Abschnitt 9.4, »iTunes – Musik ohne Ende«.

Eine CD-Kopie erstellen

Sie werden es kaum glauben, aber der Mac kann tatsächlich nicht auf direktem Weg eine Kopie einer CD oder DVD erstellen. Hier führt der Weg nur über das *Festplatten-Dienstprogramm*. Dort können Sie von einer bereits eingelegten CD oder DVD ein sogenanntes Image erzeugen und dieses wiederum auf ein leeres Medium brennen. Kompliziert? Ja! Wenn Sie öfter CDs kopieren, lohnt sich deshalb der Kauf eines speziellen Brennprogramms, wie zum Beispiel *Roxio Toast*; es ist für knapp 100 € zu erwerben und damit auch nicht gerade billig. Allerdings bekommt man damit nicht nur ein schnödes Brennprogramm, sondern eine richtige Multimedia-Suite, um auch Bilder und Videos perfekt auf die Datenträger zu bannen.

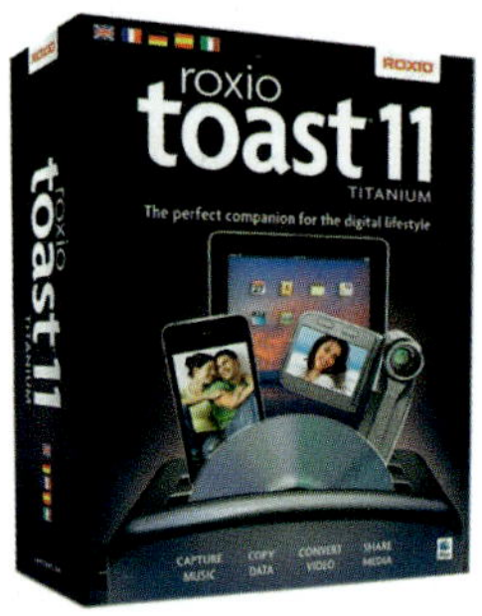

Abbildung 4.63
Roxio Toast brennt CDs, DVDs und hat noch zahlreiche weitere Tools für digitale Medien.

Eine günstige Alternative bietet sich mit dem kleinen Freeware-Programm *Burn* an. Es beherrscht alle Standardaufgaben rund ums Brennen von CDs und DVDs und kann auch Kopien erzeugen. Die Webseite zum Download ist zwar in englischer Sprache, das Programm selbst später aber auf Deutsch. Hier können Sie es gratis laden: *http://burn-osx.sourceforge.net/Pages/English/home.html*.

Abbildung 4.64
Burn meistert alle Aufgaben rund um das Brennen von CDs und DVDs bravourös.

Trotzdem zeigen wir Ihnen hier Schritt für Schritt, wie Sie mit OS X 10.8 Mountain Lion und ganz ohne Zusatzprogramme eine CD oder DVD kopieren:

^ Abbildung 4.65
Das Festplatten-Dienstprogramm dient auch dazu, CDs und DVDs zu kopieren.

1. Festplatten-Dienstprogramm öffnen

Legen Sie die CD oder DVD, die kopiert werden soll, in das Laufwerk ein. Öffnen Sie dann über die Finder-Leiste den Ordner **Programme**, und starten Sie unter **Dienstprogramme > Festplatten-Dienstprogramm** das Festplatten-Dienstprogramm.

2. Image erzeugen

Markieren Sie in der linken Leiste die CD bzw. DVD ①, und klicken Sie in der Symbolleiste auf **Neues Image** ②. Sie werden dann nach einem Speicherort und einem Namen gefragt. Im Feld **Image-Format** ③ lassen Sie **Komprimiert** stehen, und die Angabe **Verschlüsselung** ④ ist mit **Ohne** auch perfekt. Es sei denn, Sie möchten das Image tatsächlich per Passwort vor Zugriff schützen.

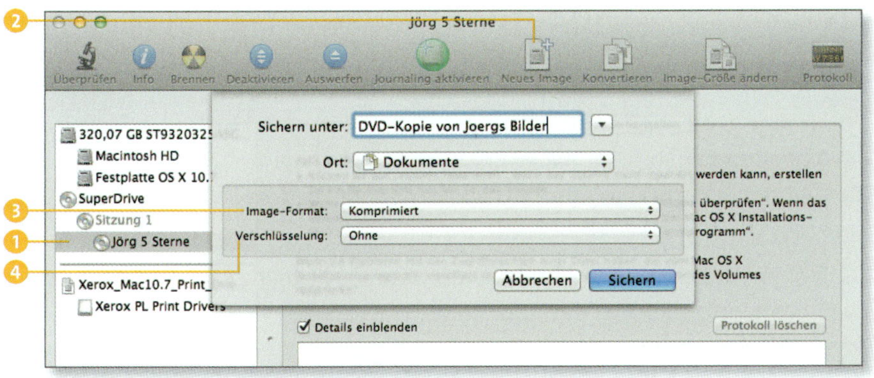

< Abbildung 4.66
Zunächst muss ein Image der CD bzw. DVD erstellt werden.

Im Anschluss wird die CD bzw. DVD als Image-Datei auf Ihre Festplatte kopiert. Das kann, je nach Datenmenge, mehrere Minuten Zeit in Anspruch nehmen.

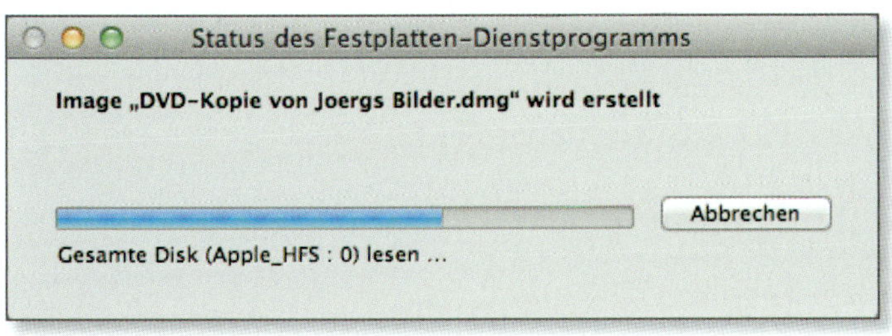

< Abbildung 4.67
Das Image wird erstellt.

3. Image auf DVD brennen

Das neu erstellte Image erscheint nun in der Seitenleiste des Festplatten-Dienstprogramms (5). Bevor es weitergeht, werfen Sie zunächst erst die Original-CD/DVD aus und legen dann eine leere ein. Jetzt markieren Sie das Image in der Seitenleiste erneut. Mit einem Klick auf **Brennen** (6) wird das Image des Originals auf den neuen Datenträger gebrannt. Dieser Vorgang kann dann beliebig oft wiederholt werden.

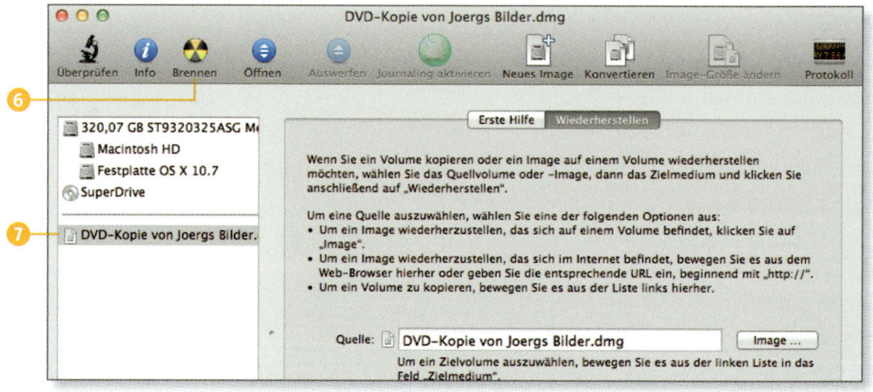

Abbildung 4.68 >
Das Image kann nun gebrannt werden.

4. Image entfernen

Abschließend sollten Sie die Image-Datei noch auf Ihrer Festplatte über den Finder suchen und von dort in den Papierkorb werfen, damit nicht unnötig Speicherplatz verbraucht wird.

Sie sehen, auch mit den Bordmitteln von OS X gelingt eine CD-Kopie, wirklich komfortabel ist das aber nicht. Wenn Sie des Öfteren in die Verlegenheit kommen, einen Datenträger kopieren zu müssen, lohnt ein Blick auf die beiden zu Beginn dieses Abschnitts erwähnten Apps, *Roxio Toast* und *Burn*.

5 Daten sicher übertragen – vom PC zum Mac

In diesem Kapitel erfahren Sie mehr darüber, wie Sie die Daten am besten auf Ihren neuen Mac transferieren – ob per USB-Stick, mit der Wechselfestplatte, per DVD (oder doch über WLAN?). Sie erfahren auch, wie Sie Ihre privaten Daten auf dem PC so löschen, dass sie niemand mehr auslesen kann.

^ **Abbildung 5.1**
Das Herzstück eines jeden Computers – die Festplatte mit Ihren Daten (Foto: Seagate)

Der neue Mac ist betriebsbereit, der PC mit Windows steht in der Ecke und ist bereit, seine Daten herzugeben. Doch wie geht man hier praktischerweise vor? Zuallererst empfiehlt es sich, den Ordner **Eigene Dateien** beziehungsweise Ihre Bibliotheken für Musik, Dokumente und Bilder gründlich zu durchforsten und »auszumisten«. Sicherlich haben sich hier im Laufe der Zeit Daten angesammelt, die man eigentlich löschen kann und die nicht unbedingt auf den Mac kopiert werden müssen. Bringen Sie also zuerst ein wenig Ordnung auf Ihren PC, damit Sie später, befreit von unnötigem Dateiballast, am Mac ungestört weiterarbeiten können. Es empfiehlt sich auch, eine Struktur in die Daten zu bringen – also beispielsweise Fotos, die auf zwei Laufwerke und unnötig viele Ordner verteilt sind, gezielt zu vereinen.

5.1 Welche Daten sollte man sichern?

Im Grunde genommen wissen Sie, wo Ihre wichtigen Daten auf dem PC lagern. Aber es gibt noch einige Spezialitäten außerhalb Ihrer eigenen Dateien, deren Sicherung absolut sinnvoll ist, aber gerne vergessen wird. Und das wäre richtig ärgerlich, oder?

Spezialfälle

In diesem Kapitel zeigen wir Ihnen, wie Sie die »normalen« Dateien und Dokumente übertragen. Spezialfälle wie Inhalte des E-Mail-Programms und vieles mehr gehen wir in den folgenden Kapiteln an:

- E-Mails: Seite 154
- Internet-Favoriten: Seite 131
- Musik: Seite 198
- Bilder: Seite 188

Hier unsere Liste zum Aufmerken und Abhaken:

- Dokumente und Daten
- Bilder
- Musikdateien
- Inhalt des E-Mail-Programms
- Lesezeichen (gesicherte Seiten) vom Internetbrowser
- Adressbuch
- Bibliotheksdateien, beispielsweise von der Fotoverwaltung, Musiksoftware (iTunes etc.)

Suchen Sie auch noch mal außerhalb der üblichen Datenordner auf der Festplatte nach Dokumenten und Dateien – Sie werden erstaunt sein, was sich so angesammelt hat.

Abbildung 5.2
USB-Sticks sind perfekt für die Datenübertragung. (Foto: Sandisk)

5.2 Datentransfer über USB-Sticks oder externe Festplatten

Im Zeitalter der Digitalfotografie und großer Datenmengen besitzt bereits fast jeder Anwender einen USB-Stick oder eine externe Festplatte. Beide Geräte werden von Windows über die USB-Schnittstelle ganz ohne Treiber erkannt und sind vollwertige Datenträger. Für die älteren Leser (zu denen sich auch das Autorenteam zählt): Die Dinger funktionieren genauso wie eine Diskette, nur passt eben wesentlich mehr drauf.

Zudem sind diese Datenträger mittlerweile schon für sehr wenig Geld zu haben. Für einen USB-Stick mit 16 Gigabyte zahlen Sie weniger als 30 €, eine externe Festplatte mit riesigem Speicherplatz um 1.000 Gigabyte gibt es schon für 100 € zu kaufen. Da lohnt es sich doch, zuzugreifen. Noch dazu, wenn Sie noch gar keine externe Festplatte Ihr Eigen nennen. Denn einen Teil dieser Festplatte können Sie ja auf Ihrem neuen Mac für das vollautomatische Backup von OS X, die Time Machine (siehe dazu Kapitel 13, »Benutzerkonten und Datensicherung«), nutzen.

Abbildung 5.3
Schick – eine externe Festplatte ist ein Hingucker und kann nach dem Datentransfer zum Mac dort direkt für das Backup weiterverwendet werden. (Foto: LaCie)

Beim Kauf müssen Sie auf das Format der Festplatte achten – die Festplatten sind normalerweise schon vorformatiert, zumeist mit dem Windows-FAT-Format. Damit kann OS X wunderbar umgehen. Wenn Sie jedoch explizit eine Mac-Festplatte kaufen, ist diese nur für OS X vorformatiert und ein Windows-PC kann damit nichts anfangen. Sie müssen diese Festplatte erst unter OS X in FAT umformatieren (siehe dazu den

Abschnitt »Externe Festplatten aufteilen« auf Seite 345 in Abschnitt 15.3). Das ist zwar möglich, aber trotzdem ein unnötiger Zwischenschritt. Warum spezielle Mac-Festplatten übrigens Unsinn sind, lesen Sie im Kasten. Problematisch wird es auch, wenn die Festplatte im NTFS-Format vorliegt. Wie Sie dann vorgehen, erfahren Sie in Abschnitt 14.6, »NTFS-Dateisystem – das kann kein Mac, oder doch?«.

Das Kopieren Ihrer Daten auf den USB-Stick oder die externe Festplatte funktioniert eigentlich ganz einfach: Öffnen Sie zunächst über den Windows-Arbeitsplatz das externe Laufwerk in einem Fenster. Anschließend öffnen Sie in einem zweiten Fenster zum Beispiel das Verzeichnis **Eigene Dateien**. Nun markieren Sie die gewünschten Ordner und Dateien und ziehen sie mit gedrückter linker Maustaste auf den externen Datenträger. Fertig! Der Kopiervorgang wird daraufhin durchgeführt.

Spezielle Mac-Festplatte?

Auch wenn es gerne so angepriesen wird – es gibt keine »speziellen Mac-Festplatten«. An Ihrem Mac läuft jede handelsübliche externe Festplatte ohne Probleme. Ob diese nun mit USB oder FireWire angeschlossen wird, ist mittlerweile egal. FireWire hat im Vergleich zu USB 2.0 kaum Geschwindigkeitsvorteile, kostet aber deutlich mehr.

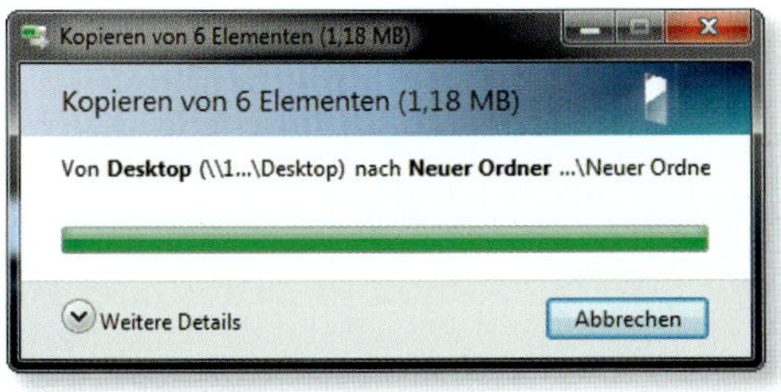

Abbildung 5.4
Wie immer: die Dateikopie unter Windows

Danach schließen Sie die »Externe« an Ihren Mac an und haben natürlich die identische Verzeichnisstruktur im Finder wie unter Windows. Jetzt kopieren Sie einfach alle Dateien auf Ihren Mac – so einfach ist das.

5.3 Datentransfer per DVD

Wenn Ihre Daten überschaubar sind und vielleicht sogar auf eine DVD passen, können Sie sie einfach auf diesen Datenträger brennen und dann auf den Mac kopieren. Auf eine Single-Layer-DVD passen knapp 5 Gigabyte; und falls Ihr Windows-Rechner auch Double-Layer-DVDs brennen kann, stehen Ihnen damit fast 9 Gigabyte zur Verfügung.

Auf Windows-PCs gibt es unter XP leider noch keine Möglichkeit, DVDs auch aus dem System heraus zu beschreiben. Dafür ist eine Zusatzsoftware wie *Nero Burning ROM* oder Ähnliches erforderlich. Sollten Sie eine solche Software nicht besitzen oder noch nie eine Daten-DVD gebrannt haben, greifen Sie lieber zu einer der anderen hier vorgestellten Möglichkeiten, beispielsweise zum Kopieren per USB-Stick. Denn nur zum einmaligen Kopieren eine neue Windows-Software zu kaufen, wäre ja alles andere als sinnvoll.

Für alle Windows-Anwender mit Vista oder Windows 7 gilt: Brennen Sie einfach auf einen beliebigen DVD-Rohling, das Format spielt hierbei keine Rolle. Egal, ob mit DVD-R, DVD+R oder den wiederbeschreibbaren Versionen, der Mac kommt mit allen DVD-Datenträgern hervorragend zurecht. Bei Blu-ray hört der Spaß allerdings auf – kein Mac hat ein Blu-ray-Laufwerk integriert. Hierfür benötigen Sie also ein externes Blu-ray-Laufwerk.

5.4 Datentransfer im Netzwerk

Sie haben ein kleines Heimnetzwerk, oder Mac und PC nutzen die gleiche WLAN-Verbindung ins Internet? Dann können Sie Ihre Daten sogar durchs Wohnzimmer »fliegen« und recht komfortabel übertragen lassen.

Für Anwender von Windows 7 ist der Weg, die Daten vom PC an den Mac zu kopieren, am einfachsten. Ehrlich gesagt, ist es auch sinnvoll, die Daten »am Ort des Geschehens« zu sichten und dann auf den Mac zu »schaufeln«. Das sieht komplizierter aus, als es ist. Das geht so:

Abbildung 5.5
Die Systemeinstellungen sind das zentrale Werkzeug, um eine Verbindung zwischen Mac und PC aufzubauen.

1. Freigaben am Mac erteilen

Öffnen Sie an Ihrem Mac die Systemeinstellungen, und klicken Sie dort auf den Bereich **Freigaben**. Klicken Sie hier zunächst auf **Dateifreigabe**, und setzen Sie ein Häkchen ❶. Damit werden Ordner Ihres Macs im Netzwerk erreichbar. Keine Sorge, in erster Linie ist davon nur das Verzeichnis **Öffentlicher Ordner** Ihres Macs betroffen, in dem keinerlei relevante Daten gespeichert sind und der genau für einen solchen Datenaustausch gedacht ist.

Sollten die Einstellungen in diesem Bereich nicht anklickbar sein, müssen Sie zunächst das Schloss unten links entriegeln. Klicken Sie einmal darauf, erscheint ein Dialogfenster, in dem Sie Ihren Benutzernamen und Ihr Passwort eingeben müssen.

2. Windows-Sharing aktivieren

Unter **Optionen** ❷ müssen nun noch die Häkchen bei **Dateien und Ordner über AFP freigeben** ❸ und **Dateien und Ordner über SMB (Windows) freigeben** ❹ gesetzt werden, damit Windows später auch auf die Mac-Ordner zugreifen kann.

Setzen Sie zudem ein Häkchen bei jenem Mac-Account ❺, in den Sie die Daten vom Windows-Computer hineinkopieren möchten. Bei Ihnen wird es im Normalfall nur einen Benutzer mit Ihrem Namen geben. Zur Sicherheit wird hier das Passwort abgefragt. Bestätigen Sie dann mit **Fertig** ❻.

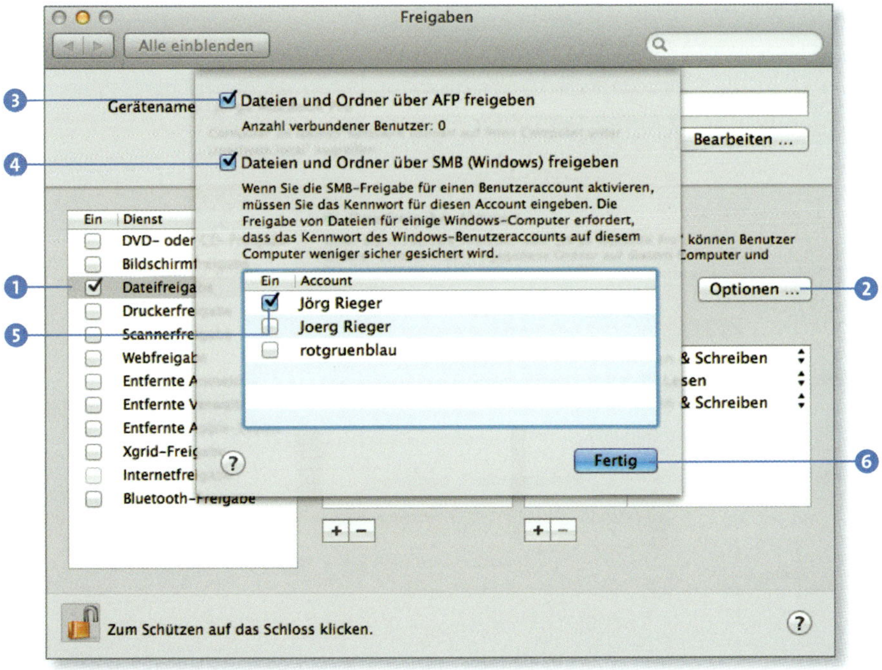

Abbildung 5.6
So sollten Sie die Dateifreigabe konfigurieren.

3. Ordner freigeben

Nun fügen Sie über das Plussymbol 7 bei **Freigegebene Ordner** noch Ordner wie **Musik** oder **Bilder** hinzu. Dann können Sie vom PC später die passenden Daten direkt dort hineinkopieren, wo sie auch wirklich hingehören.

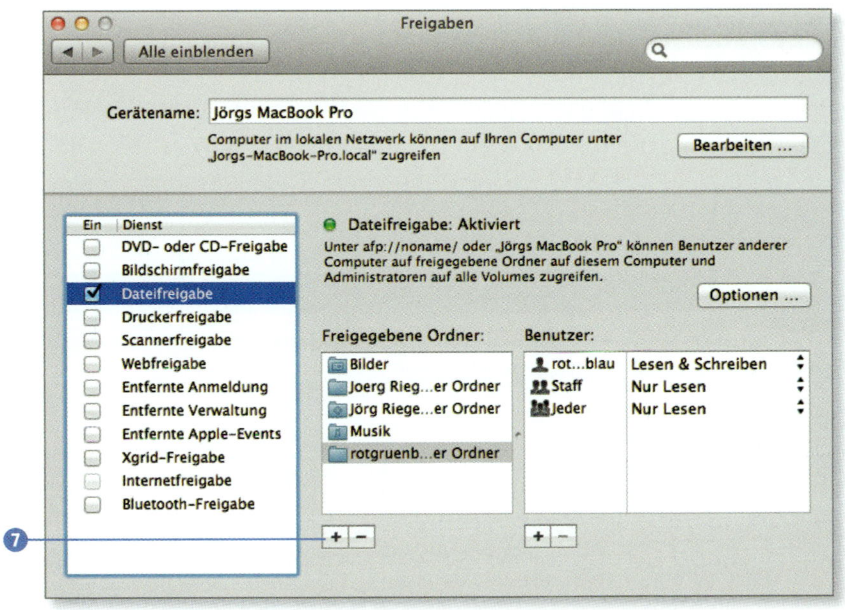

Abbildung 5.7
Zusätzlich zum öffentlichen Ordner lassen sich noch weitere Ordner gezielt freigeben.

4. IP-Adresse finden

Sind Sie mit der Ordner-Freigabe fertig, geht es über **Alle einblenden** 8 zurück in die Übersicht der Systemeinstellungen. Dort wechseln Sie in den Bereich **Netzwerk**. Hier finden Sie Ihre IP-Adresse 9. Diese braucht ihr PC, um Ihren Mac zu erkennen. Also – bitte notieren.

Abbildung 5.8 >
Für die nächsten Schritte benötigen Sie Ihre IP-Adresse.

5. In Windows 7: Verbindung herstellen

Jetzt steht der Wechsel zum PC an. Öffnen Sie **Computer**, und klicken Sie auf **Netzwerk**. Momentan fehlt hier noch Ihr Mac. Damit sich das ändert, tippen Sie in die Adressleiste nun die IP-Adresse aus dem vorangegangenen Schritt ein. Ganz wichtig sind die zwei Schrägstriche – nur so versteht Windows, dass Sie nicht ins Internet wollen, sondern eine Netzwerkverbindung wünschen.

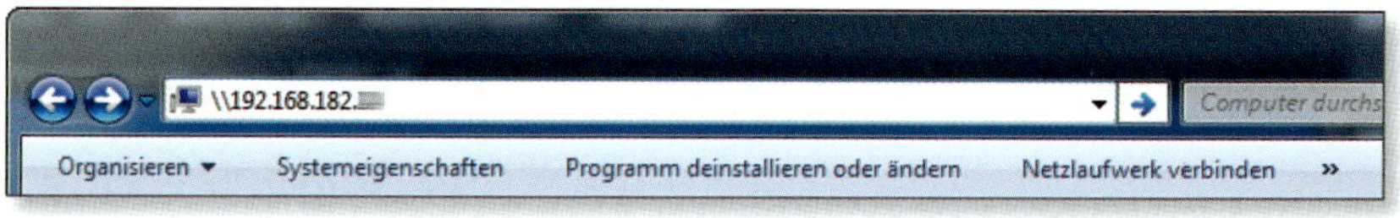

Abbildung 5.9 >
Über die IP-Adresse erkennt auch Windows Ihren Mac im Netzwerk.

6. Passwort erforderlich

So einfach lässt der Mac niemanden an die Daten – es erfolgt nun die Abfrage von Benutzer und Kennwort. Hier müssen Sie exakt jene Daten eingeben, die Ihr Mac auch bei der Anmeldung und Programminstallation abfragt. Nur dann erhalten Sie Zugriff auf OS X.

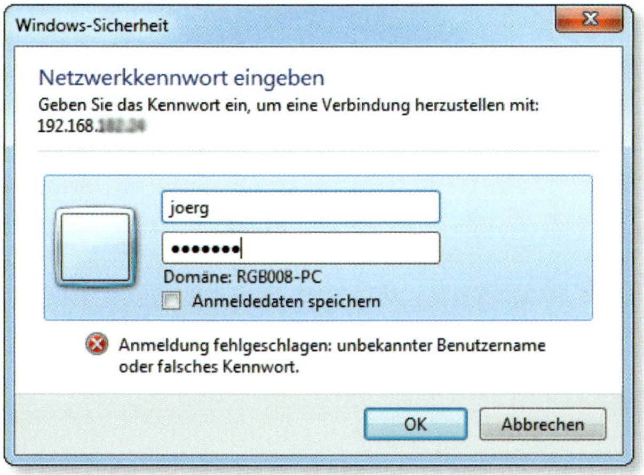

Abbildung 5.10
Geben Sie hier Ihren Benutzernamen und Ihr Kennwort für den Mac ein.

7. Daten kopieren

Danach erscheinen alle freigegebenen Ordner Ihres Macs am PC. Ein wenig Spürsinn ist gefordert, da der Mac die englischen Namen zur Freigabe verwendet – **Musik** wird zu **Music**, **Bilder** werden zu **Pictures**. Sie können nun in diese Ordner Ihre Daten vom Windows-PC ganz einfach per Drag & Drop hineinkopieren.

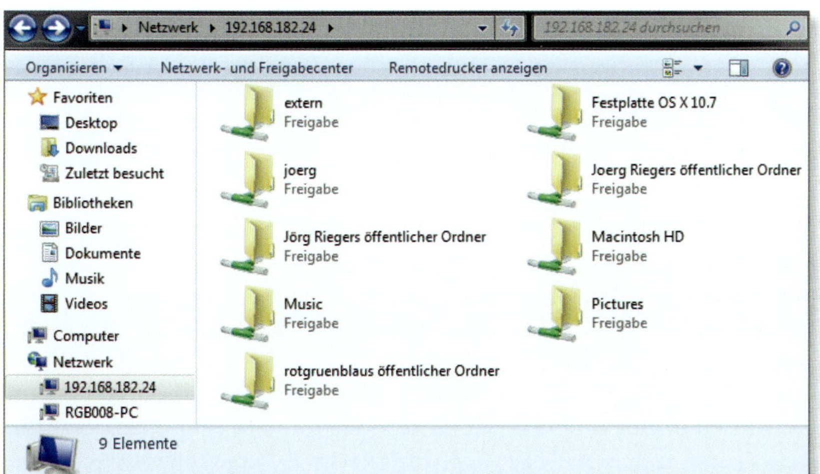

Abbildung 5.11
So werden die freigegebenen Ordner Ihres Macs am PC dargestellt.

8. Freigabe widerrufen

Sind alle Daten kopiert, schalten Sie die Freigabe Ihrer Dateien in den Systemeinstellungen Ihres Macs unter dem Punkt **Freigaben** ganz einfach ab, indem Sie das Häkchen entfernen. Das ist aus Sicherheitsgründen sehr empfehlenswert. Die Chance, dass sich jemand in Ihr Heimnetzwerk hackt und dann den Passwortschutz knackt und Ihre Daten sehen kann, ist zwar gering bis unwahrscheinlich, aber ein Risiko sollten Sie trotzdem nicht eingehen. Für den Fall, dass die Dateifreigabe für diverse vergessene Daten doch noch notwendig wird, ist sie ja mit einem Klick wiederhergestellt.

Übertragung per Kabel

Ihre Computer sind per Ethernet-Kabel mit dem Internet-Router verbunden? Dann können Sie im Grunde genommen genauso vorgehen wie im gerade beschriebenen Fall des WLANs. Befolgen Sie einfach die in diesem Abschnitt beschriebenen Schritte, um Ihre Windows-Dateien auf den Mac zu befördern. Lediglich in den Systemeinstellungen Ihres Macs müssen Sie die IP-Adresse der Ethernet-Verbindung auswählen.

5.5 Datenübertragung per USB und Parallels Desktop

Eine ganz eigenwillige Möglichkeit zur Datenübertragung besteht mit der Edition *Switch to Mac* von Parallels Desktop. Hier werden nicht nur Ihre Daten, sondern gleich das komplette Windows-System transferiert und am Mac betriebsbereit gemacht. So haben Sie unter OS X nicht nur Ihre Windows-Daten, sondern auch zusätzlich Ihr gesamtes Windows-System parat. Die Übertragung läuft über ein spezielles USB-Kabel, das der Software beiliegt. Im Anschluss können Sie dann ganz bequem von Ihrem Mac aus entscheiden, welche Daten von Windows auf Ihren neuen Mac kommen und welche nicht. Mehr dazu und wie Ihr Mac einfach zum Windows-PC wird, zeigen wir in Kapitel 14, »Windows auf dem Mac«, ganz ausführlich.

Abbildung 5.12
Parallels ermöglicht mit »Switch to Mac« die Kopie und Installation des gesamten alten Windows-Systems auf dem Mac.

5.6 Vor dem Löschen des PCs

Sie spielen vielleicht mit dem Gedanken, Ihren Computer zu verkaufen oder ihn dem Sprössling ins Zimmer zu stellen? Dann steht meist auch der kritische Moment an, das Windows-System »plattzumachen« oder zumindest alle Daten gründlich zu löschen.

Hier ist Vorsicht angesagt. Zum einen empfehlen wir Ihnen aus Erfahrung, den Windows-PC erst einmal ein oder zwei Wochen lang noch im Originalzustand zu belassen. Es fällt Ihnen sicherlich im Laufe der Zeit noch die eine oder andere Datei ein, die sich in einem speziellen Verzeichnis befindet und beim Übertragen auf den Mac vergessen wurde.

Wenn Sie sich dann wirklich sicher sind, dass Ihr PC ausgedient hat, können Sie die Daten löschen. Gerade wenn ein Verkauf des Rechners infrage kommt, sollten die privaten und vor allem die geschäftlichen Daten mit einer Spezialsoftware gründlich entfernt werden. Wenn Sie nur über den Windows-Papierkorb löschen, kann jeder Grundschüler die Daten wiederherstellen. Auch ein Formatieren der Festplatte ist keinesfalls die Garantie dafür, dass Unbefugte später nicht auf Ihre Dateien zugreifen können. Es gibt aber praktische Zusatzprogramme, die die Festplatte oder zumindest die Dokumentenverzeichnisse absolut sicher löschen. So sicher, dass sich auch Computer-Cracks die Zähne daran ausbeißen.

Ganz sicher? Festplatte raus!

Wenn Sie wirklich hundertprozentige Sicherheit wollen, dass niemand an Ihre Daten kommt, dann hilft nur eines: die Festplatten vor dem Verkauf ausbauen und zu Hause aufbewahren. Übrigens kann man auch interne Festplatten mit wenigen Handgriffen und dem Gehäuse einer externen Festplatte auch am Mac wieder »zum Leben erwecken«.

Daten sicher löschen

Löschen Sie zuerst, ganz normal, Ihre Daten von der PC-Festplatte. Leeren Sie anschließend den Windows-Papierkorb aus. Doch selbst jetzt wäre es wirklich ein Kinderspiel, alle Daten innerhalb von Minuten wiederherzustellen. Damit das nicht geschieht, gibt es Programme wie das kostenlose *Bubble FreeSpace Shredder*. Diese Anwendung nimmt sich der angeblich freien Festplattenbereiche an und überschreibt diese mit sinnlosen Daten, was eine Wiederherstellung der ursprünglichen Dateien dadurch so gut wie unmöglich macht – zumindest für den »Otto-Normal-IT-Garagen-Computerschrauber«. Diese »sinnlosen« Daten sind übrigens für niemanden sichtbar, und man kann mit Windows später ganz normal weiterarbeiten und auch den freien Plattenplatz nutzen.

Abbildung 5.13
Papierkorb leeren alleine reicht unter Windows leider nicht.

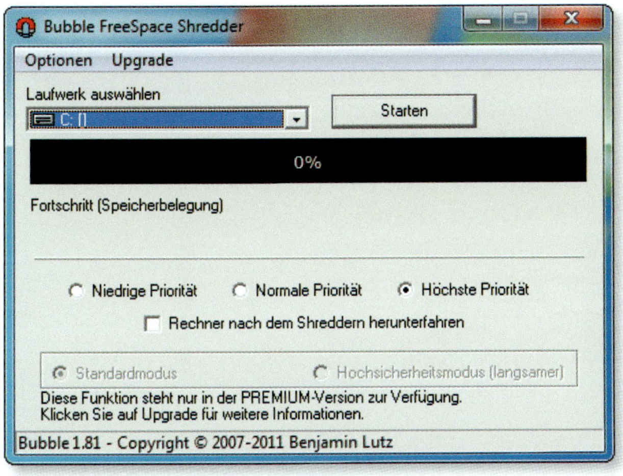

Abbildung 5.14
Bubble FreeSpace Shredder löscht freien Platz auf Ihrer Windows-Festplatte und damit auch alle bisher gelöschten Dateien restlos.

Das kleine Programm ist schnell erklärt: Sie wählen die Festplatte aus, deren freier Speicherplatz vernichtet werden soll, und klicken auf **Starten** – das war es auch schon. Schon nach wenigen Minuten sind alle gelöschten Daten auch wirklich endgültig gelöscht.

Komplette Festplatten entsorgen

Wenn Sie nicht nur einzelne Dateien, sondern den gesamten Inhalt einer kompletten Festplatte Ihres PCs vernichten möchten, nehmen Sie den ebenfalls kostenlosen *CBL Daten-Schredder*. Die Anwendung wird paradoxerweise von einer Firma für Datenrettung bereitgestellt. Das

Download Bubble FreeSpace Shredder

Laden Sie sich die Software unter *www.benjamin-lutz.de* kostenlos herunter.

> **Von Diskette starten**
>
> Die DOS-Version von CBL bietet die Möglichkeit, dass Sie Ihren Rechner von Diskette starten und dann auch Ihre Systemfestplatte löschen können. Das ist dann aber tatsächlich etwas für Profis.

Herunterladen der knapp 8 Megabyte großen Datei ist mit einem DSL-Anschluss völlig unproblematisch und schnell erledigt. Ähnlich einfach gestaltet sich die Installation in deutscher Sprache – nur wenige Mausklicks, und schon ist der Daten-Schredder startklar.

Die Menüoberfläche wirkt etwas antiquiert, ist dafür aber extrem übersichtlich. Im oberen Bildschirmbereich wählen Sie über den Menüpunkt **Festplatte auswählen** das zu löschende Laufwerk aus. Ein Klick auf **Öffnen** bringt Sie zurück zum Hauptbildschirm von CBL Daten-Schredder. Hier sollten Sie nochmals überprüfen, ob Sie auch wirklich das richtige Laufwerk ausgewählt haben! Unter dem Menüpunkt **Festplatte auswählen** wird das Laufwerk nochmals angezeigt. Die Macher der Software haben übrigens ein Sicherheitsnetz eingebaut: Ihre Systemfestplatte mit Windows können Sie nicht löschen, das Programm verweigert dann die Arbeit. Haben Sie Ihre Festplatte nicht in mehrere Teile aufgeteilt, können Sie das Programm also nicht nutzen. Sie müssten zunächst Ihre Festplatte aufteilen und zumindest System und Daten voneinander trennen.

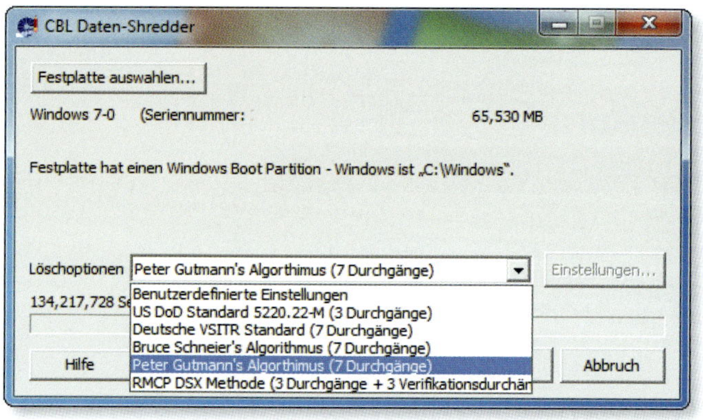

Abbildung 5.15 > *Altbackene Oberfläche, aber prima Funktionalität*

Im Menü **Löschoptionen** können Sie nun aus sechs verschiedenen sicheren Löscheinstellungen auswählen. Egal, welche der Methoden Sie wählen – Sie werden damit zumindest Hobby- und semiprofessionellen IT-Experten die Möglichkeit nehmen, Einblick in Ihre wertvollen Daten zu nehmen.

> **Download CBL Daten-Schredder**
>
> Sie können den Daten-Schredder im Netz unter dieser Adresse herunterladen: *http://www.cbltech.de/download.php*

Mit einem Klick auf **Start** legt der Daten-Schredder nun los. Es gilt: Je mehr Durchgänge bei einer Datenlöschung durchgeführt werden, desto höher ist die Sicherheit. Allerdings müssen Sie dann auch mit einem deutlich höheren Zeitaufwand rechnen – bei einer Festplatte kann das gut und gerne mehrere Stunden dauern. Aber diese Zeit sollten Sie sich vor dem Verkauf oder der Weitergabe Ihres PCs schon nehmen.

6 Mit dem Mac ins Internet

Mit dem Mac ins Internet – das funktioniert nicht nur erstaunlich unkompliziert, sondern auch sehr komfortabel und vor allem sicher. Neben Safari als Internetbrowser gibt es unter OS X die Sicherheit gleich inklusive. Viren und Hacker sind, wenn überhaupt, nur ein Randproblem.

6.1 Den Internetzugang einrichten

Internet unter OS X ist (nahezu) stressfrei. Seit DSL beziehungsweise Kabelmodems immer verbreiteter sind, gibt es auch keine Probleme bei der Kompatibilität mit Zugangssoftware, die bislang vielleicht nur für Windows erhältlich war. Das liegt daran, dass seit geraumer Zeit die Modems für Highspeed-Internet die Konfigurations- und Zugangssoftware direkt eingebaut haben und ganz simpel über jeden beliebigen Internetbrowser aufgerufen werden können – eine zusätzliche Programminstallation auf dem Computer kann man sich somit größtenteils sparen.

Abbildung 6.1
Das World Wide Web ist am Mac nur wenige Klicks entfernt.

Auf den folgenden Seiten zeigen wir Ihnen, wie Sie ganz schnell mit dem Mac ins Internet kommen und über Apples WLAN bequem vom Sofa aus auf Pirsch im World Wide Web gehen können. Auch das traditionelle Surfen über Netzwerkkabel werden wir Ihnen vorstellen.

Konfigurationssoftware

Manche älteren Router (zum Beispiel einige Modelle der Telekom) verlangen dennoch die Installation einer Zusatzsoftware. Leider gibt es die aber manchmal nicht für den Mac. Hier hilft nur die Suche im Internet: In der Regel kann die Konfigurationssoftware ganz einfach über den Browser aufgerufen werden – vorausgesetzt, Sie kennen die richtige IP-Adresse.

Firewall aktivieren

Am Anfang steht die Firewall. Bevor Sie mit Ihrem Mac ins Internet gehen, sollte Ihre »Feuerwand« auf jeden Fall aktiviert sein. Erstaunlicherweise hat Apple OS X seit Jahren hier als Basiseinstellung eine ausgeschaltete Firewall. Zwar ist die Gefahr, unter OS X ein Opfer von Hackern zu werden, sehr gering. Dennoch sollte dieser eingebaute Schutzmechanismus aktiviert sein. Sie finden die Funktion in den Systemeinstellungen in der Rubrik **Persönlich** unter **Sicherheit**. Die Einstellungen werden in Kapitel 12, »Systemeinstellungen zum schnellen Nachschlagen«, im Detail erläutert. Aber so viel können wir Ihnen schon jetzt sagen: Die Firewall muss eingeschaltet sein, damit sich niemand auf Ihren Mac »hacken« kann.

Abbildung 6.2 >
Nicht so wirklich sicher – OS X arbeitet standardmäßig mit deaktivierter Firewall.

Über WLAN ins Netz

Über WLAN kommen Sie am unkompliziertesten ins Internet. Wenn im Haus bereits ein WLAN vorhanden ist und schon am PC funktioniert hat, machen Sie damit Ihren Mac binnen Sekunden internettauglich.

Gehen Sie zuerst in den Finder. In der Finder-Menüleiste finden Sie, ähnlich wie bei Ihrem Handy, eine Anzeige zur Signalstärke ❶. Unter OS X ist damit die Signalstärke des aktivierten drahtlosen Internets gemeint. Das Betriebssystem wählt hier keine Verbindung automatisch aus; es kann also nicht passieren, dass Sie völlig unbemerkt online gehen.

Damit der Surfspaß beginnen kann, lohnt aber ein Klick auf das WLAN-Symbol ❶. Nun werden alle verfügbaren WLAN-Verbindungen angezeigt. Es kann gut sein, dass Sie ebenfalls die Verbindungen Ihrer Nachbarn sehen. Nun gilt es, herauszufinden, welche Ihre eigene ist. Normalerweise hatten Sie bei der Internetinstallation die Möglichkeit, einen eindeutigen Namen zu vergeben. Fällt Ihnen der Name nicht ein oder stehen in der Liste nur kryptische Bezeichnungen, müssen Sie die verschiedenen Verbindungen nacheinander ausprobieren. Das heißt, Sie geben Ihr Passwort ein und schauen, ob es angenommen wird. Das kann allerdings sehr mühselig werden. Alternativ könnten Sie natürlich auch Ihren alten PC noch einmal hochfahren und dort in den Netzwerkverbindungen nachsehen.

Abbildung 6.3
Alle Nachbarn im Netz – über einen Klick auf das WLAN-Symbol sind Sie immer darüber im Bilde, welche Netzwerke erreichbar sind.

Das Schloss (2) hinter einer Verbindung bei WLAN bedeutet übrigens, dass diese passwortgeschützt ist und sich nicht jeder beliebige Computerbenutzer einloggen kann. Wählen Sie Ihr WLAN aus (Abbildung 6.5). OS X verlangt nach einem Klick auf **Verbinden** direkt das passende Kennwort, sofern es sich um eine verschlüsselte Verbindung handelt. Damit Sie das Kennwort nicht immer wieder eintippen müssen, setzen Sie ein Häkchen bei **Dieses Netzwerk merken**.

Passwortschutz aktivieren

Ein Passwortschutz ist in jedem Fall sinnvoll. Sollte bei Ihrem WLAN kein Schloss sichtbar sein, sollten Sie schnellstens in der Bedienungsanleitung zu Ihrem WLAN-Router nachlesen, wie man den Passwortschutz aktivieren kann. Warum das so wichtig ist? Ohne Passwortschutz können Ihre Nachbarn völlig ungehindert mit Ihrer Webverbindung online gehen – und nach deutschem Recht haften Sie für alles, was über diese Internetverbindung getrieben wird. Daher – unbedingt absichern!

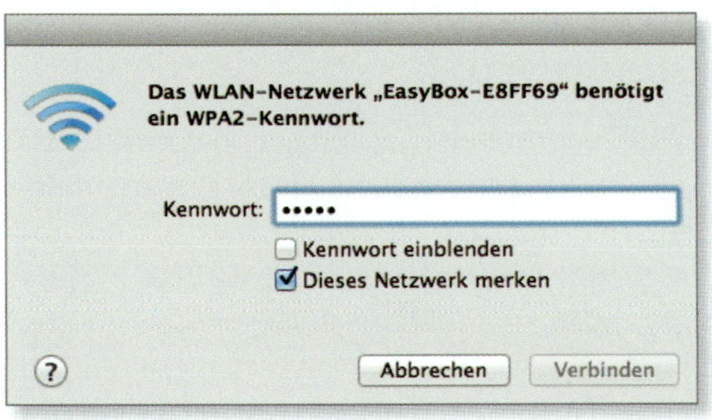

Abbildung 6.4
Nie wieder gefühlte tausend Zeichen eintippen …

Vorausgesetzt, das von Ihnen eingegebene Kennwort war korrekt, ist das WLAN-Symbol in der Finder-Leiste nun schwarz statt dunkelgrau, und Sie können direkt lossurfen. Weitere Einstellungen sind nicht notwendig, der Mac ist ab sofort online.

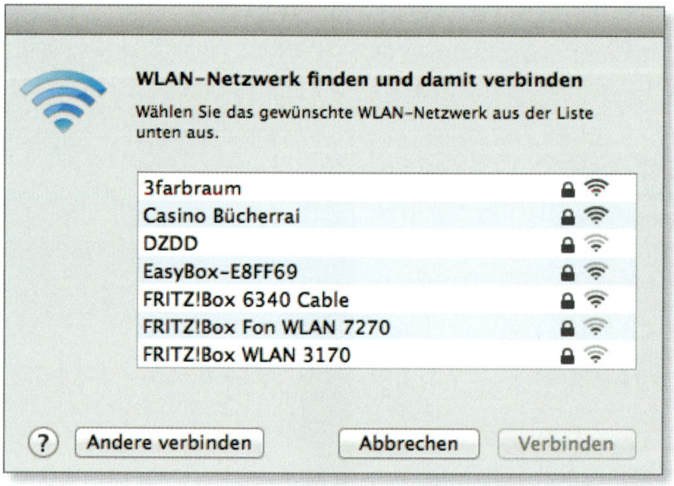

Abbildung 6.5 >
Das erste Mal – wählen Sie das richtige Netzwerk aus.

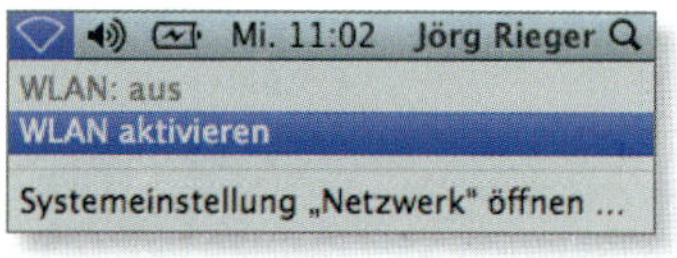

^ Abbildung 6.6
So aktivieren Sie die drahtlose Internetverbindung.

Die Balken im WLAN-Symbol geben die Signalstärke an. In einer normalen Wohnung sollte es eigentlich überall vollen Empfang geben, aber auch mit einem Strich weniger kann man gut leben. Sind aber nur ein oder zwei Striche aktiv und bricht Ihre Verbindung ins Web oftmals ab, wäre es vorteilhaft, entweder über eine Apple-WLAN-Station oder zumindest über einen Signalverstärker für Ihren WLAN-Router (gibt es im Elektronik-Fachhandel) nachzudenken.

Ist das WLAN aktiv, benötigt Ihr Mac mehr Strom, was sich bei MacBooks negativ auf die Akkuleistung auswirkt. Daher können Sie WLAN einfach über einen Klick auf das Symbol in der Menüleiste des Finders und **WLAN: aus** komplett ausschalten. Das ist auch dann sinnvoll, wenn Sie Ihren Mac ganz bewusst vom Internet trennen möchten, um damit jeglichen unbefugten Zugriff von außen zu vermeiden.

AirPort Extreme

Apple bietet mit AirPort Extreme einen eigenen WLAN-Verteiler, der bis zu zehn Macs und PCs in das Internet bringt, untereinander vernetzt und auch USB-Drucker für alle angeschlossenen Geräte zur Verfügung stellt. AirPort Extreme bietet zusätzlich die Möglichkeit, eine USB-Festplatte für alle Rechner im Netz zur Verfügung zu stellen und bis zu 50 Teilnehmer ins Web zu bringen.

Mit einem Ethernet-Kabel ins Netz

Kabelloses Internet ist nicht jedermanns Sache, und die zusätzliche Strahlenbelastung in der Wohnung ist durchaus ein Argument dafür, die Internetverbindung weiterhin über ein Netzwerkkabel aufzubauen. Wenn Sie bereits mit Ihrem Windows-PC mithilfe dieser Verbindung über DSL oder Kabel ins Netz gegangen sind, bedarf es hier in den meisten Fällen keiner weiteren Schritte. Stecken Sie das Netzwerkkabel einfach an den entsprechenden Anschluss in Ihrem Mac, und warten Sie ein paar Sekunden.

Anschließend starten Sie einfach Safari, den »Internet Explorer« am Mac, über das Dock. Vorausgesetzt, am Router oder DSL-Modem ist alles korrekt eingerichtet, kommen Sie jetzt mit diesem Programm ins Netz.

Funktioniert der Verbindungsaufbau nicht, hilft ein Klick im Apfelmenü auf **Systemeinstellungen** und dann auf **Netzwerk**. Dort sehen Sie anhand eindeutiger Farbsymbole, wie Sie mit dem Internet verbunden sind:

1. Ein grünes Licht bedeutet: alles bestens.
2. Orange/Gelb steht für eine bestehende Verbindung, die aber nicht funktioniert oder nicht aktiv ist.
3. Rot bedeutet: Hier ist nichts angeschlossen.

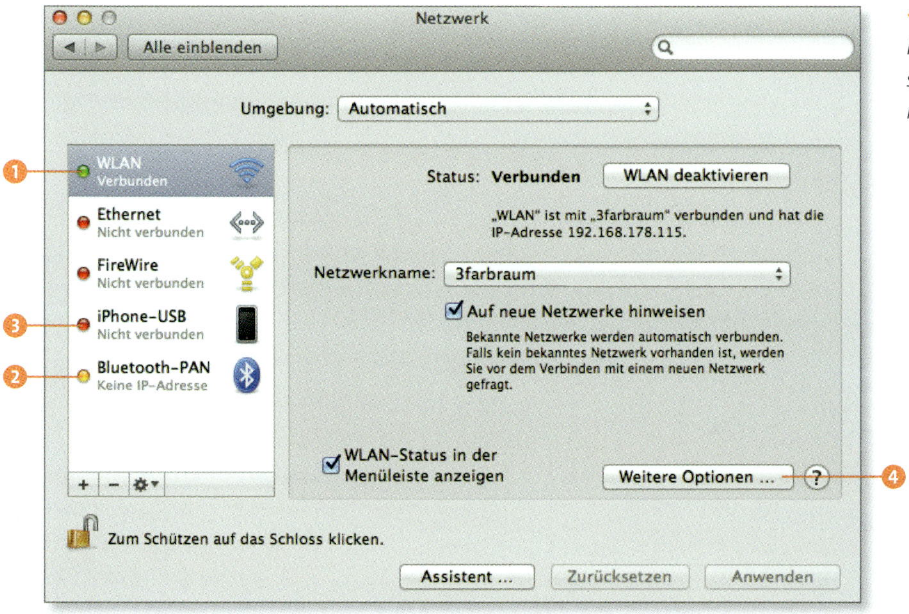

Abbildung 6.7
In den Systemeinstellungen sehen Sie, ob und wie Sie gerade mit dem Web verbunden sind.

Um mehr Details zu erfahren, klicken Sie die entsprechende Verbindung an. Rechts erscheinen dann zusätzliche Informationen und vielleicht der passende Hinweis zu Ihrem Verbindungsproblem. Über den Button **Weitere Optionen** 4 können spezielle Einstellungen getätigt werden, um eine Internetverbindung in Schwung zu bringen. Hier sollte man aber nur eingreifen, wenn man sich damit auskennt.

Grundsätzlich können wir Ihnen in diesem Buch bei Problemen mit dem Zugang zum Internet keine Faustregel nennen. Zu komplex und unterschiedlich sind die Anforderungen der verschiedenen DSL- und Kabelmodems und der Internetanbieter. Sollten Sie tatsächlich nicht ins Internet kommen, wenden Sie sich am besten an Ihren Internetanbieter. Der kann Ihnen weiterhelfen, und meistens genügen dann zwei, drei Mausklicks und manuelle Einstellungen in den Systemeinstellungen, um das Problem zu beheben.

Virenschutz – Nächstenliebe für Ihre PC-Freunde

Ohne Lobeshymnen auf OS X singen zu wollen – das Betriebssystem ist frei von lästigen Viren. Es gibt bis zum heutigen Zeitpunkt keinen digitalen Schädling (Schadprogramm, Malware), der dem Berglöwen, Ihrem System oder Ihren Daten Schaden zufügen kann. Die Gründe hierfür sind schnell aufgezählt:

- OS X basiert auf der Unix-Technologie, die gegen Viren und Hacker von Haus aus schon unempfindlich ist.
- Jede Softwareinstallation muss unter OS X per Passwort autorisiert werden. Eine Installation schädlicher Programme im Hintergrund, die unter Windows gerade bei per E-Mail versendeten Viren ein Problem ist, ist somit gar nicht möglich.
- Last, but not least: Mac-Computer sind mit rund 5 bis 10 % Anteil an der Gesamtsumme aller Computer weltweit (noch) ein unattraktives Ziel für Virenprogrammierer. Selbst der schönste Virus läuft ins Leere, wenn bei maximaler Reichweite nur 5 % aller Computer betroffen sein können. Exklusivität hat also hier durchaus positive Seiten.

Abbildung 6.8
Virenschutz für den Mac gibt es von zahlreichen Herstellern, die zumeist auch schon für Windows die passende Sicherheitssoftware anbieten.

Nun haben Sie trotzdem vielleicht schon von Antivirensoftware für OS X 10.8 Mountain Lion gehört, die Schutz vor angeblichen Virenbedrohungen bietet. Dies ist nur als Schutz für Ihre Windows-Partner notwendig. Wenn Sie mit Windows-Anwendern zusammenarbeiten, können Viren und Trojaner, die für Sie und OS X unschädlich sind, im Anhang unter Outlook & Co. ganz schön für Aufregung sorgen.

Trotzdem muss man der Ehrlichkeit halber sagen: Es kann nicht ausgeschlossen werden, dass es in der Zukunft Trojaner und Viren für OS X geben wird. Als beste Vorsichtsmaßnahme hat Mountain Lion aber schon jetzt die Passwortabfrage vor jede Programminstallation gestellt – es ist daher technisch unmöglich, dass sich eine Anwendung unbemerkt auf Ihren Mac schleicht. Lesen Sie daher immer genau durch, welches Programm gerade um eine Freigabe kämpft.

Abbildung 6.9
Apps, die aus dem Internet geladen wurden, müssen Sie durch einen Mausklick separat freigeben. So wird verhindert, dass sich Schadprogramme unerlaubt auf Ihrem Computer einnisten.

Auch Apps, die aus dem Web stammen, werden mit einem entsprechenden Hinweis versehen. Schauen Sie genau hin, dann kann auch nichts passieren.

6.2 Auf Safari mit Safari

»Der Dschungel des World Wide Web« – die weit verbreitete und oftmals leider auch zutreffende Metapher für das weltweite Datennetz inspirierte Apple-Programmierer vermutlich, ihren Internetbrowser *Safari* zu nennen. Wobei »Jeep« oder »Buschmesser« eigentlich treffendere Bezeichnungen wären. Denn der Internetbrowser bringt Sie sicher durch den Datendschungel des Internets.

Abbildung 6.10
Kompass im World Wide Web – der Safari-Browser

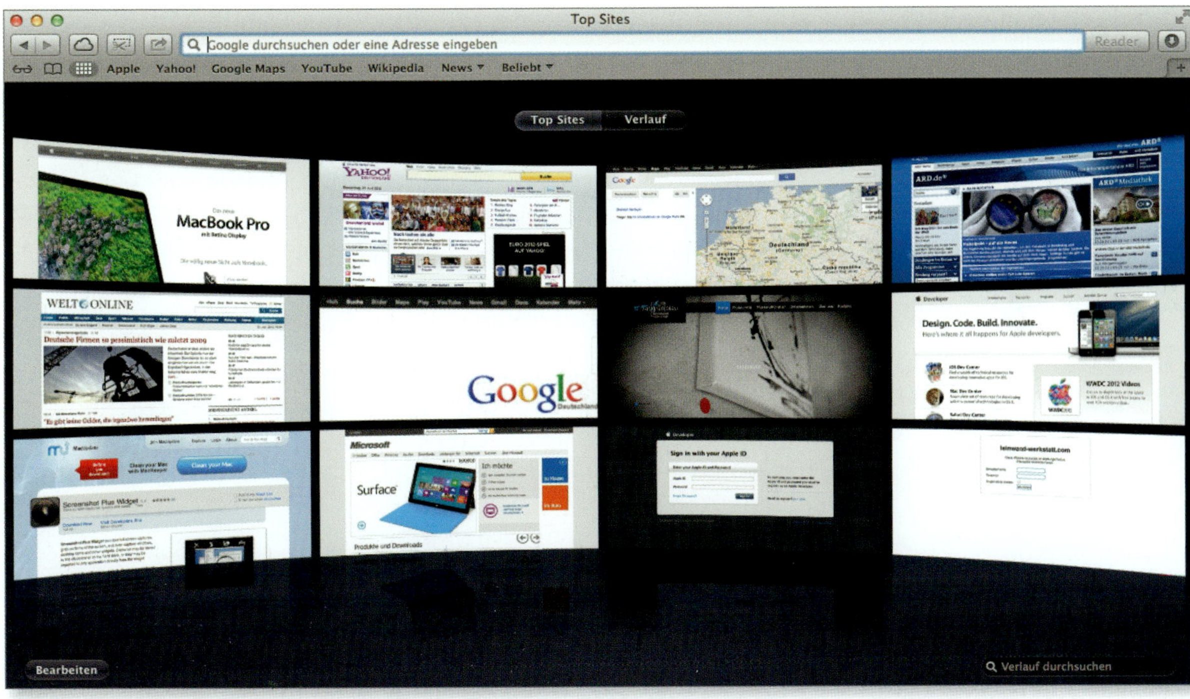

Abbildung 6.11
Unter OS X 10.8 Mountain Lion geht man mit Safari ins Web, die beliebtesten Seiten werden richtig schick angezeigt.

Im Grunde genommen ist Safari seit OS X 10.0 mit an Bord. Anfangs überraschte dieser Browser durch Inkompatibilität mit gängigen Webseiten, stellte Zeichen falsch dar und war alles andere als flexibel. Viele überzeugte Mac-User surften daher tatsächlich mit Microsofts Internet Explorer für Mac, denn der funktionierte einfach besser!

Abbildung 6.12 >
Die letzte Version des Internet Explorers für Mac erschien bereits 2003. (Foto: Wikipedia/Microsoft)

Aber das gehört der Vergangenheit an; mittlerweile ist Apples Webbrowser in puncto Geschwindigkeit und Sicherheit ganz vorne dabei. Microsoft hat daher auch schon vor rund zehn Jahren die Entwicklung der Mac-Version des Internet-Explorers eingestellt.

Bedienelemente von Safari

Beim ersten Start von Safari wird, wie könnte es anders sein, die Apple-Homepage geladen und präsentiert Ihnen die neuesten Begehrlichkeiten des Apfel-Konzerns.

Abbildung 6.13 >
Ganz einfach – die Safari-Menüleiste in der Standardversion

Wenn Sie sich im Finder bereits mit der Navigation auskennen, stellt auch Safari Sie nicht vor große Rätsel. Die beiden Buttons mit den Pfeilen ❶ sind zum Vor- und Zurückspringen gedacht.

Ganz wie bei jedem anderen Browser, egal, ob unter Windows, OS X oder Linux, tippen Sie in der Adressleiste 2 die gewünschte Internetadresse ein. Ob Sie diese mit oder ohne »www« davor eingeben, spielt keine Rolle. Safari ergänzt das automatisch. Mit dem runden Pfeil 3 aktualisieren Sie die momentan geladene Seite, beispielsweise um bei eBay zu überprüfen, ob Sie noch immer der Meistbietende sind. Das Wolkensymbol 4 stellt die Verbindung zu iCloud her und stellt Ihnen die auf anderen Geräten geöffneten Tabs zum direkten Ansurfen bereit. Der **Senden**-Button 5 ist für die Weitergabe eines Internetlinks per E-Mail, Twitter oder in einer Nachricht gedacht, und hierüber können Sie den Link auch in der Leseliste oder als Lesezeichen ablegen (mehr dazu lesen Sie auf den folgenden Seiten ab dem Abschnitt »Lesezeichen – was man nicht im Kopf hat …«).

Die Symbole unter der Symbolleiste bringen beim täglichen Surfen viele praktische Vorteile. Zunächst haben wir die Leseliste 6, in der Sie Seiten zum späteren Durchschauen ablegen können. Wenn Sie zum Beispiel auf der Suche nach Ihrem Traumhaus in zehn verschiedenen Portalen unterwegs sind, sammeln Sie hier einfach die verschiedenen Angebotsseiten. Für Ihre Lieblingsseiten mit mehr Bestand bietet sich die Lesezeichenverwaltung an 7 – sie ermöglicht es Ihnen, Webseiten perfekt zu verwalten und zu ordnen. Die Funktion für die **Top Sites** 8 bringt in einer sehr schicken Ansicht alle kürzlich besuchten beziehungsweise Ihre beliebtesten Seiten auf den Bildschirm, wie in Abbildung 6.11 gezeigt. Ein Klick auf **Verlauf** 9 zeigt zudem Ihre zuletzt besuchten Seiten in einer schönen Übersicht an.

Download-Icon

Das Icon offenbart per Klick noch mehr Informationen über die gerade heruntergeladenen Daten. Diese werden später im Ordner **Downloads** abgelegt, der über die Finder-Leiste erreichbar ist.

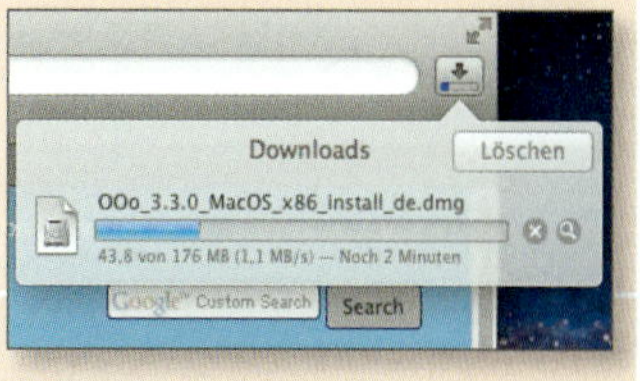

Abbildung 6.14
Beim Herunterladen von Dateien aus dem Internet erscheint das Symbol für den Download-Fortschritt.

Abbildung 6.15
Der Verlauf in Safari listet alle besuchten Seiten auf.

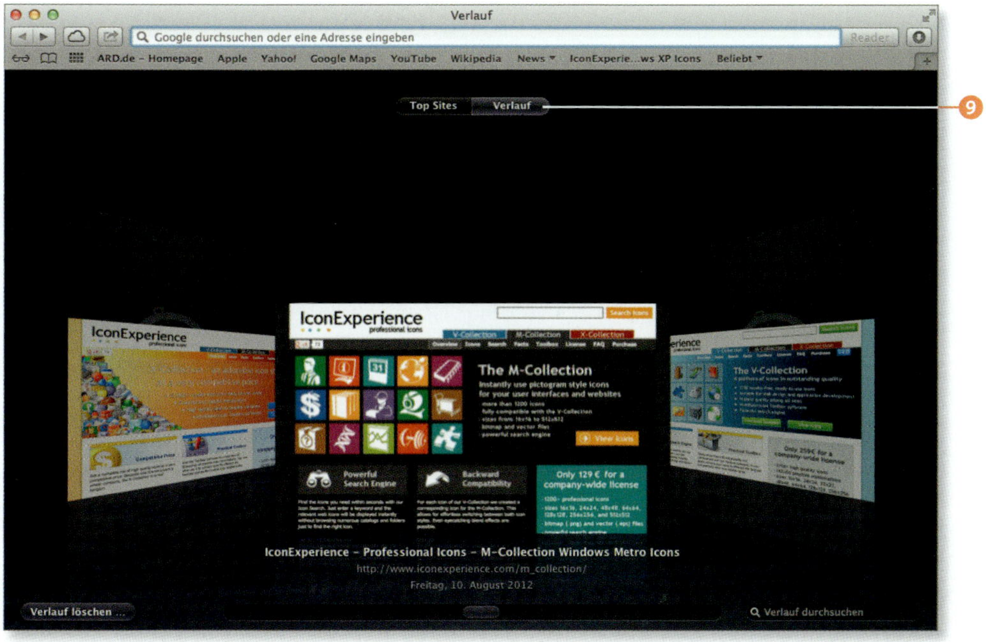

Die Safari-Symbolleiste anpassen

Die Safari-Menüleiste ist recht minimalistisch ausgefallen. Es fehlen einfach noch praktische Symbole für nette Zusatzfunktionen, die Safari erst so richtig einzigartig am Mac machen.

Abbildung 6.16 >
Über das Menü »Darstellung« können Sie ganz einfach per Drag & Drop Ihre eigene Menüleiste zusammenstellen.

Daher: Öffnen Sie das Menü **Darstellung > Symbolleiste anpassen**. Dort sollten Sie in jedem Fall **In Dashboard öffnen** ⑩ mit gedrückter Maustaste in die Leiste ziehen und an der gewünschten Stelle fallen lassen. Die Funktion dieses Buttons schauen wir uns im nächsten Abschnitt, »Webseitenschnipsel im Dashboard«, an. Aber auch andere Buttons, wie zum Beispiel **Drucken** oder **Verlauf**, können ganz hilfreich sein. Probieren Sie einfach aus, was Sie benötigen. Wollen Sie wieder zurück zum Standard, bewegen Sie einfach den kompletten Standardsatz ⑪ zurück in die Symbolleiste.

Webseitenschnipsel im Dashboard

Nachdem Sie nun das Scherensymbol in die Symbolleiste von Safari gezogen haben, wollen wir Ihnen diese einzigartige Funktion natürlich nicht vorenthalten. Apple möchte hier nicht zwingend Bastel- und Handarbeiten fördern, sondern vielmehr ein praktisches Tool zur Verfügung stellen. Wenn Sie den Mauszeiger etwas länger auf dem Scherensymbol ruhen lassen, kommt auch schon die passende Erklärung: **Einen Bereich dieser Seite auswählen und im Dashboard öffnen**.

^ Abbildung 6.17
Das Dashboard hält praktische Tools parat.

Dashboard ist ein standardmäßig vorinstalliertes Programm von Apple, das sich über alle Anwendungen legt und Ihnen jede Menge kleiner Hilfsprogramme zur Verfügung stellt. Was genau damit möglich ist und wie Sie es bedienen, können Sie im Abschnitt »Dashboard« auf Seite 217 in Abschnitt 10.1 nachlesen.

Wenn Sie den Scheren-Button angeklickt haben, müssen Sie auf der geöffneten Seite den Bereich auswählen, der künftig im Dashboard angezeigt werden soll. Dazu fahren Sie einfach mit der Maus über die Webseite. OS X versucht nun automatisch, zusammenhängende Bereiche zu erkennen und zu umrahmen. Mit einem Klick markieren Sie den Bereich und können ihn anschließend über die Eckpunkte ❶ nach Ihren Wünschen in der Größe verändern. Mit einem Klick auf **Hinzufügen** ❷ wird der Webseitenschnipsel dem Dashboard hinzugefügt, das sich auch sogleich öffnet.

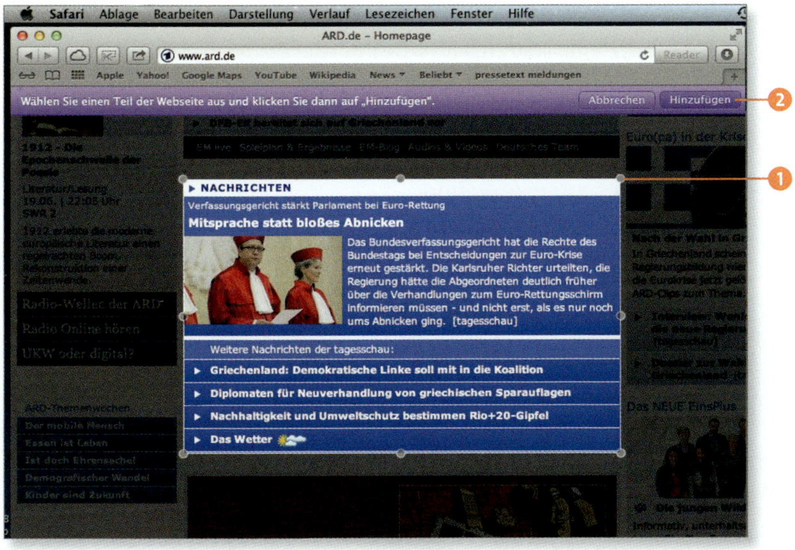

Abbildung 6.18
In Safari kann man Webseitenschnipsel auswählen, die später im Dashboard angezeigt und aktualisiert werden.

Als praktisches Beispiel sei das Topthema einer News-Seite genannt. Haben Sie diesen »Seitenschnipsel« einmal hinzugefügt, wird er automatisch aktualisiert, sobald der Computer mit dem Internet verbunden ist. Auf diese Weise kann man im Dashboard seinen ganz eigenen News-Bereich aus beliebig vielen Seiten zusammenstellen. Um das Dashboard wieder zu verlassen, klicken Sie einfach auf eine beliebige Stelle außerhalb der Mini-Apps oder drücken die esc-Taste.

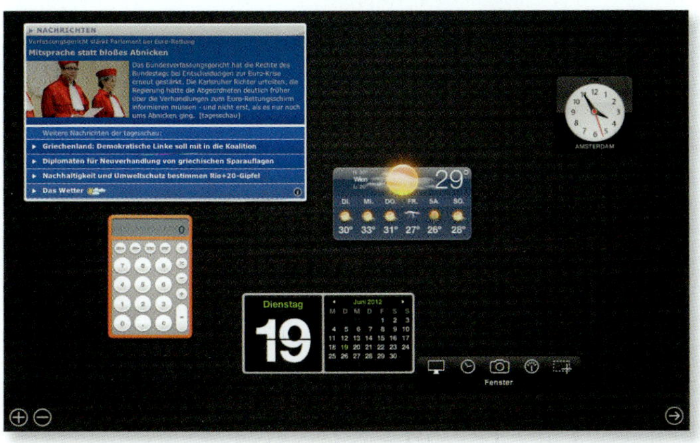

Abbildung 6.19
Der ganz eigene News-Bereich im Dashboard

Lesezeichen – was man nicht im Kopf hat ...

Was am PC die Favoriten sind, das sind am Mac die Lesezeichen (*Bookmarks*). Damit werden häufig benötigte Seiten komplett »gemerkt« und stehen später in einer Übersicht zur Schnellauswahl zur Verfügung. Denn wer hat schon alle seine Lieblingsseiten im Kopf?

Am schnellsten geht es per Drag & Drop: Ist die gewünschte Seite im Browser geladen, ziehen Sie das Webseitensymbol 1 (das sogenannte *Favicon*) in der Adressleiste einfach mit gedrückter Maustaste in die Lesezeichenleiste darunter. Ihr Mauszeiger zeigt dann ein grünes Plussymbol, und wenn Sie jetzt die Maustaste loslassen, wird die Seite dort als direktes Lesezeichen abgelegt. Vorher fragt Safari aber noch nach dem passenden Namen für das Lesezeichen.

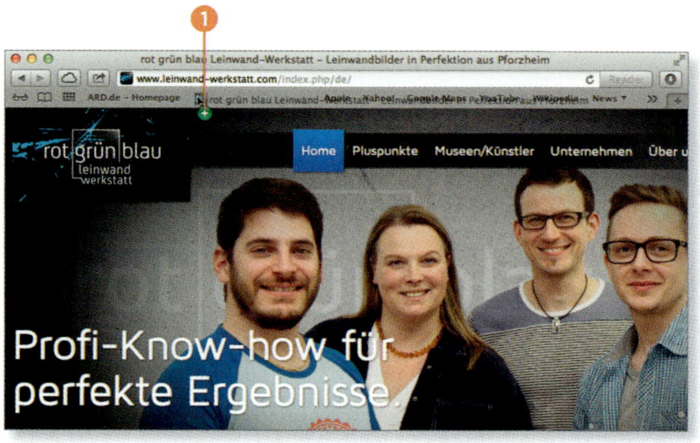

Abbildung 6.20 > *Wichtige Webadressen gelangen per Drag & Drop in die Lesezeichenleiste.*

Soll dieser direkte Link zu einer interessanten Webseite geändert oder gar gelöscht werden, hilft ein Klick mit der rechten Maustaste auf den Eintrag, um das passende Kontextmenü aufzurufen.

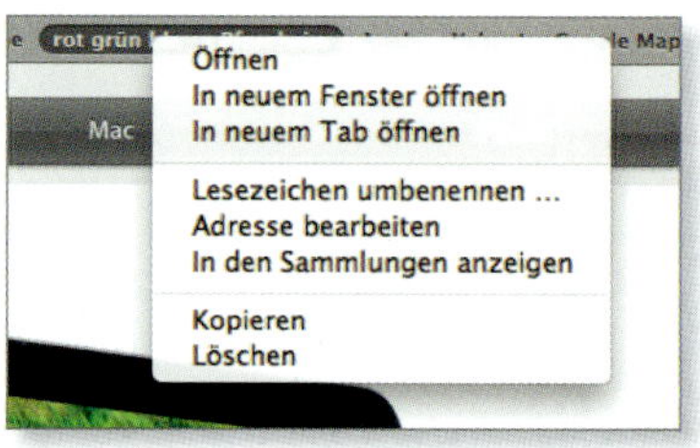

Abbildung 6.21 > *Das Kontextmenü eines Lesezeichens*

Sie merken schon – das ist für einige Top-Links und Spitzenseiten genau richtig. Wohin aber mit den anderen, fast genauso wichtigen Links? Auch hier bietet Safari die passende Lösung, denn die Lesezeichen bieten natürlich noch viele weitere Funktionen.

Über das **Senden**-Symbol 2 öffnen Sie ein Dialogfeld, um die aktuell angezeigte Internetseite in den Lesezeichen abzulegen. Geben Sie im ersten Feld einen sinnvollen Namen ein, denn unter dieser Bezeichnung wird die Seite später abgelegt. Lassen Sie sich nicht irritieren, wenn dort die WWW-Adresse schon drinsteht – Apple merkt sich die Adresse im Hintergrund, das Feld kann beliebig beschriftet werden.

Abbildung 6.22
Lesezeichen hinzufügen

Um Chaos zu vermeiden, muss nun noch der Ablageort für das Lesezeichen gewählt werden, um das Lesezeichen auch gleich thematisch der richtigen Kategorie zuzuordnen. Beachten Sie, dass Sie über einen Klick auf den Senden-Button keine neuen Rubriken anlegen, sondern lediglich bereits vorhandene als Speicherort auswählen können. Das Lesezeichenmenü ist das Hauptmenü für alle Lesezeichen, die Ordner darunter sind separate Sortierungen. Die Lesezeichenleiste haben wir ja bereits besprochen. Ein Klick auf **Hinzufügen** beendet den Speichervorgang.

Lesezeichen verwalten

Ordnung muss sein, und manchmal haben Sie vielleicht doch die eine oder andere überflüssige Seite in den Lesezeichen »gebookmarkt«. Im Laufe der Zeit muss sicherlich der eine oder andere Ordner zum Sortieren angelegt werden. Das erfolgt über das Lesezeichenfenster. Gehen Sie im Menü von Safari auf **Lesezeichen**, und klicken Sie auf **Alle Lesezeichen einblenden**. Alternativ genügt auch ein Klick auf das Buchsymbol 1 in der Lesezeichenleiste.

Die Lesezeichen sind unter **Sammlungen** 2 einsortiert. Dort finden Sie außerdem noch Internetadressen aus dem Adressbuch, aus angeschlossenen Bonjour-Geräten, besuchte Webseiten aus dem Verlauf sowie sämtliche abonnierten RSS-Feeds.

Uns interessieren aber primär Ihre gespeicherten Webseiten – und wie diese verwaltet werden. Über das Plussymbol 3 ganz unten im Fenster fügen Sie neue Ordner zum Sortieren hinzu. Sofort erscheint ein **Neuer Ordner** in der Leiste links – und mit ihm die Rubrik **Lesezeichen**. Er kann auch direkt, ohne ihn separat zu markieren, umbenannt werden. Dieser neue Ordner ist nun auch über das Plussymbol in Safari zu erreichen, und Sie können Ihre Lesezeichen direkt dort ablegen.

Abbildung 6.23 >
Die Verwaltung der Lesezeichen geschieht auf einer eigenen Seite.

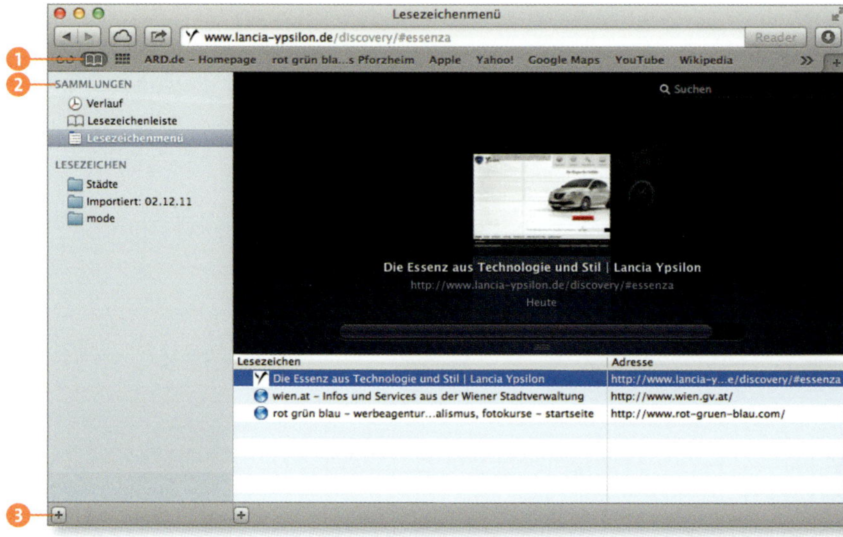

Außerdem können Sie unter **Lesezeichenmenü** Ihre Lesezeichen auch sortieren und neu ordnen. Um ein Lesezeichen in einem anderen Ordner abzulegen, wählen Sie jene Rubrik aus, in der Ihr Lesezeichen steckt, und ziehen es per Drag & Drop auf den gewünschten Ordner.

Abbildung 6.24 >
Lesezeichen – einfach die Internetseite aus der Adressleiste in den gewünschten Ordner ziehen

Ordner kann man natürlich anlegen, man muss es aber nicht tun. Selbstverständlich kann man einen Weblink auch direkt im Lesezeichenmenü ablegen und über die Leiste links und den entsprechenden Eintrag direkt erreichen.

Im Laufe der Zeit werden sich recht viele gespeicherte Webadressen ansammeln, und wie das bei Sammlungen so üblich ist, sollte man irgendwann aufräumen, ausmisten und alles Überflüssige entfernen; das gilt natürlich auch für die Lesezeichen. Zum Löschen markieren Sie das entsprechende Lesezeichen und drücken [←] oder ziehen es einfach in den Papierkorb im Dock.

Lesezeichen und Favoriten vom PC übertragen

Sie haben sicherlich am PC im Internet Explorer oder Firefox jede Menge Webseiten in den Favoriten beziehungsweise Lesezeichen gespeichert. Es wäre doch schade, wenn diese verloren wären, oder? Glücklicherweise klappt hier die Datenübernahme ganz einfach.

Internet Explorer (ab Version 7)

Klicken Sie im Internet Explorer zunächst auf den **Favoriten**-Button und dann auf den Aufklapppfeil in der nächsten Menüzeile hinter **Zu Favoriten hinzufügen**. Dort erscheint dann die Option **Importieren und Exportieren**.

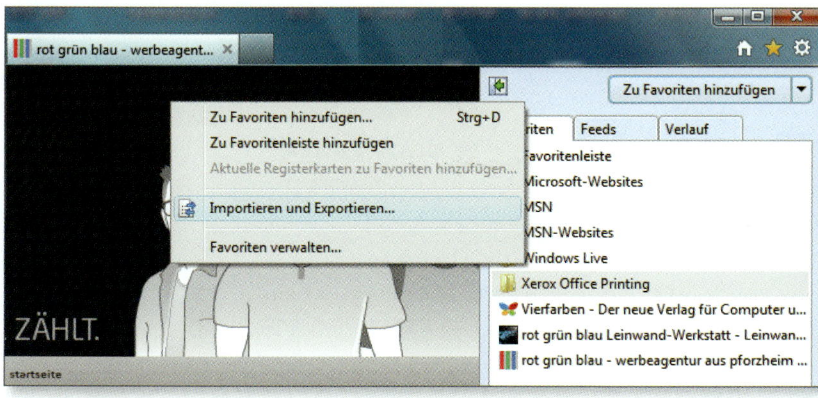

< **Abbildung 6.25**
Hier können Sie den Export Ihrer Windows-Favoriten starten.

Im- und Export crossover

Sie können Ihre Lesezeichen aus dem Windows-Internet-Explorer exportieren und dann in Safari oder Firefox am Mac importieren. Auch ein Export von Firefox für Windows und Import in Safari für Mac ist machbar.

Im nächsten Menü wählen Sie, dass Sie Ihre Favoriten in eine Datei exportieren wollen; zusätzlich werden Sie gefragt, ob Sie nur Ihre Favoriten oder auch RSS-Feeds und Ihre Sortier-Ordner absichern möchten. Zu guter Letzt steht noch die Frage nach dem Speicherort an. Die Favoriten werden anschließend in einer HTML-Datei abgelegt.

< **Abbildung 6.26**
Einfach – Windows sichert Ihre Lieblingswebseiten als HTML-Datei ab.

Diese Datei kopieren Sie auf einen USB-Stick und öffnen dann Safari an Ihrem Mac. Über **Ablage > Lesezeichen importieren** wählen Sie einfach die HTML-Datei von Windows aus, und schon sind alle gespeicherten Webseiten in Safari verfügbar.

Firefox

Noch einfacher geht es mit Firefox. Öffnen Sie unter Windows in diesem Webbrowser das Menü **Lesezeichen > Alle Lesezeichen anzeigen**. Unter **Importieren und Sichern** wählen Sie dann den Eintrag **HTML exportieren**, geben einen Namen und einen Speicherplatz für die Datei an und schon sind die Lesezeichen als Webdatei abgelegt.

Abbildung 6.27 >
Unter Windows müssen Sie die Lesezeichen von Firefox als HTML exportieren.

Wie zuvor beim Internet Explorer können Sie diese Datei nun in Safari importieren. Wenn Sie aber auch am Mac lieber mit Firefox arbeiten, öffnen Sie dort wieder das Menü **Lesezeichen > Alle Lesezeichen anzeigen** und wählen dann **Lesezeichen von HTML importieren**. Jetzt greifen Sie auf die HTML-Datei Ihres Windows-PCs zu – fertig!

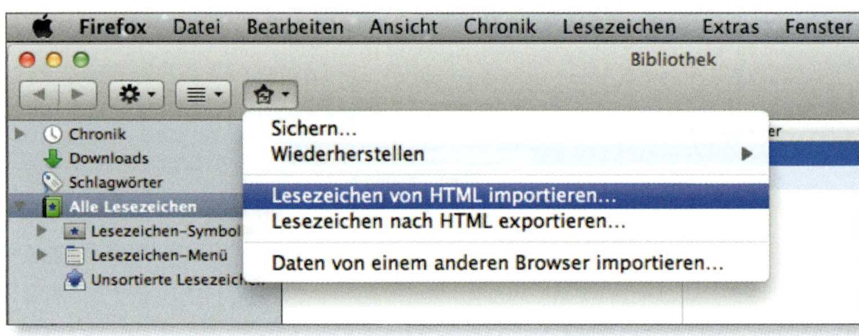

Abbildung 6.28 >
Firefox am Mac nimmt PC-Lesezeichen gerne an.

Eine eigene Startseite festlegen

Wenn Sie sich auch in Safari jedes Mal willkommen fühlen möchten, können Sie selbstverständlich jederzeit eine andere Startseite festlegen. Der Schlüssel zu den persönlichen Optionen liegt in den Programmeinstellungen von Safari, die Sie ganz einfach über **Safari > Einstellungen** aufrufen.

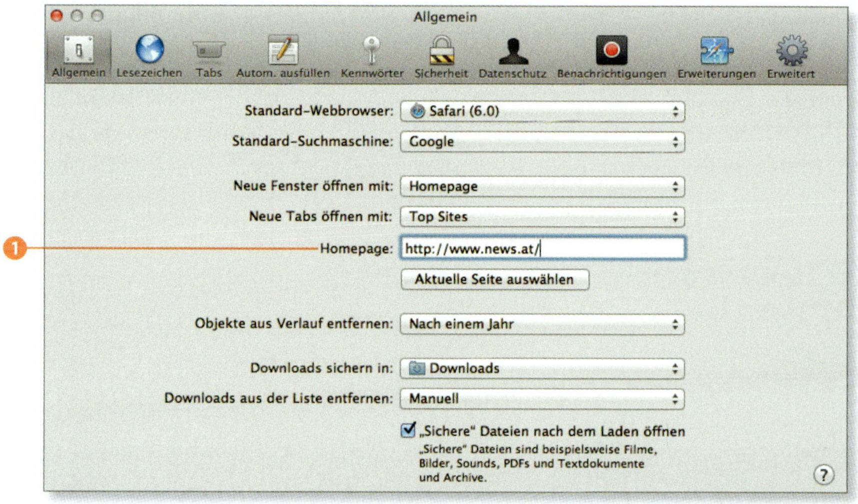

Abbildung 6.29
Der Weg zur neuen Startseite ist unkompliziert.

Unter **Allgemein** finden Sie sofort die Startseite, mit **Homepage** 1 benannt. Tragen Sie hier einfach jene Webseite ein, die mit Safari künftig zuerst geöffnet werden soll. Bleibt das Feld leer, wird der Internetbrowser einfach mit weißem Bildschirm geladen. Sollten Sie übrigens mit dem Gedanken spielen, Google zu Ihrer Startseite zumachen, blendet Ihr Mac einen interessanten Hinweis ein.

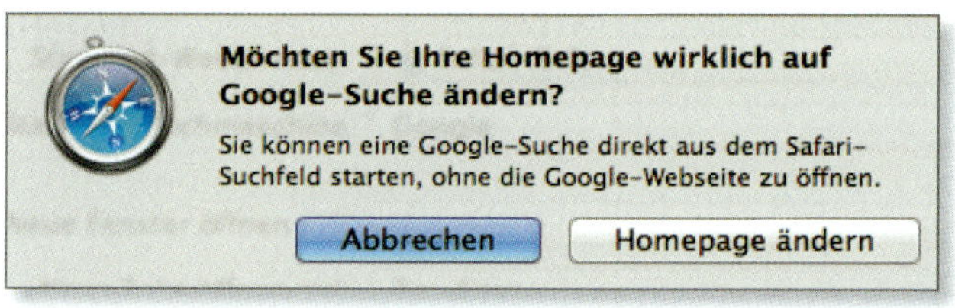

Abbildung 6.30
Google als Startseite? OS X gibt hier einen praktischen Bedienhinweis, dass das eigentlich gar nicht notwendig ist.

Wie Sie darin lesen können, brauchen Sie Google gar nicht aufzurufen: Sie können die Suche auch direkt über Safari anstoßen. Damit ist Google natürlich auch als Startseite überflüssig, und Sie können sich lieber eine andere schöne Startseite aussuchen.

Webseiten in Tabs öffnen

Jede Webseite in einem separaten Programmfenster anzuzeigen, kann auf Dauer sehr unübersichtlich werden. Safari unterstützt daher ebenfalls das sogenannte *Tabbed Browsing*. Mit der Tastenkombination cmd + T wird in Safari kein neues Fenster, sondern neben der gerade angezeigten Webseite ein neuer Tab, also ein neuer Reiter, geöffnet. Das ist deutlich übersichtlicher, als mit einzelnen Programmfenstern zu arbeiten. Standardmäßig öffnet Safari den neuen Tab mit den *Top Sites*, also den am häufigsten besuchten Seiten. Über das Menü **Safari > Einstellungen** können Sie das ändern und eine beliebige Internetseite eintragen.

Um zwischen den einzelnen Tabs zu wechseln, genügt ein einfacher Klick auf den Tab. Geschlossen werden die Tabs über das **X** links im Tab, das allerdings erst sichtbar wird, wenn Sie mit der Maus in diese Ecke des Tabs fahren.

Abbildung 6.31
Mit Tabs wird das Surfen übersichtlich.

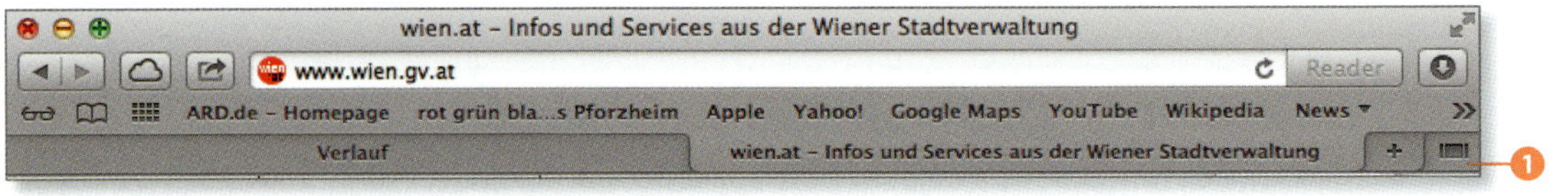

Abbildung 6.32
Auch der Internet Explorer unter Windows beherrscht das »Tabbed Browsing«.

Mit einem Klick auf das Symbol **Alle Tabs einblenden** (1) ganz rechts in der Safari-Leiste bringen Sie echtes »iPhone-Feeling« auf Ihren Mac. Alle geöffneten Tabs werden als »Miniatur-Webseiten« angezeigt und können per Klick und Fingerwisch durchgeblättert werden.

Spuren verwischen

Es gibt durchaus Situationen, in denen der Verlauf besuchter Webseiten, die automatische Wortergänzung oder gespeicherte Passwörter nicht unbedingt für andere Computerbenutzer zur Verfügung stehen sollten. Zum Glück hat Safari auch dazu eine Lösung parat.

Um alle Surfspuren zu verwischen, gehen Sie in das Menü **Safari** und wählen **Safari zurücksetzen**. Bevor sämtliche Browserdaten auf die Werkseinstellung zurückgestellt werden, lässt Safari Ihnen noch die Wahl, welche Daten konkret gelöscht werden sollen. Die Lesezeichen können auf diesem Wege übrigens nicht geleert werden. Falls Sie das wünschen, müssen Sie das manuell über die Lesezeichenverwaltung tun (siehe dazu den Abschnitt »Lesezeichen verwalten« auf Seite 129).

Wenn Sie Safari zwischendurch einfach nur von unnötigem Ballast befreien möchten, setzen Sie nur bei **Alle Website-Daten entfernen** (2) ein Häkchen. Damit löscht Safari jene Datenreste, die auf der Festplatte

Teilweise unerkannt

Die Funktionen für ein klinisch sauberes Safari sind kein Freibrief für unerkanntes Surfen – lediglich Ihr Computer bleibt sauber. Beim Provider und eventuell im Firmennetzwerk werden die Surfdaten trotzdem gespeichert. Die »Vorratsdatenspeicherung« ist eines der Mittel, die in Deutschland künftig als rechtliche Grundlage dafür gelten, diese Daten dauerhaft zu speichern.

eintragen – wenn Sie über diesen Account aber auch geschäftliche E-Mails verschicken, ist das aber vielleicht nicht ganz die richtige Wahl.

Die **E-Mail-Adresse** ❷ sollten Sie natürlich korrekt eintragen, und auch das **Kennwort** ❸ muss stimmen. Letzteres ist genau das Passwort, das Sie auch benötigen, um Ihre E-Mails online bei Ihrem E-Mail-Anbieter abzufragen.

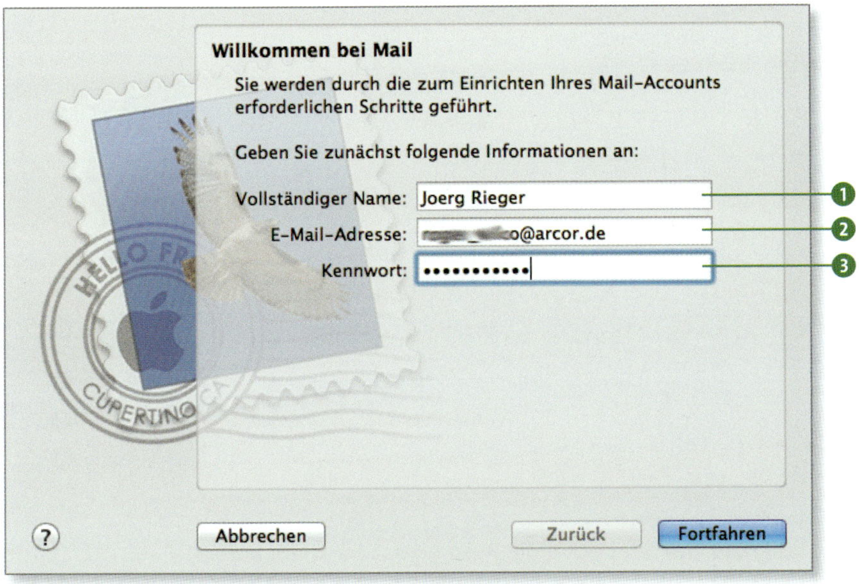

Abbildung 7.2
Ein neuer E-Mail-Account verlangt viele Informationen.

2. Server für eintreffende E-Mails konfigurieren

Jetzt wird es praktisch: Apple Mail kennt sehr viele E-Mail-Anbieter und konfiguriert die Servereinstellungen ganz selbstständig. Sie müssen bei den folgenden Schritten dann einfach ohne Eintragung »blind« auf **Fortfahren** klicken.

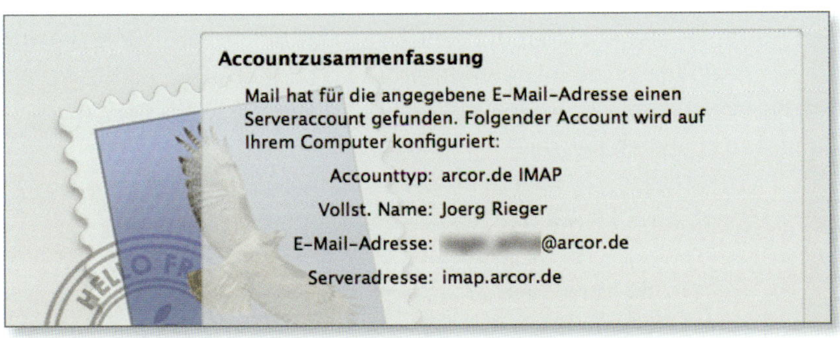

Abbildung 7.3
Fertig, und das fast ganz automatisch – Apple Mail ist startbereit!

Wenn Sie jedoch bei einem »exotischen« Anbieter sind oder Ihre E-Mail-Adresse bei Ihrer eigenen Webdomain haben, müssen Sie manuell ran. Diese Abfragen werden häufig falsch beantwortet und sorgen dafür, dass Apple Mail später nicht richtig funktioniert. Keine Sorge, das passiert auch Profis. Besonders müssen Sie auf den **Servertyp** ❹ achten.

Das ist bei kostenlosen E-Mail-Anbietern meistens ein POP-Server (Abkürzung für *Post Office Protocol*) oder ein intelligenter IMAP-Server (Abkürzung für *Internet Message Access Protocol*). Angaben im Feld **Beschreibung** ❺ erleichtern die Übersicht, sollten Sie später weitere E-Mail-Adressen ergänzen wollen. Der Name kann frei gewählt werden, beispielsweise »POP-Server GoogleMail«.

Abbildung 7.4 >
Sieht komplizierter aus, als es ist – damit die E-Mails abgerufen werden können, sind Angaben zu Ihrem E-Mail-Konto notwendig.

Nicht wählbar ist jedoch die Bezeichnung im Feld **Server für eintreffende E-Mails** ❻ – diese muss ganz genau eingegeben werden. Auch hier werden wieder zwingend ein **Benutzername** ❼ und ein **Kennwort** ❽ verlangt. Alle drei Informationen erhalten Sie von Ihrem Anbieter.

3. Angaben prüfen

Toll, dass Apple mit einem Klick auf **Fortfahren** sofort prüft, ob alle Angaben korrekt sind und eine Verbindung zum Mailserver aufgebaut werden kann. Falls das nicht geht, kommt direkt eine Warnmeldung, und Sie können nochmals alle Angaben überprüfen. Die Unbelehrbaren und alle, die vielleicht gerade nicht mit dem Internet verbunden sind, kommen mit einem erneuten Klick auf **Fortfahren** aber auch trotz dieser Fehlermeldung zum nächsten Fenster.

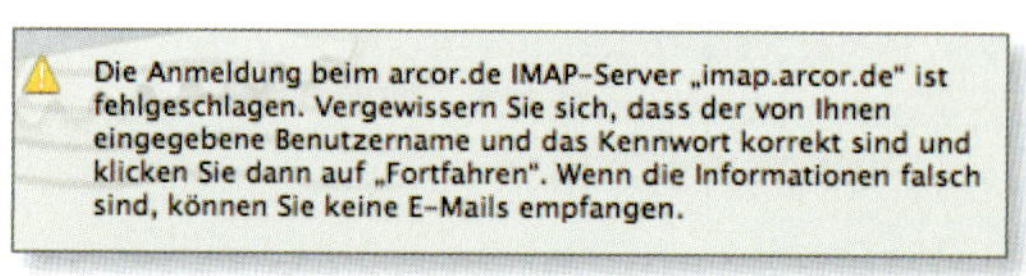

Abbildung 7.5 >
Das ging schief – wenn Sie sich vertippt haben oder kein Zugang zum Netz besteht, kommt diese Fehlermeldung beim Einrichten von Apple Mail.

4. Sicherheitseinstellungen: SSL für eingehende E-Mails

Das folgende Fenster überrascht nun mit der Angabe **Sicherheit für eintreffende E-Mails**. SSL (*Secure Sockets Layer*) steht für eine nahezu komplett sichere Verbindung, die für abhörfreien E-Mail-Verkehr sorgt. Wenn Ihr Anbieter SSL unterstützt, können Sie es hier anklicken und bei der Identifizierung das entsprechende Kennwort eingeben.

Ob Ihr Anbieter SSL unterstützt, müssen Sie recherchieren, und zwar am besten auf der Website Ihres E-Mail-Anbieters. Dort finden Sie unter **Hilfe** meistens direkt die benötigten Informationen. Ansonsten klicken Sie einfach auf **Fortfahren**.

Warum SSL-Verschlüsselung?

Besonders wer über ein WLAN an öffentlichen »Hot Spots« online ist, sollte die SSL-Verschlüsselung beim E-Mail-Versand nach Möglichkeit aktivieren. Ansonsten können Fremde mit primitiven Mitteln Ihre gesamte Kommunikation abfangen und in Reintext lesen. Das ist bei der E-Mail mit Geburtstagsgrüßen an Tante Thekla wenig dramatisch, kann bei E-Mails an die Versicherung oder Bank aber schon deutlich kritischer werden.

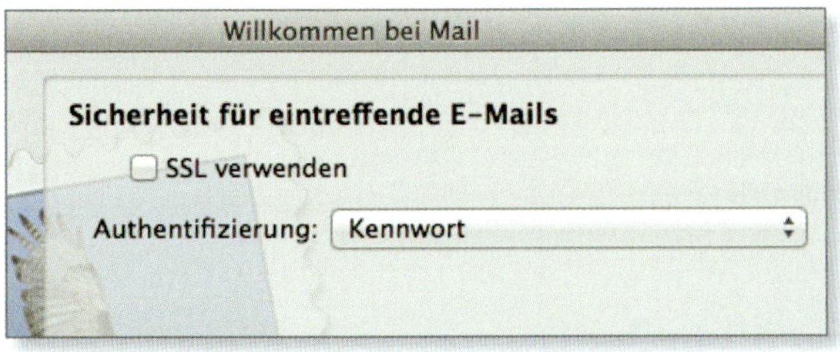

Abbildung 7.6
Bietet Ihr E-Mail-Anbieter SSL an? Dann aktivieren Sie bitte diese Verschlüsselung, damit Ihre E-Mails nicht von Unbefugten gelesen werden können.

5. Server für ausgehende E-Mails

Jetzt kommt die Serverabfrage für die ausgehenden E-Mails. Auch hier sind wieder Angaben zum Server gefordert. Tippen Sie in das Feld **Server für ausgehende E-Mails** (9) den SMTP-Server Ihres Anbieters ein. Die Option **Authentifizierung verwenden** (10) kann zunächst abgewählt bleiben, da viele Server keine Identifizierung benötigen beziehungsweise diese direkt vom Server für eingehende E-Mails übernehmen. Ein Klick auf **Fortfahren** bringt auch hier dank eines automatischen Verbindungschecks Klarheit. Wenn er fehlschlägt, müssen Sie wohl doch das Häkchen bei **Authentifizierung verwenden** setzen und die Zugangsdaten eintragen.

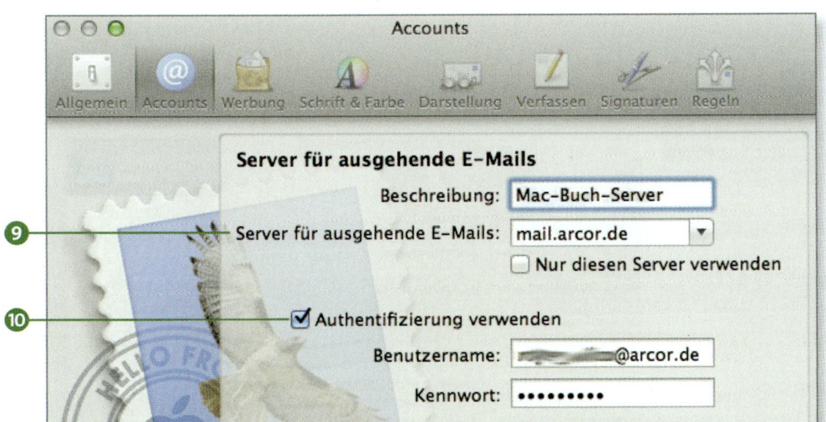

Abbildung 7.7
Und noch einmal verwirrende Angaben – dieses Mal aber für den Postausgang

6. SSL für ausgehende E-Mails

Im folgenden Fenster kommt mit der SSL-Verschlüsselung wieder eine alte Bekannte ins Spiel: Hier gilt das Gleiche wie beim Posteingang.

7. Zusammenfassung

Jetzt haben Sie es geschafft – das abschließende Fenster **Accountzusammenfassung** zeigt noch einmal sämtliche Angaben in der Übersicht und lotst Sie mit einem Mausklick auf **Erstellen** direkt in das E-Mail-Programm.

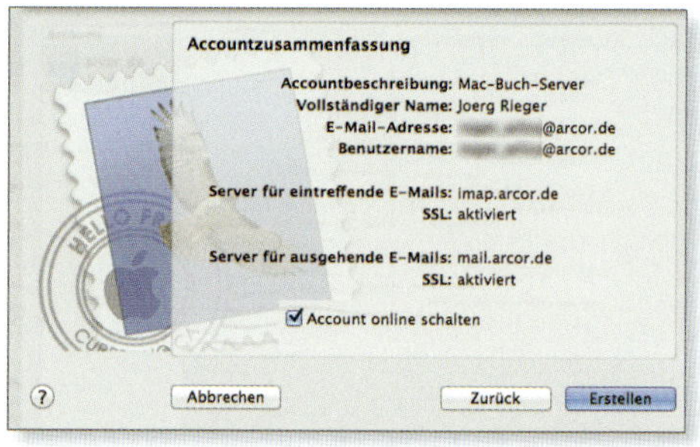

Abbildung 7.8 >
Endlich fertig – der Apple-Mail-Account wurde perfekt konfiguriert.

Apple Mail ruft nach dem Einrichten automatisch alle E-Mail-Nachrichten vom Mailserver bei Ihrem Provider ab. Diese werden dort aber nicht gelöscht, sondern bleiben verfügbar, egal, ob Sie mit dem POP- oder dem IMAP-Protokoll arbeiten.

Weitere Konten hinzufügen

Sie haben nicht nur bei WEB.DE, sondern auch bei Google und GMX eine E-Mail-Adresse? Diese können Sie über das Menü **Ablage > Account hinzufügen** jederzeit in Apple Mail integrieren.

Die Benutzeroberfläche von Apple Mail

Wenn Sie bereits am PC und unter Windows in E-Mail-Programmen wie Outlook gearbeitet haben, dürfte Ihnen Apple Mail zunächst ein wenig ungewöhnlich vorkommen. Die Optik erinnert, wer hätte das gedacht, stark an die gleichnamige App auf iPhone und iPad.

Abbildung 7.9 >
Die Oberfläche von Apple Mail

Links ❶ sehen Sie Ihre eintreffenden E-Mails. Dort landen alle ungelesenen Nachrichten. Apple sortiert zudem zusammengehörige E-Mails direkt untereinander ein, das Suchen im Postein- und -ausgang entfällt damit komplett, und ein Schriftwechsel ist schnell nachvollzogen. Gleich rechts daneben sehen Sie, ohne die Nachricht geöffnet zu haben, den entsprechenden Inhalt ❷. Word-Dokumente, PDF-Dateien und Bilder werden übrigens direkt angezeigt, ohne dass der Anhang geladen werden muss.

Abbildung 7.10
Im Dock wird immer aktuell angezeigt, wie viele neue beziehungsweise ungelesene Nachrichten bereitliegen.

Sie suchen verzweifelt den »Postausgang« und die anderen schönen Ordner, die man von Windows Live Mail und Outlook her kannte? Das ist kein Problem: Ein Klick auf **Einblenden** ❸ bringt die von anderen Programmen gewohnte Ordnerstruktur auch in Apple Mail auf den Bildschirm (mit **Ausblenden** verschwindet sie wieder).

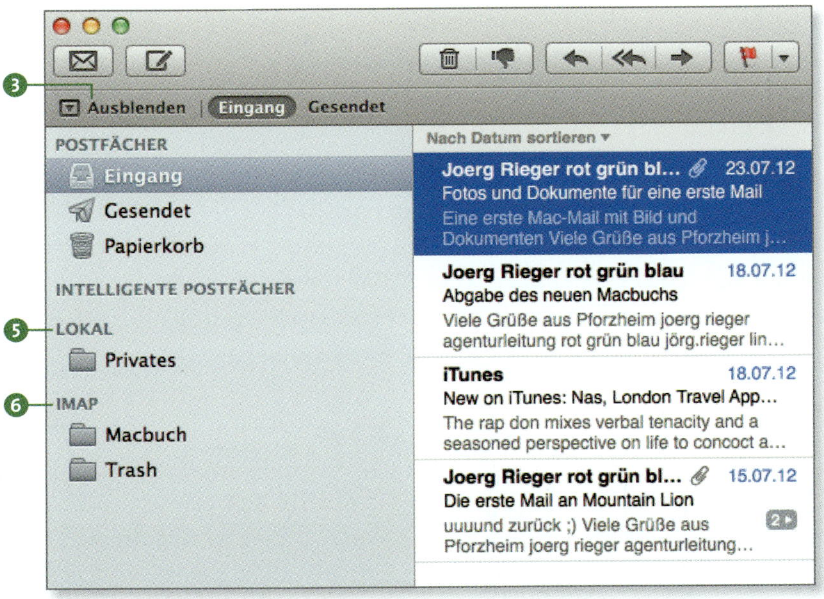

Abbildung 7.11
Es gibt auch in Apple Mail eine frei definierbare Ordnerstruktur.

Wie in anderen E-Mail-Anwendungen auch gibt es in Apple Mail die Möglichkeit, verschiedene Ordner für die Sortierung der Nachrichten anzulegen. Bei Apple Mail heißen diese Ordner etwas missverständlich *Postfächer*.

Ein neues Postfach ist schnell erzeugt. Klicken Sie einfach auf das Plussymbol ❹ im E-Mail-Fenster links unten, und wählen Sie **Neues Postfach**. Im nächsten Fenster können Sie Ihrem Postfach noch einen Namen geben. Wenn Sie einen IMAP-Server nutzen (siehe dazu den vorangegangenen Abschnitt »Einen Account hinzufügen«), können Sie ein lokales Postfach auf Ihrem Rechner ❺ und ein virtuelles Webserver-Postfach ❻ anlegen. Beim POP-Protokoll gibt es nur lokale Postfächer.

Abbildung 7.12
Ein neues Postfach bringt Ordnung ins E-Mail-Programm.

Postfächer mit IQ

Normale Postfächer hat ja jeder, intelligente Postfächer gibt es hingegen nur am Mac. Diese Postfächer sortieren Ihre Nachrichten und zeigen sie automatisch nach den verschiedensten Kriterien an, Sie müssen sich also um nichts mehr kümmern.

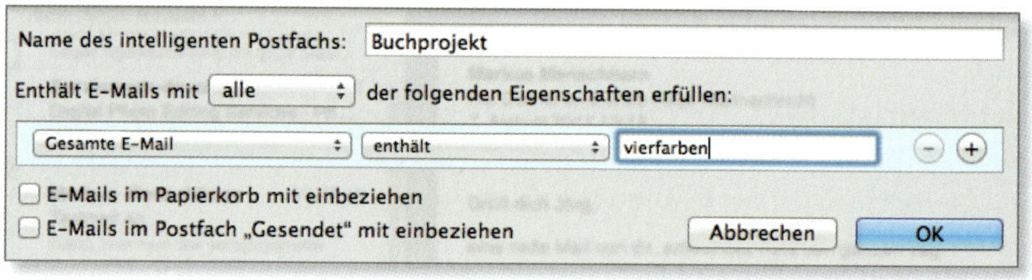

Abbildung 7.13 >
Intelligente Postfächer sind schnell konfiguriert.

Ein tolles Beispiel aus der Praxis ist ein Projekt, an dem mehrere Personen beteiligt sind. Sie können das intelligente Postfach so konfigurieren, dass Nachrichten mit einem bestimmten Inhalt (zum Beispiel »Vierfarben Verlag«) sowie von bestimmten Personen (zum Beispiel »Rieger«, »Menschhorn«) dort automatisch angezeigt werden.

Doppelte E-Mails?

Intelligente Postfächer fassen die Nachrichten nur zu einer Einheit zusammen. Sie bleiben trotzdem dort liegen, wo Sie sie einsortiert haben (»normale Postfächer«, Eingang etc.).

Legen Sie dazu einfach über das Plussymbol am unteren Bildschirmrand ein neues intelligentes Postfach an. Das nächste Fenster bietet Ihnen dann viel Gestaltungsspielraum dazu, welche E-Mails in diesem Postfach angezeigt werden sollen. Zugegebenermaßen gibt es eine ganz ähnliche Sortiermethode auch in Outlook oder Thunderbird – lesen Sie im Kasten »Doppelte E-Mails?«, warum die Apple-Methode intelligenter ist.

Werbemails richtig und vollautomatisch entsorgen

Auf Ihrem Briefkasten zu Hause haben Sie bereits den Hinweis »Bitte keine Werbung einwerfen« angebracht? Wenn so etwas mit der elektronischen Post doch auch funktionieren würde ... Manch einer wird von Werbemails, Potenzmittel-Werbung und Angeboten für todsichere Aktiengeschäfte, geradezu überhäuft. Es macht auch wenig Spaß, aus 50 dieser sogenannten *Spam-Mails* die zwei wirklich interessanten Nachrichten herauszufischen.

Da hilft der eingebaute Werbefilter in Apple Mail. Dieses Tool verhindert zwar nicht, dass Sie Werbemails auf Ihren E-Mail-Account bekommen, sortiert offensichtlichen Unsinn aber direkt nach dem Abruf vom Mailserver aus. Der Werbefilter ist standardmäßig aktiviert und Werbung wird als solche markiert. Die Funktion ist quasi Ihr ganz persönlicher Sekretär, der die Post nach »wichtig« und »unwichtig« sortiert. Wegwerfen müssen Sie das Unwichtige jedoch selbst.

Das kann man aber glücklicherweise automatisieren. Öffnen Sie daher im Menü **Mail** den Punkt **Einstellungen**, und klicken Sie dort auf **Werbung** ❶.

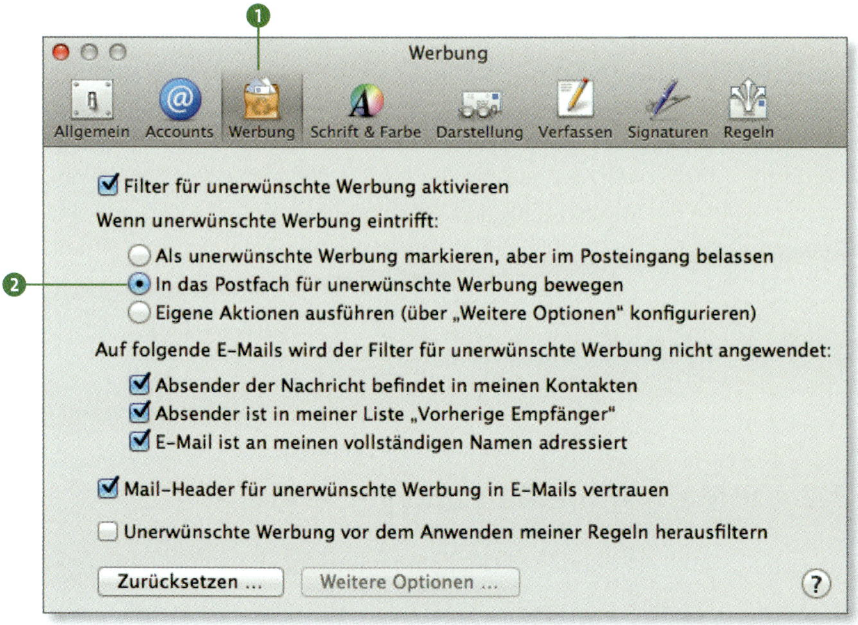

< Abbildung 7.14
Hier aktivieren Sie den Werbefilter.

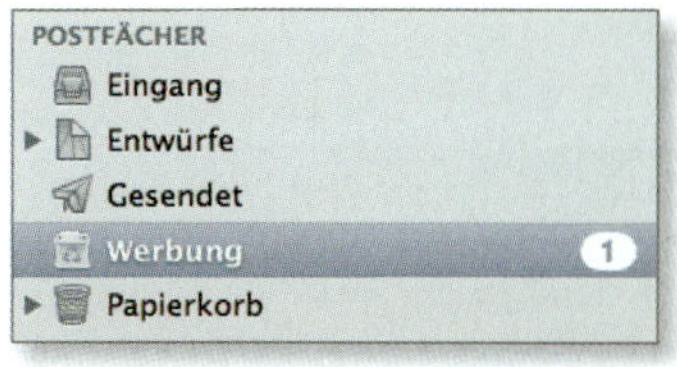

^ Abbildung 7.15
Der neue Ordner »Werbung« sortiert lästige E-Mails künftig automatisch für Sie aus.

Hier setzen Sie die Auswahl auf **In das Postfach für unerwünschte Werbung bewegen** ❷. Damit legt Apple einen Werbeordner an, in dem zukünftig alle E-Mails zu den Themen Brustvergrößerung und Penisverlängerung landen werden. Diese E-Mails werden dort erst nach 30 Tagen gelöscht, Sie haben also genügend Zeit, versehentlich einsortierte E-Mails dort wieder herauszuholen.

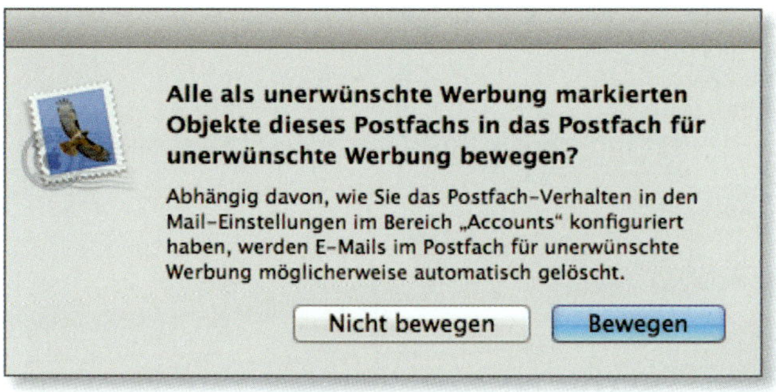

< Abbildung 7.16
Haben Sie die Werbungsfunktion in den Einstellungen aktiviert, werden auf Wunsch alle bereits als Werbung gefilterten E-Mails direkt dort einsortiert.

^ Abbildung 7.17
»Daumen runter« für Werbemails

Absender solcher Werbemails versuchen natürlich, die bekannten Filter auszutricksen. Folglich kann es immer wieder vorkommen, dass offensichtlicher Spam von Ihrem E-Mail-Programm nicht erkannt wird. Daher haben die Apple-Programmierer einen intelligenten und lernfähigen

Filter eingebaut. Ist eine Werbemail »durchgerutscht«, können Sie sie einfach per Mausklick markieren und mit der Daumen-runter-Schaltfläche in der Symbolleiste aus dem Posteingang entfernen. E-Mails mit diesem Absender werden künftig immer wie Spam behandelt.

Hat Apple Mail sich dagegen geirrt und eine E-Mail fälschlicherweise als Werbung behandelt, gehen Sie einfach in den Ordner **Werbung**. Markieren Sie die entsprechende E-Mail, und klicken Sie zuerst auf **Ist keine Werbung**. Danach verschieben Sie die E-Mail in den passenden Ordner, beispielsweise **Posteingang**. Apple Mail merkt sich, dass E-Mails von diesem Absender in Zukunft nicht mehr als Spam behandelt werden sollen.

Abbildung 7.18 >
Apple markiert vermeintliche Werbemails recht eindeutig.

7.2 E-Mails schreiben und versenden

^ Abbildung 7.19
Nach einem Klick auf »Neue E-Mail« kann's losgehen.

Eine neue E-Mail schreiben Sie in Apple Mail genauso wie in allen anderen E-Mail-Programmen, die Sie wahrscheinlich schon von Windows her kennen. Klicken Sie in Apple Mail einfach auf das Symbol **Neue E-Mail** (den Button mit dem kleinen Papier und Stift), und schon wird ein neues Nachrichtenfenster geöffnet.

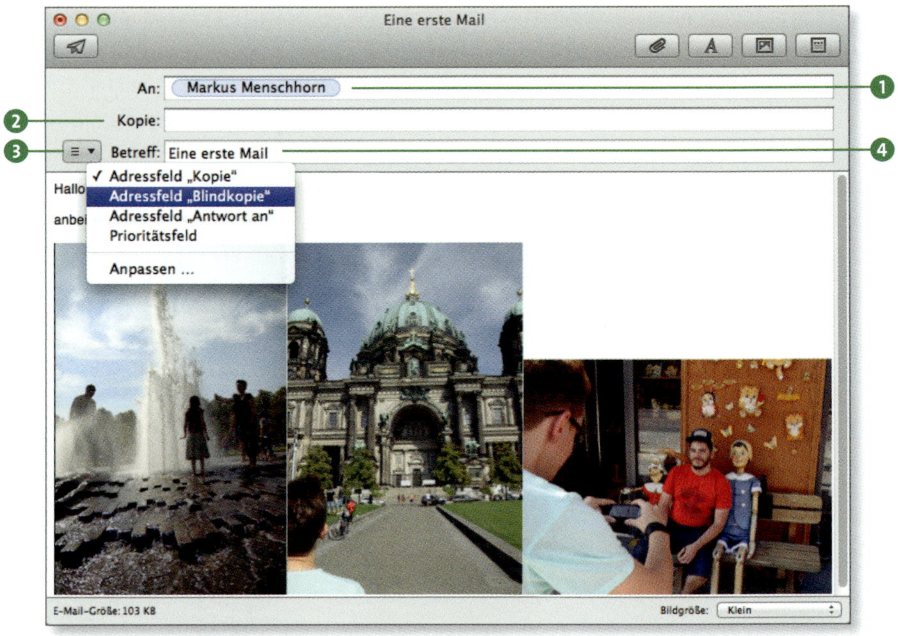

Abbildung 7.20 >
Eine neue E-Mail kann natürlich nicht nur Text, sondern auch Fotos enthalten.

Ganz klar – am Anfang steht die Eingabe der Empfängeradresse ❶. Zu Beginn müssen Sie die E-Mail-Adresse komplett eingeben, bei der nächsten E-Mail wird sie von der Software schon nach wenigen Buchstaben automatisch ergänzt. Senden Sie an einen bekannten Empfänger aus dem Adressbuch, genügt sogar die Eingabe des Vor- und Nachnamens.

In das Feld **Kopie** ❷ werden alle Empfänger eingetragen, die die Mail nur zur Kenntnisnahme erhalten sollen. Eine *Blindkopie* wird hingegen oft eingesetzt, wenn die »normalen« Empfänger nicht sehen sollen, dass noch andere Menschen die E-Mail erhalten. Dieses Eingabefeld ist aus gutem Grund standardmäßig ausgeblendet: Denn erfahrene Anwender können mit wenigen Handgriffen auch die Adressaten der Blindkopie sichtbar machen, und dann kann es unter Umständen peinlich werden. Abgesehen davon werden E-Mails mit Blindkopie-Empfängern gern von Spam-Filtern aussortiert. Lassen Sie daher am besten die Finger von Blindkopien – wenn jemand eine E-Mail wirklich separat erhalten soll, senden Sie sie auch besser in einer separaten E-Mail. Benötigen Sie das Blindkopie-Feld dennoch einmal, blenden Sie es über den Button ❸ und die Auswahl **Adressfeld »Blindkopie«** ein.

Mehrere Empfänger

Mehrere Empfängeradressen trennen Sie mit einem Komma, sofern Apple Mail die Adressen nicht schon automatisch erkennt und unterteilt.

Abschließend sollten Sie auch etwas ins Feld **Betreff** ❹ eintragen. Zwar wird Ihre Nachricht auch ohne Eingabe zugestellt, aber auch hier besteht wieder die Gefahr, dass sie dann vom Werbefilter des Empfängers blockiert wird. Außerdem ist es doch netter, wenn man direkt weiß, was eine E-Mail beinhaltet. Und zu guter Letzt erleichtert eine thematisch passende »Überschrift« die Suche nach bestimmten E-Mails.

So, jetzt können Sie endlich die E-Mail-Nachricht schreiben. Unser Tipp: Halten Sie sich nicht mit der typografischen Gestaltung Ihrer Nachricht auf. Zwar können Sie über den entsprechenden Button ❺ die Formatleiste für verschiedene Schriftarten einblenden; die dort gewählten Schriften werden aber beim Empfänger nur dann richtig angezeigt, wenn er sie auch installiert hat. Anderenfalls greift das E-Mail-Programm sowieso einfach auf vorhandene Systemschriften wie Times New Roman oder Helvetica zurück. Farben ❻ werden hingegen von den meisten Programmen verstanden, hier können Sie sich austoben und kreativ gestalten.

Abbildung 7.21
Die Textformat-Leiste erhalten Sie per Klick auf die A-Schaltfläche.

Im Zeitalter von Digicam & Co. muss natürlich auch Bildmaterial mit in die E-Mail. Das funktioniert vom Finder oder von iPhoto aus ganz

Faustregel zur E-Mail-Größe

Wenn Sie Bilder versenden, sollten Sie nach Möglichkeit wissen, ob die Empfänger eine schnelle Internetverbindung haben oder mit einem Modem ins Internet »stottern«. Für Modembesitzer kann die E-Mail gar nicht klein genug sein, denn schon 500 Kilobyte dauern beim Abruf mehrere Minuten. Mit DSL oder Kabel sind die Grenzen nur durch den E-Mail-Anbieter gesetzt. In der Regel sind bis zu 5 Megabyte große E-Mail-Nachrichten dann kein Problem.

unkompliziert einfach per Drag & Drop: Sie wählen das Bild aus und ziehen es mit gedrückter linker Maustaste in die E-Mail.

Es ist nicht notwendig, die Fotos vorher zu verkleinern. Die Bildgröße definieren Sie direkt in der E-Mail-Nachricht. Rechts unten finden Sie das passende Aufklappmenü **Bildgröße** 7. Typisch für Apple ist, dass Sie hier keine Pixel-Maße finden, sondern nur die Angaben **Klein**, **Mittel**, **Groß** und **Originalgröße**. Damit Sie trotzdem überblicken können, wie groß die E-Mail insgesamt wird, schauen Sie einfach mal nach links – dort sehen Sie die finale Größe 8.

Abbildung 7.22
Sie können die Bildgröße per Mausklick in jeder E-Mail anpassen.

Sie können zum Einfügen von Fotos aber auch ganz einfach die **Fotoübersicht** 9 benutzen. Apple Mail listet hier alle bekannten Fotos aus iPhoto oder Apple Aperture komfortabel zur Auswahl und zum Einfügen auf.

Übrigens, ganz »normale« Anhänge können ebenfalls per Mausklick in die jeweilige E-Mail-Nachricht eingebunden werden. Für die Auswahl via Finder steht in der Symbolleiste ebenfalls ein Button zur Verfügung: **Anhang** 10.

Ein Klick auf die Schaltfläche **Senden** im Papierfliegerlook schickt die Nachricht dann schließlich los und legt sie gleichzeitig im Ordner **Gesendet** ab. Ob sie auch wirklich verschickt wurde, hören Sie ganz deutlich an einem Geräusch, das ein vorbeifliegendes Flugzeug imitiert.

Möchten Sie die Nachricht vielleicht lieber am nächsten Tag noch einmal durchlesen oder abändern, wählen Sie im Menü **Ablage** einfach den Befehl **Sichern** oder drücken [cmd]+[S]. Die Nachricht wird dann komplett im Ordner **Entwürfe** gesichert.

Abbildung 7.23
Die Fotoübersicht in Apple Mail ist direkt mit iPhoto verknüpft.

7.3 Power-Tricks für Apple Mail

Hier zeigen wir Ihnen einige Funktionen, die Sie so aus anderer E-Mail-Software gar nicht kennen werden, die das Computerleben aber deutlich erleichtern und richtig Spaß machen.

E-Mails farbig markieren

Sie können in Apple Mail Ihre E-Mail-Nachrichten farbig markieren, ganz wie Ordner und Dateien (siehe den Abschnitt »Etiketten – bunt ist die Welt unter OS X« in Abschnitt 4.1 auf Seite 81). Das schafft Ordnung, und Sie behalten den Überblick, welche Nachrichten wichtig oder noch zu bearbeiten sind. Ein Sekundärklick auf die entsprechende Nachricht öffnet das Kontextmenü, wo Sie eine Etikettenfarbe wählen können.

Abbildung 7.24
Etiketten bringen Ordnung in den Posteingang.

Termine aus E-Mails in den Kalender eintragen

Wir greifen hier vor auf Kapitel 8, »iCloud – Termine, Adressen und vieles mehr organisieren«: Sie können aus jeder E-Mail einen Termin direkt in das Programm Kalender übernehmen. Apple Mail ist dabei recht intelligent. Wenn Sie in einer E-Mail einen Termin markieren, gibt Apple gleich die

Möglichkeit vor, diesen in Ihren Kalender aufzunehmen. »Treffen wir uns morgen um 12 Uhr im Café?« wird dann ganz einfach als Termin erkannt und zeitlich korrekt eingeordnet. Probieren Sie es einfach aus. In Kapitel 8 zeigen wir Ihnen, wie Sie mit den Terminen in der Apple-Kalendersoftware umgehen.

Abbildung 7.25 >
Von der E-Mail zum Termin

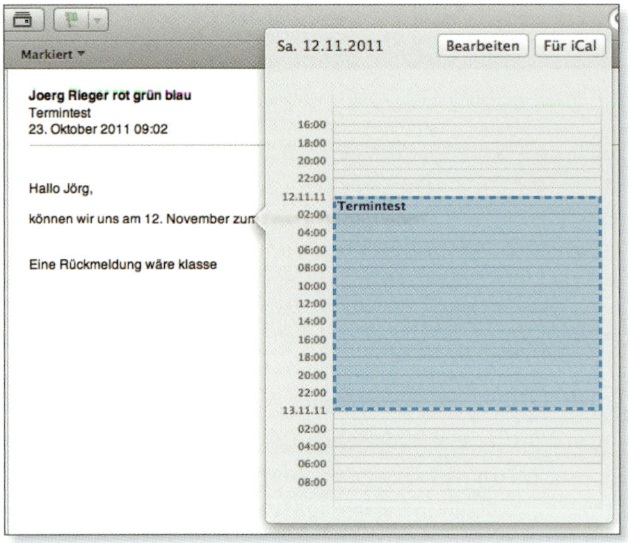

7.4 E-Mails mit Thunderbird – auch auf dem Mac

Thunderbird laden

Unter *www.mozilla.org/de/thunderbird* können Sie die aktuelle Programmversion von Thunderbird herunterladen.

Mozilla Thunderbird ist auf dem Windows-PC die Microsoft-freie Alternative zu Windows Live Mail. Das Programm erfreut sich großer Beliebtheit, nicht zuletzt wegen des hervorragenden Spam-Filters und der einfachen Bedienung. Thunderbird wird ab Ende 2012 nicht mehr weiterentwickelt, aber weiterhin regelmäßig mit Updates versorgt und ist damit auch für die Zukunft eine gute Alternative.

Abbildung 7.26 >
Sympathisch? Nun ja, zumindest für Mozilla ist der Thunderbird-Briefträger ein Sympathieträger.

Für Sie als Mac-Neuling ist es sicher gut, zu wissen, dass Ihre Windows-E-Mail-Daten von Thunderbird ganz unkompliziert auf den Mac kommen. Sie werden erstaunt sein – Thunderbird ist meist sogar noch schneller startklar als Apple Mail und bietet identischen Komfort. Selbstverständlich wird auch Ihr Adressbuch, also das Programm Kontakte von OS X, genutzt.

Hier wollen wir Ihnen aber zunächst zeigen, wie Sie Thunderbird auf den Mac herunterladen und dort installieren und einrichten.

Abbildung 7.27
Das Programmsymbol von Mozilla Thunderbird

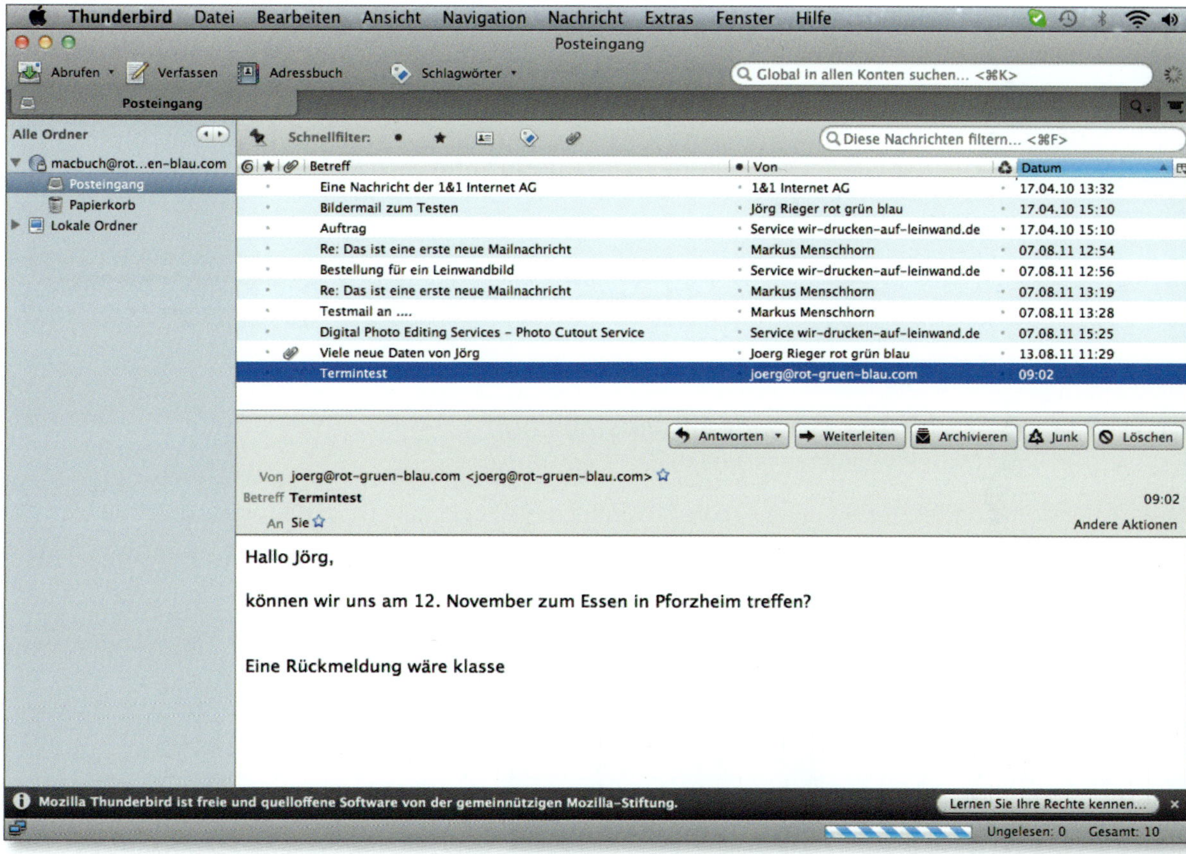

Abbildung 7.28
Die übersichtliche Benutzeroberfläche von Mozilla Thunderbird

Wichtig: Wenn Sie Thunderbird bereits am PC nutzen und Ihre Daten importieren möchten, folgen Sie den Anweisungen in diesem Abschnitt nur bis zur Installation. Legen Sie keine E-Mail-Konten an! Das erfolgt dann alles bei der Datenübernahme aus Windows. Dieser Hinweis gilt nur für POP3-Konten. Wenn Sie Ihre E-Mails alle online über IMAP verwalten, können Sie hier direkt ein Konto anlegen.

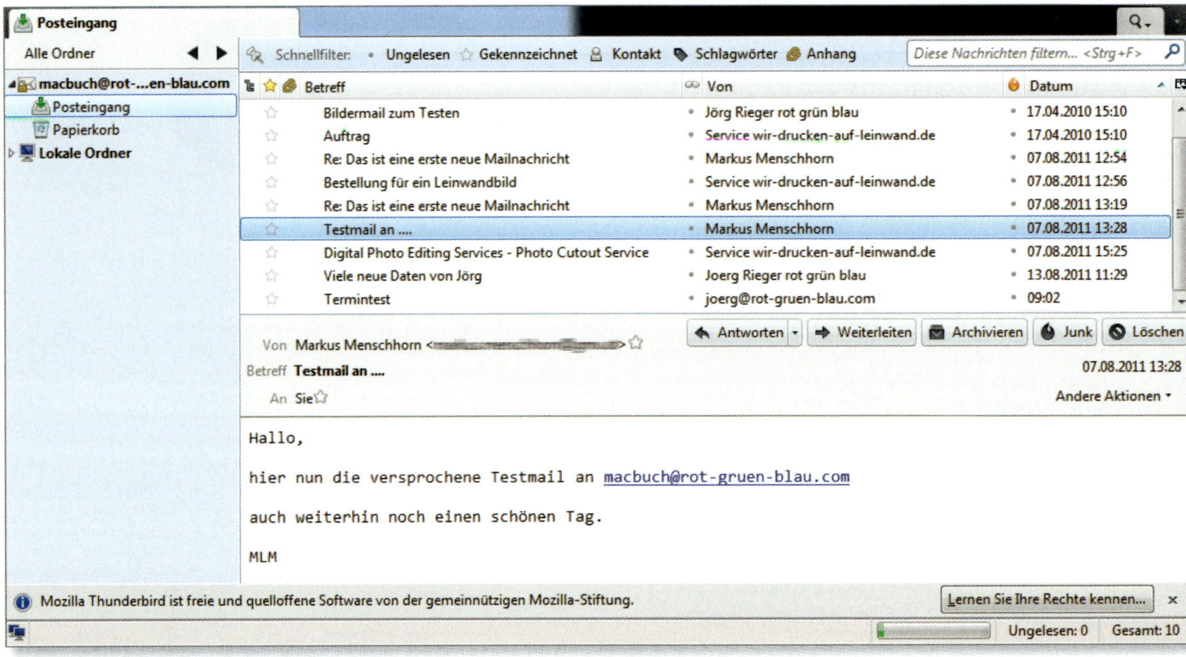

Abbildung 7.29
Wenige Unterschiede – Thunderbird am Windows-PC

Thunderbird installieren

Laden Sie das Programm am besten von der offiziellen Website herunter, dann haben Sie immer die aktuellste Version. Die anschließende Installation ist mit wenigen Mausklicks erledigt: Öffnen Sie einfach die Archivdatei, und legen Sie das Thunderbird-Symbol in den Ordner **Programme**. Schon ist die E-Mail-Software startklar.

Abbildung 7.30
Öffnen Sie nach dem Herunterladen die Archivdatei, und ziehen Sie sie in den Ordner »Programme«.

E-Mail-Konto einrichten

Beim ersten Programmstart steht nun direkt die Einrichtung eines neuen E-Mail-Kontos an. Ganz unumgänglich sind im folgenden Fenster die Angaben zu Ihrem E-Mail-Konto: **Ihr Name** ❶, der bei versendeten E-Mails beim Empfänger erscheinen soll, sowie die korrekte **E-Mail-Adresse** ❷ und Ihr **Passwort** ❸.

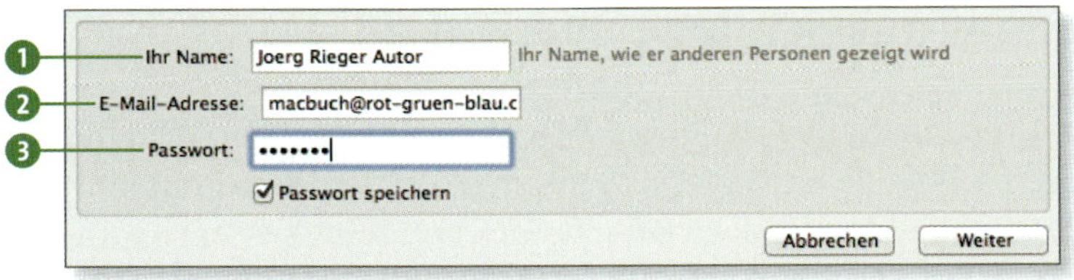

Abbildung 7.31
Am Anfang steht die Auswahl – normalerweise werden Sie zuerst ein E-Mail-Konto einrichten.

Mit einem Klick auf **Weiter** versucht Thunderbird, die zugehörigen Postein- und -ausgangsserver zu identifizieren. Erstaunlich – Thunderbird erkennt selbst »Exoten« vollautomatisch und macht das um Welten besser als Apple Mail. Sie werden hier so gut wie nie in die Verlegenheit kommen, eine manuelle Einrichtung vornehmen zu müssen. Sollten Sie doch einmal Angaben manuell eintragen müssen, hilft ein Klick auf **Manuell bearbeiten** ❹.

Abbildung 7.32
Alles erkannt – die Mailserver wurden von Thunderbird perfekt erfasst.

In Thunderbird selbst können Sie über den Menüpunkt **Extras > Konteneinstellungen** Ihr E-Mail-Konto noch weiter konfigurieren und zusätzliche E-Mail-Adressen in der schlauen E-Mail-Software verwalten.

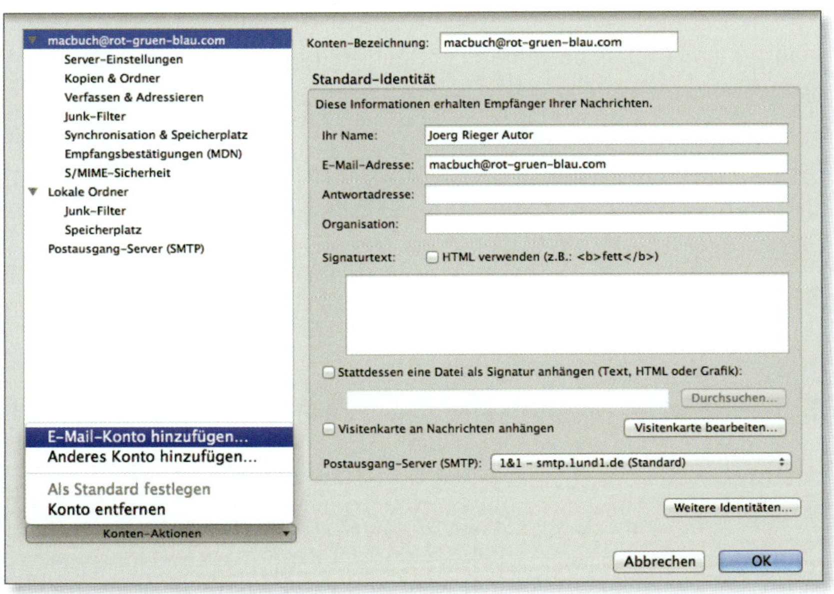

Abbildung 7.33
Die detaillierten Kontoeinstellungen von Thunderbird

7.5 E-Mails auf den Mac übertragen

Einer der Autoren dieses Buches, der nicht genannt werden möchte, hat tatsächlich seit 1999 alle wichtigen E-Mails in seinem E-Mail-Programm gespeichert. Vielleicht haben auch Sie in Ihrem Windows Live Mail, Outlook oder Thunderbird ein beachtliches E-Mail-Archiv angelegt, das Sie nun gern auf den Mac retten möchten. In diesem Abschnitt erhalten Sie einige Tipps, wie Sie dazu vorgehen.

Zunächst zeigen wir Ihnen, wie Sie E-Mails von Outlook, Outlook Express und Windows Live Mail übertragen. Eine wichtige Rolle dabei spielt das Programm Mozilla Thunderbird, das Sie – wenn Sie es schon von Windows her kennen – auch am Mac weiternutzen können. In Abschnitt 7.8, »Import in Apple Mail«, erfahren Sie dann noch, welche Daten Apple Mail direkt importieren kann.

Adressdaten aus Outlook

Sie können in Outlook Ihre gesamte Kontaktliste markieren und per rechtem Mausklick und **Vollständigen Kontakt senden** in einen E-Mail-Anhang verwandeln (vCard). Diesen Anhang sichern Sie auf Ihrem USB-Stick. Um Ihre Kontaktdaten von Outlook auf den Mac zu bringen, öffnen Sie die vCard dann einfach in Ihrem OS X-Adressbuch – fertig!

7.6 MS Outlook Express, Windows Live Mail und MS Outlook

Hier gibt es die große Hiobsbotschaft: Apple Mail kann keine Daten direkt aus Outlook, Windows Live Mail oder Outlook Express importieren. Auch ein Transfer Ihrer Outlook-Daten vom PC auf Outlook für den Mac ist nicht vorgesehen – ganz zu schweigen von einer Exportmöglichkeit nach Apple Mail. Es gibt zwar Möglichkeiten eines Transfers, aber die sind bei einem großen E-Mail-Postfach und einem großen Adressbuch schlichtweg unbrauchbar und dazu noch viel zu kompliziert.

Pech gehabt? Das wäre doch ärgerlich. Wir zeigen Ihnen, wie es mit Trick 17 doch noch funktioniert: Hierzu müssen Sie einen Umweg über Thunderbird für Windows gehen und Ihre E-Mails dort importieren. Nach dem Import Ihrer E-Mails am PC haben Sie dann die Wahl:

- Möchten Sie auch am Mac mit Thunderbird weiterarbeiten, transferieren Sie Ihre E-Mails, wie in Abschnitt 7.7, »Thunderbird – von Windows zu Mac«, beschrieben.
- Wollen Sie lieber Apple Mail nutzen, können Sie die Thunderbird-E-Mails direkt importieren (siehe Abschnitt 7.8, »Import in Apple Mail«).

Thunderbird installieren

Falls Sie Thunderbird bisher noch nicht am PC genutzt haben, ist es schnell installiert (siehe dazu den Abschnitt »Thunderbird installieren« auf Seite 152 in Abschnitt 7.4). Sie finden eine aktuelle Version der kostenlosen Software unter *www.mozilla.org/de/thunderbird*.

Zunächst müssen Sie Ihre E-Mails aber erst einmal (auf dem PC) in Thunderbird importieren: Für Outlook und Outlook Express bietet Thunderbird eine automatische Importoption. Öffnen Sie dazu in Thunderbird das Menü **Extras > Importieren**.

E-Mails aus dem Programm Windows Live Mail werden auf diese Weise jedoch nicht importiert. Hier müssen Sie die E-Mails manuell kopieren:

1. Öffnen Sie zunächst Thunderbird.

2. Öffnen Sie dann den Windows-Explorer, und dort den Ordner **AppData**. Wie Sie dahin kommen, zeigen wir im Detail im Abschnitt »Alternative: E-Mails manuell kopieren« auf Seite 159 in Abschnitt 7.7.

3. Dort angekommen, klicken Sie auf den Ordner **Microsoft** und dann auf **Windows Live Mail**.

4. Hier sollte sich ein Ordner befinden, der ähnlich wie Ihre angelegte E-Mail-Adresse heißt. Dort finden Sie dann alle E-Mail-Ordner, zum Beispiel **Inbox** (Posteingang) und Ihre selbst angelegten Ordner. In jedem dieser Ordner sind alle E-Mails als einzelne Dateien angelegt. Dass diese ganz seltsam benannt sind, braucht Sie nicht zu irritieren.

5. Markieren Sie einfach diesen Datensalat, und ziehen Sie ihn in Thunderbird – und schon sind Ihre E-Mail-Daten importiert!

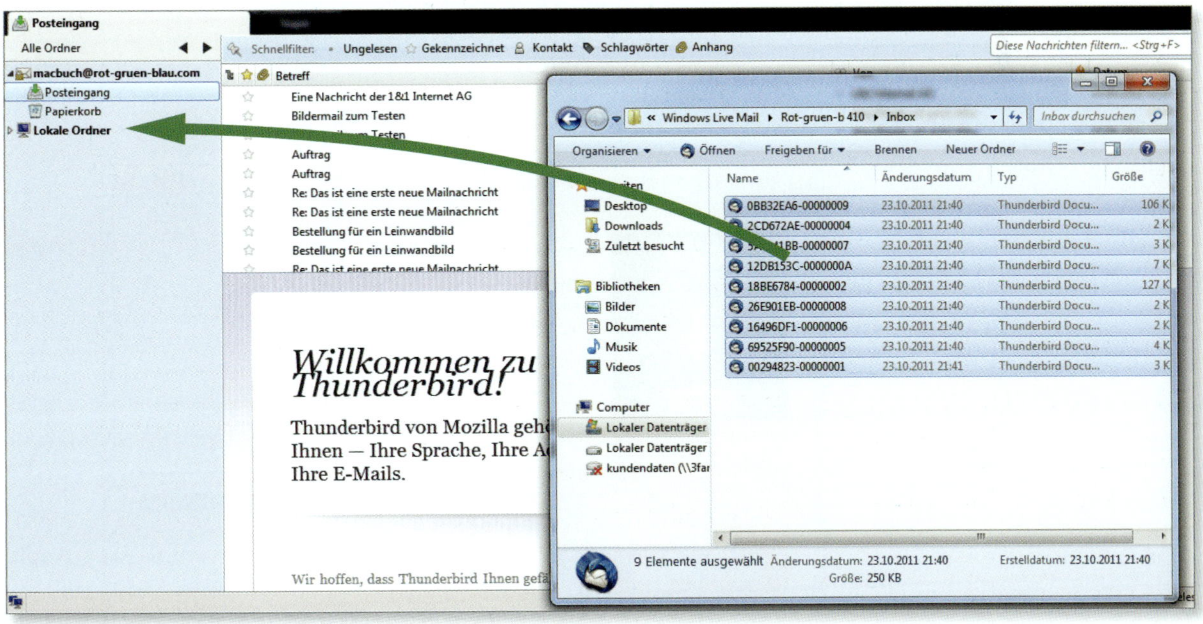

Abbildung 7.34
Die Nachrichten von Windows Live Mail können einfach per Drag & Drop in Thunderbird importiert werden.

Nun befinden sich Ihre E-Mails in Thunderbird. Wie der Transfer vom PC zum Mac erfolgt, erfahren Sie im nächsten Abschnitt.

7.7 Thunderbird – von Windows zu Mac

Thunderbird ist eine beliebte Alternative zu Outlook Express und läuft auf Linux, Windows und natürlich auch OS X. Auf den vorhergehenden Seiten haben Sie die Mac-Variante ja schon kennengelernt. Wenn Sie Thunderbird auch unter Windows genutzt haben, werden Sie innerhalb weniger Minuten auch am Mac Ihre gewohnten Konten, E-Mails und Verzeichnisse wiederfinden, garantiert! Sollten Sie unter Windows bisher Outlook Express eingesetzt haben, lohnt der Datenimport in Thunderbird für Windows, um dann am Mac wieder alle E-Mails zur Verfügung zu haben.

Thunderbird-Konto auf den Mac kopieren

Am PC haben Sie mit der kostenlosen, leider nur auf Englisch verfügbaren Mac-Software MozBackup die Möglichkeit, ganz ohne kompliziertes Ordnersuchen Ihr komplettes Thunderbird-Konto zu kopieren.

1. Software starten

Die Software muss lediglich unter *www.mozbackup.de* heruntergeladen und kann dann direkt, ohne Installation, gestartet werden. Sofort sehen Sie den Bildschirm mit einer Auswahl der Daten, die kopiert werden sollen. Hier kann man auch die gespeicherten Webseiten von Firefox wunderbar zusammenfassen. Jetzt wählen Sie aber Ihre Thunderbird-Version aus.

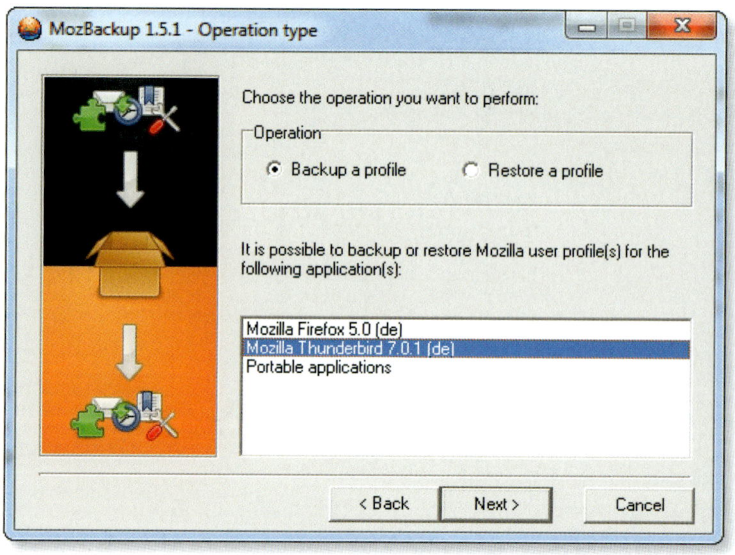

Abbildung 7.35 >
So erstellen Sie ein Backup Ihres Thunderbird-Kontos.

2. Profil wählen

Normalerweise haben Sie in Thunderbird nur ein Nutzerprofil. Wer meh rere E-Mail-Adressen unter dieser Software hat, hat hier allerdings auch mehrere Profile. Wählen Sie das benötigte per Mausklick aus.

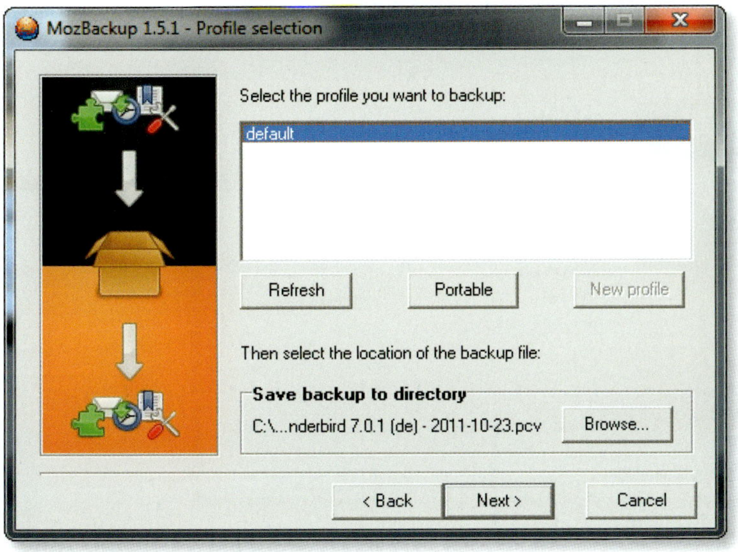

Abbildung 7.36
Hier im Beispiel gibt es nur ein Profil namens »default«.

3. Passwortschutz

Den Passwortschutz für das spätere Archiv benötigen Sie in den meisten Fällen nicht, deshalb können Sie hier getrost auf **Nein** klicken. Den Weg vom PC zum Mac sollten Ihre Daten auch so überstehen.

Abbildung 7.37
Ein Passwort wird nicht benötigt.

4. Was soll exportiert werden?

Jetzt geht es ans Eingemachte: Hier muss ausgewählt werden, welche Daten und Informationen von Ihrem E-Mail-Programm exportiert werden sollen. Es empfiehlt sich, der Standardeinstellung zu folgen (wie abgebildet).

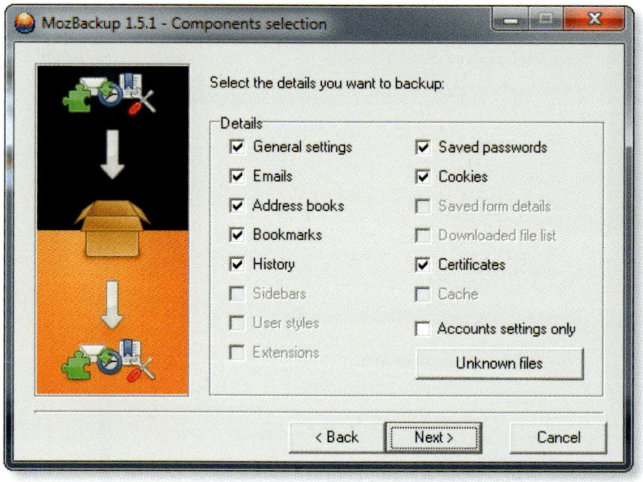

Abbildung 7.38 >
Mit den Standardeinstellungen sind Sie meist gut beraten.

5. Daten transferieren

Im nächsten Schritt wird der Speicherort für die Exportdatei (mit der Endung *.pcv*) abgefragt. Von dort kopieren Sie, nach Abschluss des Vorgangs, genau diese Datei auf einen USB-Stick oder ein anderes Speichergerät und schließen dieses dann am Mac an. Je nach Postfachgröße kann diese Datei übrigens durchaus auch mehrere Gigabyte umfassen.

6. Datei umbenennen

Zurück am Mac ist leider Handarbeit angesagt, denn es gibt keine MozBackup-Version für OS X. Somit können Ihre Daten damit auch am Mac nicht einfach per Klick wiederhergestellt werden. Aber im Grunde genommen ist es trotzdem nicht kompliziert. Am Mac ändern Sie die Endung *.pcv* in *.zip*, ignorieren die Warnung und entpacken die Zip-Datei per Doppelklick. Diese Daten müssen dann in den Ordner **Library** von OS X zu Thunderbird kopiert werden. Wie das geht, wird im Abschnitt »E-Mails in Thunderbird auf den Mac übertragen« auf Seite 160 erklärt.

Abbildung 7.39 >
Die pcv-Datei ist ein normales zip-Archiv.

Alternative: E-Mails manuell kopieren

Sie wollen den Thunderbird-Benutzerordner ohne MozBackup manuell kopieren? Das geht natürlich auch.

Zuerst steht unter Windows die Suche nach dem Verzeichnis an – wo waren doch gleich die E-Mails gespeichert? Standardmäßig müssen Sie sich zum Laufwerk *C:* und dort in den Bereich *Benutzer* bewegen. Darin steckt ein Ordner, der wie Ihr Benutzerkonto heißt. Einen Doppelklick später finden Sie nun den Ordner *AppData* (falls nicht, bitte weiter unten lesen) und dann *Local*. Diesen Ordner öffnen Sie wiederum, gehen auf *Thunderbird* und dann auf *Profiles*. Den nun angezeigten, kryptischen Ordner ❶ kopieren Sie sich auf einen externen Datenträger, also eine Wechselfestplatte oder einen USB-Stick. In ihm stecken all Ihre E-Mails und die kompletten Profildaten.

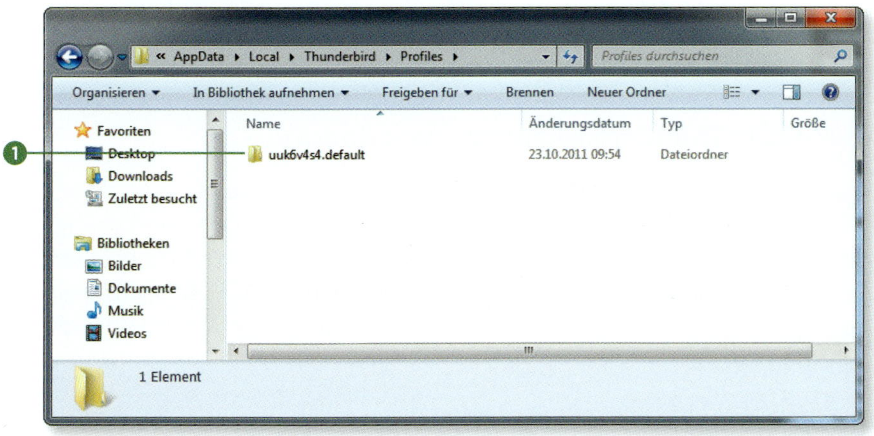

Abbildung 7.40
Wie haben Sie das vermisst – das Wühlen in den Windows-Systemordnern macht einfach keinen Spaß!

Kompliziert? Hier ist noch einmal der gesamte Dateipfad zum Nachvollziehen:

C:\ Benutzer\Benutzername\AppData\Local\Thunderbird\Profiles

Nachdem Sie den Ordner mit Ihren E-Mails auf den externen Datenträger kopiert haben, schließen Sie diesen am Mac an.

Falls Sie den Ordner *AppData* nicht sehen, sind die sogenannten versteckten Dateien und Ordner an Ihrem Computer ausgeblendet. Öffnen Sie die Systemsteuerung und dort den Menüpunkt **Darstellung und Anpassung**. Im Dialogfenster **Ordneroptionen** klicken Sie auf den Reiter **Ansicht** (❷ in Abbildung 7.41) und scrollen bis zum Menüpunkt **Versteckte Dateien und Ordner** ❸. Anschließend wählen Sie **Ausgeblendete Dateien, Ordner und Laufwerke anzeigen** ❹. Nach einem Klick auf **OK** wird der Ordner *AppData* dann sichtbar.

Abbildung 7.41 >
Machen Sie alles sichtbar, was Ihnen Windows bisher vorenthalten hat.

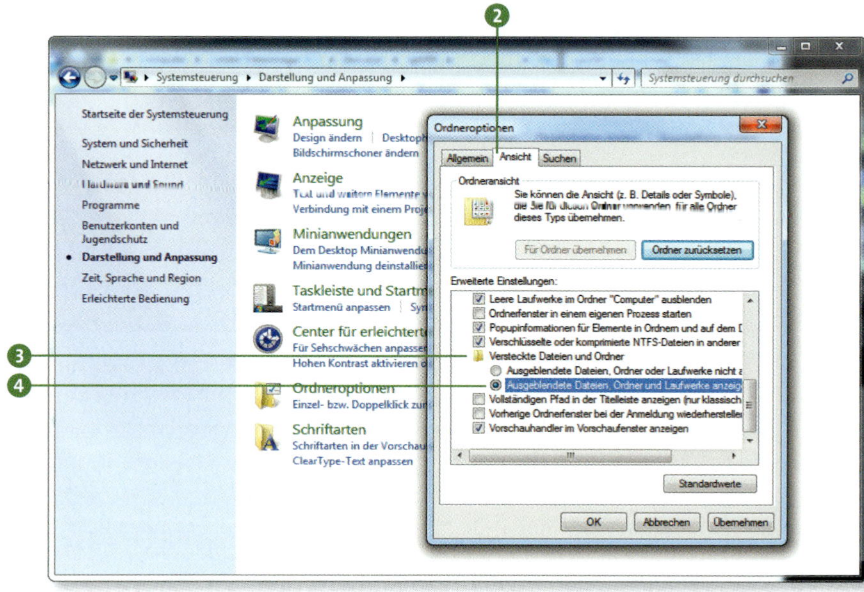

E-Mails in Thunderbird auf den Mac übertragen

Egal, ob Sie Ihre Thunderbird-Daten nun über MozBackup oder manuell kopiert haben: Auf dem Mac bleiben Sie nicht vom »Ordner-Hopping« verschont. Die Grundvoraussetzung, um Ihre E-Mail-Daten anzuzeigen, ist natürlich eine Installation von Thunderbird. Wie das geht, haben wir im Abschnitt »Thunderbird installieren« auf Seite 152 in Abschnitt 7.4 beschrieben.

Beachten Sie bitte unbedingt, dass in den nächsten Schritten eventuell bereits vorhandene Thunderbird-Daten am Mac komplett überschrieben und eventuell vorhandene Konten unter OS X gelöscht werden! Und so kommen die E-Mails auf den Mac:

^ Abbildung 7.42
Der Ordner »Library« erscheint nur mit einem Trick.

1. Öffnen Sie den Finder und dort das Menü **Gehe zu**. Drücken Sie dann die `alt`-Taste – es erscheint nun der Ordner **Library**, der aus Sicherheitsgründen ausgeblendet ist. Diesen klicken Sie an. Auch hier werden Sie einen Ordner **Thunderbird** finden. Dort werden am Mac sämtliche E-Mails abgelegt. Nun muss das E-Mail-Programm unter OS X allerdings etwas überlistet werden, damit es Ihre wertvollen Daten von Windows versteht.

2. Klappen Sie, am besten in der Listenansicht, den Unterordner **Profiles** sowie den Benutzerordner (mit der kryptischen Bezeichnung) auf. Löschen Sie den kompletten Inhalt des Benutzerordners, nicht jedoch den Ordner selbst! Lassen Sie dieses Fenster geöffnet.

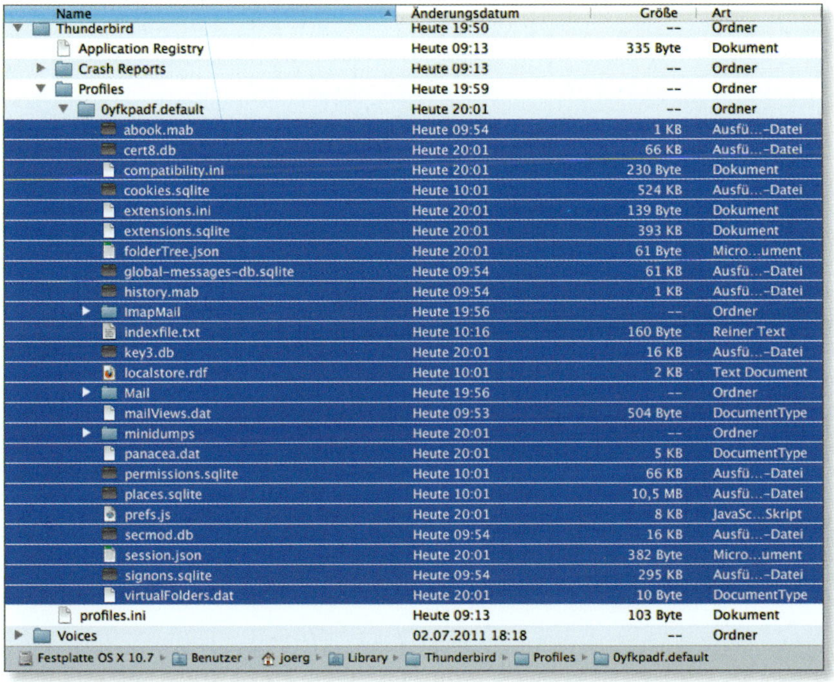

< Abbildung 7.43
Die markierten Dateien müssen gelöscht werden, damit Thunderbird Ihre E-Mails von Windows akzeptiert.

3. Öffnen Sie nun den Datenträger, der Ihre Windows-E-Mail-Daten von Thunderbird sowie den Benutzerordner (den mit der kryptischen Bezeichnung) enthält.

4. Markieren Sie den kompletten Inhalt dieses Ordners, nicht jedoch den Ordner selbst, und kopieren Sie alles auf die Festplatte Macintosh HD in den noch geöffneten Benutzerordner von Thunderbird.

Fertig! Sie können Thunderbird jetzt unter OS X starten, denn sämtliche E-Mails wie auch Konteneinstellungen sind übernommen worden!

7.8 Import in Apple Mail

Deutlich direkter ist der Weg, wenn Sie Ihre E-Mails von Thunderbird für Windows direkt in Apple Mail übertragen wollen: Kopieren Sie, wie im Abschnitt »Thunderbird-Konto auf den Mac kopieren« ab Seite 156 in Abschnitt 7.7 beschrieben, Ihre Thunderbird-E-Mails vom PC, und sichern Sie diese auf einen USB-Stick oder auf eine externe Festplatte.

Starten Sie anschließend Apple Mail, und wählen Sie **Ablage > Postfächer importieren**. Im nächsten Dialogfeld wählen Sie einfach **Thunderbird** als Importoption aus, geben als Quelle Ihren externen Datenträger an, und schon werden alle E-Mail-Nachrichten in Apple Mail geladen, inklusive Ihrer unter Thunderbird angelegten Ordner. Dieser Weg gilt natürlich nicht nur für diese E-Mail-Anwendung, sondern auch für andere gängige E-Mail-Programme am PC (Outlook und Windows Live Mail bzw. Outlook Express allerdings ausgeschlossen).

Abbildung 7.44 >
Warum kompliziert, wenn's doch so einfach geht? Apple Mail kann die E-Mails von Thunderbird, egal, ob von Windows oder Mac, einfach importieren.

8 iCloud – Termine, Adressen und vieles mehr organisieren

Mit iCloud, dem neuen digitalen Service von Apple, haben Sie auf Ihrem iPhone, Ihrem iPad und all Ihren Mac-Computern immer identische, weil synchronisierte Daten griffbereit, und das natürlich vollautomatisch. Das funktioniert reibungslos und kann sowohl für klassische Daten wie Fotos und Adressbucheinträge, aber auch für Musik genutzt werden.

Unabdingbar für diese systemübergreifende Zusammenarbeit sind die Programme Kontakte und Kalender von OS X. Denn was man nicht im Kopf hat, hat man im Mac – Sie werden nie wieder einen Termin versäumen, das versprechen wir Ihnen.

Abbildung 8.1
Herzlich willkommen in der Apple-Wolke!

8.1 Alle nötigen Informationen synchronisieren

Apple schwebt auf Wolke 7 – mit iCloud ist es dem Unternehmen wieder gelungen, einen Volltreffer zu landen. iCloud verspricht, im Zeitalter von intelligenten Smartphones, Tablet-Computern, Notebooks und natürlich »normalen« Computern das Datenchaos zu entwirren. Denn sicherlich kennen Sie das: Sie laden sich auf Ihrem Notebook die neuesten Schnappschüsse Ihrer Kids herunter und möchten sie eigentlich auch auf dem Mobiltelefon und wenn möglich auch auf dem Home-Computer haben. Für den »Businessman« ist es ebenfalls unpraktisch, neue Kontakte aus dem Smartphone permanent manuell in das Adressbuch am Mac kopieren zu müssen – Chaos und Fehler sind damit vorprogrammiert.

iCloud sorgt hier durch ein simples Prinzip für Abhilfe – alle Geräte werden über einen externen Datenserver, die sogenannte *Cloud*, miteinander verbunden. Sie entscheiden, welche Daten synchronisiert werden sollen, und sobald Sie eines der angemeldeten Geräte anschließen, wird es mit

Speicherplatz satt

Bei der Anmeldung für iCloud stellt Apple 5 Gigabyte Speicherplatz zur Verfügung – kostenlos. Sollte das zu wenig sein, können Sie auf Wunsch weiteren Speicherplatz dazukaufen, und das sogar günstig: 10 Gigabyte zusätzlich kosten aktuell 16 €, 50 Gigabyte 80 € Jahresgebühr.

den Daten der Cloud abgeglichen. Konkret gesprochen: Ein Adressbucheintrag auf Ihrem iPhone steht innerhalb von Sekunden auch auf Ihrem iPad oder MacBook im Adressbuch – ganz automatisch.

Abbildung 8.2 >
Alles in der Wolke – Datenabgleich mit iCloud (Foto: Apple)

Sollte Ihr wertvolles Gerät defekt sein oder geklaut werden, können Sie mit wenigen Klicks ein neues Gerät wieder auf Stand bringen. Beim Start jedes neuen iPhones oder iPads wird nämlich direkt die Frage gestellt, ob Sie einen iCloud-Account besitzen und von diesem Daten laden möchten. Sie erinnern sich – ganz ähnlich funktioniert das, wenn Sie einen neuen Mac kaufen und dann die Daten vom Time-Machine-Backup verwenden können. Und wenn Ihr Computer, iPad oder iPhone geklaut wurde, können Sie das Gerät über iCloud sogar orten und komplett sperren.

Zusätzlich hält iCloud Ihre Musiksammlung synchron, allerdings nur die bei iTunes gekauften Titel. Diese werden dann auf Mac, iPhone und iPad immer aktuell übertragen – Sie haben also überall alle Musiktitel abspielbereit. Möchten Sie dieses Feature, das *iTunes Match* heißt, für Ihre komplette Musiksammlung nutzen, kostet das knapp 25 € extra im Jahr. Ein ganz schön teurer Spaß, der aber durchaus sinnvoll sein kann und komfortabel ist. Sie sollten zudem bedenken, dass 5 Gigabyte kostenloser iCloud-Speicherplatz in dem Fall sicher nicht lange ausreicht. Natürlich können Sie alternativ Ihre Musiktitel einfach wie bisher per iTunes kopieren.

- Die Vorteile von iCloud sind:
  - Termine und Adressen immer synchron
  - Änderungen auch online über das Web möglich
  - Fotostream für Bilder aus iPhoto
  - Computer- und Handy-Ortung
  - automatische Integration in OS X

  - 5 Gigabyte Speicherplatz kostenlos
  - Synchronisierung gekaufter iTunes-Titel
- Die Nachteile von iCloud sind:
  - nur für Apple-Services
  - bei Dokumenten Unterstützung nur für Apple-Programme, also TextEdit, Pages, Numbers und Keynote-Apps
  - nicht als Datenspeicher für beliebige Daten geeignet
  - Es werden in der Basisversion nur die bei Apple gekauften Musiktitel vollautomatisch synchronisiert.

Es gibt natürlich auch von der Deutschen Telekom, 1&1 und weiteren Anbietern ähnliche Cloud-Computing-Lösungen – die reibungslose Zusammenarbeit mit OS X klappt aber tatsächlich nur mit iCloud.

iCloud einrichten

Wir zeigen Ihnen hier die ersten Schritte mit iCloud. Haben Sie Ihren Computer neu eingerichtet, die Apple-ID eingegeben und iCloud aktiviert, können Sie diese Schritte natürlich überspringen.

1. Systemeinstellungen laden

Gehen Sie in die Systemeinstellungen, und wählen Sie dort den Punkt **iCloud**. Beim ersten Start werden Sie entsprechend empfangen und müssen Ihre Apple-ID eingeben, falls vorhanden. Ansonsten können Sie sich hier vorher noch kostenlos registrieren.

Abbildung 8.3
Melden Sie sich mit Ihrer Apple-ID an.

2. Services wählen

Danach erfolgt die Abfrage, welche Angebote Sie von iCloud nutzen möchten. Es ist sinnvoll, hier bei beiden Feldern ein Häkchen zu setzen, um später den vollen Funktionsumfang nutzen zu können. Darüber sprechen wir auf den folgenden Seiten.

Abbildung 8.4 >
Derzeit stellt iCloud zwei Services zur Verfügung.

3. Anwendungen wählen

iCloud ist nun startklar. Vor einem Klick auf **Fertig** wählen Sie aber besser noch **Anpassen**, um jene Programme und Services zu wählen, die Sie mit iCloud verwenden möchten.

Abbildung 8.5 >
iCloud ist startklar, sollte aber noch weiter konfiguriert werden.

Geräte einrichten

Sie müssen diesen Vorgang auf allen Geräten mit der identischen Apple-ID wiederholen, die Sie gemeinsam in iCloud nutzen möchten. Mobil werden nur Geräte ab iOS 5 unterstützt. Für Kontakte und Termine klappt es aber auch mit einem normalen Windows-PC.

Hier haben Sie die Möglichkeit, alle verfügbaren Apps und Services von iCloud individuell einzustellen. **Mail & Notizen** funktioniert leider nur mit einer originalen Apple-Adresse, ein normales Postfach oder Ihr Apple-Mail-Programm werden hier nicht berücksichtigt.

sondern erst einmal an das Gute im Menschen glauben. Die Wahl fällt daher auf **Ton abspielen oder Nachricht senden** ❷.

Abbildung 8.13
Möglichkeiten zur Kontaktaufnahme mit dem MacBook Pro

4. Nachricht eingeben

Sie können jetzt eine Nachricht eingeben, die auf Ihrem Gerät erscheinen wird, und zusätzlich einen fiesen Signalton mitschicken. Klicken Sie dann auf **Senden** ❸, und schon meldet sich Ihr verloren geglaubter Mac oder das iPhone lautstark zu Wort.

Abbildung 8.14
Diese Nachricht inklusive Ton wird an das MacBook Pro geschickt.

^ Abbildung 8.15
Die Nachricht wird in einem Dialogfenster eingeblendet.

5. Nachricht angekommen?
In unserem Beispiel erscheint die Nachricht sofort am MacBook, Tonuntermalung inklusive.

Zusätzlich erhalten Sie per E-Mail eine Benachrichtigung, wenn die Nachricht am abhanden gekommenen Gerät angezeigt wurde. Das ist sinnvoll, weil die Nachricht logischerweise nur dann angezeigt wird, wenn das Gerät auch eingeschaltet und online ist. Die Meldung wird bis dahin in der Cloud gespeichert und erscheint beim nächsten Einschalten auf dem jeweiligen Gerät.

Abbildung 8.16 >
Bestätigung, dass die Nachricht angekommen ist

8.2 Kalender – Termine übersichtlich verwalten

^ Abbildung 8.17
Das Programmsymbol von Kalender

Widmen wir uns aber zunächst dem digitalen Terminplaner. Das Programm Kalender ist standardmäßig bei OS X 10.8 Mountain Lion dabei. Mit diesem praktischen Programm haben Sie Ihre privaten und geschäftlichen Termine fest im Griff und können sogar Teilnehmergruppen und Meetings organisieren. Der elektronische Kalender ist natürlich perfekt in die Systemumgebung integriert und arbeitet, wie im letzten Abschnitt beschrieben, reibungslos mit iCloud zusammen. Nach dem Programmstart erscheint Kalender im krachledernen Outfit – nicht so wirklich elegant, anders als man das sonst von Apple gewohnt ist.

Wenn Sie Outlook aus Windows kennen, dürfte Ihnen die Bedienung von Kalender keinerlei Probleme bereiten. Im Hauptfenster sehen Sie die Kalenderanzeige, standardmäßig mit der aktuellen Woche. Sie haben aber auch die Möglichkeit, auf Tages-, Monats- und sogar Jahresansicht ❶ umzuschalten (siehe Abbildung 8.18).

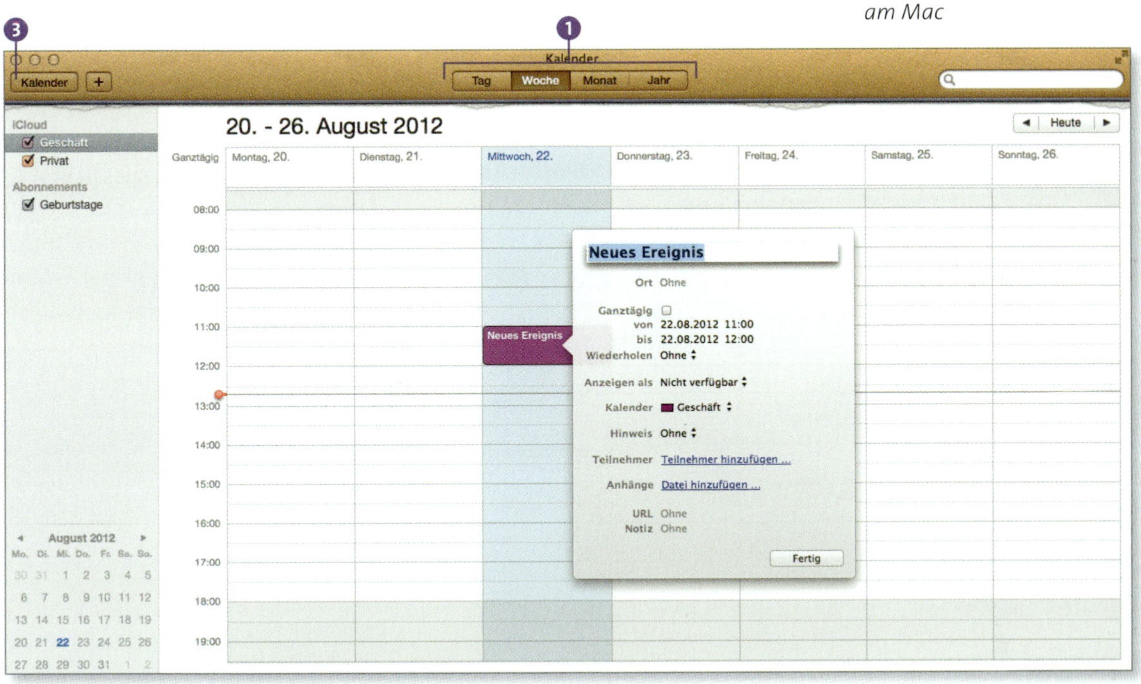

Abbildung 8.18
Der Kalender, das Outlook am Mac

Ein neuer Termin – im Apple-Jargon auch *Ereignis* genannt – ist schnell erstellt: Ein Doppelklick auf das entsprechende Datum und die Uhrzeit genügt, schon ist ein neues Ereignis erzeugt. Wie im Finder kann die Beschriftung markiert und dann auch geändert werden. Die Dauer des Ereignisses verändern Sie einfach, indem Sie den Mauszeiger auf den unteren Rand des farbigen Blocks setzen, sodass sich das Mauszeigersymbol ändert ❷. Dann drücken Sie die primäre Maustaste und ziehen am Rand des Kastens, der das Ereignis symbolisiert.

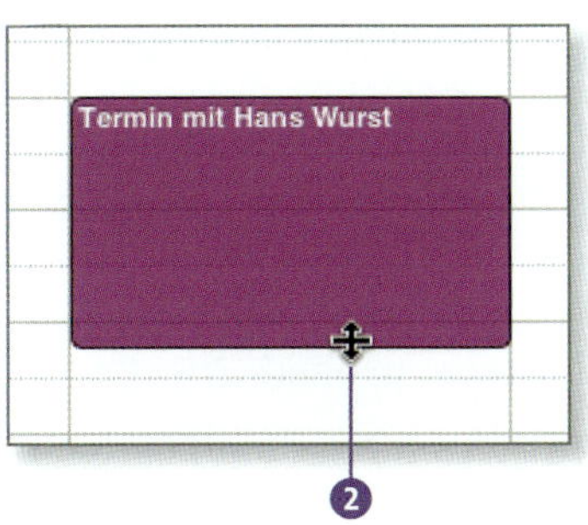

Abbildung 8.19
Per Mausklick kann man Ereignisse verlängern oder verkürzen.

Ihnen stehen standardmäßig verschiedene Kalender zur Verfügung, um Geschäftliches und Privates zu trennen – diese finden Sie links oben nach einem Klick auf den Button **Kalender** ❸. Um ein Ereignis umzusortieren, ziehen Sie das entsprechende Ereignis einfach auf den gewünschten Kalender. Ob es geklappt hat, sehen Sie direkt an der Einfärbung Ihres Termins, die analog zu den Kalendern passiert.

Das war aber noch nicht alles: Sie können auch verschiedene Teilnehmerinnen und Teilnehmer hinzufügen ❹, beispielsweise um Besprechungen zu organisieren. Doppelklicken Sie dazu auf ein Ereignis, und die Ereignisdetails werden eingeblendet. Wichtig ist hierbei, dass diese Personen unbedingt im Programm Kontakte eingetragen sind (siehe dazu Abschnitt 8.3, »Kontakte – das Adressbuch übersichtlich verwalten«). Auf Wunsch werden die entsprechenden Personen dann sogar per E-Mail eingeladen. Haben diese Empfänger Apple Mail und Kalender installiert, wird der Termin direkt in ihren Terminkalender übernommen.

Abbildung 8.20 >
Ein Klick auf das Ereignis ermöglicht Korrekturen sowie das Hinzufügen von Teilnehmern aus dem Adressbuch.

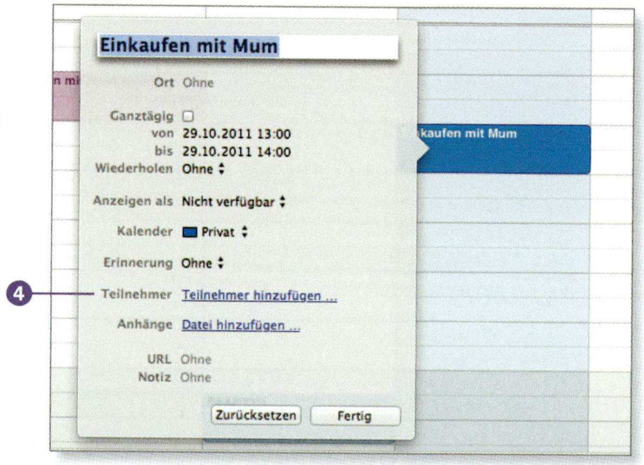

Nie wieder einen Geburtstag vergessen

Kalender hat einen Geburtstagskalender eingebaut. Dieser versteckt sich im Menü **Kalender** unter **Einstellungen**. Setzen Sie hier bei **Geburtstagskalender einblenden** ❺ ein Häkchen, schon erscheint unter **Abonnements** in Ihrem Kalender ein neuer Eintrag.

Klar, dass noch keine Geburtstage drinstehen. Diese können auch nicht einfach eingetragen werden. Sie müssen das Geburtstagskind erst in Ihr Adressbuch eingetragen haben (natürlich mit Geburtsdatum), dann erscheint der Eintrag hier vollautomatisch. Praktisch, oder? Wie das mit dem Adressbuch funktioniert, lesen Sie in Abschnitt 8.3, »Kontakte – das Adressbuch übersichtlich verwalten«.

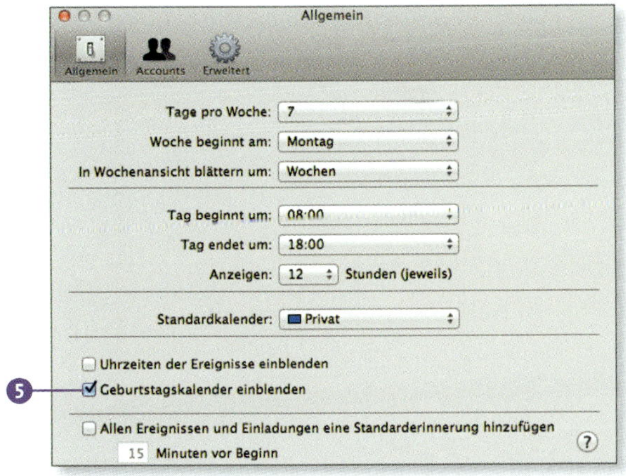

Abbildung 8.21 >
In den Einstellungen von Kalender müssen Sie den Geburtstagskalender zunächst aktivieren.

Kalender-Abonnements

Sie haben sich gerade gewundert, warum der Geburtstagskalender in der Kategorie **Abonnements** gelandet ist? Das hat einen praktischen Grund; im Programm Kalender können Sie tatsächlich die unterschiedlichsten Kalender abonnieren – beispielsweise die Termine der Spieltage Ihres Lieblingsvereins, Schulferien und auch Feiertage. Letztere sind nämlich seltsamerweise bei Kalender nicht integriert und müssen separat eingelesen werden. So weit reicht die OS X-Intelligenz dann doch nicht.

Die jeweilige Kalenderdatei wird direkt nach dem Herunterladen mit einem Doppelklick in Kalender geöffnet. Hier erscheint dann die Abfrage, ob die Termine zu einem bestehenden Kalender oder einem neuen hinzugefügt werden sollen. Letztere Auswahlmöglichkeit ist meist die beste Alternative. Denn nur so können Sie über den Button **Kalender** von Kalender bei Bedarf »aufräumen« und die gerade nicht gewünschten Termine ausblenden.

Feiertage abonnieren

Unter *www.ifeiertage.de* klicken Sie sich Ihr ganz persönliches Kalenderabo für Kalender zusammen und haben künftig alle Feiertage Ihres Bundeslandes in Kalender griffbereit.

Schulferien

Unter *www.schulferien.org/Kalender* holen Sie sich die Schulferien aller deutschen Bundesländer direkt in Ihren Kalender. Komfortabler geht es nicht.

8.3 Kontakte – das Adressbuch übersichtlich verwalten

Kein Betriebssystem ohne Adressbuch – auch OS X 10.8 Mountain Lion macht da keine Ausnahme. Das offizielle Adressbuch in der App Kontakte ist allgegenwärtig und wird von allen Programmen verwendet. Es lohnt sich, hier Ordnung zu halten, denn auf Wunsch wird das Adressbuch sogar mit Ihrem iPhone, iPad, iPod oder einem anderen Computer abgeglichen, um doppelte Arbeit und »Karteileichen« zu vermeiden.

∧ Abbildung 8.22
Kontakte

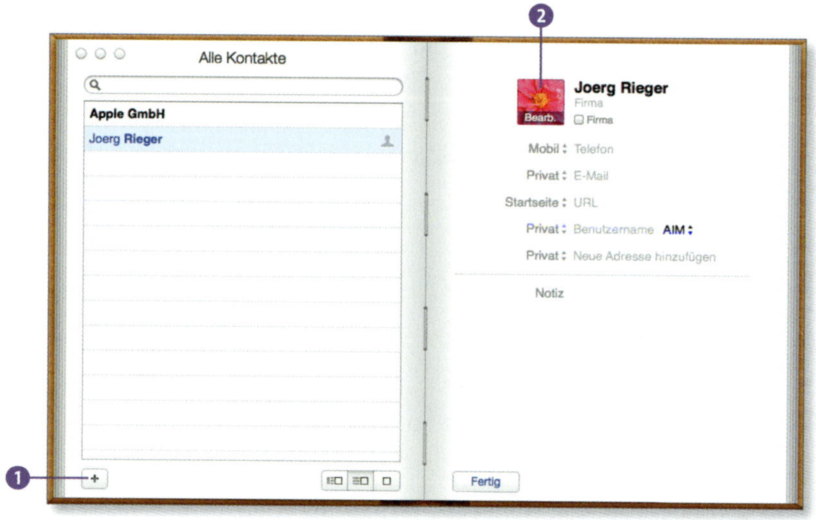

Abbildung 8.23 >
Das Adressbuch, nahezu im Urzustand

Kontakte und Kontaktgruppen anlegen

^ Abbildung 8.24
Im Adressbuch kann man Kontakten Bilder zuordnen und sogar den passenden Ausschnitt wählen.

Nach dem Start der App Kontakte über das Dock, das Launchpad oder den Ordner **Programme** ist es noch etwas »nackt« – lediglich Apple und Sie sind eingetragen. Um das zu ändern und einen neuen Kontakt anzulegen, klicken Sie auf der Seite **Alle Kontakte** auf das Plussymbol ❶. Auf der rechten Seite füllen Sie dann einfach alle Informationen aus, die Sie für einen Kontakt zur Verfügung haben. Wenn Sie sogar ein Digitalfoto der Person haben, können Sie dieses einfach per Drag & Drop aus dem Finder in das entsprechende Feld ❷ ziehen und über einen Doppelklick sogar noch den Ausschnitt bearbeiten.

Spannend ist zudem die Funktion **Gruppe** – besonders wenn man mehr als zehn Kontakte hat. In einer Gruppe kann man die Adressen nach verschiedenen Kriterien zusammenfassen und hat damit auf einen Klick die gesamte Verwandtschaft, die Kegelfreunde oder Internetbekanntschaften eingeblendet. Doch das ist noch nicht alles. Im E-Mail-Programm können Sie zum Beispiel mit Eingabe des Gruppennamens eine E-Mail mit nur einem Mausklick an alle Mitglieder dieser Gruppe senden und müssen nicht mühselig alle Empfänger einzeln hinzufügen.

Eine neue Gruppe legen Sie über das Menü **Ablage > Neue Gruppe** an. Tippen Sie einen möglichst aussagekräftigen Namen ein. Logischerweise ist dieser Gruppe noch kein Kontakt zugeordnet. Das müssen Sie jetzt erledigen. Gehen Sie wieder auf **Alle Kontakte** ❸, und suchen Sie einen passenden Kontakt für die neue Gruppe aus. Ziehen Sie diesen mit gedrückter Maustaste auf die Gruppe, und lassen Sie ihn dort fallen, wenn unter dem Kontakt das Plussymbol erscheint.

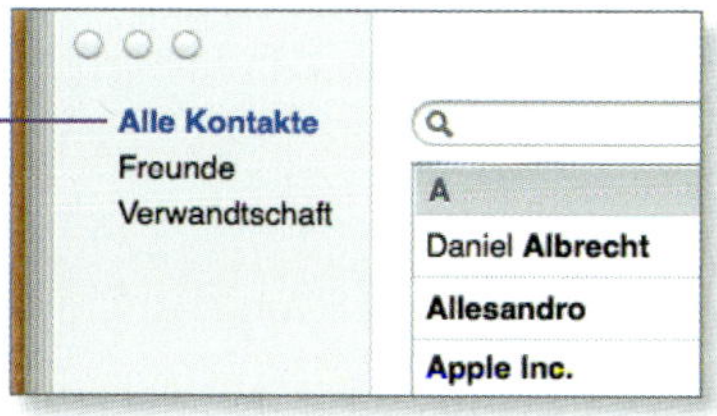

Abbildung 8.25
Einfach praktisch – Gruppen bringen Ordnung in das Adressbuch.

Sie sehen, dass das Adressbuch eine sehr praktische Angelegenheit ist. Einmal erzeugt, kann man mit vielen Programmen darauf zurückgreifen.

Individuelle Felder in der Adressdatenbank

Sie möchten gerne andere Felder für Ihre Kontakte benutzen als jene, die Apple vorgibt? Das funktioniert bedingt, denn die eingeblendeten Standardfelder können nicht verändert werden. Wenn Sie einen Eintrag nur verändern, also beispielsweise die private Telefonnummer doch als geschäftliche Nummer kenntlich machen wollen, klicken Sie einfach in die entsprechende Bezeichnung. Sie erhalten dann eine Auswahlliste.

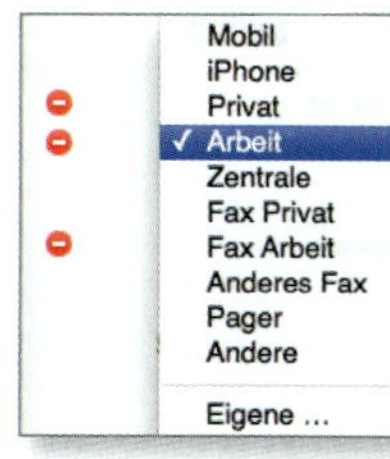

Abbildung 8.26
Wählen Sie einfach das passende Feld für Ihre Kontaktinformation aus.

Doch was tun, wenn man Geburtstage oder sonstige Infos hinzufügen möchte? Hier ist ein kleiner Umweg erforderlich: Öffnen Sie das Menü **Visitenkarte**, und fahren Sie mit dem Mauszeiger auf den Eintrag **Feld hinzufügen**. Damit erhalten Sie eine Liste weiterer vorgefertigter Felder, die Sie nach Bedarf auswählen können. Hier gibt es dann beispielsweise auch den Eintrag **Geburtstag**. Dieser ist besonders wichtig, damit Ihr Geburtstagskalender in Kalender später funktioniert (siehe dazu den Abschnitt »Nie wieder einen Geburtstag vergessen« in Abschnitt 8.2 auf Seite 174).

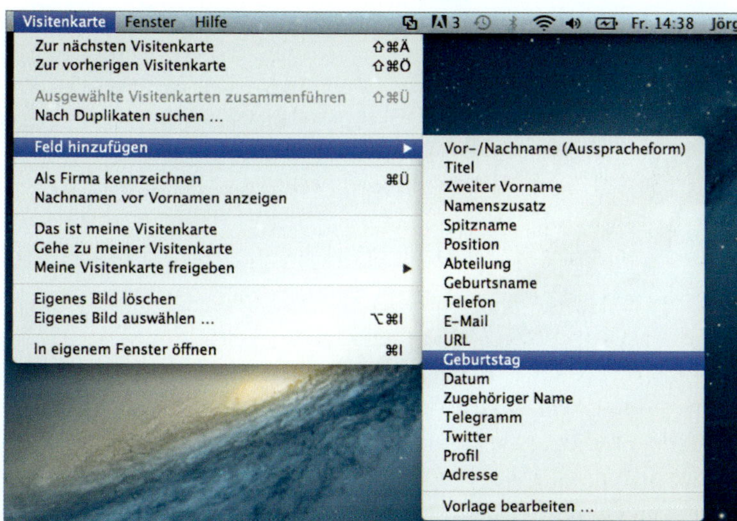

Abbildung 8.27
Die App Kontakte stellt zusätzliche, praktische Datenfelder für Ihre ganz individuelle Datenbank zur Verfügung.

9 Fotos, Filme und Musik am Mac

Multimedia auf dem Mac – der Computer ist dafür prädestiniert, und die mitgelieferte Software ist vielseitig und professionell. Wir zeigen Ihnen, wie Sie unter OS X zum Multimedia-Talent werden – egal, ob Sie nur Ihre Musik, Fotos und Videos effizient organisieren, bearbeiten und archivieren oder mit iTunes präsentieren wollen.

Abbildung 9.1
Musik, Bilder und Videos – mit OS X ganz einfach

Folgende Apps für Foto, Video und Musik sind auf Ihrem Mac bei OS X 10.8 enthalten:

- iPhoto – Fotoverwaltung und -bearbeitung
- iMovie – Videoschnittsoftware
- GarageBand – Sequenzer- und Musiksoftware
- iTunes – Software zum Abspielen, Kaufen und Verwalten Ihrer digitalen Musik

Wir gehen auf den folgenden Seiten auf iPhoto und iMovie genauer ein. Außerdem stellen wir Ihnen iTunes vor, das ebenfalls auf allen Macs vorinstalliert ist. Haben Sie keinen neuen Mac gekauft, steht vor dem Ausprobieren der Programme noch die Installation der einzelnen Apps an. Die funktioniert eigentlich sehr einfach, wie Sie es von OS X-Anwendungen her gewohnt sind. Beim Kauf über den App Store erledigt sowieso OS X die gesamte Programminstallation für Sie.

9.1 iPhoto – Bilder bearbeiten und verwalten

Abbildung 9.2
Das iPhoto-Programmsymbol

Fotochaos am Computer? Mit der Digitalfotografie und der Möglichkeit, in nahezu unbegrenzter Stückzahl Fotos zu schießen, sammeln sich die Erinnerungen in Megapixeln auf der Festplatte. Und, ganz ehrlich, ohne Zusatzprogramme fällt es mit jedem Betriebssystem schwer, den Überblick zu behalten. Bei OS X bieten die Cover-Flow-Ansicht im Finder sowie die Übersicht und das Programm *Vorschau* schon ein ganz praktisches Hilfsmittel. Aber bei Tausenden von Fotos, die sich im Laufe der Jahre ansammeln, ist das auf Dauer keine Lösung.

Die optimale Antwort darauf bietet iPhoto. Die Anwendung versteht sich als Schaltzentrale für Ihre Fotos. Mit iPhoto können Digitalbilder von der Kamera kopiert, sortiert und bearbeitet werden. Für die Präsentation stehen neben einer Diashow-Funktion auch verschiedene Kreativmodule zur Verfügung.

Fotostream

Der Fotostream in iPhoto dient dazu, beliebige Bilder über iCloud miteinander zu synchronisieren (siehe Abschnitt 8.1, »Alle nötigen Informationen synchronisieren«). Sprich, hier landen alle mit dem iPhone oder iPad über iCloud geteilten Bilder, wie auch speziell von Ihnen gewählte Fotos aus Ihrer iPhoto-Sammlung.

Fotos importieren

Sobald Sie eine Digitalkamera oder eine Speicherkarte mit Fotos an den Mac anschließen, startet iPhoto automatisch und bietet Ihnen an, die digitalen Schätze auf Ihren Computer zu laden. In der Leiste links sehen Sie, von welchem Gerät die Fotos geladen werden (1). Das ist dann praktisch, wenn Sie beispielsweise einen Kartenleser und eine Kamera angeschlossen haben. Auch ein Wechsel der Geräte ist über diesen Eintrag per Mausklick möglich.

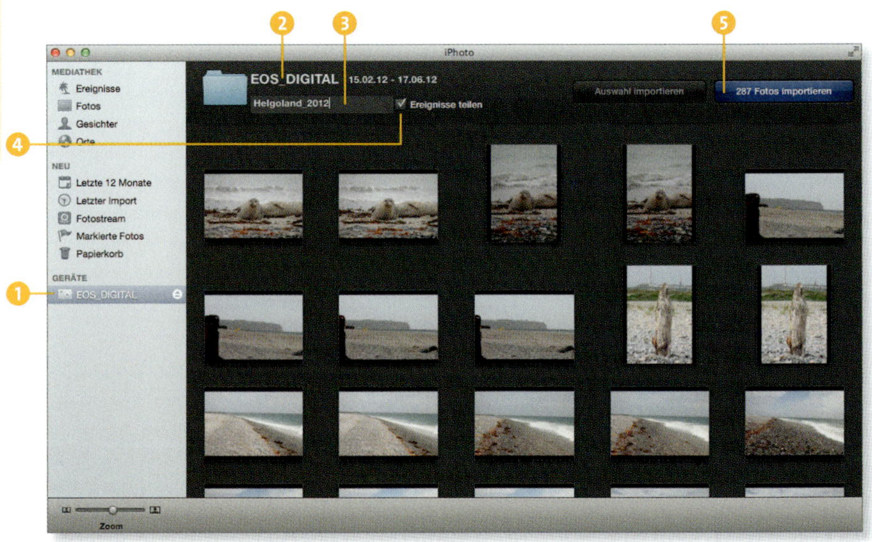

Abbildung 9.3
Der Fotoimport ist ganz einfach gelöst.

Haben Sie iPhoto als Ihr Standardbildprogramm gewählt, startet es, sobald es Fotos auf Ihrer Kamera oder Speicherkarte entdeckt. Das folgende Fenster zeigt die verfügbaren Bilder an und von welchem Medium die Fotos geladen werden können ❷. Sie können zudem gleich einen Ereignisnamen vergeben ❸, damit iPhoto Ihre Schnappschüsse direkt sortieren kann. Das ist dann praktisch, wenn man die Fotos aus drei Wochen Spanienurlaub auf der Karte hat. Der Ereignisname gilt global für alle Fotos, die auf der Speicherkarte vorhanden sind. Falls Sie mehrere Events auf Ihrem Fotoapparat gespeichert haben, können Sie das Häkchen bei **Ereignisse teilen** ❹ stehen lassen – iPhoto versucht dann, Ihre Fotos schon perfekt zu bündeln. Das klappt auch in vielen Fällen ganz gut. Dann klicken Sie auf **[Anzahl] Fotos importieren** ❺, um den Kopiervorgang auf Ihren Mac-Computer zu starten.

Standardmäßig werden Digitalfotos in iPhoto nach Ereignissen sortiert. Was sind nun Ereignisse? Kurz gesagt: In Ereignissen werden die Fotos nach dem Import zusammengefasst. Das klingt kompliziert, ist aber ganz einfach und sehr logisch: Angenommen, Sie importieren Ihre 200 Urlaubsfotos in iPhoto. Anstatt nun alle Bilder an einem Stück anzuzeigen, wird lediglich ein repräsentatives Foto in den Ereignissen dargestellt. Wenn Sie nun mit dem Mauszeiger (ohne die Maustaste zu drücken) über dieses Vorschaubild (*Thumbnail*) fahren, können Sie im Kleinformat durch alle hinterlegten Bilder scrollen. Das geht unglaublich schnell und ist einzigartig.

Abbildung 9.4
Auf Wunsch löscht iPhoto die Fotos nach dem Import von der Speicherkarte Ihrer Digitalkamera.

Abbildung 9.5
Die Ereignisansicht in iPhoto

Vollbildmodus

Bilder lassen sich im Vollbildmodus besser bearbeiten, sortieren und betrachten. Das funktioniert mit jedem Foto: Sie aktivieren ihn über das Menü **Darstellung**. Zurück zur normalen Bildübersicht kommen Sie einfach mit esc.

Möchten Sie alle Ereignisbilder in der Übersicht sehen, genügt ein Doppelklick auf das Ereignisbild 6. Die zugehörigen Fotos werden dann, nach Aufnahmedatum sortiert, angezeigt. Mit einem Doppelklick wird jedes Motiv maximal vergrößert, und ein erneuter Doppelklick bringt es wieder zurück ins Kleinformat und in die Fotoübersicht.

Übrigens: Gefällt Ihnen das von iPhoto automatisch gewählte Ereignisbild nicht, können Sie jedes beliebige andere Bild wählen. Stoppen Sie einfach mit der Maus, wenn das passende Motiv erscheint, markieren Sie es per Mausklick, und drücken Sie die Leertaste. Fertig!

Natürlich besteht auch jederzeit die Möglichkeit, komplett neue Ereignisse anzulegen und ihnen beliebige Digitalfotos zuzuordnen. Benutzen Sie dazu den Befehl **Ereignisse erstellen** im Menü **Ereignisse**. Wer es lieber klassisch mag, schaltet einfach unter dem Punkt **Mediathek** in der linken Programmleiste auf die Anzeige **Fotos** 7 um. Damit werden sämtliche vorhandenen Bilder nach Aufnahmedatum sortiert und angezeigt.

Abbildung 9.6 >
Die klassische Fotoansicht zeigt alle Bilder nach Aufnahmedatum sortiert an.

Fotos via iCloud – der Fotostream macht's möglich

Heutzutage hat man oft mehrere Geräte gleichzeitig in Gebrauch – da ist es schön, wenn man zum Beispiel auch auf alle Fotos von allen Geräten aus zugreifen kann. Mit dem Fotostream haben Sie alle wichtigen Aufnahmen genauso auf dem iPhone, wie auch auf dem iPad, dem iPod

Touch oder dem Mac parat. Hierfür ist lediglich eine Anmeldung mit Ihrer Apple-ID notwendig. Mit mobilen Geräten anderer Hersteller als Apple klappt der Fotostream allerdings nicht.

Abbildung 9.7
Mit Ihrer Apple-ID ist der Fotostream mit einem Mausklick aktiviert.

Der Fotostream sichert alle Bilder, die Sie in den letzten 30 Tagen gemacht haben, automatisch in iCloud. Wenn Sie zum ersten Mal auf den Eintrag **Fotostream** 8 in iPhoto klicken, muss die Funktion zunächst aktiviert werden. Wenn Sie bereits Aufnahmen auf Ihrem iPhone haben, werden diese hier direkt angezeigt. Auch auf dem iPhone steht Ihnen der Fotostream standardmäßig als »Bildersammler« zur Verfügung.

Abbildung 9.8
Der Fotostream ist auch beim iPhone standardmäßig aktiviert und sammelt dort alle Aufnahmen für die Freigabe über iCloud.

Abbildung 9.9
Die Fotostream-Ansicht in iPhoto

Die hier angezeigten Aufnahmen sind eigentlich rein »virtuell« und werden über iCloud geladen. Das bedeutet, sie existieren im Fotostream nicht als reelle Dateien, sondern nur als Verknüpfungen. In der Standardeinstellung von iPhoto werden aber alle Aufnahmen in Windeseile und im Hintergrund auch in Ihre iPhoto-Bildersammlung eingefügt. Sollten Sie das nicht wünschen, können Sie diesen Vorgang über das iPhoto-Menü **Einstellungen > Fotostream** ändern. Deaktivieren Sie hier die Option **Automatischer Import** ①, damit Sie zukünftig die neuen Bilder von iPhoto & Co. über den **Fotostream**-Button betrachten können, aber dann per Drag & Drop selbst entscheiden, welche davon tatsächlich auf Ihrem Mac landen sollen.

Abbildung 9.10 >
Zu viel Automatik ist auch nicht gut – so blockieren Sie den automatischen Fotostream-Export.

Umgekehrt ist es natürlich möglich, Fotos aus iPhoto in den Fotostream zu ziehen. Wenige Augenblicke später sind sie dann auch auf Ihrem iPhone oder iPad sichtbar.

Abbildung 9.11 >
Was aus dem Fotostream gelöscht wird, kann auch auf dem iPhone nicht mehr angesehen werden.

iCloud und mehr

Mehr zum Thema iCloud erfahren Sie in Kapitel 8, »iCloud – Termine, Adressen und vieles mehr organisieren«, ab Seite 163.

Wenn Aufnahmen im Fotostream gelöscht werden (rechte Maustaste und **Aus Fotostream löschen**), wirkt sich das ebenfalls auf sämtliche über die iCloud verbundenen Geräte aus. Dieser »Löschvorgang« ist dann aber unabhängig von den Bildern, die in Ihre Fotobibliothek kopiert wurden.

Fotos in einer Diashow präsentieren

Was nützen Fotos, wenn man sie nur auf dem Computer hat und nicht richtig präsentieren kann? iPhoto bietet zahlreiche Optionen, um Ihre Erinnerungen perfekt in Szene zu setzen.

Klar, der erste Gedanke geht zu einer bildschirmfüllenden, digitalen *Diashow* mit eigener, festgelegter Bildabfolge. Nur, wo hat Apple die Funktion dazu versteckt? Die Diashow wird über einen Klick auf das **Erstellen**-Symbol 2 im rechten Bildschirmbereich aktiviert. Raffinierterweise können Sie vorab schon all jene Bilder in iPhoto markieren, die Sie in jedem Fall in der Show haben möchten. Im folgenden Schritt werden sie integriert, und Sie sparen sich Sortierarbeit.

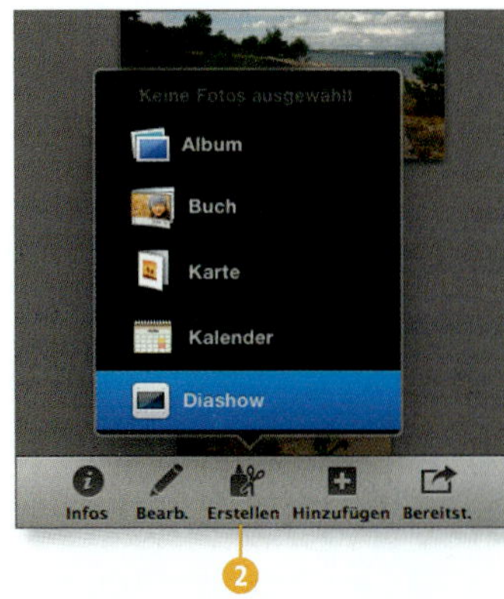

Abbildung 9.12
Erstellen Sie eine neue Diashow.

Die neue Diashow erscheint dann im linken Programmfensterbereich 3. Per Mausklick können Sie über die Mediathek nun beliebig viele weitere Fotos der Diashow zuordnen. Das erfolgt, wie bei OS X üblich, per Drag & Drop: Nehmen Sie einfach das Foto, und ziehen Sie es auf die Diashow-Bezeichnung. Wichtig: Ihre Fotos werden bei diesem Vorgang natürlich nicht dupliziert, sondern nur mit der Diashow verknüpft. Sie brauchen also keine Angst vor doppelten Daten zu haben. Die Bildreihenfolge, Überblendeffekte und Anzeigedauer der digitalen Präsentation werden über eine übersichtliche Menüleiste eingestellt. Klicken Sie dazu auf die Diashow links: Jetzt erhalten Sie eine Übersicht über alle verknüpften Fotos sowie eine neue Symbolleiste.

Abbildung 9.13
Die in iPhoto eingebaute Diashow viele Gestaltungsmöglichkeiten.

Die Fotoreihenfolge ändern Sie mit der Maus: Drücken Sie auf dem Foto einfach die primäre beziehungsweise linke Maustaste, ziehen Sie es mit gedrückter Maustaste, und lassen Sie es an der gewünschten Stelle los 4. Einfacher geht es nicht.

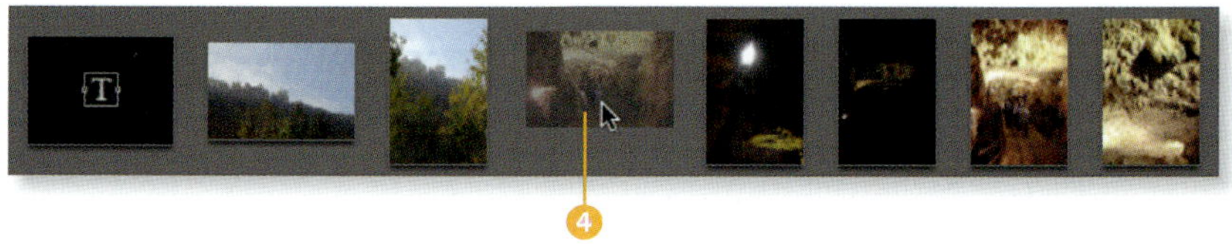

Abbildung 9.14 >
Die Bildreihenfolge ändern Sie einfach per Drag & Drop.

Textelemente gibt es mit dem Button **Dia mit Text** (5 in Abbildung 9.13) – lassen Sie sich nicht irritieren, iPhoto setzt den Text in der Bildübersichtsleiste separat neben das Bild 6, damit Sie später Textelemente leichter wiederfinden. Weiter geht es mit den **Themen** 7. Auf Wunsch spendiert Apple hier einige nette Vorlagen, die Ihre Bilder in einen schönen Rahmen bringen und die Schnappschüsse beispielsweise wie in einem alten Fotoalbum präsentieren.

Musik gefällig? Die wird über das iTunes-Icon 8 aus iTunes importiert und während der Präsentation abgespielt. Erwarten Sie hier aber keinen Kanalmixer; die Musik läuft einfach im Hintergrund, mehr kann nicht eingestellt werden. Immerhin können Sie durch einen Klick auf **Einstellungen** 9 die Anzeigedauer der Dias an die Länge der Musik anpassen oder umgekehrt die Musik gegebenenfalls automatisch wiederholen lassen, sollte sie zu kurz sein 10.

^ Abbildung 9.15
iPhoto stellt viele geschmackvolle Themen für eine perfekte Diashow zur Auswahl.

Abbildung 9.16 >
Viele Möglichkeiten für kreative Zeitgenossen bieten die Einstellungen für die Diashow in iPhoto.

Die Einstellungen bieten aber noch mehr: Bei **Alle Dias** ⑪ geht es ums Ganze – denn das, was hier festgelegt wird, gilt für sämtliche Bilder in Ihrer Show. Die Menüpunkte sind nahezu selbsterklärend, bei **Übergang** ⑫ wird beispielsweise festgelegt, in welcher Form Ihre Fotos aufeinander folgen. Einen Augenblick sollten Sie aber beim Punkt **Seitenverhältnis** ⑬ verweilen. Je nachdem, wo Sie die Diashow später zeigen möchten, ist es wichtig, das richtige Seitenverhältnis zu wählen, zum Beispiel eben 4:3 als klassisches TV-Format.

Wenn Sie auf **Dieses Dia** (⑭ in Abbildung 9.17) klicken, können Sie Übergänge und Anzeigedauer speziell und nur für das gerade markierte Bild einstellen. Möchten Sie gleich mehreren Fotos den gleichen Übergangseffekt zuweisen, markieren Sie diese zuerst und nehmen dann die gewünschten Einstellungen vor. Um allen Dias den gleichen Effekt zuzuweisen, klicken Sie wieder auf den Reiter **Alle Dias**.

Abbildung 9.17
Jedes »Dia« kann individuell angepasst werden.

Wer in aller Welt ist Ken Burns? Die Frage ist berechtigt, denn immerhin wurde diesem Herrn ein separater Punkt spendiert. Mit **Ken Burns** ⑮ wird Ihr Foto während der Diashow dynamisch über den Bildschirm bewegt. Neudeutsch könnte man das auch »Fotozoom« nennen, und schick ist es allemal.

Zur digitalen Weitergabe greift iPhoto hier auf eine direkte Exportmöglichkeit zurück, die aus dem Fotokunstwerk eine angepasste Filmdatei für iPod, TV oder Handy im QuickTime-Format errechnet und außerdem für die gängigen »Social Communitys« einen Uploader bereithält.

Tipp für eine stressfreie Show

Wenn Sie Ihre Fotos im größeren Kreis zeigen möchten, sollten Sie unbedingt die Show vorher richtig ausprobieren und austesten. Besonders, wenn beispielsweise ein Projektor (Beamer) im Spiel ist, sollten Sie sich die Zeit nehmen, alles in Ruhe vorzubereiten. Das schont die Nerven, denn Verbindungsprobleme zwischen dem Computer und diesen Wiedergabegeräten kommen leider sehr häufig vor.

Weitere Präsentationsmöglichkeiten

Sie möchten lieber ein Fotobuch, eine Bilderwebseite oder gar einen Kalender? Kein Problem, über das eingangs erwähnte Symbol **Erstellen** unten rechts in der Symbolleiste von iPhoto steht Ihnen die kreative Welt offen. Eine kreative Welt, die allerdings in die Apple-Welt eingebettet ist. Sämtliche Drucksachen, also Fotobücher, Kalender und Karten sind extrem geschmackvoll, aber nur über iPhoto und die Apple-Services zu kaufen. Sie haben keine Möglichkeit, hierfür einen Dienstleister Ihrer Wahl zu bestimmen.

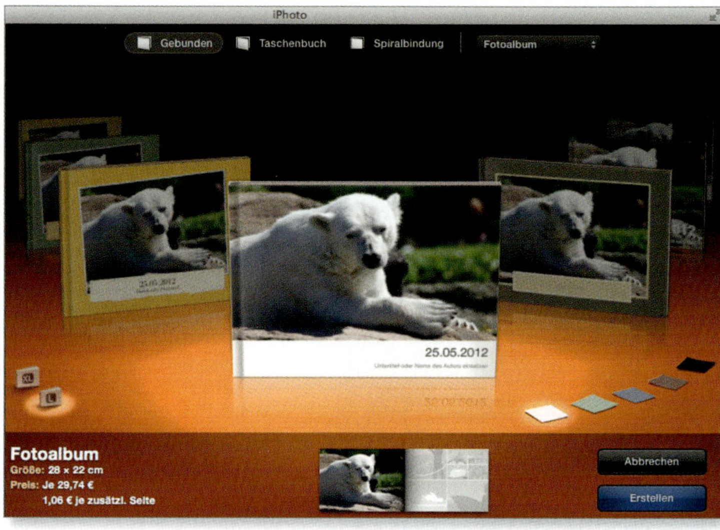

Abbildung 9.18 >
Sie können nicht nur eine Diashow, sondern auch viele andere hübsche Dinge aus Ihren Fotos machen und natürlich direkt über Apple bestellen.

Bildbearbeitung mit iPhoto

Wenn Sie übrigens mit Ihren Fotos nicht ganz so zufrieden sind, können Sie sie mithilfe von iPhoto verbessern. Klicken Sie dazu unten rechts auf die Schaltfläche **Bearb.**: Dort finden Sie Werkzeuge zum Beschneiden, zur Retusche oder für Belichtung und Kontraste sowie zahlreiche interessante Effekte, mit denen Sie Ihre Fotos kreativ umgestalten können.

Fotos vom PC auf den Mac bringen und Ordnung halten

Ein ganz großer Nachteil von iPhoto ist die unstrukturierte Dateisammlung im Ordner **Bilder**. Die Software speichert die komplette Fotobibliothek in diesem Ordner. Hier sind Ihre Digitalfotos in einer einzigen Datei, der Mediathek **iPhoto**, versteckt. Per Doppelklick darauf wird einfach iPhoto gestartet. Um die einzelnen Fotos im Finder zu sehen, müssen Sie etwas umständlich per Rechtsklick das Kontextmenü aufrufen und dort **Paketinhalt zeigen** wählen. Dann besteht Zugriff auf alle Bilder, unterteilt in **Originals** und **Modified**. Ja, Sie werden bald feststellen, dass Übersichtlichkeit anders aussieht, und daher schnell wieder zurück auf die iPhoto-Oberfläche wechseln.

Das ist insbesondere dann eine äußerst unübersichtliche Angelegenheit, wenn Sie es unter Windows gewohnt waren, vielleicht doch ab und zu in die entsprechenden Ordner unter **Eigene Bilder** zu schauen. Sie können

Ihre gewohnte Fotosortierung aber auch unter OS X beibehalten, iPhoto nutzen und eine doppelte Datenhaltung vermeiden.

Der Trick ist ganz einfach: Kopieren Sie Ihre Fotos von Windows einfach auf Ihren Mac in das Verzeichnis Ihrer Wahl – natürlich auch mit allen Unterverzeichnissen. Prinzipiell bietet sich hier natürlich der Ordner **Bilder** auf Ihrer Festplatte Macintosh HD an. Damit nun aber nicht alle Aufnahmen zusätzlich auch in iPhoto geladen werden, müssen Sie in iPhoto den Menüeintrag **iPhoto > Einstellungen** wählen. In der Rubrik **Erweitert** ① sehen Sie die Einstellung **Objekte in die iPhoto-Mediathek kopieren** ②. Entfernen Sie dort das Häkchen, und schließen Sie das Fenster.

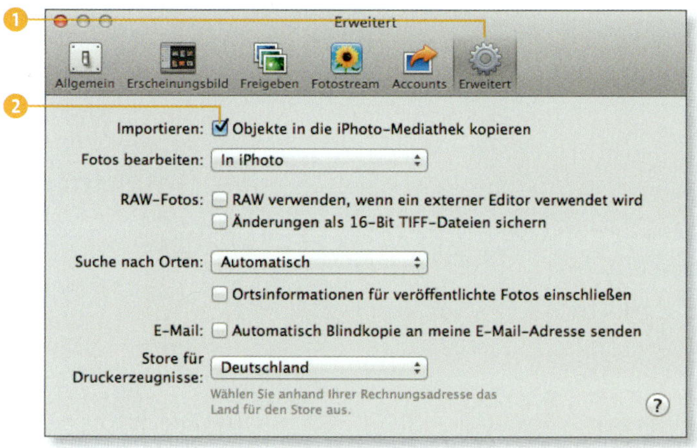

Abbildung 9.19
Häkchen raus, und schon arbeitet iPhoto mit der Ordnung, die Sie bestimmen!

Jetzt können Sie gefahrlos alle »alten« Fotos von Windows in iPhoto importieren oder einfach vom Finder in das iPhoto-Programmfenster ziehen. Ihre Fotos werden dann nur »verknüpft« und nicht zusätzlich in die iPhoto-Mediathek einsortiert.

Alternative zu iPhoto

Wenn Sie keine Lust auf iPhoto haben, können Sie beispielsweise auf Adobe Photoshop Elements zurückgreifen. Die Software bietet in Sachen Bildbearbeitung deutlich mehr Möglichkeiten. Unter *www.adobe.de* können Sie eine kostenlose Demoversion herunterladen.

Abbildung 9.20
Eine gute Alternative zu iPhoto ist Adobe Photoshop Elements mit einer ausgewachsenen Fotobearbeitung.

9.2 Videobearbeitung mit iMovie

Abbildung 9.21
Der iMovie-Star

Bewegte Bilder sind im Trend. Seitdem selbst die kleinste Digitalkamera in der Lage ist, Videos aufzuzeichnen, gewinnt auch die Nachbearbeitung von Videos am Computer respektive am Mac immer mehr an Bedeutung. Wenn Sie sich als Privatperson nicht mit überfrachteter Software, wie beispielsweise Adobe Premiere Pro, herumschlagen möchten, ist iMovie eine gute Alternative. Grundsätzlich werden zur Videobearbeitung ein sehr schneller Computer und ein ordentlicher Arbeitsspeicher benötigt; »zu schnell« gibt es in diesem Fall nicht.

Abbildung 9.22
iMovie bringt Ihre Videos in Bestform auf DVD, auf den Bildschirm oder sogar auf Apple TV.

Die aktuelle Version von iMovie lässt sich ähnlich simpel bedienen wie die anderen Apple-Programme. Im Hauptbildschirm sammeln Sie einzelne Videoclips 1 und bauen diese dann zu einem kompletten Video 2 zusammen. Natürlich ist die Unterlegung von Soundtracks ebenso möglich wie das sekundengenaue Schneiden Ihrer »Movies«. Wem eine Inspiration für ein tolles Video fehlt, kann auf die Projektthemen zurückgreifen. Das sind von Apple vorgefertigte »Drehbücher« mit professionellem Soundtrack, Übergängen und Textelementen, die Sie nur noch mit Ihren eigenen Videoclips füllen müssen. iMovie bietet hier eine große Auswahl wirklich gelungener Elemente. Sie finden die Projektthemen im Menü **Ablage**.

Abbildung 9.23
Ganz schön »schnittig« – die Projektthemen in iMovie

Der Export bietet Ausgabemöglichkeiten für iPhone, iPod und Handy bis hin zum HDTV-tauglichen Film. Haben Sie Apple TV, die Zusatzbox für Ihren Fernseher, können Sie Ihre Videos sogar via Tastendruck und WLAN-Verbindung vom Notebook auf Ihren Fernseher bringen.

Was iMovie leider nicht kann, ist die Erzeugung von DVD- oder Blu-ray-Medien. Ganz nach der Philosophie von Apple, DVDs aussterben zu lassen und in die aktuellen Geräte auch häufig gar kein entsprechendes Laufwerk mehr zu verbauen, hat konsequenterweise auch die Film-App keine Möglichkeit mehr, Ihre Werke für diese Medien bereitzustellen. Hier müssen Sie dann auf Programme wie *Burn* oder *Roxio Toast* ausweichen (siehe dazu Abschnitt 4.7, »CDs und DVDs brennen«, ab Seite 101). Es sei aber gesagt: Auf eine normale DVD können Sie keine HD-Filme in voller Qualität brennen, das geht nur über Blu-ray. Letztlich ist es vielleicht doch einfacher, aus iMovie heraus eine vollauflösende Videodatei zu erstellen und diese via HDMI-Kabel von Ihrem Mac zum HD-Fernseher zu übertragen.

9.3 DVD-Player

Abbildung 9.24
Das Programmsymbol des DVD-Players

OS X liefert einen vollwertigen DVD-Player mit. Sie finden ihn direkt im Ordner **Programme**. Aber eigentlich muss man ihn gar nicht suchen, denn

Ländercode

Der Wechsel eines Ländercodes ist bei Apple nur fünfmal möglich – eine Einschränkung aus der Steinzeit. Das Zurücksetzen geht nur über Umwege mit kleinen Tools, die aber unter Umständen Ihr ganzes System lahmlegen. Versuchen Sie deshalb, Ihren Ländercode möglichst nicht mehr als fünfmal zu wechseln.

normalerweise springt er sofort an, wenn Sie eine Film-DVD einlegen. Bei Kauf-DVDs wird der Apple-Player Sie dann erst einmal darauf hinweisen, dass die »Länderzone« eingestellt werden muss und diese nur wenige Male verändert werden darf. Was bedeutet das? Zu Beginn der DVD-Ära wurden weltweit verschiedene Codezonen festgelegt – Europa hat zum Beispiel die Zone 2, Amerika die Zone 1. Damit sollte verhindert werden, dass man Kauf-DVDs aus anderen Ländern abspielen oder kopieren kann – beispielsweise, wenn ein Film in den USA schon erhältlich, in Europa aber erst Wochen oder Monate später verfügbar ist.

Gut, diese Regelung ist mittlerweile überholt, und nahezu alle neuen DVD-Player und auch Softwareanwendungen weisen diese Einschränkung nicht mehr auf. Apple ist hier eine unrühmliche Ausnahme. In der Regel werden Sie jedoch selten DVDs aus Amerika oder Asien abspielen, daher passt die Ländercode-Einstellung 2.

Die Steuerelemente sind, wie bei so einem Abspielprogramm üblich, ganz von einem echten DVD-Gerät abgeschaut. Mit den Abspieltasten 1 starten Sie die Wiedergabe oder springen in das nächste Kapitel. Wenn Sie länger auf die Kapitelsprung-Tasten drücken, starten Sie den Schnellvor- oder -rücklauf.

Abbildung 9.25 > *Der Apple-DVD-Player*

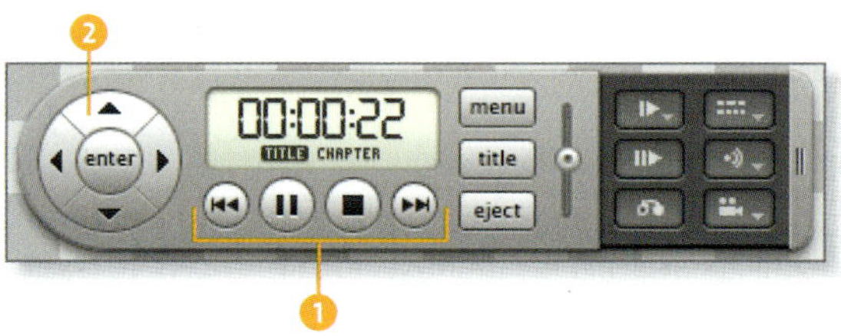

Etwas sinnlos sind die Pfeil- und Bestätigungstasten 2: Damit kann man in DVD-Menüs navigieren. Allerdings sind Sie da mit der Maus deutlich schneller unterwegs. Interessant wird diese Art der Bedienung erst, wenn Sie zum Beispiel die Tastenbelegung einer selbst erstellten Video-DVD mit einem eigenen Startmenü prüfen wollen.

Keine Bildschirmfotos

Apple befolgt das Copyright – folglich können Sie von gekauften DVD-Filmen keine Bildschirmfotos erstellen.

Die Filmwiedergabe startet immer im Vollbildmodus; diesen können Sie aber jederzeit durch Drücken von esc in den normalen Fenstermodus zurücksetzen. Mit cmd + F geht es wieder »bildschirmfüllend« in das Filmvergnügen. Im Vollbildmodus haben Sie im oberen Bildschirmbereich Zugriff auf die Kapitel Ihrer DVD. Auch **Lesezeichen** können direkt gesetzt werden – cmd + - ist hier die richtige Tastenkombination. Im Bereich **Videoclips** besteht die Möglichkeit, beliebige Ausschnitte der DVD zu wählen und zum direkten Abspielen hier abzulegen. Gestartet wird diese praktische Funktion über cmd + =.

9.4 iTunes – Musik ohne Ende

Als Windows-Anwender haben Sie sicherlich schon das Programm iTunes kennengelernt. Zumindest dann, wenn Sie stolzer Besitzer eines iPods, iPhones oder iPads sind. Die kostenlose Software ist die digitale Jukebox für den Mac und verwaltet neben Musik auch Videos und TV-Serien sowie E-Books.

Abbildung 9.26
Das iTunes-Programmsymbol

Abbildung 9.27
MP3-Spaß mit iTunes

Mit dieser Software ist es außerdem möglich, den iPod-Musikplayer mit Ton, Video und Bildern zu füttern. Als angemeldeter Nutzer können Sie mit Ihrer Apple-ID für kleines Geld Musiktitel direkt auf Ihren Mac laden, inklusive Cover-Abbildung. Diese Musiktitel haben keinerlei Kopierschutz und sind daher auf beliebig vielen Geräten einsatzbereit. Das war nicht immer so, erst Mitte 2008 lenkte Apple ein und stampfte das aufwendige Kopierschutzsystem ein. Im Übrigen ist iTunes auch für das Befüllen Ihres iPads und iPhones verantwortlich und damit eigentlich ein echtes Multitalent.

iTunes ist eine geniale Möglichkeit, digitale Musik zu erkunden. In diesem Abschnitt zeigen wir Ihnen, wie das im Detail funktioniert, welche Hürden es zu umschiffen gilt und wie Ihr Mac dank dieser Software zur

Internet erforderlich

Zur richtigen Nutzung von iTunes empfiehlt es sich, eine permanente DSL-Verbindung ins Internet zu haben. Ansonsten macht iTunes nur wenig Spaß, da beispielsweise das Nachladen von CD-Covern oder gar das Kaufen von Musiktiteln nur schleppend vorangeht.

perfekten Musikanlage wird. Und wie der »Umzug« Ihrer bereits vorhandenen Musik von Windows und Ihrem iPod funktioniert, erfahren Sie ebenfalls auf den nächsten Seiten.

Der Start

iTunes ist bei jedem Mac vorinstalliert. Bevor Sie allerdings loslegen können, will Apple von Ihnen noch die üblichen Lizenzbedingungen bestätigt wissen. Gut, wenn es weiter nichts ist – die können Sie ruhig akzeptieren. Wenn Sie das nicht tun, können Sie, wie bei jedem anderen Programm, iTunes auch nicht nutzen.

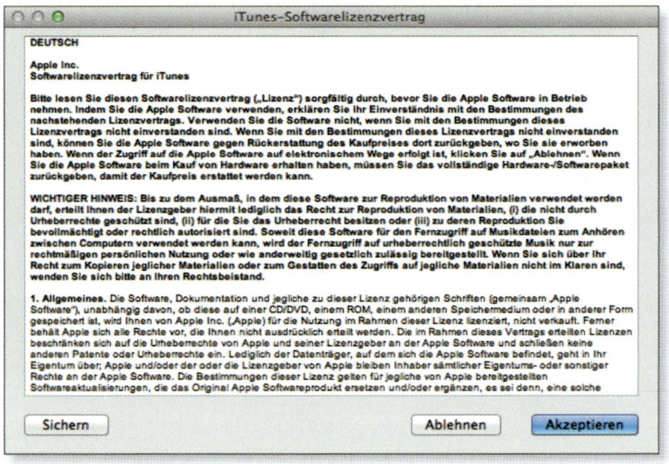

Abbildung 9.28 >
Lust auf lange Leseabende? Die Lizenzbedingungen von iTunes könnten einen Ordner füllen.

Der Aufbau des Programmbildschirms ähnelt erfreulicherweise dem Finder: Wetten, dass Sie schon in wenigen Minuten mit der Software komplett vertraut sind? Zuerst müssen Sie aber noch einige Einstellungen vornehmen, damit Ihnen das Programm so richtig Freude macht.

Speicherort für Musik festlegen

Standardmäßig sichert iTunes neue Musik, egal, ob gekauft oder von CD konvertiert, in den Ordner **Musik**, der über die linke Finder-Leiste erreichbar ist. Das ist allerdings nicht immer sinnvoll, denn vielleicht möchten Sie Ihre digitale Musik lieber auf eine externe Festplatte sichern, um vielleicht auch von anderen Computern aus darauf zugreifen zu können? Der Speicherort wird in den Einstellungen von iTunes festgelegt. Klicken Sie im Menü auf **iTunes > Einstellungen > Erweitert** 1. Hier können Sie den Speicherort von iTunes-Musik über den Button **Ändern** 2 beliebig festlegen, also beispielsweise Ihre externe Festplatte auswählen.

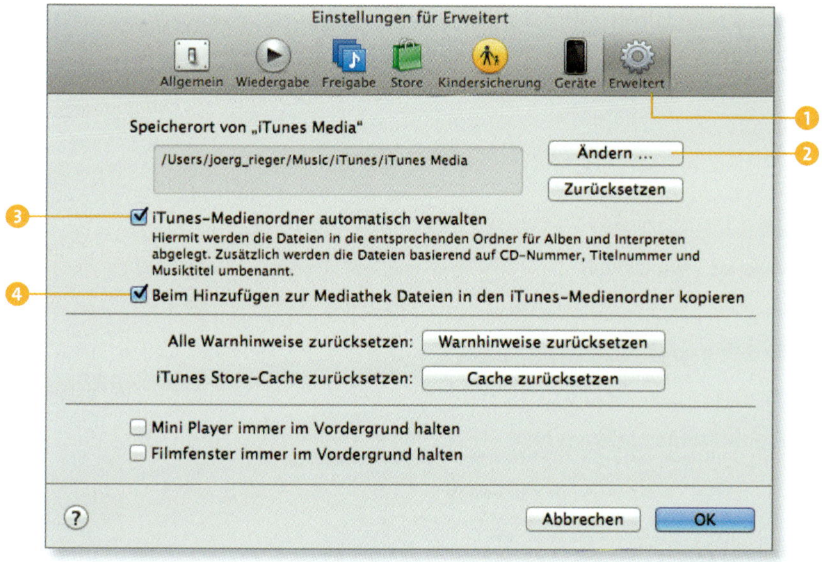

Abbildung 9.29
Den Speicherort für Ihre Musik legen Sie in den erweiterten Einstellungen von iTunes fest.

Unbedingt entfernen sollten Sie das Häkchen bei **iTunes-Medienordner automatisch verwalten** 3 – ansonsten werden Ihre vom PC übernommenen MP3-Daten neu sortiert. Wenn Sie unter Windows sauber gearbeitet haben, kostet das nur Rechenpower und Zeit. Und haben Sie beispielsweise mit dem Windows Media Player Ihre Alben in **Unbenannter Interpret** und **Unbekanntes Album** eingelesen, hilft diese Funktion sowieso nicht weiter.

Meistens ist das Häkchen bei **Beim Hinzufügen zur Mediathek Dateien in den iTunes-Medienordner kopieren** 4 ebenfalls überflüssig. Sie ahnen es schon: Das wäre die vorhin angesprochene doppelte Datenhaltung. In diesem Fall würden Musiktitel, wenn Sie sie von Ihrer externen Festplatte in iTunes importieren, nochmals auf die Festplatte Macintosh HD kopiert. Die Funktion **Beim Hinzufügen zur Mediathek Dateien in den iTunes-Medienordner kopieren** ist nur dann sinnvoll, wenn Sie die externe Festplatte nur zum Datentransfer nutzen und alle Musiktitel auf Ihrem Mac lokal speichern möchten. Sie sollten aber Folgendes beachten: Wenn Sie das Häkchen weglassen, werden die Musiktitel nur mit iTunes verknüpft. Sprich: Ist die externe Festplatte nicht angeschlossen, können die Musiktitel logischerweise auch nicht abgespielt werden.

Konvertierungsformat für Musik einstellen

Wenn Sie schon einmal in den Einstellungen sind, können Sie auch gleich auf **Allgemein > Importeinstellungen** klicken. Hier wird festgelegt, wie Musiktitel von CD in iTunes eingelesen beziehungsweise wie nicht direkt abspielbare Formate (zum Beispiel WMA) umgewandelt werden. Standardmäßig bietet Ihnen iTunes hier das Apple-eigene AAC-Format an. Das ist im Hinblick auf Kompatibilität mit Windows-Systemen und anderen MP3-Playern allerdings wenig sinnvoll, denn das AAC-Format ist durchaus als »exotisch« zu bezeichnen.

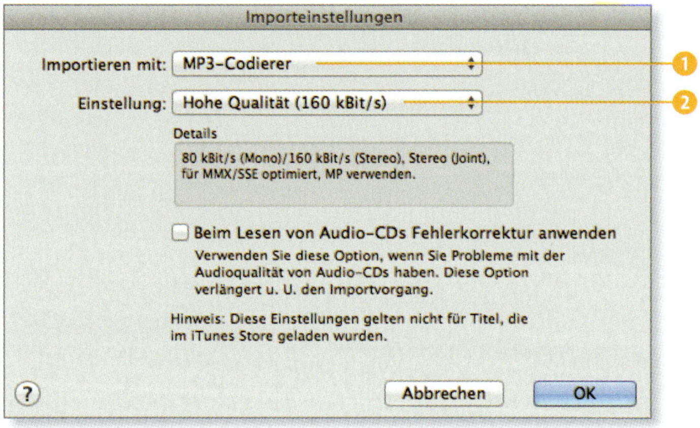

Abbildung 9.30 >
Beim Importieren sollte »MP3« als bevorzugtes Format eingestellt werden.

Daher sollten Sie im Feld **Importieren mit** schnell die Option **MP3-Codierer** 1 einstellen. Das ist das klassische Format für digitale Musik, und es kann von allen Musikprogrammen und allen MP3-Playern problemlos gelesen werden.

Im Feld **Einstellung** 2 legen Sie die Qualität fest, mit der alle Musiktitel konvertiert werden. Dabei gilt die Faustregel: Je höher die Qualität ist, desto mehr Speicherplatz wird pro Audiodatei benötigt. Hier eine Empfehlung zu geben, fällt schwer, denn die nötige Qualität hängt von Ihrem ganz persönlichen Musik- und Hörempfinden ab. 128 kBit/s ist bereits ein sehr guter Wert für rauschfreien Hörspaß; audiophile Zeitgenossen (und alle, die nicht um Kilo- oder Megabyte feilschen müssen) wählen aber lieber die Einstellung mit 192 kBit/s. Damit sind Sie auf der sicheren Seite und haben die Garantie, dass beim Umwandeln in MP3 auch kleinste Tonnuancen übernommen werden.

Jetzt ist iTunes startklar. Also zurück zum Hauptprogramm: Klicken Sie einfach auf **OK**. Bevor wir weiter in die Software einsteigen und Ihre Musik organisieren, zeigen wir Ihnen aber zunächst, wie Sie sich beim iTunes Store anmelden, da Sie von dort in Zukunft sicher viel Musik beziehen wollen. Danach befassen wir uns damit, wie Sie bereits vorhandene Musik von Ihrem PC mit der Windows-Version von iTunes und einem für Windows formatierten iPod auf Ihren Mac übertragen. Denn sicher verfügen Sie bereits über ein Musikarchiv, auf das Sie auch in Zukunft auf Ihrem Mac nicht verzichten wollen.

Digitale Musik bedeutet Klangverlust

Die Konvertierung in ein komprimiertes Musikformat bedeutet immer einen Klang- und Qualitätsverlust. Die Musik wird »beschnitten«: Höhen und Tiefen, die für das menschliche Gehör nicht wahrnehmbar sind, werden entfernt, wodurch Speicherplatz gespart wird. Für einige Musikliebhaber klingt MP3-Musik daher sehr kühl und technisch.

Bei iTunes können Sie über das WAV-Format Ihre CDs verlustfrei importieren. Dann benötigen Sie aber pro Stunde Musik rund 650 Megabyte Speicherplatz. Bei einem komprimierten Musikformat sind es dagegen nur ca. 60 Megabyte.

Anmeldung beim iTunes Store

Die Anmeldung beim iTunes Store ist kostenlos und nicht zwingend erforderlich. Apple wäre allerdings nicht Apple, wenn es die recht umständliche Prozedur nicht mit einem Bonus versüßen würde. Nach der Anmeldung können Sie nämlich zu allen auf Ihrem Rechner schon vorhandenen und vielleicht selbst konvertierten MP3-Musiktiteln die CD-Cover-Abbildungen nachladen. Das macht beim virtuellen Durchblättern Ihrer MP3-Sammlung viel Spaß, wie Sie später noch sehen werden.

Die Anmeldung bei iTunes ist, wenn Sie schon eine Apple-ID haben, in wenigen Schritten erledigt. Wenn Sie schon beim App Store registriert sind, geht es noch schneller, denn in iTunes selbst ist wiederum der App Store eingebaut, und alle Daten werden übernommen.

Egal, ob Sie schon registriert sind oder nicht, der Klick führt in jedem Fall über den Button **Anmelden** 3 im rechten Bildschirmbereich. Dieser erscheint nur dann, wenn Sie in der linken Spalte den Eintrag **iTunes Store** 4 aktivieren. Dann folgt unweigerlich die Abfrage der Apple-ID und des Passwortes. Alternativ können Sie hier auch ganz neu einsteigen und sich einen Account erstellen 5.

Abbildung 9.31
Die Anmeldung beim iTunes Store bringt nicht nur die Möglichkeit zum Einkaufen, sondern auch die CD-Cover auf Ihren Mac.

Ein neuer Account ist völlig kostenlos. Trotzdem müssen Sie bei der Anmeldung eine Zahlungsweise anlegen, entweder eine Kreditkarte oder *clickandbuy*, einen Online-Bezahlservice. Wenn Sie das nicht möchten, funktioniert hier alternativ auch die Eingabe eines iTunes-Gutscheincodes. Entsprechende Guthabenkarten kann man mittlerweile in fast jedem Supermarkt kaufen und dann hier einlösen. Apple möchte mit dieser Angabe sicherstellen, dass Sie direkt auf Shoppingtour gehen können, wenn Sie das doch einmal möchten.

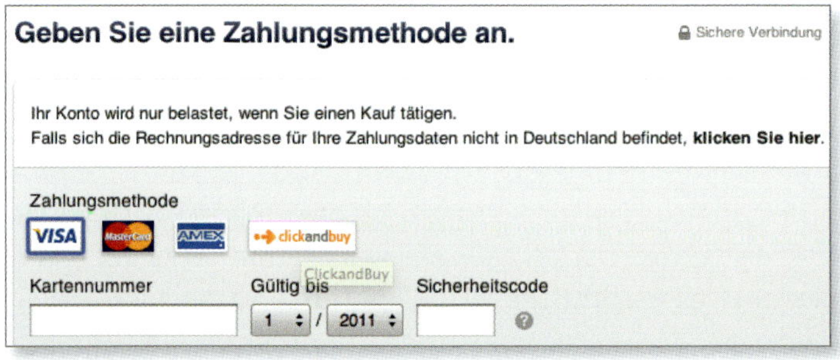

Abbildung 9.32 >
Die Zahlungsmethode muss in jedem Fall angegeben werden, auch wenn Sie gar nichts kaufen möchten.

9.5 Eigene Musik in iTunes integrieren

Sie haben bereits eigene digitale Musik auf Ihrem PC, die Sie gern in iTunes integrieren möchten? Das geht recht unkompliziert, jedoch mit einer großen Einschränkung: Kopiergeschützte Musik (*Digital Rights Management*, DRM) anderer Musikportale, beispielsweise von Musicload.de, werden von iTunes ignoriert. Sie müssen diese Musiktitel also vor dem Überspielen umwandeln. Softwareanwendungen wie Tunebite (*www.tunebite.com*) leisten da wertvolle Unterstützung, aber leider gibt es diese Anwendungen nur für Windows-Systeme. Je nach Größe Ihrer Musiksammlung kann diese hoffentlich letzte Investition für Ihren PC und entsprechende Software jede Menge Geld sparen. Anwendungen dieser Art sind völlig legal, da die kopiergeschützten Titel nicht manipuliert, sondern während des Abspielens neu aufgenommen werden.

Ansonsten gilt: Ziehen Sie Ihre Musiktitel einfach vom Finder in das iTunes-Programmfenster. Die Software wird Ihre digitalen Schätze sofort übernehmen und mit Titel und Interpreten anzeigen.

Audio-CDs importieren

Auch Audio-CDs konvertieren Sie direkt in iTunes in digitale Musik. Legen Sie einfach die Scheibe ein, und schon wird in iTunes der CD-Titel samt Interpreten angezeigt. Das funktioniert aber nur, wenn Sie mit dem Internet verbunden sind, da auch iTunes nicht alles weiß und die Titelbezeichnungen dynamisch aus einer Musikdatenbank lädt.

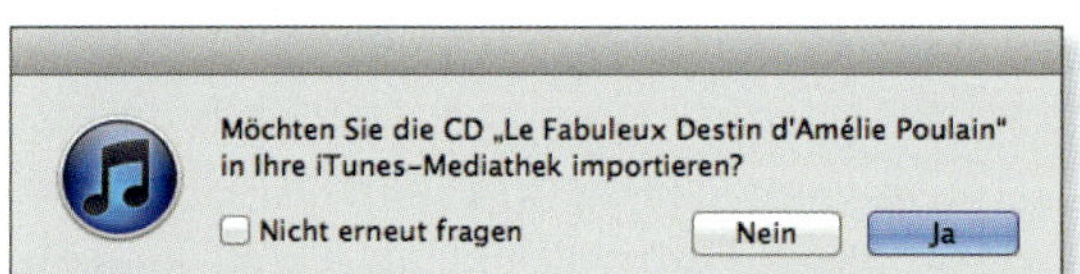

Abbildung 9.33 >
Der Audio-CD-Import funktioniert bei iTunes fast vollautomatisch.

iTunes und iCloud

iTunes und iCloud arbeiten begrenzt miteinander zusammen, zumindest in der kostenlosen Basisversion. Sie können alle bei iTunes gekauften Musiktitel auf allen bei iCloud angemeldeten Geräten automatisch synchronisieren lassen; sprich, Sie haben alle Musiktitel immer parallel auf iPod, iPad, Mac-Computer und iPhone. In der kostenlosen Basisversion klappt das aber nur mit Titeln, die Sie bei iTunes unter Ihrem Account erworben haben. Ihre selbst erstellte, beispielsweise von CD konvertierte oder anderweitig gekaufte MP3-Musik bleibt außen vor. Immerhin – iCloud ist so großzügig, alle, auch eventuell schon vor Jahren gekaufte Musik zu übernehmen.

Die Synchronisierung klappt ganz einfach. Öffnen Sie in iTunes das Menü **iTunes > Einstellungen**. In der Rubrik **Store** (1 in Abbildung 9.34) finden Sie den Bereich **Automatische Downloads** 2. Hier setzen Sie sowohl bei **Musik** als auch bei **Apps** und **Bücher** ein Häkchen, und schon ist Ihr Mac darauf vorbereitet, den Austausch über iCloud vorzunehmen.

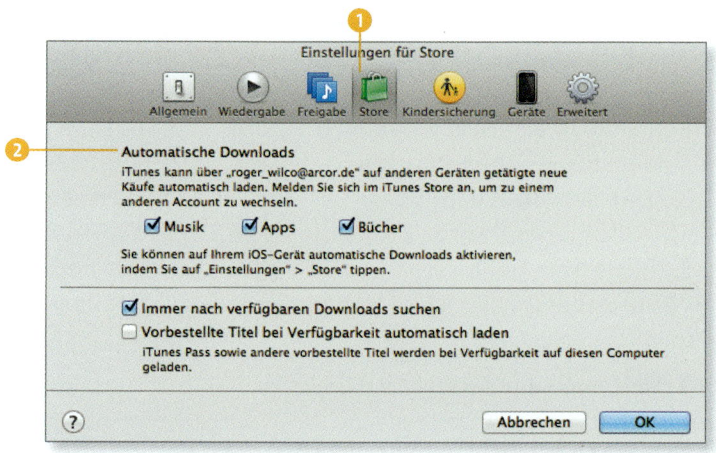

Abbildung 9.34
Schnell freischalten – die automatischen Downloads garantieren Musikspaß auf allen Geräten.

Diesen Vorgang müssen Sie nun auf Ihren anderen Geräten wiederholen. Beim aktuellen iPhone öffnen Sie beispielsweise das Menü **Einstellungen > Store** – hier finden Sie die identischen Punkte zum Anhaken. Auch beim iPad funktioniert das auf diese Weise.

Die gute Nachricht: Auch die Synchronisierung mit sämtlichen Titeln, also auch den von anderen Quellen denn iTunes gekauften Titeln, klappt problemlos über den direkten Weg. Schließen Sie das iPhone an den Mac an, entweder per Kabel oder Bluetooth. Nur müssen Sie die eben beschriebene Synchronisierung auch mit dem iPad und eventuell iPod wiederholen, da, wie vorhin erklärt, iCloud den drahtlosen Abgleich nur mit gekauften Titeln durchführt.

Umzug von Windows-iTunes und Windows-iPod

Der iPod – ein Lifestyle-Objekt für Mac- und Windows-User – funktioniert unter beiden Betriebssystemen reibungslos. Sie werden sicherlich auch unter OS X mit iTunes weiterhin Ihre Musik hören wollen, oder?

Abbildung 9.35 >
Sie können die Musik Ihres iPods sehen und auch anhören, aber nicht herunterkopieren.

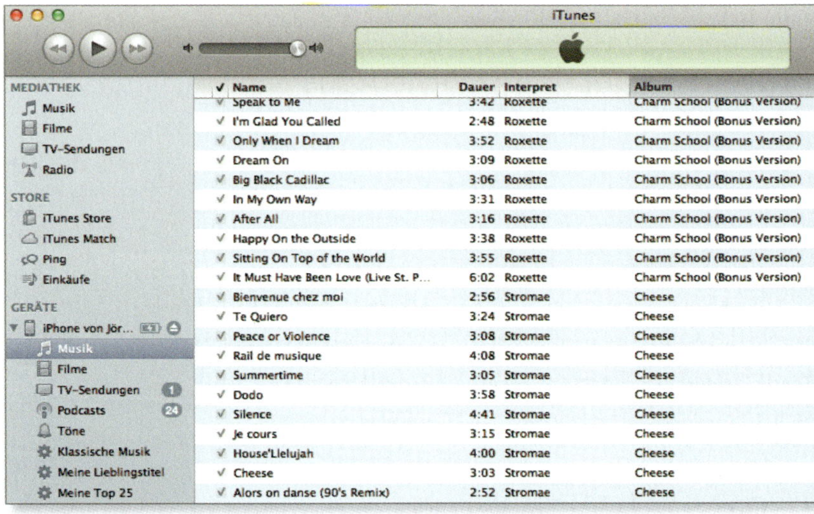

Schließen Sie Ihren iPod an den Mac an, können Sie ihn in iTunes sehen und auch problemlos auf die darauf gesicherte Musik zugreifen. Aber wenn Sie jetzt denken, dass Sie die Musik einfach vom iPod oder iPhone, frisch in Windows gefüllt, per Drag & Drop in Ihr Mac-iTunes kopieren können, haben Sie weder mit Apple noch mit der GEMA gerechnet. Anhören ja, kopieren nein. Daher ist hier leider Handarbeit angesagt. Nutzen Sie einfach die folgenden Möglichkeiten:

- **Möglichkeit 1: Für immer auf die Wechselfestplatte**
  Wenn Sie weiterhin Ihren PC nutzen und dort auch Musik hören möchten, bietet sich eine externe Festplatte an. Wie bereits beschrieben wurde, können Sie den Speicherort für Ihre Musik beliebig definieren. Wenn Sie die Wechselfestplatte als Speicherort in OS X und Windows wählen, haben tatsächlich beide Systeme Zugriff auf die Musik. Sie können also die Musik immer auf dem System hören, an das auch die Festplatte angeschlossen ist.

  Die Synchronisation nimmt Ihnen iTunes dann aber nicht ab. Das heißt, wenn Sie unter OS X neue Musik in iTunes kaufen und auf der Wechselfestplatte ablegen, merkt das Ihr iTunes unter Windows nicht. Dort müssen Sie die neuen Musikstücke dann per Drag & Drop manuell hinzufügen.

- **Möglichkeit 2: Klassisch kopieren**
  Wenn Ihr PC ohnedies auf den Schrott kommt, ist die Entscheidung noch einfacher. Kopieren Sie einfach sämtliche Titel aus iTunes für Windows auf eine Wechselfestplatte, um sie dann später entweder auf Ihren Mac zu kopieren oder dort zu belassen und nur in iTunes für den Mac anzumelden.

  Klicken Sie dazu auf Ihrem PC in iTunes in der Rubrik **Mediathek** auf **Musik** (1), und markieren Sie einen beliebigen Titel. Mit [Strg]+[A] werden dann sämtliche Musikstücke ausgewählt. Ziehen Sie diese Titel mit gedrückter Maustaste auf den Ordner oder das Laufwerk, in dem Sie die Daten gern zum Transfer haben möchten.

  Wichtig: Bei dieser simplen Methode werden die Lieder ohne ihre Unterverzeichnisse kopiert. Möchten Sie diese erhalten, müssen Sie die Musik über den Windows-Arbeitsplatz zusammensuchen und dann ohne iTunes kopieren. Normalerweise befindet sich die Musik unter **Eigene Dateien** im Ordner **Eigene Musik**.

Alles im Griff

Das Programm *SuperSync* bietet Ihnen die Möglichkeiten, die iTunes verweigert: Synchronisierung mit verschiedenen Computern über das Internet beziehungsweise über ein Netzwerk. Kurzum, ein Download unter *www.supersync.com* kann sich lohnen.

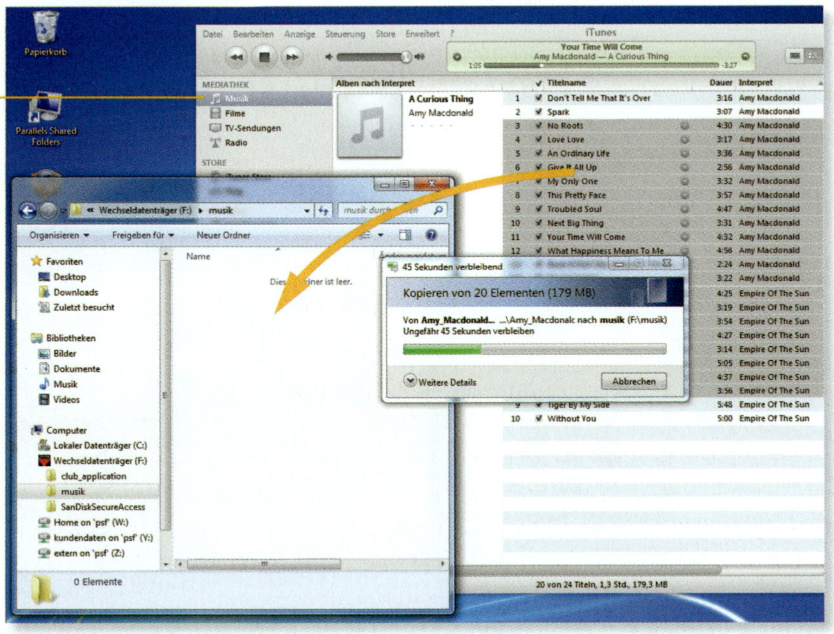

Abbildung 9.36
Kopieren leicht gemacht: Musiktitel kann man aus iTunes heraus ganz simpel kopieren.

Sie haben bereits unter Windows bei iTunes Musik gekauft? Hier gibt es keine Hürden: Das Dateiformat und auch der der eventuell von früher noch vorhandene Kopierschutz funktionieren systemübergreifend. Sprich, wenn Sie Ihre Mediathek-Daten kopiert, iTunes für Mac eingerichtet und Ihre Musik vom PC auf den Mac übertragen haben, können Sie auch unter OS X Ihre gekauften Titel anhören. Sollten kopiergeschützte

Titel darunter sein, müssen Sie sich allerdings mit Ihrem Benutzernamen im iTunes Store anmelden, damit Apple erkennt, dass Sie die Musik rechtmäßig erworben haben.

Es gibt auch noch eine dritte Möglichkeit, Musik von Ihrem PC oder iPod auf Ihren Mac zu kopieren: iTunes Match. Diesen Service stellen wir Ihnen im nächsten Abschnitt kurz vor.

iTunes Match – teurer Komfort

Für 25 € pro Jahr bietet Ihnen Apple das Multifunktions-Synchronisationstool *Match*. iTunes Match ist ein Bestandteil von iCloud und synchronisiert nicht nur die im Store erworbenen Musiktitel auf allen Ihren Geräten, sondern auch alle anderweitig auf Ihrer Festplatte gelandeten Lieblingshits. iCloud tauscht die Titel sogar gegen die Version aus dem Store in bestmöglicher Qualität aus. Voraussetzung ist, dass die Titel im Store erhältlich sind und die Dateibenennung einigermaßen passt. Einen Titel mit »Unbenann12345.mp3« wird iTunes Match logischerweise nicht finden.

Abbildung 9.37 >
iTunes Match nutzt iCloud, um alle Ihre Musiktitel auf allen Geräten abzugleichen.

Mit Match sparen Sie sich also die gesamte Kopierarbeit. Aktivieren Sie die Funktion an Ihrem PC, und warten Sie die automatische Synchronisierung ab. Wenn Sie dann Ihren Mac einschalten und sich bei iTunes mit Ihrer Apple-ID anmelden, wird er automatisch mit der Musiksammlung gefüllt.

Im Bereich **Store** dreht sich alles um legal zu kaufende Musik und Videos. Ein Klick auf **iTunes Store** ② bringt Sie direkt in Apples digitalen Plattenladen, wo Sie nach Herzenslust durch Millionen von Musiktiteln stöbern können und jeweils auch 30 Sekunden lange Hörproben finden. Lieder, die Sie gekauft haben, finden Sie dann unter **Einkäufe** ③.

Geräte erscheint nur, wenn auch ein iPod oder ein anderes Musikwiedergabegerät von Apple angeschlossen ist. Ein Klick hierauf offenbart vielfältige Einstellungsmöglichkeiten, wie die Synchronisierung, also den Abgleich von iPod und iTunes.

Hausmusik gibt es mit der **Privatfreigabe** ④. Hier können Sie im Heimnetzwerk ganz nach Belieben Musik austauschen, Playlists teilen und gekaufte Titel automatisch dem Rest der Familie zur Verfügung stellen.

Die Funktion **Genius** ⑤ ist die halbintelligente Jukebox in iTunes. Einmal aktiviert, bringt Ihnen diese Funktion immer passende Vorschläge aus dem iTunes Store auf den Schirm, genauer gesagt, an den rechten Bildschirmrand – also Musik, die gerade zum gehörten Titel passt. Das ist praktisch, vor allem für Apple und den Umsatz des iTunes Stores.

Gekaufte Musik weg?

Ihr Computer ist defekt, und Ihre iTunes-Einkäufe waren nur dort gesichert? Das ist gar kein Problem. Loggen Sie sich in iTunes mit Ihrer Apple-ID ein, und gehen Sie dort im Store auf **Gekaufte Artikel**. Hier können Sie dann alle je von Ihnen gekauften Titel kostenlos wieder herunterladen.

Abbildung 9.46
Genius gibt Ihnen ganz neue Einblicke in Ihre vorhandene Musiksammlung.

Doch auch für Sie hat **Genius** einige Überraschungen parat. Zunächst klicken Sie einen beliebigen Titel Ihrer Musiksammlung mit der rechten Maustaste an und klicken dann auf den **Genius**-Button ⑥. iTunes stellt dann, passend zum ersten Titel, die perfekte Musikauswahl zusammen. Diese finden Sie in der rechten Leiste unter **Genius** ⑦.

Unter **Wiedergabelisten** ⑧ sammelt iTunes Ihre Playlists. Dabei hat Apple schon ein paar für Sie angelegt, unter anderem:

- **Meine Lieblingstitel**: Hier finden sich Ihre Toptitel wieder, also die Musikstücke, die Sie als besonders hörenswert markiert haben.
- **Meine Top 25**: Gern gehört und oft verlangt. Mit einem Mausklick auf diese Rubrik zeigt Ihnen iTunes, welche Titel Sie am häufigsten hören.

Das ist natürlich nett von Apple, aber vielleicht möchten Sie ja auch selbst Listen zusammenstellen, zum Beispiel zum Joggen oder für Ihre nächste Geburtstagsparty. Wie das geht, zeigen wir Ihnen im folgenden Abschnitt.

Eigene Wiedergabelisten anlegen

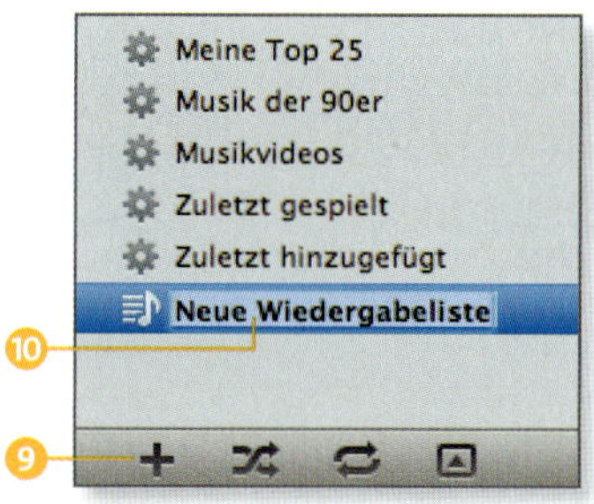

Abbildung 9.47
Eigene Wiedergabelisten sind in iTunes schnell erzeugt.

Ganz nach Stimmung wäre es doch prima, passende Wiedergabelisten zu haben, oder? Also beispielsweise nur klassische Musik, ausschließlich Partykracher oder nur die Hits Ihrer Lieblingsinterpreten.

Klicken Sie hierzu auf das Plussymbol links unten ⑨. Schon erscheint eine neue Wiedergabeliste ⑩, die auch umbenannt werden kann. Sie ist logischerweise noch komplett leer. Rufen Sie nun einfach über die Mediathek Ihre Musiktitel auf, suchen Sie die gewünschten Stücke aus, und ziehen Sie sie auf die neu angelegte Wiedergabeliste. Fertig! Um nur die Titel dieser Liste zu hören, wählen Sie diese einfach aus und klicken dann auf den Abspielen-Button.

Zufallsgenerator und Endlosschleife

Der Zufallsgenerator in iTunes ist im unteren Bildschirmbereich links versteckt. Die zwei überkreuzten Pfeile ⑪ starten den »Shuffle«-Modus, und mit einem Klick auf die Pfeile im Kreis ⑫ wird der aktuelle Titel in einer Schleife gespielt, also endlos wiederholt.

Abbildung 9.48
Der Zufallsgenerator ist aktiviert.

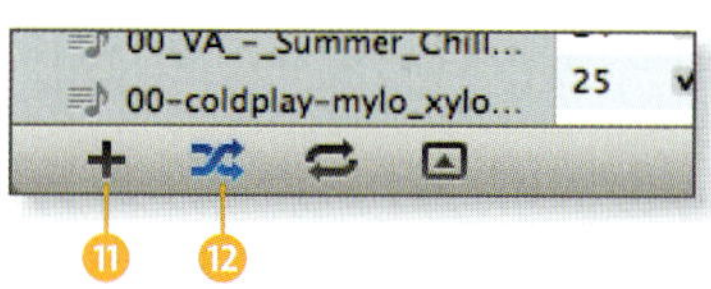

9.7 iPod, iPhone und iTunes

iTunes ist wie gemacht für die iPod-Musikplayer und somit auch für das iPhone und das iPad. Mit anderen Abspielgeräten arbeitet die Software nicht zusammen. Haben Sie einen neuen iPod oder eins der beiden anderen Geräte, müssen sie zuerst in iTunes angemeldet werden. Anschließend wird beispielsweise der iPod automatisch geladen und kann mit Musik befüllt werden. Ziehen Sie dazu einfach die Titel auf das iPod-Symbol. Fertig! Alternativ können Sie auch die Synchronisieren-Funktion verwenden, damit iTunes alle Titel auf Ihrem Mac mit Ihrem iPod abgleicht – genügend Speicherplatz vorausgesetzt (siehe dazu Abschnitt 9.5, »Eigene Musik in iTunes integrieren«).

Wenn Sie einen anderen iPod anschließen, der bereits Musik enthält, haben Sie nur zwei Möglichkeiten: Entweder wird er nicht in iTunes angezeigt, oder er wird »plattgemacht« und mit der Mediathek abgeglichen.

Übrigens enthält Ihr iPod die Musikdaten in verschlüsselter Form. Es ist offiziell nicht möglich, diese Daten unabhängig von iTunes zu entschlüsseln. Inoffiziell gibt es aber Programme, die das möglich machen. Im Falle eines Computer-Crashs, wenn als letzte Rettung der iPod Ihre Musik enthält, erspart so ein Tool jede Menge grauer Haare.

Hörbücher, das iTunes-Übel

Sie lieben Hörbücher? Die können natürlich auch in iTunes integriert werden. Leider werden sie dann auch beim Zufallsgenerator berücksichtigt. Das Ergebnis können Sie sich vorstellen, oder? Wenn Sie Ihre Hörbücher in iTunes verwalten, müssen Sie daher eine separate Wiedergabeliste mit Ihren Musiktiteln *ohne* Hörbücher anlegen und diese für die Wiedergabe verwenden. Noch einfacher geht es, wenn Sie die Hörbuchdaten deaktivieren: Entfernen Sie dazu das jeweilige Häkchen in der Mediathek.

9.8 Audio-CDs brennen

iTunes zeigt sich weltoffen, denn eine Audio-CD kann mit beliebigen Musiktiteln direkt in der Software erzeugt werden. Für ein neues Projekt legen Sie zuerst eine neue Wiedergabeliste an, die Sie entsprechend bezeichnen. Dort legen Sie jene Titel ab, die auf die CD gebrannt werden sollen. Ganz unten zeigt Ihnen iTunes zur Information ja immer die Gesamtspieldauer der Wiedergabeliste an, Sie können daher ganz gut abschätzen, ob auch wirklich alle Titel auf den Datenträger passen (ca. 70 Minuten pro CD).

Sind alle Musikstücke gewählt und in der richtigen Reihenfolge angeordnet, müssen Sie ins Menü **Ablage** wechseln und dort **Wiedergabeliste auf Medium brennen** anklicken. Ja, Apple hat den Tod von CD und DVD beschlossen, daher wird in OS X selbst die Begrifflichkeit umgangen, wo es nur geht. Aber mit dieser Funktion bannen Sie Ihre Musiktitel entweder als klassische Audio- oder als MP3-CD auf die Silberscheiben. MP3-CDs sind praktischer, weil sie wegen des komprimierten Dateiformats viel mehr Lieder fassen können, sie werden jedoch nicht von allen Playern abgespielt.

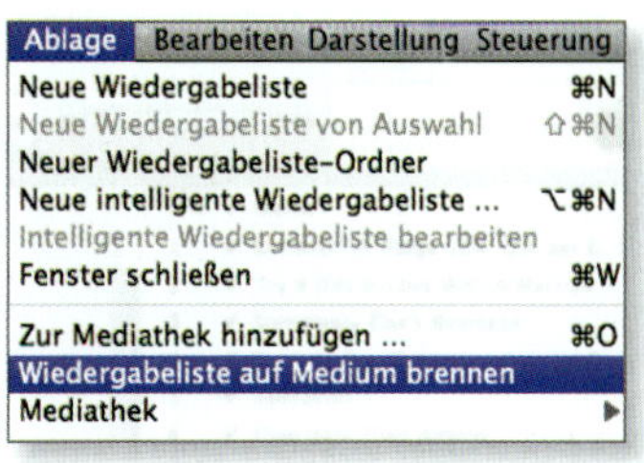

Abbildung 9.49
Apple vermeidet das Wort »CD« gekonnt.

10 Ersatz für wichtige Windows-Programme

Programmvielfalt – für OS X gibt es fast so viele Programme wie für Windows. Viele Tools sind schon serienmäßig vorinstalliert, andere kann man kaufen oder sogar kostenlos herunterladen. Dazu gibt es viele Alternativprogramme, die Ihnen den Windows-Abschied versüßen.

Abbildung 10.1
Der App Store ist auf jedem Mac installiert und der zentrale Online-Shop für fast alle Mac-Software.

Sie haben sicherlich Ihre Lieblingsprogramme am PC unter Windows: egal, ob zum Schreiben, um Fotos zu bearbeiten, Musik zu machen oder zum Spielen. Grundsätzlich können Sie diese Programme auf Ihrem Mac weiterhin ausführen, wenn Sie dort Windows installieren. Wie das geht, wird in Kapitel 14, »Windows auf dem Mac«, noch genau beschrieben. Hier, in diesem Kapitel, geht es aber nun darum, Ihnen für gängige Windows-Programme das Mac-Pendant oder passende Alternativen sowie einige kleine Hilfsprogramme vorzustellen, die auf dem Mac serienmäßig installiert sind.

Vorab bleibt zu sagen, dass viele Softwarehersteller inzwischen den Mac entdeckt haben. Waren die Regale mit Mac-Software vor Jahren eher spärlich gefüllt, ist das Angebot mittlerweile fast genauso unüberschaubar wie für Windows-PCs. Die meisten Hersteller bieten sowohl eine Windows- als auch eine Mac-Version. Den Weg zum Apple-Programm ebnet der App Store von Apple, die kleine Gelddruckmaschine für den amerikanischen Konzern. Das Konzept des App Stores ist ganz wie bei iTunes – gegen Bezahlung gibt es eine riesige Auswahl, in diesem Fall an Programmen.

Was der App Store als nette Funktionen mit eingebaut hat: Die Programminstallation erfolgt automatisch nach dem Herunterladen der Apps; auch bei verfügbaren Updates wird man als Anwender direkt informiert. Viele Softwarehersteller bieten ihre Mac-Programme nur noch über diesen Distributionsweg an. Sollten Sie noch keinen kostenlosen Apple-Account angelegt haben – spätestens zum Softwarekauf wird dieser benötigt.

Einkäufe wiederholen

Sie haben im App Store eine App gekauft und möchten die Installationsdatei nochmals herunterladen? Standardmäßig ist diese Funktion in **Einkäufe** versteckt. Das Konzept ist einfach – Sie dürfen Apps auf beliebig vielen Rechnern installieren, an denen Sie mit Ihrer Apple-ID angemeldet sind. Der App Store erkennt auch, ob die App bereits auf Ihrem Mac installiert ist. Falls ja, ist ein erneuter Download der App nicht möglich. Ist das Programm aber auf Ihrem Mac nicht mehr verfügbar, gibt Apple die neuerliche Installation frei.

Abbildung 10.2
Geld drucken – der App Store ist, neben iTunes, Apples Goldgrube.

10.1 Kleine Helfer von OS X

Es gibt Dinge, die machen das Leben leichter. Mountain Lion liefert hier schon einiges als Standard mit, und vieles haben Sie bereits kennengelernt. Hier möchten wir uns nun aber ganz gezielt die Vorschau-Funktion und das Dashboard ansehen: zwei kleine Helferlein, die Sie während Ihrer Arbeit am Mac bald nicht mehr missen möchten.

Expressvorschau

Noch schneller als die Vorschau kann man mit der *Übersicht* Bilder, Videos, Musik und Dokumente betrachten. Einfach im Finder das gewünschte Objekt anklicken und mit der Leertaste direkt betrachten. Klappt mit vielen Dokumenttypen und Bildern, bei aufwendigen PDFs hat man hier aber teilweise Darstellungsfehler am Bildschirm.

Vorschau – nie wieder Bild- und Faxanzeige

Eine für alles – unter OS X kommt ein mächtiges Werkzeug zum Einsatz, um selbst die exotischste Datei anzeigen zu können. Was bei Windows die Fotoanzeige übernimmt, macht am Mac das Programm *Vorschau*. Es springt grundsätzlich dann ein, wenn es um die Anzeige von Bilddateien im weitesten Sinne geht. Neben den Standardbildformaten kann Vorschau aber auch PDF- und PostScript-Dateien anzeigen. Sie sehen, dass Sie sich damit sogar den Adobe Reader und dessen Installation sparen. Toll, oder?

Grundsätzlich ist Vorschau bescheiden: Reklamiert ein anderes Programm Anspruch auf einen Dateityp, springt es erst gar nicht an. Sie können diese Dateien natürlich über einen rechten Mausklick und **Öffnen mit** trotzdem in der Vorschau öffnen.

Abbildung 10.3
Ein einzelnes Bild in der Vorschau

Probieren wir die Vorschau zunächst mit einer einzelnen Bilddatei aus. Per Doppelklick geladen, wird das Bild optimal angezeigt, megapixelgroße Fotos werden auf Bildschirmgröße verkleinert.

Sie täuschen sich nicht – die Vorschau macht Ihr Bild etwas unschärfer, als es eigentlich ist. *Anti-Alias* nennt man das bei Apple, was bei der Arbeit und beim Suchen des Topfotos aber irritieren kann. Hier hilft nur der Wechsel zu iPhoto oder einer anderen Fotobearbeitung, um einen endgültigen Eindruck zu bekommen.

Ansonsten präsentiert sich das Programm Vorschau erfreulich einfach. Wir sagen das auch auf die Gefahr hin, dass wir uns damit mehrfach in diesem Buch wiederholen. Glauben Sie uns – auch uns ist die Benutzerfreundlichkeit der Apple-Programme fast unheimlich.

Praktischerweise ist im Programm Vorschau sogar eine automatische Sicherung eingebaut, die allerdings nur dann funktioniert, wenn Ihre Bilder auf der lokalen Festplatte abgelegt sind. Wie mit Time Machine (siehe Abschnitt 13.3, »Daten sichern«) haben Sie die Möglichkeit, alle je gesicherten Versionen Ihres Fotos anzusehen und wiederherzustellen. Das funktioniert über das Menü **Ablage > Zurücksetzen auf > Alle Versionen durchsuchen**.

Abbildung 10.4 >
Backup inklusive – Vorschau sichert ständig Versionen Ihres Bildes.

Doch nun zur Bedienung von Vorschau. Mit dem ersten Button ❶ stellen Sie verschiedene Ansichtsmodi ein, die allerdings nur bei mehrseitigen Dokumenten oder beim Betrachten mehrerer Fotos sinnvoll sind. Hierüber definieren Sie dann, wie die Miniaturen der einzelnen Seiten oder Fotos in Vorschau platziert werden (siehe dazu auch den Abschnitt »Mehrere Bilder und mehrseitige PDFs in der Vorschau« ab Seite 215).

Neben der Ansichten-Schaltfläche sehen Sie die Zoomwerkzeuge ❷; mit einem Touchpad können Sie die Darstellung auch per Fingergeste vergrößern oder verkleinern. Über die Tastatur geht es mit `cmd`+`+` und `cmd`+`-`.

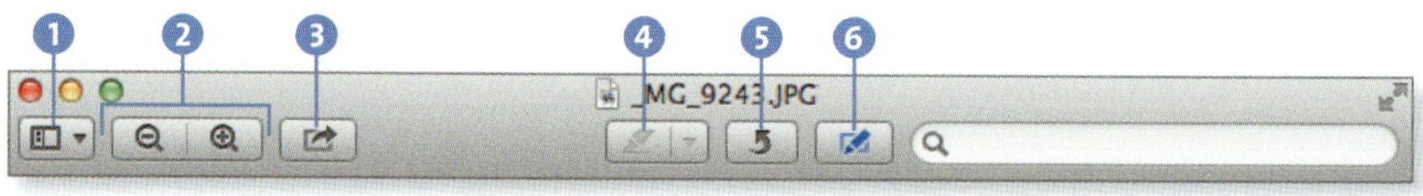

Abbildung 10.5 >
Die Symbolleiste in Vorschau

Die Schaltfläche **Bereitstellen** ❸ bringt geöffnete Dokumente oder Bilder in eine neue E-Mail-Nachricht, importiert sie in iPhoto und bietet Ihnen noch weitere Möglichkeiten zur »Verbreitung« Ihrer Dateien.

Der Button **Textauszeichnung** ❹ funktioniert nur bei PDF-Dokumenten und stellt eine schnelle Möglichkeit dar, Textstellen farbig zu markieren, zu unterstreichen oder durchzustreichen. Etwas deplatziert ist hier auch das Dreh-Werkzeug ❺ untergebracht, denn gleich im Anschluss folgt der Button zur erweiterten Korrektur ❻. Damit wird die Werkzeugleiste mit zusätzlichen Optionen zur Bildkorrektur angezeigt.

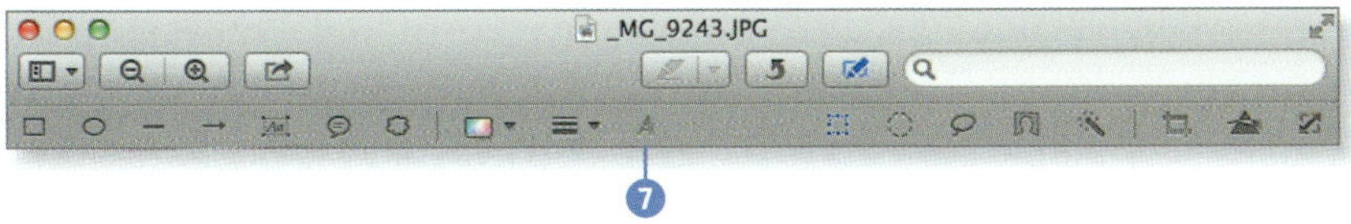

Abbildung 10.6
Die erweiterte Werkzeugleiste mit zahlreichen Anmerkungs- und Fotokorrekturmöglichkeiten

Die Anmerkungsleiste 7 ist dazu gedacht, beispielsweise in PDF-Dokumenten Korrekturen einzuzeichnen – mehr dazu finden Sie im nächsten Abschnitt.

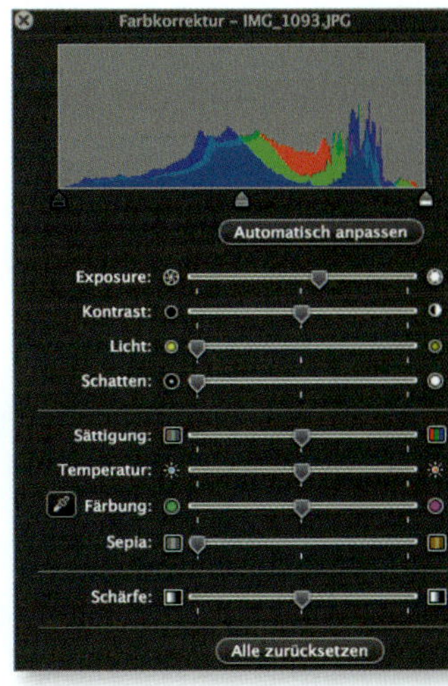

Abbildung 10.7
Bearbeitungsmöglichkeiten im Programm Vorschau, aufzurufen über das Menü »Werkzeuge«

Mehrere Bilder und mehrseitige PDFs in der Vorschau

Die Vorschau öffnet, wenn Sie mehrere Bilder oder ein PDF mit mehreren Seiten öffnen, automatisch die Seitenleiste. Ihr Navigator im Bilderdschungel funktioniert einfach per Mausklick und Scrollen.

Abbildung 10.8
Die Vorschau mit mehreren Bildern öffnet automatisch die praktische Seitenleiste.

Und nun – Vorhang auf für Ihre Fotos! Klicken Sie einfach auf **Darstellung > Diashow**. Daraufhin startet einen Diashow im Vollbild. Die Bedienelemente am unteren Rand werden eingeblendet, wenn Sie den Mauszeiger bewegen. Mit der esc-Taste oder einem Klick auf das **X**-Symbol kommen Sie wieder zurück zur normalen Benutzeroberfläche.

Abbildung 10.9
In der Diashow kann man auf die bekannten Bedienelemente zurückgreifen.

Mit Vorschau können auch PDF-Dokumente sehr komfortabel betrachtet werden. Der Vorteil gegenüber dem Adobe Reader liegt vor allem in der Geschwindigkeit. Bis der Reader geladen ist, haben Sie in Vorschau das PDF-Dokument schon zweimal gelesen ... nun ja, fast.

Grundsätzlich funktioniert das Öffnen von PDFs genauso wie bei Fotos. Als einziger Unterschied ist in der Symbolleiste nun auch das Textauswahlwerkzeug ❶ aktiv. Damit können Sie in diesen eigentlich geschlossenen Dokumenten Text markieren und in Word & Co. wieder einfügen – ganz einfach!

»Finden statt suchen« heißt es in der Suchleiste ❷. Die Funktionalität ist schnell erklärt: Begriff eintippen, schon wird das Dokument durchsucht. Die Fundstellen werden sowohl direkt auf den Seiten als auch links in der Seitenleiste angezeigt.

Abbildung 10.10 >
Text markieren leicht gemacht – das kann das Programm Vorschau besser als das Original, der Adobe Reader. Außerdem im Bild: Korrekturen des Autorenteams beim Schreiben des Mac-Buches.

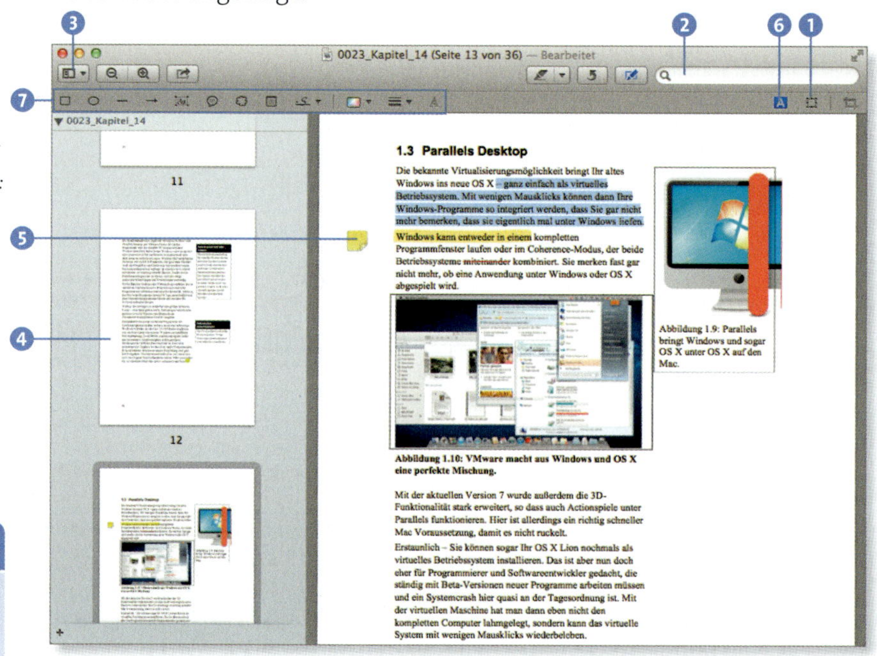

Bei mehrseitigen Dokumenten finden Sie in der Seitenleiste das Inhaltsverzeichnis, sofern eines vorhanden ist. Auf Wunsch können Sie die Ansicht ❸ auf **Miniaturen** umschalten und sehen dann alle PDF-Seiten im Kleinformat ❹. Das ist perfekt, um bei umfangreichen Dokumenten schnell einen Überblick zu erhalten.

Sie kennen das vielleicht: Sie möchten gerne Text aus einem PDF-Dokument markieren, beispielsweise um ihn in Word weiterzubearbeiten. Das klappt nur in den seltensten Fällen, meist erhält man hier mit dem Adobe

PDF als Diashow

Selbstverständlich kann auch ein PDF-Dokument als Diashow angezeigt werden, auch wenn die Software das in der Symbolleiste nicht mehr anbietet. Gehen Sie einfach in das Menü **Darstellung**, dort finden Sie die Diashow wieder. Es werden dann alle im PDF vorhandenen Seiten als Show hintereinander präsentiert.

Reader unbrauchbare Ergebnisse. Die aktuelle Vorschau von OS X 10.8 hat dagegen einen intelligenten Modus eingebaut, der Textblöcke und Spalten erkennt – Text auswählen war noch nie so einfach.

Die Anmerkungen ❺ sind besonders für die PDF-Bearbeitung gedacht. Angenommen, Ihr Kollege schickt Ihnen ein PDF zur Korrektur. Statt Ihre Anmerkungen auf einen Ausdruck zu schreiben, nehmen Sie die Anmerkungen direkt im Dokument vor – mit einem Klick auf das Symbol ❻ wird im oberen Bereich der Vorschau eine Palette mit Anmerkungssymbolen ❼ geöffnet. Nun können Sie nach Herzenslust korrigieren! Das Beste ist, dass diese Notizen natürlich im PDF gesichert, aber problemlos auch wieder entfernt werden können. Und da soll noch einer sagen, das papierlose Büro wäre in weiter Ferne! Hier können Sie direkt damit anfangen.

Abbildung 10.11
Die Mini-Anwendungen von Windows 7

Dashboard

Das Dashboard ist eine Ansammlung kleiner Werkzeuge (*Widgets*), die unter OS X schlummern und jederzeit in den Vordergrund gerückt werden können. Dazu klicken Sie einfach auf das Icon **Dashboard** im Dock, drücken die entsprechende Taste auf Ihrem Keyboard oder wischen mit drei Fingern nach rechts über das Trackpad.

Neben Uhrzeit und Datum, Taschenrechner, Notizzettel und Wetter kann man hier sogar Webseitenschnipsel ablegen (siehe Seite 126). Praktischerweise können die kleinen Programme beliebig angeordnet und über das Internet um weitere Hilfsmittel ergänzt werden.

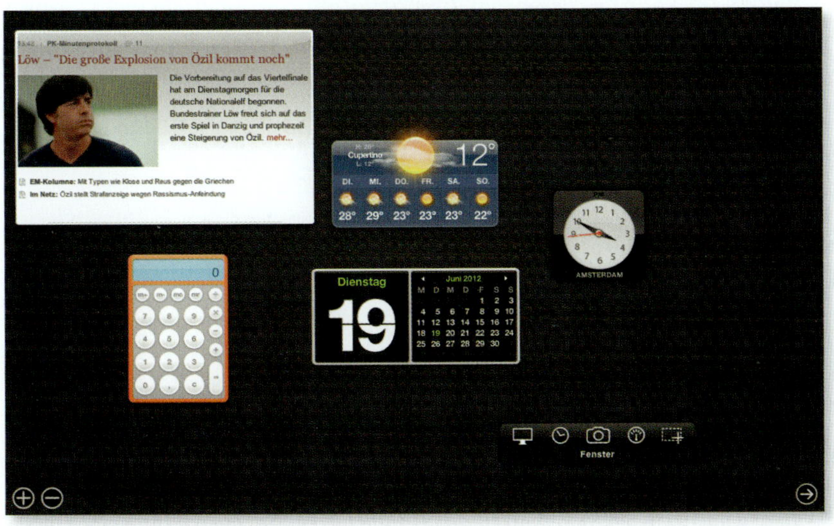

Abbildung 10.12
Dashboard im Einsatz – ein praktisches Tool mit Wow-Effekt

Mehr Widgets

Unter *www.apple.com/downloads/dashboard* finden Sie unendlich viele neue Zusatzprogramme zum Herunterladen. Größtenteils sind die Helferlein sogar kostenlos. Über das Plussymbol ❶ und den Befehl **Weitere Widgets** kommen Sie ebenfalls zum Ziel. Auch der App Store bietet natürlich eine Vielzahl kostenloser und kostenpflichtiger Widgets.

Übrigens, wenn Sie nun sagen, dass das auch unter Windows 7 in ähnlicher Form zu finden ist, haben Sie recht. Dort werden diese kleinen Tools *Gadgets* oder *Mini-Anwendungen* genannt.

Die Programmsammlung kann beliebig verändert werden. Klicken Sie bei gestartetem Dashboard zunächst auf das Plussymbol ❶. Daraufhin wird eine Leiste mit allen derzeit auf dem Mac installierten Widgets angezeigt. Mit einem einfachen Klick kann dem Dashboard anschließend ein neues Widget hinzugefügt werden.

Abbildung 10.13 > *Die Widgets-Verwaltung mit unendlich vielen Zusatzprogrammen*

So praktisch kann OS X sein – allerdings sollten Sie auch hier nicht vergessen, dass ein vollgestopftes Dashboard Computerressourcen kostet. Das Löschen eines Dashboard-Programms funktioniert über das Minussymbol ❷ – einfacher geht es nicht.

10.2 Zubehör und Spiele

Brot und Spiele – auch am Mac können Sie sowohl perfekt arbeiten als auch Ihrem Spieltrieb freien Lauf lassen. Doch wo um alles in der Welt ist das geliebte Solitär abgeblieben und mit welchem Programm schreibt man zukünftig am besten die Briefe? Ein Blick in den Ordner **Programme** von OS X und in den App Store hilft hier weiter.

TextEdit statt Editor und Write

Was in Windows die Programme *Editor* und *Write* sind, ist unter OS X das Programm *TextEdit*. Das ist quasi eine Mini-Textverarbeitung. Sie finden TextEdit im Ordner **Programme** oder im Launchpad. Das kleine Tool ist erstaunlich flexibel; es kann nicht nur die gängigen Formate wie TXT, DOC oder RTF öffnen und speichern – selbst OpenOffice-Dateiformate werden unterstützt.

Abbildung 10.14
TextEdit ist das kleine Schreibprogramm von OS X 10.8 Mountain Lion.

Beim ersten Start präsentiert sich die Anwendung ziemlich »nackt«. Immerhin sehen Sie im oberen Bildschirmbereich die Leiste, um den Text grundlegend zu formatieren.

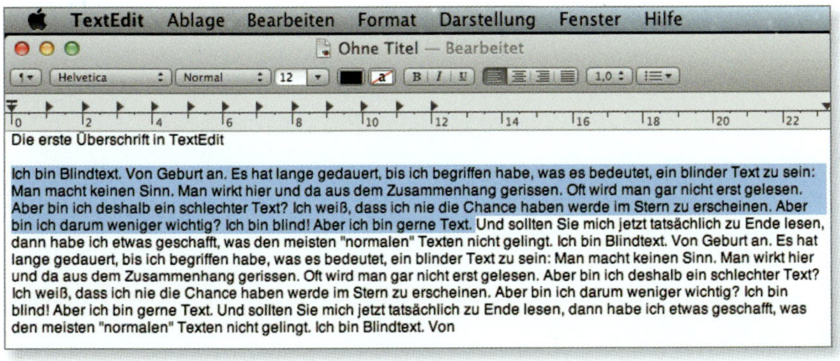

Abbildung 10.15
Der Text-Editor unter OS X

Standardmäßig überprüft TextEdit Ihre Rechtschreibung und ist, im Gegensatz zur normalen Rechtschreibkorrektur von OS X, einen Tick intelligenter. Typische Schreibfehler werden direkt beim Schreiben, sowie sie erkannt werden, korrigiert. Gibt es für ein Wort mehrere Korrekturmöglichkeiten, wird es rot unterstrichen. Mit einem sekundären Mausklick auf das entsprechende Wort erhalten Sie die Auswahlliste mit Korrekturvorschlägen von TextEdit. Ist die passende Korrektur dabei, klicken Sie sie einfach an; wird kein Vorschlag angezeigt, müssen Sie manuell korrigieren.

Taschenrechner

Das Windows-Derivat des Taschenrechners ist seit Jahrzehnten unverändert in jeder Windows-Version zu finden. Erst in Vista wurde der Taschenrechner optisch etwas aufgefrischt. Apple gibt sich immerhin etwas mehr Mühe, Ihnen gleich zwei digitale Taschenrechner mit ordentlicher Optik und Funktionalität zur Verfügung zu stellen. Den einen finden Sie im Dashboard (siehe den Abschnitt »Dashboard« auf Seite 217). Bis das

Beleg

Ihr Rechenvorgang wird im Hintergrund übrigens sogar protokolliert: Apple nennt das *Beleg*. Dieser Beleg kann über das Menü **Ablage** sogar als Textdatei gespeichert werden.

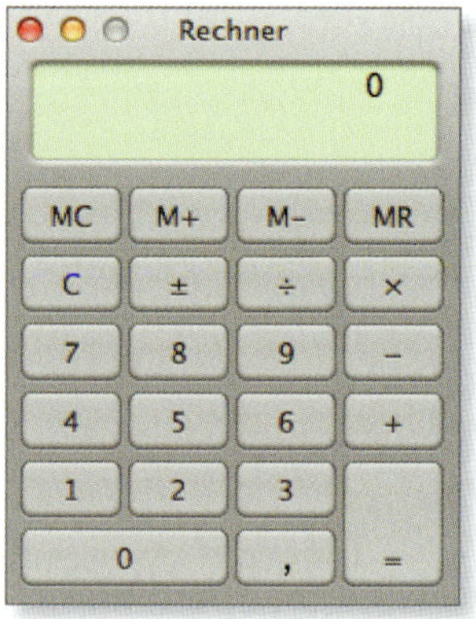

Abbildung 10.16
Der Taschenrechner unter OS X

Dashboard allerdings aktiv ist und alle Widgets geladen sind, kann das Geschäft Ihres Lebens schon vorbei sein.

Deutlich schneller ist das Programm *Rechner*. Sie finden es im Ordner **Programme** oder im Launchpad und öffnen es per Doppelklick. Unser Tipp: Ziehen Sie den Rechner gleich ins Dock, damit er jederzeit mit einem einfachen Klick verfügbar ist. Das Tool kann man immer gebrauchen, und das Wühlen im Ordner **Programme** entfällt dann.

Der Taschenrechner ist eigentlich selbsterklärend. Auf Wunsch kann man die Funktionalität aber deutlich erweitern. Über das Menü **Darstellung** besteht Zugriff auf Erweiterungen für wissenschaftliche beziehungsweise programmiertechnische Funktionen.

Game Center

Abbildung 10.17
Das Game Center ist Ihre Spielesammlung am Mac.

Das Game Center ist eine Art Spielesammlung. Was bislang an verregneten Sonntagnachmittagen am Wohnzimmertisch erfolgte, klappt damit jederzeit und online. In dieser »Spielezentrale« können Sie gemeinsam mit Freunden oder auch alleine spielen und Punkte sammeln.

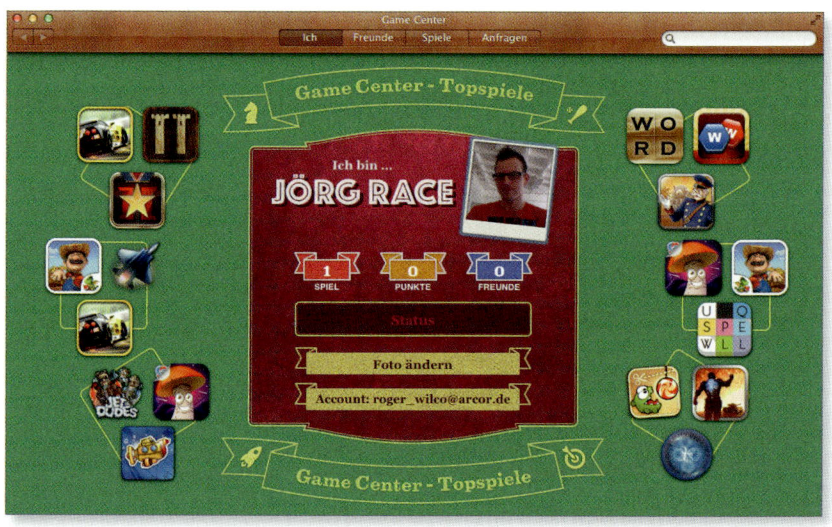

Abbildung 10.18
Melden Sie sich zunächst am Game Center an.

Das Game Center selbst ist in OS X integriert, die Spiele müssen natürlich, wie könnte es anders sein, im App Store gekauft werden. Bei den aktuell verfügbaren Game-Center-Spielen handelt es sich fast ausschließlich um Geschicklichkeitsspiele. Leider ist auch die Auswahl mit knapp 20 verfügbaren »Zeitkillern« eher mager.

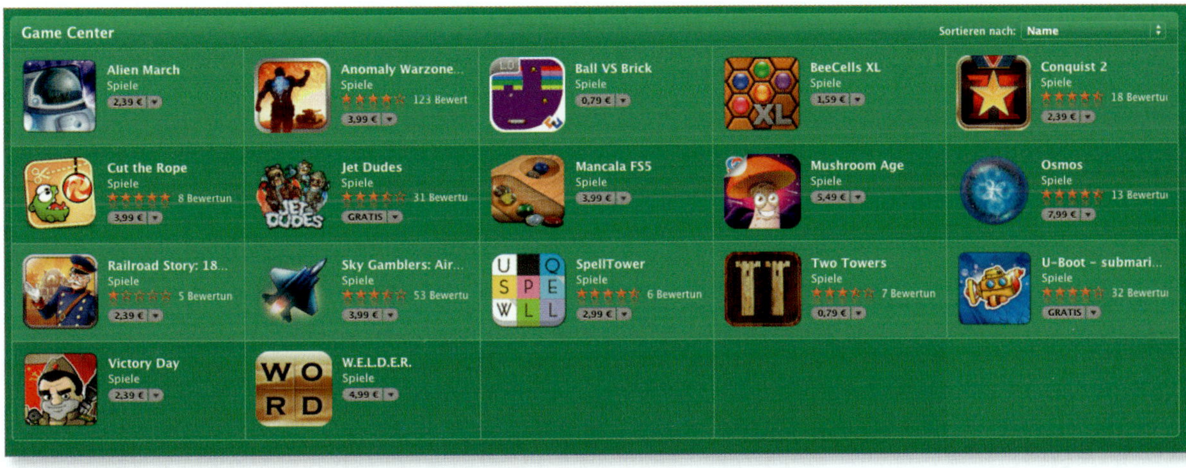

Abbildung 10.19
Aktuell eher begrenzter Spielspaß – nur wenige Hersteller bieten Game-Center-Spiele an.

Solitär am Mac

Traurig, aber wahr! Unter OS X wird kein Solitär-Kartenspiel mitgeliefert. Das kann einen als Umsteiger in seelische Turbulenzen stürzen. Aber keine Sorge: Es gibt kostenlosen oder zumindest preiswerten Ersatz. Wenn Sie in den App Store von Apple klicken, erhalten Sie unzählige Ergebnisse. Wir möchten Ihnen an dieser Stelle drei Varianten vorstellen.

Abbildung 10.20
Smooth Solitaire kostet nichts, dafür legen sich die Karten aber auch unschön über den Apple-Schreibtisch.

Download

Sie können Smooth Solitaire Free direkt im App Store herunterladen. Einfach den Titel des Spiels eingeben und die App laden. Sie ist dann direkt im Launchpad und im Ordner **Programme** spielbereit.

Kostenlos geht es mit *Smooth Solitaire Free*. Das Programm ist ein einfaches Solitaire mit hübscher Optik und läuft im Vollbildmodus – damit weder eintreffende E-Mails noch Anrufe über Skype & Co. den Spielspaß trüben können. Einziger Nachteil: Das Spiel ist nur in englischer Sprache verfügbar.

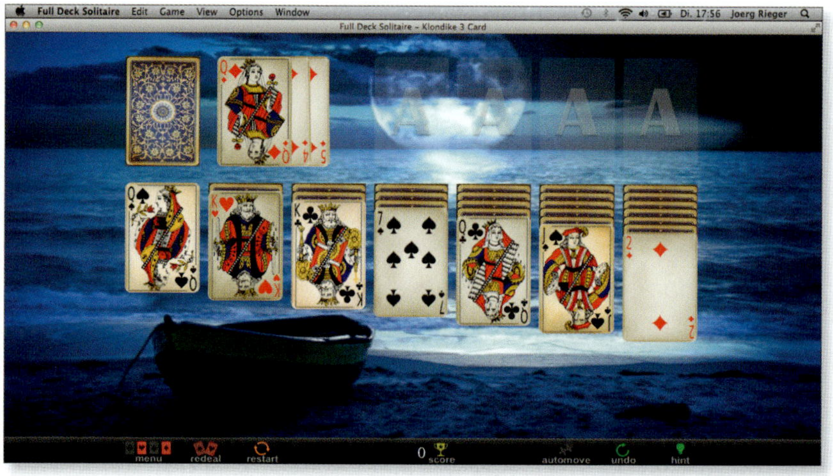

Abbildung 10.21 >
Schicke Optik – Full Deck Solitaire

Ebenfalls nur in Englisch gibt es das kostenlose *Full Deck Solitaire* mit ansprechender Grafik. Auch hier gilt: einfach im App Store suchen und direkt herunterladen. Grundsätzlich können Sie dort einfach stöbern und Ihren ganz persönlichen Solitär-Favoriten finden, meistens kosten die Apps nur kleines Geld.

Abbildung 10.22 >
Fast wie Windows – Solitaire Plus

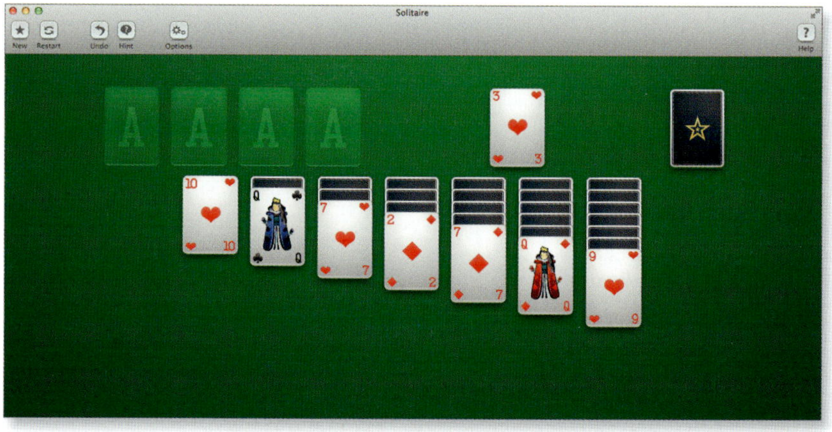

Ein Favorit, der dem Windows-Pendant sehr ähnlich kommt, ist *Solitaire Plus*, ebenfalls für unter 2 € im App Store verfügbar. Es bringt das klassische Solitär mit hübscher Grafik auf den Mac – leider nur auf Englisch.

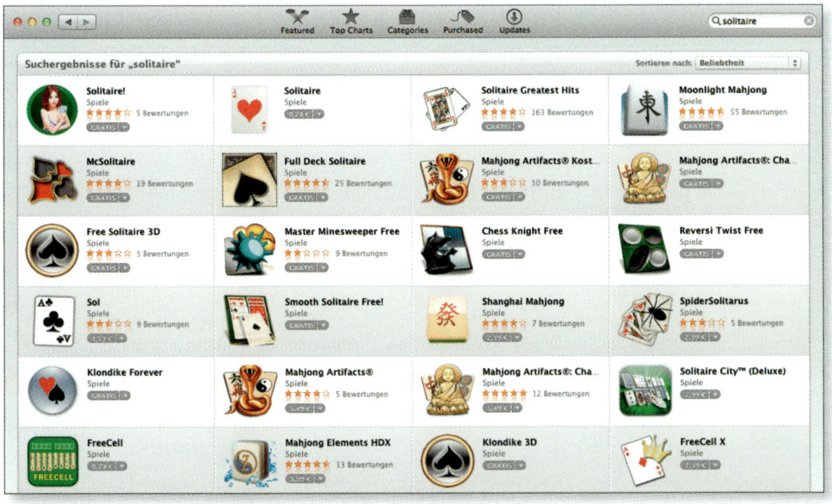

Abbildung 10.23
Unüberschaubar – die Solitär-Vielfalt im App Store von Apple. Auch kostenlose Varianten sind verfügbar.

Minesweeper

Schon seit Windows 3.11 wird *Minesweeper* mit dem Microsoft-Betriebssystem mitgeliefert, und so manch einer hat das kleine Bombensuchspiel lieb gewonnen. Am Mac darauf verzichten? Niemals! Da muss Ersatz her, und den gibt es im Internet sogar kostenlos und dazu noch deutlich hübscher, als Minesweeper unter Windows jemals war. Wir haben uns durch einige Versionen geklickt, bis wir *BombSquad* gefunden haben. Das sieht gut aus, funktioniert wie unter Windows, und es gibt sogar eine deutsche Version.

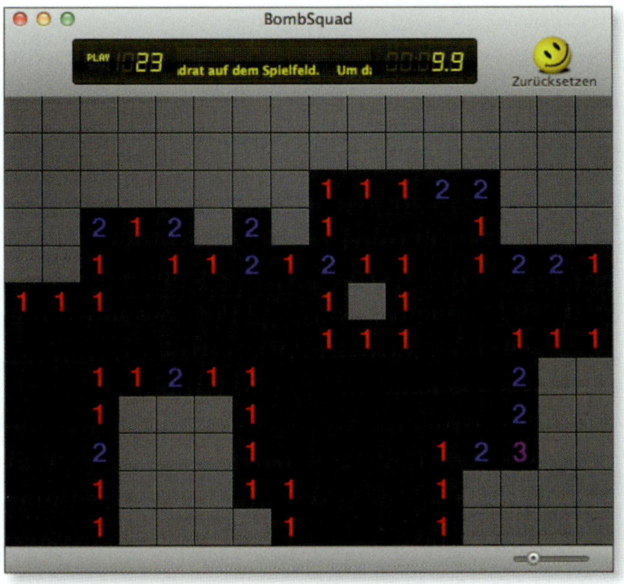

Abbildung 10.24
Minesweeper à la OS X

Ob die Entwickler durch diese Minesweeper-Alternative tatsächlich Apple gerettet haben, wie sie auf ihrer Website frech behaupten, sei dahingestellt. Aber Ihnen wird der Abschiedsschmerz vom Windows-System genommen! Sie können die Software unter *http://positivespinmedia.com/shareware/BombSquad* herunterladen oder direkt im App Store von Apple kaufen. Knapp 2 US$ sollte Ihnen der Spaß wert sein. Eine Suche nach »Minesweeper« im App Store bringt zudem noch einige weitere, spannende Alternativen zum Vorschein.

Abbildung 10.25 >
Noch mehr Minesweeper im App Store von Apple

10.3 Office-Programme

Schreibarbeiten müssen sein: Was unter Windows mit Microsoft Office & Co. erledigt wird, darf natürlich auch mit OS X nicht liegen bleiben. In diesem Abschnitt werden Sie einige Alternativen kennenlernen und »alte Bekannte« wiedertreffen. Denn Sie werden auf dem Apple-Betriebssystem mit Ihrer vertrauten Software weiterarbeiten können. Die richtigen Alternativen sind aber ebenfalls durchaus einen Blick wert, denn die Apple-eigenen Lösungen können sogar vieles besser.

Microsoft Office

^ Abbildung 10.26
Microsoft Office für Mac

Microsoft entwickelt auch Mac-Software! Daher gibt es auch das bekannte Microsoft Office für den Mac – aktuell in der Version 2011. Die Office-Programme wurden für den Mac komplett neu entwickelt, es ist also keine umprogrammierte Version, die auf der Windows-Variante basiert, und mittlerweile der PC-Version absolut ebenbürtig.

Besonders erfreulich ist allerdings ihre Kompatibilität. Office-Dokumente können völlig problemlos zwischen Windows- und Mac-Anwendern ausgetauscht werden. Das erleichtert den Büroalltag natürlich erheblich. Eine Einschränkung gibt es allerdings: Wenn Sie am Mac Schriften verwenden, die auf einem PC nicht installiert sind, werden Ihre Dokumente dann mit einer Ersatzschriftart, also eventuell Times New Roman oder Arial angezeigt. Möchten Sie jemandem ein Dokument zur Ansicht schicken und legen Wert auf eine korrekte Darstellung, hilft der Griff zum PDF-Format oder die konsequente Verwendung von OpenType-Schriftarten, die sowohl auf dem Mac als auch auf dem PC funktionieren.

OpenType-Schriftarten

OpenType-Schriftarten erkennen Sie unter Windows und OS X an der Datei-Endung *.otf*.

Folgende Programme stehen Ihnen bei Office für Mac 2011 zur Verfügung: Word, Excel, PowerPoint und Outlook (je nach Version).

- **Word:** Word ist das wohl bekannteste Programm aus dem Hause Microsoft. Auch mit der Mac-Variante können Sie schreiben, was die Tastatur hergibt. Umsteiger vom Office-Paket unter Windows werden sich ganz schnell zurechtfinden. Die Symbolleisten sind dem Pendant unter Windows sehr ähnlich und funktionieren völlig identisch.

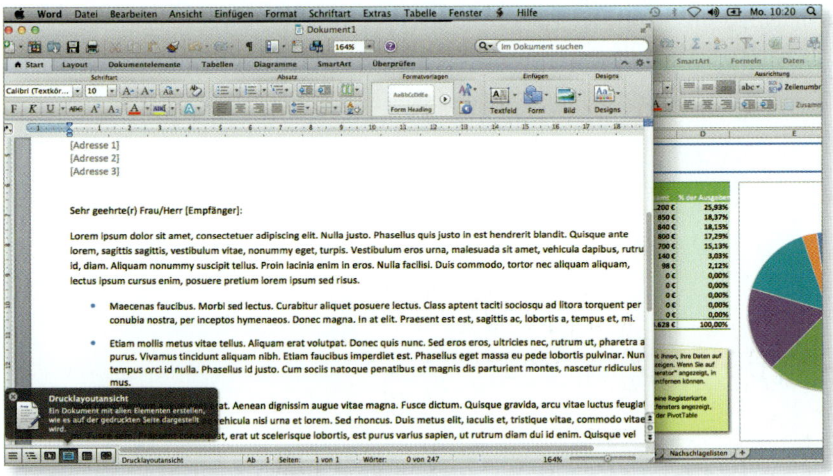

Abbildung 10.27
Microsoft Word 2011 funktioniert auch unter OS X schnell und komfortabel.

- **Excel:** Der Standard unter den Tabellenkalkulationen ist, genau wie Word, unter OS X fast originalgetreu umgesetzt worden. Ob Haushaltsbuch oder Geschäftsbericht – mit Excel können Sie alles, was mit Zahlen zu tun hat, umsetzen. Der Datenaustausch mit Windows-Anwendern funktioniert problemlos.
- **PowerPoint:** PowerPoint ist nicht nur für spaßige Präsentationen, sondern auch für ernsthafte Schaubilder seit Jahren die erste Wahl unter Windows. Auch am Mac kann man auf den vollen Funktionsumfang zurückgreifen.

Exchange-Server

Microsofts Exchange bietet für Unternehmen einen praktischen Service: E-Mails und Termine werden nicht lokal auf jedem einzelnen Arbeitsplatz-Computer gespeichert, sondern zentral auf einem Server. Das erleichtert dem System-Administrator die Arbeit und hat für alle Anwender den Vorteil, dass sie von jedem beliebigen Firmen-Computer aus auf alle eigenen E-Mails zugreifen können.

- **Outlook:** Outlook am Mac erfüllt dieselben Funktionen wie Outlook unter Windows. Neben E-Mail-Office und Terminplaner kann die Software sogar in Firmennetzwerken eingesetzt werden und auf die sogenannten *Exchange-E-Mail-Konten* zugreifen. Zuhause verbinden Sie die Software ganz einfach mit Ihrem vorhandenen E-Mail-Account bei GMX, WEB.DE oder wo auch immer.

  Das Programm Apple Mail kann aber im Wesentlichen genauso viel wie Outlook und ist erheblich flexibler. Auch die Einbindung in die Exchange-Umgebung von Microsoft klappt problemlos.

Übrigens: In Sachen Updates geht Microsoft einen ganz eigenen Weg. Während viele Mac-Programme vollautomatisch über die Softwareaktualisierung (siehe dazu den Abschnitt »Softwareaktualisierung« auf Seite 286 in Abschnitt 12.4) en bloc auf den aktuellsten Stand gebracht werden, setzt Microsoft auf ein eigenes Update-Programm. Sobald Updates für MS Office verfügbar sind, informiert diese Applikation darüber und führt auf Wunsch direkt die Aktualisierung aus.

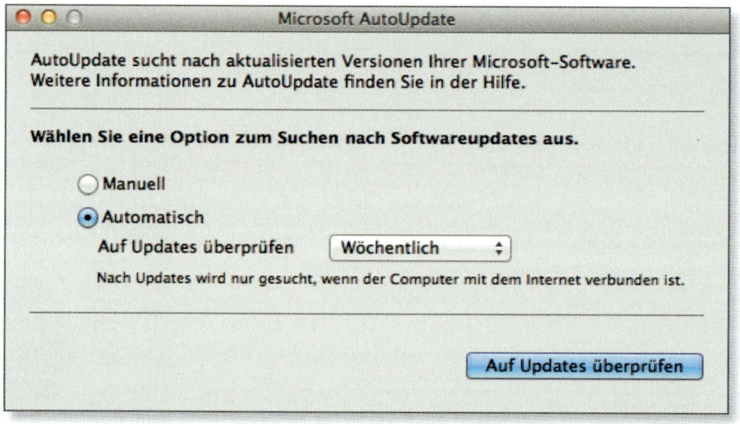

Abbildung 10.28 >
Eigenwillige Updatefunktion von Microsoft

OpenOffice

OpenOffice herunterladen

Unter *www.openoffice.org* können Sie das Programm kostenlos herunterladen.

OpenOffice ist seit Jahren das Office-Paket für alle, die Microsoft eher kritisch gegenüberstehen oder einfach den Funktionsumfang dieser kostenlosen Software zu schätzen wissen. Unter den Fittichen von Oracle wird das Office-Paket ständig weiterentwickelt. Sämtliche Office-Dateien können damit problemlos geöffnet, editiert und gespeichert werden. Seit Version 3 funktioniert die digitale Schreibmaschine auch unter OS X problemlos.

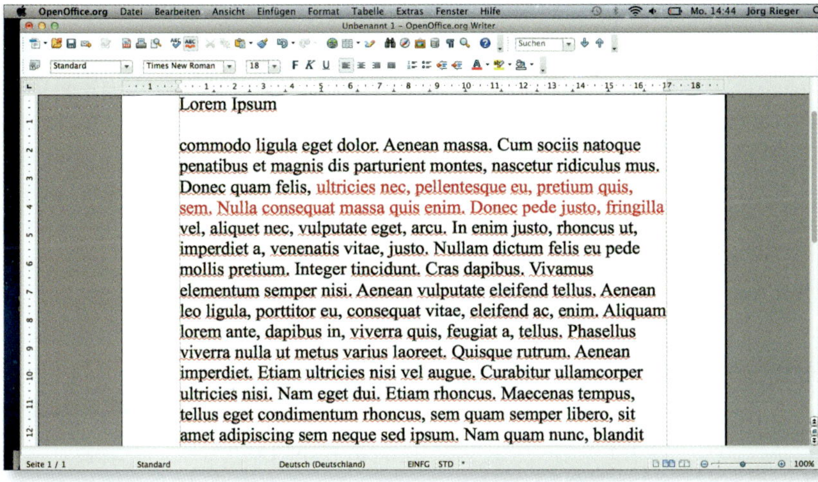

Abbildung 10.29
Ganz wie am PC – der »Writer« von OpenOffice

Die Software muss natürlich zuerst aus dem Internet heruntergeladen werden. Wenn Sie einen DSL-Anschluss haben, sind die rund 200 Megabyte schnell auf den Mac übertragen. Ein Doppelklick auf die DMG-Datei startet die Installation von OpenOffice. Nach der üblichen Abfrage von Lizenzvertrag und Speicherort wird die Anwendung in Ihrem Ordner **Programme** abgelegt.

Anders als bei OpenOffice am PC ist dort nur eine einzige Applikation für alle Dokumentarten abgelegt. Egal, ob Sie nun einen Brief schreiben, eine Tabellenkalkulation oder eine Präsentation erzeugen möchten – das funktioniert alles über das Icon von OpenOffice. Den Dokumenttyp wählen Sie über das Menü **Datei > Neu**.

Abbildung 10.30
OpenOffice am Mac? Kein Problem!

OpenOffice kann nicht nur das eigene Dokumentformat ODT lesen und schreiben, sondern auch alle anderen gängigen Office-Formate. Derzeit werden selbst Dokumente aus Office geöffnet und gespeichert.

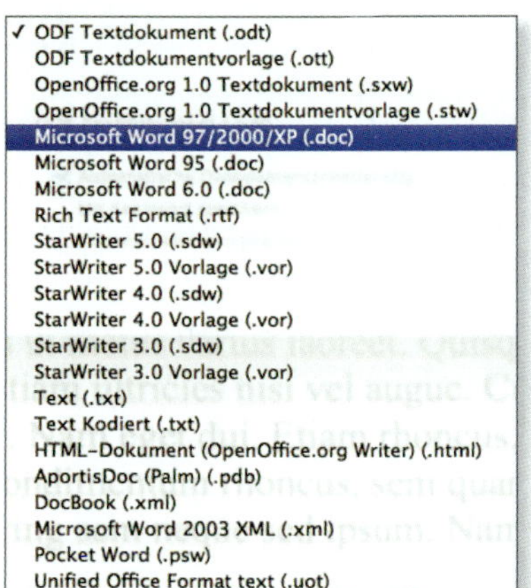

Abbildung 10.31
Nur eine kleine Auswahl an Dateiformaten, die OpenOffice öffnen und auch abspeichern kann

Sie fragen sich nun sicherlich: »Klappt das wirklich so reibungslos mit dem Datenaustausch?« Die Antwort ist ein klares »Jein«: Wenn Sie ein Dokument von OpenOffice für MS Office abspeichern, wird es in den Microsoft-Anwendungen immer korrekt dargestellt. Umgekehrt ist unter Umständen etwas Nacharbeit notwendig. Es gilt: Einfache Dokumente werden völlig problemlos in die kostenlose Software importiert. Komplizierte Dokumente, beispielsweise aufwendige Tabellenkalkulationen, PowerPoint-Dokumente mit Animationen oder Word-Dokumente mit Rahmen, Formeln und Tabellenrahmen müssen unter Umständen nachbearbeitet werden. Ein spezielles Problemkind sind die kleinen Helferlein aus MS Office, die Makros. Damit kann OpenOffice gar nichts anfangen.

Trotzdem kann man abschließend sagen: Als Privatanwender werden Sie in der Regel mit OpenOffice problemlos arbeiten können. Dank der übersichtlichen Symbolleisten werden Sie sich auch als Einsteiger schnell im Programm zurechtfinden.

Abbildung 10.32
Pages am iPhone

Die einfachen Office-Alternativen: Apple Pages, Keynote & Numbers

Wer schnell und einfach tolle Ergebnisse erzielen möchte, greift auf die Apple-Programme zurück. Früher waren sie im Paket erhältlich (iWork), mittlerweile gibt es sie als eigenständige Anwendungen:

- **Pages:** eine Mischung aus Word und CorelDRAW
- **Keynote:** PowerPoint in HD-Qualität
- **Numbers:** eine einfach zu bedienende Tabellenkalkulation

Einen Datenträger gibt es nicht, der Kauf erfolgt ausschließlich über den App Store. Die Programme sind mit Microsoft Office kompatibel und sehr einfach zu bedienen. Natürlich ist der Funktionsumfang nicht mit MS Office vergleichbar, aber für den normalen Anwender reicht das Apple-Programmpaket in jedem Fall. Dazu hat Apple natürlich auch hier den »Apfel-Faktor« mit eingebaut: Egal, ob Sie eine Präsentation oder eine nüchterne Tabelle erstellen – dank toller Vorlagen und spannender Effekte wird die trockene Büroarbeit spannend und schick in Szene gesetzt.

Pages

Apples *Pages* ist mehr als nur eine Textverarbeitung. Das Programm ist vielmehr ein Hybridwesen aus Layoutprogramm und Textverarbeitung. Zahlreiche Vorlagen sowie die Anbindung an das Apple-Adressbuch Kontakte erleichtern es auch unerfahrenen Anwendern, attraktive und gut gestaltete Dokumente zu erzeugen. Auf Wunsch können Sie sogar einen Textfluss wie in einer Zeitung erstellen – sprich, einen Artikel auf der ersten Seite anreißen und dann per Mausklick automatisch auf Seite 6 weiterführen. Auch viele Bilder können ein Pages-Layout nicht sprengen, und sogar das Platzieren Ihrer Fotos in eigenen Fotorahmen ist möglich. Das bedeutet, der Platz für das Foto ist fest eingeplant, Größe und Ausschnitt des Bildes können per Schieberegler unkompliziert verändert werden.

Das absolute Highlight ist aber die Funktion **Spiegelung**. Nehmen Sie einfach ein beliebiges Objekt in Pages, und aktivieren Sie den entsprechenden Menüpunkt ①. Der schöne Effekt aus der Cover-Flow-Ansicht ist nun auch in Ihrem Layout für Ihre Fotos verfügbar. Die dezente Spiegelung ist doch wirklich mal etwas anderes als der ewige Schlagschatten, oder? Dieser kann aber auf Wunsch ebenfalls in dieser Menüzeile aktiviert werden ②.

Abbildung 10.33
Ein toller Effekt – die Spiegelung

Gerade wenn mehrere Personen an einem Dokument arbeiten und das Schriftstück mehrmals per E-Mail hin- und hergeschickt wird, kann man schnell den Überblick verlieren. Wer hat was korrigiert, und wer hat die Tabelle auf Seite 5 gelöscht? Aus diesem Grund bietet Pages auf Wunsch

Ab in die Wolke

Pages, Keynote und Numbers gibt es auch für iOS und damit für iPod Touch, iPhone und iPad. Über iCloud können Sie damit Dokumente an allen Ihren Geräten bearbeiten, synchronisieren und präsentieren.

eine exakte Protokollierung. Einmal über das Menü **Bearbeiten** aktiviert, merkt sich die App sämtliche Änderungen auch unterschiedlicher Autoren. Die Änderungen können sogar en bloc per Mausklick übernommen oder verworfen werden. Das funktioniert natürlich nur, wenn auch die Kollegen mit dieser Protokollierung arbeiten.

Abbildung 10.34 >
Pages protokolliert auf Wunsch sämtliche Änderungen im Dokument – arbeiten mehrere Nutzer an einem Werk, ist das sehr praktisch.

Sehr praktisch ist, dass Office-Dokumente komplett importiert und exportiert werden können. Dazu werden unzählige Bild- und Medienformate wie MP3, MOV, EPS und viele mehr direkt unterstützt.

Keynote

Sie kennen sicherlich die Apple-Keynote, also die Offenbarung von Apple, die alljährlich im Januar die Neuheiten des Konzerns verkündet. Wohl auch aus diesem Grund wurde das Präsentationsprogramm ebenfalls *Keynote* getauft.

Für PowerPoint-Anwender ist das Programm tatsächlich eine Offenbarung: Messerscharfe Grafiken und Schriften, richtig gut gemachte Überblendungen und Bewegungseffekte sind das, was man bei Microsoft schon lange vermisst. Selbst Transparenzen, also durchsichtige Überlagerungen verschiedener Objekte, sind per Schieberegler machbar.

Schlichtweg einzigartig sind allerdings die Animationseffekte. **Intelligente Animation** heißt das in Keynote. Im Klartext können Sie mit diesem mächtigen, aber ebenfalls sehr einfach zu bedienenden Programmteil Fotos in Aktion versetzen, Diagramme animieren und vieles mehr. Beispielsweise kann mit drei Einstellungen ein 3D-Fotowürfel erzeugt werden, der bis zu sechs verschiedene Fotos ganz nach Wunsch anzeigt und dabei rotiert. Auch das Aufblättern eines Buches simuliert Keynote in Perfektion.

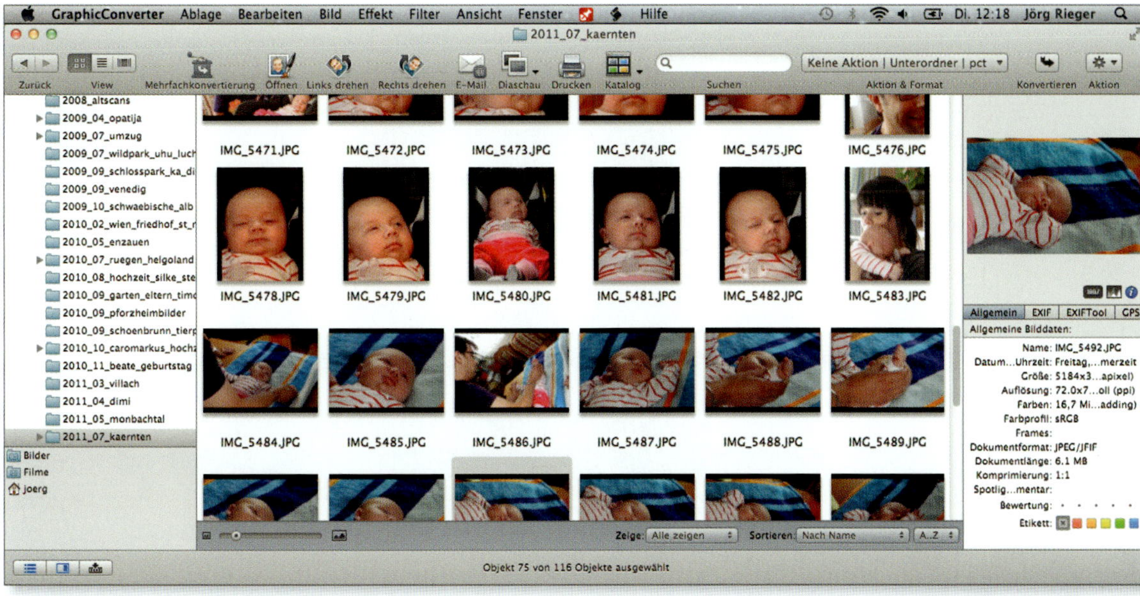

Abbildung 10.41
GraphicConverter ist eine gute Alternative zu IrfanView.

Die Software kann alles, was IrfanView auch kann, ist ähnlich schnell und bietet eine deutlich schickere Programmoberfläche. Allerdings kostet das Programm nach beliebig langer Testphase (die einzige Einschränkung ist ein zeitverzögerter Start) eine geringe Registrierungsgebühr von knapp 30 € – die lohnen sich allerdings. Unglaubliche 200 Bildformate kann die Anwendung öffnen und immerhin 80 davon auch wieder abspeichern. Dazu funktioniert der Bildimport sogar direkt von einer beliebigen Digitalkamera, ganz ohne »iPhoto-Anhängsel«. Den GraphicConverter können Sie unter *www.lemkesoft.de* herunterladen.

Abbildung 10.42
GraphicConverter – das »Schweizer Taschenmesser« für Ihre Bilder

Photo Mechanic

Eine weitere Alternative zu IrfanView stellt die Software Photo Mechanic dar. Sie ist der mit Abstand schnellste Fotobetrachter für Mac (und übrigens auch Windows). Die pfeilschnelle Anzeige selbst riesengroßer RAW-Fotos professioneller Spiegelreflexkameras ist einfach perfekt. Allen Anwendern, die gerne auf Komplettsammlungen wie in iPhoto oder Photoshop Elements verzichten, ist dieses Programm mit Sicherheit einen Blick wert. Die weiteren Vorteile von Photo Mechanic liegen in der Möglichkeit, Bilder im Stapel zu bearbeiten, also beispielsweise schnell alle Fotos für den E-Mail-Versand kleinzurechnen oder in ein anderes Dateiformat zu bringen. Die Vollversion der Software mit 150 US$ ist nicht gerade günstig, aber ihr Geld wert. Unter *www.camerabits.com* können Sie die Testversion von Photo Mechanic laden. Foto-Enthusiasten sollten in jedem Fall mal einen Blick darauf werfen.

Abbildung 10.43 >
Photo Mechanic ist der schnellste Bildbetrachter am Mac.

^ Abbildung 10.44
Die Adobe Creative Suite mit Photoshop, InDesign und Illustrator

Für Profis: Adobe Creative Suite

Eine unüberschaubare Programmvielfalt umfasst die aktuelle Creative Suite von Adobe. Das Rundum-sorglos-Paket mit InDesign, Photoshop, Dreamweaver, Illustrator und Premiere bietet alles, was man für die Erstellung digitaler Medien braucht. Für Grafiker, Webdesigner oder Video-Experten gibt es jeweils spezielle Editionen. Wer bislang am PC auf CorelDRAW gesetzt hat und partout ohne ein virtuelles Windows arbeiten möchte, kommt als Alternative um diese deutlich teurere Programmsammlung nicht herum.

Seit Jahren bringt Adobe gleichzeitig eine Mac- und eine Windows-Version mit identischem Funktionsumfang heraus. Daher werden Sie beim Umstieg keinerlei Probleme haben: Menüs, Paletten, Tastenkombinationen und Benutzeroberfläche sind in beiden Betriebssystemen dieselben. Auch der Datenaustausch zwischen Mac- und Windows-Versionen erfolgt völlig problemlos.

Testversionen

Wer die Programme der Creative Suite 30 Tage lang kostenlos testen möchte, kann sie sich einzeln von der Adobe-Website herunterladen (*www.adobe.de*).

QuickTime statt Windows Media Player

Das Windows-Anhängsel, der *Media Player*, dürfte Ihnen als ehemaligem Windows-Anwender als Tausendsassa für alle Multimedia-Bereiche bekannt sein. Standardmäßig springt der Media Player unter Windows beim Abspielen von Videos, Musik, CDs und sogar DVDs ein. Auch Webinhalte werden über diese Applikation abgespielt.

Den Media Player gab es auch für OS X – er wurde allerdings vor einigen Jahren komplett eingestellt und nicht mehr weiterentwickelt. Ähnlich wie beim Internet Explorer für den Mac sah man bei Microsoft aufgrund besserer Alternativen keinen Grund, das Projekt weiterzuführen.

Abbildung 10.45
Der QuickTime Player gibt digitale Videos und Musikdateien wieder. (Videobild mit freundlicher Genehmigung von www.dive-videos.com)

In die Bresche springt der Apple *QuickTime Player.* War die Anwendung bisher eher ein lahmer Ersatz für den Windows Media Player, kann die aktuelle Version (seit OS X 10.7) doch einiges mehr. QuickTime kann unter anderem mit folgenden gängigen Medienformaten umgehen:

- MPEG-1, MPEG-2 und MPEG-4
- H.264
- 3GPP und 3GPP2
- AAC
- MP3
- JPEG

Abbildung 10.46
QuickTime für den Mac

Sie sehen, dass QuickTime dem Windows Media Player ganz gut das Wasser reichen kann. Nur: Die Windows-eigenen Formate WMV (Windows Media Video) und WMA (Windows Media Audio) beherrscht der Apple-Player von Haus aus nicht; auch Windows Media Streams, beispielsweise von Online-Radios, funktionieren damit nicht.

Ein kostenloses Plug-in für den QuickTime Player, das übrigens auch offiziell von Microsoft unterstützt wird, schafft Abhilfe. *Flip4Mac* bohrt den Leistungsumfang von QuickTime massiv auf, und dann klappt's auch mit allen Medienformaten. Die Installation von Flip4Mac ist denkbar einfach. Nach dem Herunterladen der Programmdatei genügen wenige

Download Flip4Mac

Unter *www.telestream.net* kann die kostenlose Erweiterung Flip4Mac für den QuickTime Player heruntergeladen werden.

Mausklicks, um die Anwendung auf die Festplatte zu bannen. Flip4Mac fungiert dabei nicht als eigenständiges Programm, sondern läuft im Hintergrund von QuickTime.

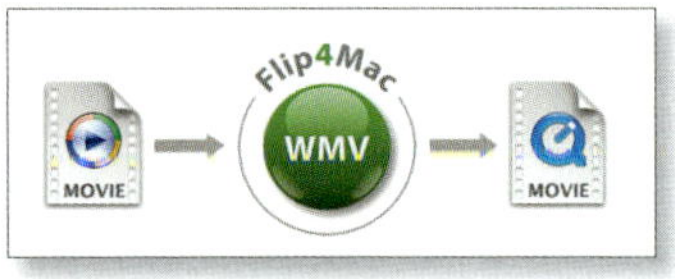

Abbildung 10.47
Flip4Mac macht mehr aus Ihrem QuickTime Player.

Übrigens gibt es auch von Flip4Mac eine kostenpflichtige Version. Die Vorteile sind aber nur für Profis interessant, die beispielsweise Videos umwandeln möchten. Daher gilt auch hier, dass die Gratissoftware ausreicht.

Was QuickTime ebenfalls nicht beherrscht, ist die Wiedergabe von Audio-CDs oder DVDs. Dies wird vom OS X-eigenen DVD-Player und iTunes getrennt erledigt. Lesen Sie dazu die Abschnitte 9.4, »iTunes – Musik ohne Ende«, und 9.3, »DVD-Player«.

Der QuickTime Player selbst ist sehr einfach und unkompliziert zu bedienen. Nach dem Programmstart präsentiert er sich mit einem Videofenster mit Bedienelementen aus iTunes. Ganz zentral finden Sie den Abspielknopf 1. Rechts und links davon liegen die Tasten, um vor- 2 oder zurückzuspulen 3. Um eine Videodatei wiederzugeben, ziehen Sie diese einfach auf das QuickTime-Symbol im Dock oder starten sie per Doppelklick. Im Gegensatz zum Windows Media Player startet aber die Wiedergabe erst dann, wenn der Abspielknopf angeklickt wird.

Abbildung 10.48
Die Bedienschaltflächen von QuickTime sind übersichtlich und nahezu selbsterklärend.

Das Videofenster kann stufenlos vergrößert werden, auch während ein Video läuft. Ziehen Sie einfach mit gedrückter Maustaste an einer beliebigen Außenkante. Über den Schieberegler 4 können Sie außerdem die Abspielposition des aktuellen Videos stufenlos verändern. Fixieren Sie einfach die kleine Raute per Mausklick, und schieben Sie sie dann an die gewünschte Position.

Eine Vollbildansicht ist im QuickTime Player ebenfalls verfügbar. Sie wird *Vollbildmodus* genannt. Über das Menü **Darstellung** beziehungsweise die

Tastenkombination cmd+F erhält man bildschirmfüllenden Videogenuss. Mit esc verlassen Sie die Vollbilddarstellung wieder.

Verspüren Sie den dringenden Wunsch, das betrachtete Filmchen direkt auf YouTube oder Facebook zu veröffentlichen, gibt es nun auch hierfür den passenden **Bereitstellen**-Button 5. Auch die »klassische« Weitergabe über E-Mail oder per Nachricht ist möglich.

QuickTime als Camcorder – Achtung, Aufnahme!

Beim QuickTime Player lohnt sich ein Blick in das Menü **Ablage** – hier ist man, sofern man schon Apple-Luft geschnuppert hat, überrascht: Der Player kann auch aufnehmen, und zwar Audio und Video. Das klappt standardmäßig mit der angeschlossenen Webcam und dem integrierten Mikrofon am Mac:

1. So klappt Ihre erste Videoaufnahme: Aufräumen, Sonntagsgesicht aufsetzen und den QuickTime Player starten. Gehen Sie nun in das Menü **Ablage**, und klicken Sie hier auf **Neue Videoaufnahme**. Im nächsten Fenster klicken Sie dann auf den Aufnahme-Button 6, und schon sind Sie Kameramann, Regisseur und Darsteller in Ihrem ganz eigenen Video.

6

Abbildung 10.49
Und Action! QuickTime kann auch aufnehmen.

2. Klar, ein Klick auf die Stopp-Taste beendet die Aufnahme. In QuickTime können Sie nun sogar das Video rudimentär schneiden. Dazu steht im Menü **Bearbeiten** der Befehl **Trimmen** bereit. Mit der virtuellen Schere wird das Anpassen des Videos zum Kinderspiel, allerdings können nur Start und Ende angepasst werden. Das Rausschneiden der Kaffeepause ist mit QuickTime dann doch nicht machbar.

Abbildung 10.50 >
Videos auf dem Trimm-dich-Pfad – hier kann man Start und Ende prima abschneiden. (Videobild mit freundlicher Genehmigung von www.dive-videos.com)

^ Abbildung 10.51
Ihr Video wandert per Mausklick auch direkt ins Web. (Videobild mit freundlicher Genehmigung von www.dive-videos.com)

3. Gespeichert wird standardmäßig als M4V-Videodatei. Je nach angeschlossener Kamera sind bessere Auflösungen möglich, selbst HD ist machbar. Im Menü **Ablage** finden Sie allerdings keinen Button zum Speichern, hier müssen Sie immer **Exportieren** und dann die gewünschte Auflösung wählen.

Abbildung 10.52 >
Gespeichert wird das Video direkt zur Wiedergabe auf iPhone & Co. (Videobild mit freundlicher Genehmigung von www.dive-videos.com)

4. Für alle Web 2.0-User kann QuickTime Ihr Lieblingsvideo direkt auf Online-Plattformen laden. Das funktioniert über das Menü **Bereitstellen** mit simplen Mausklicks.

Formatprobleme? VLC hilft!

Gerade bei Videodateien kann es passieren, dass sie über QuickTime nicht richtig wiedergegeben werden. Man kennt das auch bei Windows: Weder hört man einen Ton noch sieht man ein Bild, oder die Darstellung wird aufgrund eines Dateifehlers komplett verweigert.

Abbildung 10.53
Der kostenlose VLC-Player lässt sich ganz wie QuickTime bedienen.

Böse Zungen würden an dieser Stelle behaupten, dass es sich bei solcherlei »Problemfällen« meistens um illegale Kopien von dubiosen Tauschbörsen handelt. Das kann, muss aber nicht so sein – es genügt schon, eine mit einem exotischen Codec geschriebene digitale Diashow vom Kollegen aus Amerika zu erhalten, und schon funktioniert die Wiedergabe auch mit Flip4Mac über QuickTime nicht mehr.

Abbildung 10.54
Keineswegs eine Baustelle – der VLC-Player

Hier hilft das Programm *VLC Media Player*, das Ihnen vielleicht schon aus der Windows-Welt bekannt ist. Die Software gibt es für Linux, Windows und auch OS X, und sie ist komplett kostenlos im Internet erhältlich. Die Programmdatei ist knapp 30 Megabyte groß und lässt ein mächtiges Programm vermuten. Tatsächlich kann der VLC-Player so ziemlich alle Videos abspielen, die im Medienbereich zu finden sind.

Bei der Installation sollten Sie Folgendes beachten: Nach dem Doppelklick auf die heruntergeladene Datei öffnet sich sofort das Archiv. Hier können Sie das VLC-Programm einfach per Mausklick in Ihren Ordner **Programme** ziehen. Das war schon die komplette Installation!

Download VLC

Den aktuellen VLC Media Player können Sie unter *www.videolan.org* herunterladen.

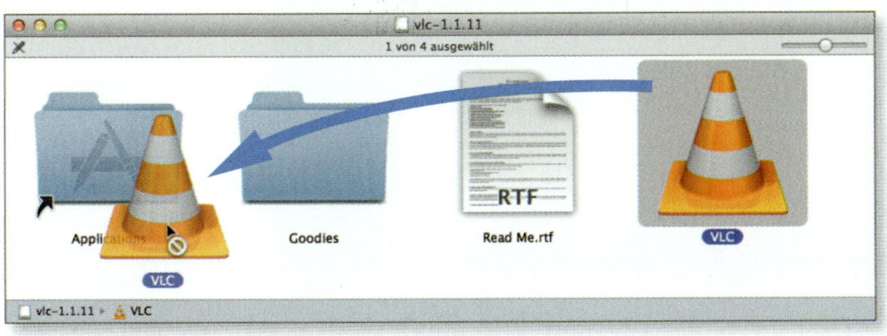

Abbildung 10.55
Einfach installieren – aus dem Installationspaket muss die Programmdatei nur in den Ordner »Programme« kopiert werden.

Werfen wir einen kurzen Blick auf die Softwareoberfläche. Sie müssen auch hier lediglich die Datei auf den Player ziehen und dann, wie bei QuickTime oder iTunes, das große Dreieck anklicken. Ein weiteres Plus dieses Players gegenüber der Basisversion des QuickTime Players ist, dass er eine hochauflösende Vollbildwiedergabe beherrscht. Das klappt entweder mit der Tastenkombination `cmd`+`F` oder über das Menü **Video**.

Dazu gibt es bei der Wiedergabe von DVDs mit dem VLC-Player die Möglichkeit, jederzeit ein Bildschirmfoto zu machen. Das ist praktisch, aber bei QuickTime wohl aus lizenzrechtlichen Gründen gesperrt. Nutzen Sie hierzu die Tastenkombination `cmd`+`alt`+`S`. VLC erzeugt dann vom aktuellen Videobild eine PNG-Datei, die einfach auf den Schreibtisch gelegt wird.

Beachten Sie aber, dass der VLC-Player kein kompletter Ersatz für QuickTime ist, sondern nur eine praktische Ergänzung. Denn VLC kann nicht als Abspielprogramm im Webbrowser, beispielsweise für Videos oder Musik, verwendet werden. Das Streaming von Internetradio und Videostreams beherrscht die Anwendung allerdings problemlos.

RealPlayer SP

Abbildung 10.56
Ein alter Bekannter – der RealPlayer

»Noch ein Medienplayer?«, hören wir Sie schon leise stöhnen. Ja, das Programm *RealPlayer* kann primär das, was QuickTime Player und VLC auch können: Videos und Musikdateien abspielen. In den letzten Jahren ist die Software etwas ins Abseits gedriftet, meldet sich aber aktuell mit einer praktischen Funktion zurück: Das Programm kann von fast jeder beliebigen Internetseite Videos auf Ihre Festplatte herunterladen, YouTube & Co. inklusive. Das ist legal und komfortabel; der RealPlayer konvertiert die Daten sogar direkt iTunes-tauglich und integriert die Videos auf Wunsch in Ihre Mediathek.

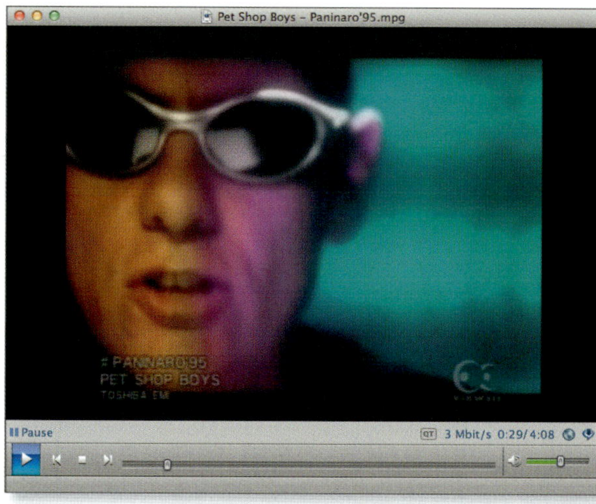

Abbildung 10.57
Der RealPlayer sieht unter OS X 10.8 Mountain Lion der Windows-Variante nur bedingt ähnlich.

> **RealPlayer im Web**
>
> Unter *www.real.com* können Sie die aktuelle Version des RealPlayers herunterladen.

Eine gute Nachricht für alle RealPlayer-Fans: Das Programm ist auch für OS X erhältlich. Bei der Umsetzung für OS X 10.8 Mountain Lion haben sich die Programmierer viel Mühe gegeben. Die Anwendung funktioniert genauso wie die Windows-Version, sieht aber viel besser aus.

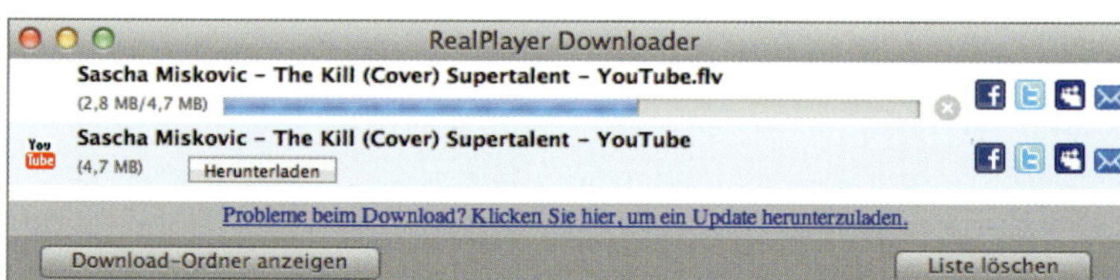

Abbildung 10.58
Der RealPlayer kann Videos von Videoportalen direkt auf Ihre Festplatte speichern.

10.5 Videotelefonie und Chat – bleiben Sie in Kontakt!

Haben Sie am PC fleißig mit Messenger Ihren Bekanntenkreis erweitert, oder waren Sie einfach immer und überall online mit Freunden im Gespräch? Dann werden Sie es sicherlich gerne hören, dass es zu fast allen Chat-Programmen eine passende Mac-Version gibt.

Microsoft Messenger

Die Software *Microsoft Messenger* ist auch unter OS X verfügbar. Sie sieht am Mac etwas anders aus, kann aber sonst auch alles, was man mit ihr unter Windows konnte – chatten, videotelefonieren, einfach nur telefonieren oder Daten übertragen. All das klappt mit der Mac-App absolut problemlos, natürlich auch dann, wenn Sie mit Windows-Anwendern in Kontakt treten. Zudem übernimmt der Messenger beim ersten Login mit Ihrem Passwort alle Kontakte, die Sie auch am PC bereits integriert hatten. Hier sind Heimatgefühle also inklusive.

Abbildung 10.59
Wie am PC – der Microsoft Messenger

Abbildung 10.60
Der Messenger am Mac kann genauso viel wie die Windows-Version.

^ Abbildung 10.61
Die beliebte Videotelefonie-Software ist auch für den Mac erhältlich.

Skype

Haben Sie am PC über Skype telefoniert und via Webcam mit Freunden aus aller Welt gechattet? Prima, am Mac können Sie damit einfach weitermachen. Skype für OS X sieht so aus wie unter Windows und funktioniert auch genauso. Klar, dass Ihre gespeicherten Kontakte übernommen werden. Die eingebaute Apple-Webcam und das integrierte Mikrofon werden genauso unterstützt wie Lösungen von Drittherstellern. Bei externen Webcams kann das erfahrungsgemäß unter OS X etwas schwierig werden – mehr dazu lesen Sie in Kapitel 11, »Hardware richtig installieren«.

Abbildung 10.62 >
Skype am Mac bietet alle Funktionen der Windows-Version.

Apple FaceTime

^ Abbildung 10.63
FaceTime verbindet OS X mit iPhones und iPads.

Das iPhone, das iPad und fast jeder Mac sind mit einer Webcam ausgestattet. So war die Idee von Apple, alle miteinander zu verbinden, eine naheliegende Angelegenheit. FaceTime ist hier das Programm der Wahl, allerdings gibt es jede Menge »Aber« zu beachten: Nur wenn Sie einen (kostenlosen) Apple-Account haben, sind Sie künftig über FaceTime erreichbar. Wenn Sie jemanden anrufen möchten, muss diese Person ebenfalls einen Apple-Account haben und in Ihrem Apple-Adressbuch eingetragen sein.

Abbildung 10.64
FaceTime ist ideal für die Kommunikation zwischen iPhone, iPad und OS X-Computern.

Doch das ist noch nicht alles: Von Mac zu Mac klappt das Videotelefonieren problemlos, von iPhone zum Mac oder von iPhone zu iPhone nur dann, wenn beide über eine normale Internetverbindung am Netz sind; mit einer mobilen Datenverbindung klappt es aktuell nicht. Das liegt daran, dass die Bildübertragung in HD erfolgt, was eine normale Handyverbindung doch massiv überfordern würde. FaceTime von der U-Bahn aus geht daher nicht, aber wenn Sie im Hotel sind und mit Ihren Lieben per Bildtelefonie sprechen möchten, ist FaceTime wirklich praktisch und günstig.

Nachrichten – eine App für flinke Finger

Die App Nachrichten ist weitaus mehr als nur ein Chat-Programm. Mithilfe dieser Software können Sie nämlich nicht nur mit anderen Mac-Anwendern chatten, sondern auch allen Bekannten, die ein iPhone oder ein iPad besitzen, sogenannte iMessages schicken. Das kostet Sie keinen Cent.

Abbildung 10.65
Gute Nachrichten – per Mac mit iPhones chatten

Leider funktioniert der Datenabgleich mit dem iPhone aktuell noch nicht. Sprich, Sie können Ihren Bekannten unter Mountain Lion iMessages senden, diese werden aber nicht parallel auf Ihr eventuell vorhandenes iPhone übertragen. Allerdings gehen wir davon aus, dass Apple dies noch mit einem Update beheben wird.

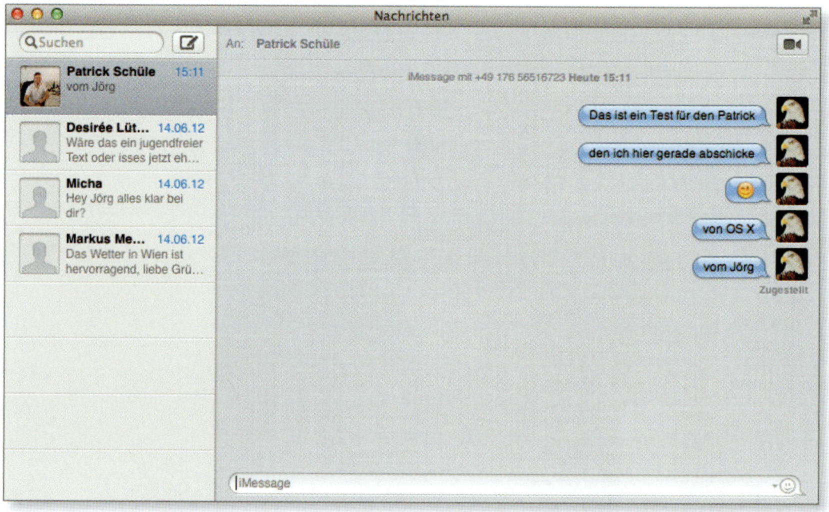

Abbildung 10.66 >
Das Programm Nachrichten im Einsatz

^ Abbildung 10.67
Die Nachrichten-App am iPhone heißt iMessage.

Ansonsten gilt auch hier: Die Bedienung ist selbsterklärend. Sie wählen im Adressbuch einen Nachrichtenempfänger aus, und schon geht es los. Ob dieser dann ein iPhone, ein iPad oder einen OS X-Computer hat, spielt keine Rolle, die Nachricht erreicht ihn auf dem Gerät, das er gerade benutzt.

11 Hardware richtig installieren

Hardwareinstallation am Mac? Nichts leichter als das. Plug & Play gibt es am Mac ganz genauso wie unter Windows. USB- und FireWire-Geräte, aktuelle Drucker, Mäuse oder Digitalkameras werden meist ohne Probleme installiert. Knifflig wird das Ganze, wenn vorhandene, ältere PC-Hardware auch unter OS X 10.8 Mountain Lion zum Leben erweckt werden soll. Spätestens wenn der alte Paralleldrucker Anschluss finden soll, wird es doch etwas schwieriger. Trotzdem werden Sie in den meisten Fällen überrascht sein, dass Sie für kaum ein Gerät die Installations-CD des Herstellers auspacken müssen.

Grundsätzlich können Sie ein neues (oder altes) Gerät einfach am Mac anschließen. Im Gegensatz zu Windows kommen keinerlei Meldungen, ob eine neue Hardware entdeckt und mehr oder weniger erfolgreich erkannt wurde. Sie werden auch nicht mit den oft überflüssigen Statusmeldungen eines Windows-Betriebssystems überflutet. Wenn Sie trotzdem wissen möchten, ob OS X Ihr Gerät erkannt hat, genügt ein Klick auf das Apfelsymbol links oben und im Menü auf **Über diesen Mac**. Im Fenster **Über diesen Mac** finden Sie unter **Weitere Informationen > Systembericht** 1 die gewünschten Hinweise, fein säuberlich nach Anschlusskategorien sortiert.

Abbildung 11.1
Über diesen Mac – die Basisinformationen sind hier übersichtlich zusammengefasst, sogar das Modelljahr 2 *wird eingeblendet.*

Das wirkt in Sachen Übersichtlichkeit ganz ähnlich wie der Geräte-Manager unter Windows. Normalerweise werden Sie, sofern ein Drucker, eine Digicam oder Ähnliches angeschlossen ist, unter den Menüpunkten **FireWire** 3 und **USB** 4 fündig. Ist Ihr Gerät hier aufgelistet, wird es von OS X erkannt und kann verwendet werden.

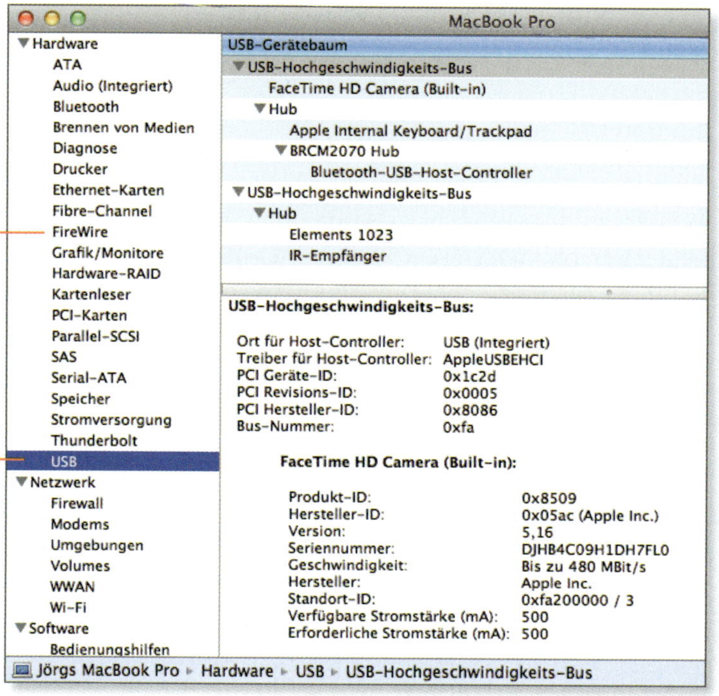

Abbildung 11.2 >
Ganz im Detail: Informationen über den Mac und angeschlossene Geräte

Abbildung 11.3
Andere Hersteller haben auch schöne Mäuse – die heiß geliebte PC-Maus funktioniert auch am Mac. (Foto: Microsoft)

11.1 Maus und Tastatur

Eingabegeräte wie Maus und Tastatur funktionieren am Mac, über USB angeschlossen, komplett ohne Installation. Sie müssen also unter OS X nicht auf Ihre Lieblingsmaus oder die heiß geliebte Tastatur verzichten. Direkt nach dem Einstecken in den USB-Port funktionieren die Geräte wie gewohnt. Aber aufgepasst – [Strg]-, [Alt]- und [⊞]-Taste sind am Mac anders belegt. Zum Einstieg empfiehlt es sich daher nicht unbedingt, direkt die alte PC-Tastatur anzuschließen, denn die geänderte Tastenbelegung führt sonst schnell zu Fehlgriffen.

Falls erforderlich, können Sie in den Systemeinstellungen unter **Maus** die Maustasten konfigurieren und das Scrollrad sowie die rechte

Maustaste aktivieren. Lesen Sie dazu in Abschnitt 12.2, »Hardware«, auf Seite 277 nach. Apple trauert an dieser Stelle offenbar noch immer der Ein-Tasten-Maus nach und versucht daher gern, die Funktionalität der separat angesteckten Geräte darauf zu beschränken.

11.2 Digitalkamera

Treiber ade – die meist ohnehin wenig sinnvollen Treiber mit oft nicht benötigten Zusatzfunktionen, beispielsweise zum Download von Fotos vom PC, können Sie am Mac getrost vergessen. 99 % aller Digitalkameras schließen Sie unter OS X einfach per Datenkabel an, schon wird die integrierte Speicherkarte als Laufwerk auf dem Schreibtisch von Mountain Lion beziehungsweise in der Seitenleiste des Finders angezeigt. Dort können Sie die Fotos dann betrachten und auf die Festplatte kopieren.

Standardmäßig wird sich in diesem Fall auch iPhoto zu Wort melden und den automatischen Fotoimport anbieten. Das ist natürlich praktisch, da die Aufnahmen dann auch gleich sortiert und auf Wunsch sogar von der Speicherkarte entfernt werden. Mehr dazu lesen Sie im Abschnitt »Fotos importieren« auf Seite 180 in Abschnitt 9.1.

Abbildung 11.4
Eine Kamera oder Speicherkarte erscheint direkt als Wechseldatenträger in der Seitenleiste des Finders.

In dem höchst unwahrscheinlichen Fall, dass Ihre Kamera nicht vom Mac erkannt wird, hilft die Hersteller-Website Ihres Kameraherstellers. Dort sollten auch Treiberdateien für OS X zu finden sein. Und wenn alle Stricke reißen, hilft noch immer ein Kartenlesegerät. Diese Geräte simulieren ein ganz normales Laufwerk und werden von OS X in jedem Fall erkannt. Sie müssen nur noch die Speicherkarte aus der Kamera entfernen und dort einlegen. Die meisten aktuellen Mac-Computer haben ein Lesegerät für die gängigen SD-Karten direkt eingebaut.

Abbildung 11.5
Praktisch – das Kartenlesegerät im iMac

11.3 Webcam

Abbildung 11.6
PC-Webcams funktionieren unter OS X nicht immer reibungslos. Teurere Modelle wie dieses von Logitech arbeiten hingegen einwandfrei mit Apple-Computern zusammen. (Foto: Logitech)

Webcams sind ein praktisches Kommunikationsmittel – man kann, die entsprechende Software und einen schnellen Internetzugang vorausgesetzt, weltweit »videofonieren« und somit auch im Urlaub oder während einer Geschäftsreise mit der Familie in Kontakt bleiben. Apple liefert bei OS X die passende Software, *FaceTime*, schon mit, aber auch *Skype* und der *MSN Messenger* laufen am Mac hervorragend (siehe Abschnitt 10.5, »Videotelefonie und Chat – bleiben Sie in Kontakt!«).

In Ihrem neuen Mac ist wahrscheinlich schon eine Webcam eingebaut, oder? Dann ist die Lektüre der folgenden Zeilen für Sie uninteressant, denn Apples *iSight*-Kameras sind perfekt ins System integriert und müssen nicht separat installiert werden.

Spannender wird es für alle Anwender, die einen älteren Mac-Computer ohne eingebaute Webcam besitzen oder mit einem professionellen Mac Pro arbeiten, der ja ohne Apple-Monitor geliefert wird. Beim Kauf einer Webcam müssen Sie unbedingt darauf achten, dass sie mit OS X kompatibel ist und dass entsprechende Treiber mitgeliefert werden. Im Gegensatz zu anderer Hardware gibt sich OS X bei Webcams ziemlich zurückhaltend und benötigt in diesem Fall meist einen Treiber vom Hersteller der Webcam. Es gibt zwar viele Zubehörhersteller, nur leider bieten nur wenige auch Kameras für Apples OS X an. Unser Tipp: Schauen Sie einfach mal bei den Logitech-Kameras, hier sind zumindest die höherpreisigen Geräte unter OS X lauffähig.

An dieser Stelle wünscht man sich dann doch Windows zurück – dort werden Webcams immer vollautomatisch erkannt. Anders als bei anderer Hardware kommt das Microsoft-System in Bezug auf Webcams hervorragend mit Geräten unterschiedlichster Hersteller klar.

Warum eine Apple-Webcam?

Die Apple-Webcam aller aktuellen iMacs oder MacBooks ist den externen Lösungen anderer Hersteller um Längen voraus – die Bildqualität ist ungeschlagen gut. Wenn Ihr Mac also eine Webcam an Bord hat, sollten Sie Ihr PC-Modell einfach im Karton lassen.

Sie möchten gerne eine externe Webcam von Apple Ihr Eigen nennen? Pech gehabt, die wird schon seit Jahren nicht mehr produziert; und selbst damals war es sehr schwer, eine dieser Cams in Europa zu bekommen. Schuld daran war der hohe Schadstoffgehalt dieser Webcam, der einen Vertrieb in der EU verhinderte.

Wenn Sie bereits eine Webcam am PC hatten, schadet es natürlich nicht, sie auch an den Mac anzuschließen. Schauen Sie zuerst auf den Hersteller-Webseiten nach, ob es vielleicht auch einen Treiber für den »Berglöwen«

Unter **Name** ④ und **Standort** ⑤ sollten Sie eine Beschreibung des Geräts eintragen. Mit einem Klick auf **Hinzufügen** ⑥ sollte dann der Drucker angesprochen werden. Falls nicht, kann das verschiedenste Ursachen haben – von Firewalls über Virenschutz bis hin zu Fehleinstellungen im Netzwerkrouter. Hier sind die Fehlerquellen zahlreich, und daher ist in einem solchen Fall ein Blick in die Fachliteratur oder der Anruf bei einem Netzwerkspezialisten leider unvermeidlich.

11.5 Ein zweiter Bildschirm

Abbildung 11.10
Wie wäre es denn mit Ihrem LCD-TV als Mac-Monitor? (Foto: Sony)

Der Trend geht zum Zweitbildschirm, und standardmäßig können alle Macs mit einem zweiten Anzeigegerät arbeiten. Vielleicht haben Sie zu Hause einen Monitor zu viel. Oder Sie möchten einfach am Mac komfortabler arbeiten. Mit einem zweiten Bildschirm erweitern Sie Ihren Schreibtisch und können selten oder gerade nicht benötigte Software ganz unkompliziert auslagern. Auch bei der digitalen Fotoretusche mit Programmen wie Adobe Photoshop bietet es sich an, sämtliche Menüpaletten auf den zweiten Bildschirm auszulagern und damit den Hauptmonitor zum Arbeiten freizuhaben. Es muss hierzu kein Apple-Display sein, Sie können wirklich fast jeden beliebigen Monitor zur Zusammenarbeit mit OS X bewegen.

Übrigens sind auch fast alle aktuellen Flachbildfernseher geeignet, als extrem großer »Zweitmonitor« herzuhalten. Voraussetzung ist eine HDMI- oder DVI-Schnittstelle – und die hat fast jedes Gerät.

Abbildung 11.11
Mal wieder ein Eigenbau von Apple – nur mit diesem Adapterkabel kann man den vorhandenen Bildschirm als Zweitgerät an den Mac anschließen.

Um den zweiten Monitor benutzen zu können, müssen Sie ihn natürlich zunächst anschließen. Dazu müssen Sie einen passenden Adapterstecker im Apple-Store kaufen. Bei aktuellen iMacs ist das ein Adapter von Mini-DVI (Mac) zu DVI (einem Monitor mit Digitalanschluss) oder Analog-VGA (einem Monitor mit analogem VGA-Anschluss). Das heißt, Sie können Ihren alten Monitor auch am Mac verwenden. Für den LCD-Fernseher benötigen Sie wiederum ein HDMI-Adapterkabel von Apple.

Im nächsten Schritt schalten Sie das Gerät ein – Sie sehen nun das Bildschirmbild des Hauptmonitors als Duplikat. Das ist natürlich in den meisten Fällen Unsinn – öffnen Sie die Systemeinstellungen, und klicken Sie dort auf **Monitore**. Im Hauptbildschirm haben Sie die Möglichkeit, über **Anordnen** ① zu bestimmen, wie die Monitore auf Ihrem Schreibtisch platziert sind und wo das Dock beziehungsweise die Menüleisten von OS X ihren Platz finden sollen ②.

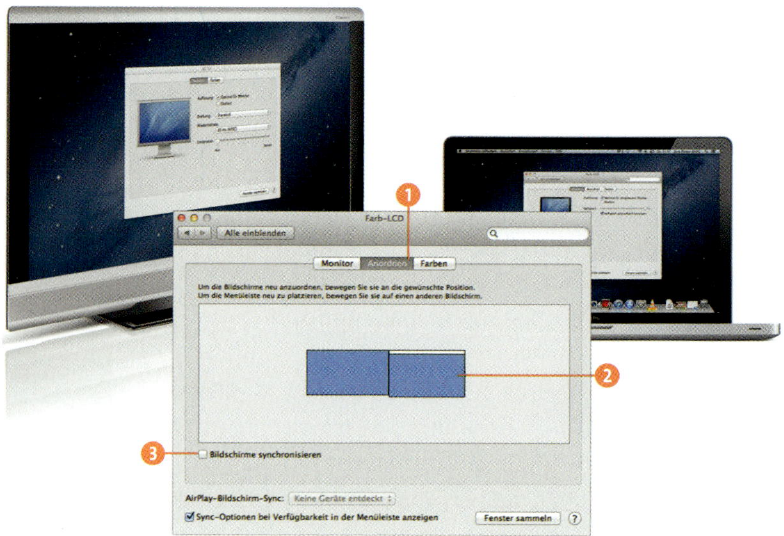

Abbildung 11.12 >
Die Monitor-Einstellungen sind schnell erledigt. (Fotos: Metz, Apple)

Im Bereich **Anordnen** ist ein Punkt besonders wichtig. Mit einem Häkchen bei **Bildschirme synchronisieren** ③ wird das Bild vom Hauptbildschirm einfach auf das zweite Gerät übertragen. Diese Einstellung ist dann korrekt, wenn Sie Ihre Fotos vom MacBook auf dem LCD-Fernseher anzeigen möchten oder einen Beamer zur Videopräsentation angeschlossen haben. Entfernen Sie das Häkchen, wird der zweite Bildschirm als Erweiterung Ihres Schreibtischs genutzt – Sie haben damit mehr Platz für Ihre Programme.

Etikettenschwindel »Mac-Festplatte«

Gerne werden Festplatten als spezielle »Mac-Festplatten« angeboten und dann zumeist deutlich teurer verkauft. Fakt ist: Es gibt keine speziellen Festplatten für den Mac, bei ihnen ist lediglich die Formatierung auf OS X abgestimmt. Das können Sie aber selbst mit zwei Mausklicks erledigen und damit jede Festplatte zur Mac-Festplatte machen. Siehe hierzu auch den Abschnitt 15.3, »Festplatten-Dienstprogramm«.

11.6 Externe Festplatten

Eine externe Festplatte gehört in jeden Haushalt. Ob nun als Datenspeicher für Digitalfotos, Dokumente oder als Backup-Volume für die Time Machine von OS X (siehe dazu auch Kapitel 13, »Benutzerkonten und Datensicherung«) – praktisch ist so ein Gerät in jedem Fall.

Wahrscheinlich haben Sie an Ihrem Windows-PC auch schon eine externe Festplatte über einen USB-Anschluss laufen. Die gute Nachricht: Auch unter OS X funktioniert sie einwandfrei. Die Festplatten sind untereinander kompatibel, mit einer Ausnahme: Ist der externe Datenträger mit NTFS formatiert, dem Standarddateisystem ab Windows XP, kann man die Dateien am Mac zwar lesen, nicht aber überschreiben oder gar löschen. Abhilfe schafft hier Zusatzsoftware wie *Paragon NTFS for OS X*; mehr dazu finden Sie in Abschnitt 14.6, »NTFS-Dateisystem – das kann kein Mac, oder doch?«.

Abbildung 11.13
In den Informationen bei »Format« sehen Sie mit einem Blick, ob das Laufwerk korrekt formatiert ist.

Grundsätzlich können Sie mit Ihrer vorhandenen Festplatte einfach den Test wagen und sie an Ihren Mac anschließen. Innerhalb weniger Sekunden wird sie als zusätzliches Laufwerk auf Ihrem Schreibtisch und im Finder-Fenster erscheinen.

Wenn Sie wissen möchten, mit welchem Dateisystem ihre Festplatte formatiert ist, genügen ein Rechtsklick auf das Laufwerkssymbol und die Auswahl von **Informationen** im Kontextmenü. Hier finden Sie unter **Format** (4) die Angabe, ob es sich um NTFS, FAT32 oder FAT handelt. Letztere Systeme sind mit OS X voll kompatibel. Mac-formatierte Platten haben hier **Mac OS Extended** stehen.

Neue Festplatte kaufen

Wenn Sie eine neue Festplatte kaufen, können Sie sich aus dem gesamten Regal der Hardwarehersteller bedienen. Es gibt hier kaum Qualitätsunterschiede. Äußerlich trennt sich die Spreu vom Weizen sehr offensichtlich, und meist ist die hässliche Plastikhülle deutlich günstiger als das schicke Alukleid. Aber auch das ist natürlich Geschmackssache, und eine schöne Hülle ist auch nicht automatisch ein Garant für ein hochwertigeres Innenleben; und darauf kommt es ja letztlich an. Durch den Preisverfall sind diese Geräte oft billigst »zusammengeschustert« und keineswegs eine sichere Bank für Ihre Daten.

Abbildung 11.14
Schicke Sache – externe Festplatten von LaCie (Foto:LaCie)

Viel wichtiger ist die Entscheidung, ob Sie eine Festplatte mit externer Stromversorgung möchten oder lieber nur mit einem USB-Anschluss, der Daten und Energie überträgt. Der Vorteil der Festplatten mit zusätzlichem Stromkabel liegt im Preis – diese Datenträger sind meist größer gebaut und daher recht günstig zu haben.

Die Festplatten nur mit USB-Anschluss sind hingegen geradezu winzig – hier sind Komponenten aus dem Baukasten für Notebooks eingebaut, um Platz und Energie zu sparen. Diese Geräte sind teurer, aber natürlich deutlich besser zu handhaben, da man ein Kabel spart und auch während einer Reise im Zug ohne Netzstecker seine Daten am Notebook parat hat. Wenn Sie eine Miniplatte ohne zusätzliche Stromversorgung kaufen möchten, sollten Sie Folgendes beachten:

- Damit eventuelle Spannungsschwächen vermieden werden, belegen einige externe Festplatten zwei USB-Anschlüsse. Das ist besonders beim Betrieb am Notebook nervig. Achten Sie unbedingt auf diesen Punkt.
- Es kann problematisch sein, wenn eine externe Festplatte an einen USB-Hub oder beispielsweise an die Mac-Tastatur angeschlossen werden soll. USB-Verteiler stellen oftmals zu wenig Strom für einen einwandfreien Betrieb zur Verfügung. Externe Festplatten sollten daher nach Möglichkeit immer direkt an den Computer angesteckt werden.

Anschluss gesucht

In Sachen Anschluss können Sie zwischen Festplatten mit USB-, FireWire- oder Thunderbolt-Anschluss wählen. FireWire und Thunderbolt sind im Betrieb schneller als USB, aber auch deutlich teurer. Unser Tipp: Solange Sie kein HD-Hobbyfilmer sind und gigabyteweise Filmdaten hin- und her kopieren, reicht der USB-Anschluss völlig aus.

Seit einiger Zeit gibt es sogenannte SSD-Festplatten. Das ist nichts anderes als ein Berg Speicherkarten von der Digitalkamera, die in einem Festplattengehäuse verpackt sind und dort nicht nur geräuschlos, sondern auch äußerst unempfindlich gegen Erschütterung arbeiten. Diese Geräte haben daher auch ihren Preis, sollten aber gerade zur Sicherung sensibler, wichtiger Daten als Kandidaten mit in die Auswahl genommen werden. Übrigens: Auch die MacBook-Air-Modelle sind mit solchen Laufwerken ausgestattet, um Platz und Strom zu sparen.

Neue Festplatten in Betrieb nehmen

Bei Festplatten gilt das Motto *Plug & Play* – die Geräte müssen einfach an Ihren Mac angeschlossen werden, und schon kann man sie benutzen. Alle externen Festplatten sind standardmäßig im Windows-FAT-System vorformatiert. Das bringt Ihnen bei der täglichen Arbeit keinen Nachteil, hat aber beim Datenaustausch den Vorteil, dass der Datenträger auch am PC erkannt wird.

Sollten Sie Ihre Festplatte in zwei Laufwerke aufteilen oder doch lieber ins OS X-Format konvertieren, hilft das Festplatten-Dienstprogramm im Ordner **Programme > Dienstprogramme**. Wie Sie es genau einsetzen, erfahren Sie in Abschnitt 15.3, »Festplatten-Dienstprogramm«, ganz detailliert.

12 Systemeinstellungen zum schnellen Nachschlagen

Die Systemeinstellungen von OS X sind die Anlaufstelle für alle Einstellungen rund um das Betriebssystem. Ganz ähnlich wie in der Windows-Systemsteuerung sind auch bei OS X in diesem Bereich alle wichtigen Funktionen von Hard- und Software untergebracht und nach Kategorien sortiert.

Abbildung 12.1
Die Systemeinstellungen am Mac

Die Systemeinstellungen sind im Grunde genommen der Systemsteuerung von Windows ganz ähnlich, nur eben ein wenig anders sortiert und aufbereitet; wir finden, dass es unter OS X sogar deutlich übersichtlicher gelungen ist. In diesem Kapitel verschaffen wir Ihnen den Durch- und Überblick darüber, was sich hinter den vielen bunten Symbolen verbirgt.

Abbildung 12.2 >
So sieht die Systemsteuerung bei Windows 7 aus.

^ **Abbildung 12.3**
Das Programmsymbol der Systemeinstellungen

Wenn wir den einen oder anderen Punkt schon an anderer Stelle angesprochen haben, finden Sie einen entsprechenden Seitenverweis, ansonsten die gewohnte ausführliche Erläuterung zum Thema. Die Systemeinstellungen können direkt über das Symbol im Dock aufgerufen werden. Alternativ gelangen Sie auch über einen Klick auf das Apfelsymbol in der Menüleiste des Schreibtischs, über den Ordner **Programme** oder das Launchpad zum Ziel.

12.1 Systemeinstellungen »Persönlich«

Im Bereich **Persönlich** geht es darum, OS X nach Ihren Wünschen zu konfigurieren, die Optik anzupassen und praktische Hilfsmittel für ein schnelleres Arbeiten zu aktivieren. Hier finden Sie auch Mittel und Wege, eigene Hintergrundbilder und Bildschirmschoner auf OS X zu bringen.

Allgemein

Im Bereich **Allgemein** passen Sie die Fensterdarstellung an. Das klingt nach Qual der Wahl; Apple hat hier allerdings insofern vorgesorgt, als Anwender keinen »Augenpfeffer« konfigurieren können. Beim

Menüpunkt **Erscheinungsbild** ①, der die Darstellung der Steuerelemente regelt, gibt es nur die Farben Grau oder Blau. Die Option **Auswahlfarbe** ②, also die Farbe der Markierung, wenn Dateien oder Ordner angeklickt werden, bietet hier schon mehr kreativen Spielraum.

Abbildung 12.4
Icon des Bereichs »Allgemein«

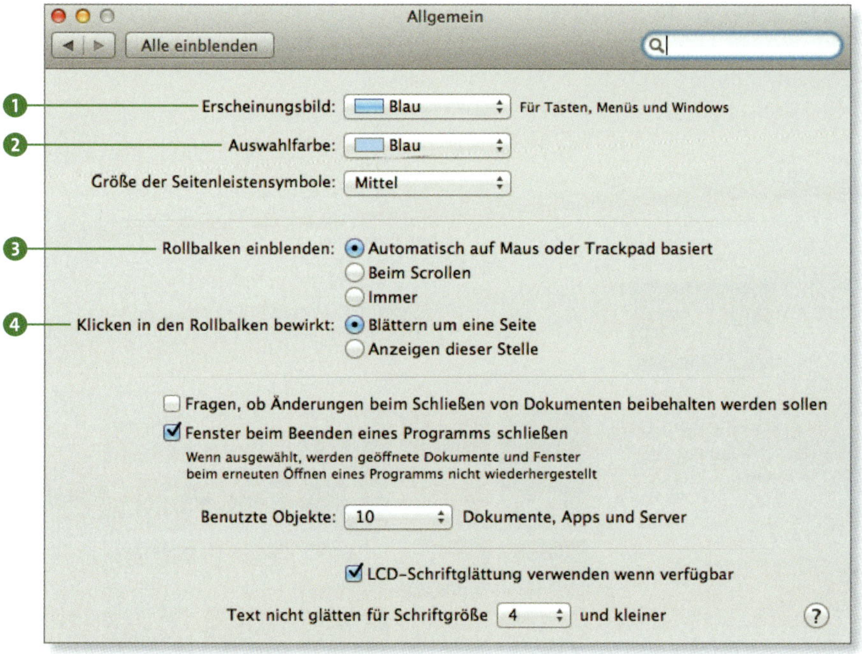

Abbildung 12.5
Unter »Allgemein« regeln Sie wichtige Darstellungsfunktionen.

Bei **Rollbalken einblenden** ③ können Sie bestimmen, ob die unter Windows bekannten Scrollbalken wie gewohnt immer eingeblendet werden oder eben nur, wenn Sie mit dem Trackpad oder der Magic Mouse auch tatsächlich in einem Bereich scrollen. **Automatisch auf Maus oder Trackpad basiert** ist als Standardeinstellung eigentlich perfekt: Hier erkennt OS X automatisch, welche Einstellung die beste ist.

Die Option **Klicken in den Rollbalken bewirkt** ④ klingt zunächst verwirrend. Korrekterweise müsste es »Klicken in den leeren Bereich vor und hinter den Rollbalken« heißen. Auf die Art können Sie sich durch Dokumente bewegen, ohne tatsächlich scrollen zu müssen: Klicken Sie einfach in einen Bereich des Scrollbalkens. Die Standardeinstellung **Blättern um eine Seite** steht wieder im Gegensatz zu Windows. Da gilt nämlich **Anzeigen dieser Stelle** als Standard. Und, ganz ehrlich, diese Einstellung ist auch sinnvoller. Denn in einem 100-seitigen Dokument möchten Sie doch eher an eine bestimmte Stelle gelangen und nicht Seite für Seite blättern, oder? Das ist aber Geschmackssache.

Schreibtisch & Bildschirmschoner

Abbildung 12.6
Icon des Bereichs »Schreibtisch & Bildschirmschoner«

Heimisch werden am Mac – beim Punkt **Schreibtisch** kommt Ihr ganz persönlicher Bildschirmhintergrund auf den Mac, so, wie Sie es vielleicht bei Windows gewohnt waren. Neben den Apple-eigenen, sehr stilvollen Hintergründen ❶ gibt Ihnen Apple hier außerdem direkten Zugriff auf Ihre iPhoto-Alben ❷. Von dort aus kann dann jedes beliebige Motiv als Schreibtischhintergrund aktiviert werden.

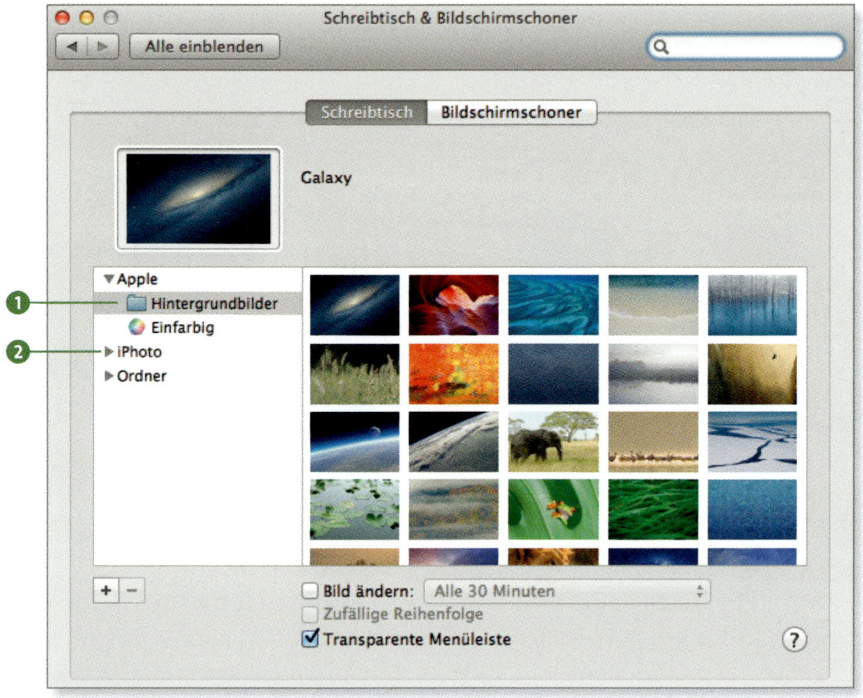

Abbildung 12.7
Schwarz, weiß oder bunt? Bei OS X stehen viele Schreibtischhintergründe zur Auswahl.

Natürlich gibt es auch unter OS X einen Bildschirmschoner – wobei es eigentlich besser wäre, die Energiesparfunktion zu nutzen: Das schont die Umwelt und Ihre Stromrechnung. Aber den Punkt schauen wir uns später an (im Abschnitt »Energie sparen« auf Seite 275 in Abschnitt 12.2).

Auf der Registerkarte **Bildschirmschoner** ❸ stehen im linken Fenster viele originelle OS X-Motive zur Auswahl (Abbildung 12.8). Dazu ermöglicht Apple Ihnen auch hier den Zugriff auf Ihre Fotosammlung, damit Sie Ihren ganz persönlichen Monitorschutz auswählen können. Ein toller Einfall ist übrigens der Bildschirmschoner **iTunes-Cover** ❹. Wenn Sie iTunes korrekt installiert haben und CD-Cover zu Ihren Alben vorliegen, schwirren mit dieser Einstellung die CD-Cover Ihrer Lieblingsmusik über den Bildschirm.

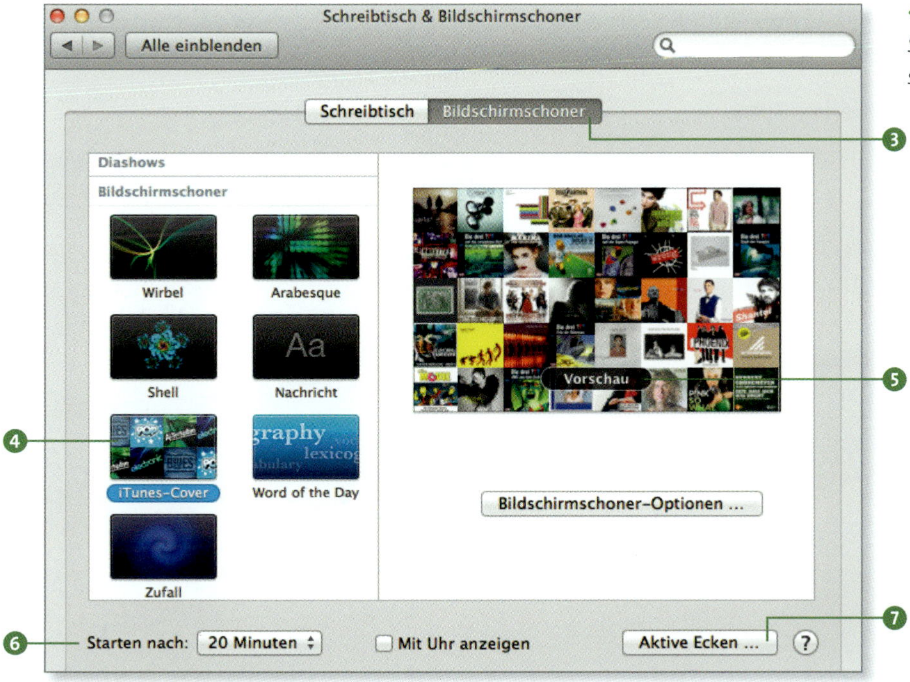

Abbildung 12.8
Schöner schonen – Bildschirmschoner im iTunes-Look

Ein Klick auf das kleine Vorschaubild rechts ⑤ zeigt den Bildschirmschoner im Vollbild – eine Mausbewegung bringt Sie wieder zurück in die Einstellungen. Bei **Starten nach** ⑥ legen Sie abschließend fest, nach wie vielen Minuten Ihr Pausenkunstwerk anspringen soll. Über **Aktive Ecken** ⑦ definieren Sie schließlich auf Wunsch eine oder mehrere Ecken Ihres Bildschirms, in denen dann per Mausbewegung der Schoner anspringen soll.

Dock

Sie haben das Dock schon ganz zu Beginn des Buches kennengelernt. Es ist das zentrale Element der Schreibtischoberfläche, und seine Bedienung ist Ihnen sicherlich schon in Fleisch und Blut übergegangen. In den Systemeinstellungen können Sie das Dock in Größe, Darstellung und Position anpassen. Ganz ausführliche Informationen hierzu finden Sie in Abschnitt 3.2, »Das Dock«.

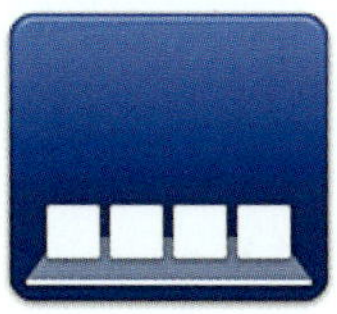

Abbildung 12.9
Icon des Bereichs »Dock«

Im Dialogfenster **Dock** der Systemeinstellungen besteht die Möglichkeit, ein Häkchen vor **Beim Doppelklicken auf die Titelleiste das Fenster im Dock ablegen** (⑧ in Abbildung 12.10) zu setzen. Unser Tipp: Unbedingt aktivieren, denn das macht wirklich Spaß und ist viel praktischer, als über die kleine gelbe Schaltfläche im Fenster zu arbeiten. Jedes Fenster kann dann ganz einfach mit einem Doppelklick in den oberen grauen Bereich verkleinert im Dock abgelegt werden.

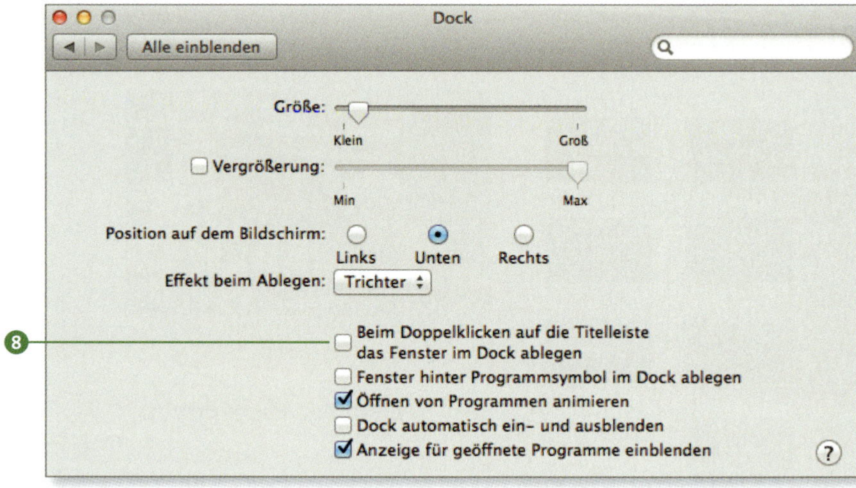

Abbildung 12.10 >
Schön eingerichtet – das Dock wird hier konfiguriert.

Mission Control

^ Abbildung 12.11
Icon des Bereichs »Mission Control«

Mission Control bringt Ordnung ins Fensterleben. Hat man einige Programme geöffnet und dazu vielleicht noch Bilder und Browserfenster, fällt die Übersicht schwer. Mit Mission Control ist Übersicht kein Problem mehr. Bevor wir Ihnen die Systemeinstellungen zeigen, beschreiben wir Ihnen in aller Kürze die Funktionsweise von Mission Control.

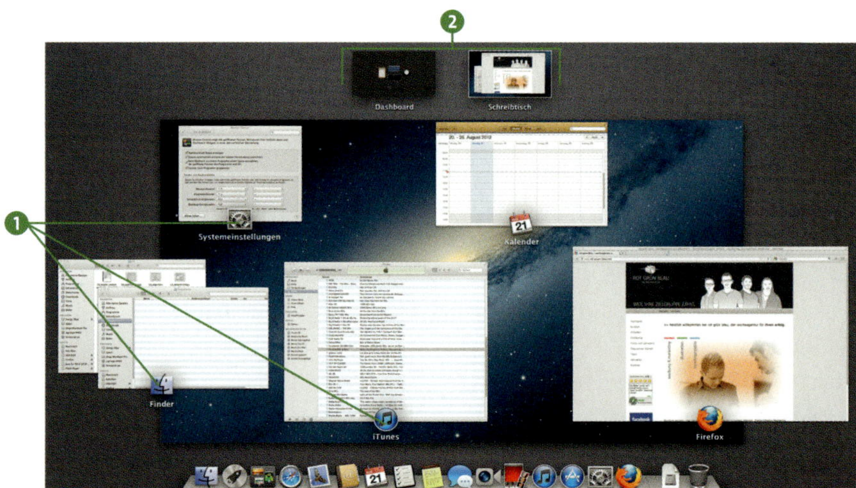

Abbildung 12.12 >
Mission Control räumt auf und gibt mehr Übersicht.

Mission Control starten Sie entweder über die Taste auf Ihrem Keyboard oder mit einem »Drei-Finger-Wisch« nach oben auf Ihrem Trackpad.

Mission Control zeigt Ihnen alle geöffneten Fenster, übersichtlich nach Programmen sortiert ①. Im oberen Bereich sehen Sie alle Vollbildprogramme ②, in diesem Fall Schreibtisch und Dashboard. Fahren Sie nun per Trackpad oder Mauszeiger auf jenes Programm oder Fenster, mit dem Sie weiterarbeiten möchten.

Abbildung 12.13
Das ausgewählte Fenster in Mission Control ist blau markiert.

Die gewählte App oder das gewählte Fenster ist nun blau markiert, und mit einem primären Mausklick springen alle Fenster wieder in die ursprüngliche Position zurück. Das gewählte aber bleibt im Vordergrund. Wenn Sie mehrere Fenster in einer App geöffnet haben, beispielsweise verschiedene Webseiten in Firefox, erscheinen diese auch in Mission Control übereinandergestapelt.

Abbildung 12.14
Und wie kommt man nun auf das hintere Fenster? Per Fingerstrich auf Trackpad oder Magic Mouse kommen Sie zum Ziel.

Mit dem Trackpad oder der Magic Mouse bringen Sie hier aber schnelle Übersicht hinein. Wählen Sie, wie vorher beschrieben, ein Fenster eines Programms aus, und streichen Sie nun mit zwei Fingern nach oben. Sie sehen, die Fenster springen übersichtlich auf, und die Auswahl fällt mit einem einfachen Klick sehr leicht.

Wer keine Apple-Tastatur, kein Trackpad und keine Magic Mouse hat und Mission Control lieber anders aktivieren will, dem bieten sich nun in den Systemeinstellungen zahlreiche Möglichkeiten.

Abbildung 12.15 >
Die Systemeinstellungen für Mission Control sind komplex.

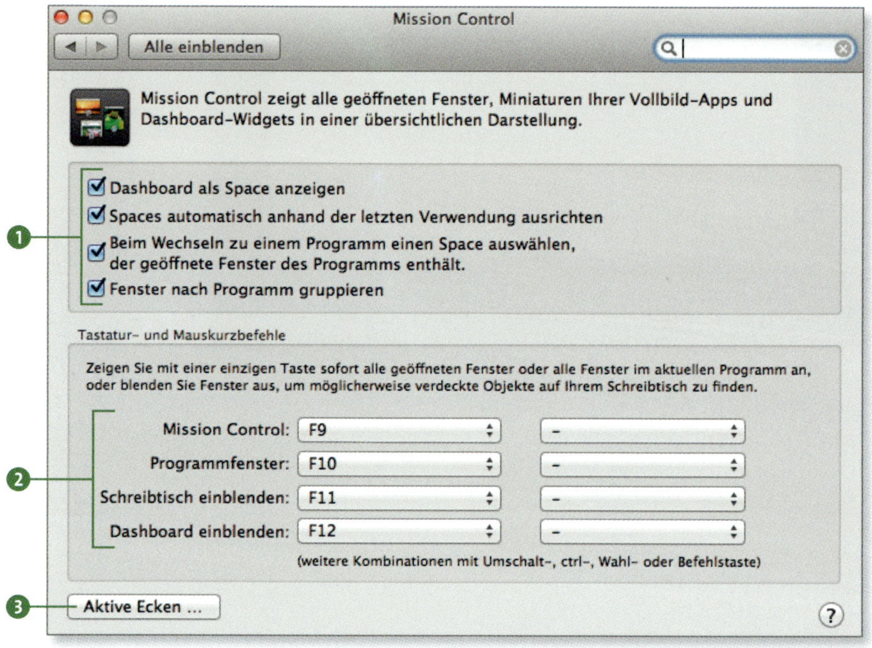

Aktive Ecken benutzen

Um die aktiven Ecken zu benutzen, fahren Sie später einfach mit etwas Schwung mit der Maus in die jeweilige Bildschirmecke – fertig!

Die Häkchen im oberen Bereich lassen Sie gesetzt ❶, die Einstellungen sind hier für das Arbeiten perfekt. Auch die Tastaturbefehle ❷ sind als Standard gesetzt und sollten eigentlich nicht geändert werden.

Weitaus interessanter wird es im Bereich **Aktive Ecken** ❸. Hier legen Sie fest, ob Mission Control an den Bildschirmecken aktiviert werden soll, wenn dort mit der Maus »angestoßen« wird. Pro Bildschirmecke kann man die in Abbildung 12.16 gezeigten Aktionen aus den jeweiligen Menüs wählen.

- **Mission Control:** Diese Funktion haben Sie gerade kennengelernt. Wenn Ihnen die Möglichkeiten zum Aufrufen per Keyboard oder Trackpad nicht genügen, wählen Sie hier die dritte Möglichkeit aus.
- **Programmfenster:** Hier zeigt man Ihnen alle Fenster des gerade aktiven Programms in einer Übersicht an, wie in Mission Control.

- **Schreibtisch:** Dieser Befehl räumt den Blick auf Ihren Schreibtisch frei und blendet sämtliche Fenster und Anwendungen vorübergehend aus.
- **Dashboard:** Das Dashboard kann ebenfalls über eine aktive Ecke geladen werden.
- **Mitteilungszentrale:** Wenn Sie die Mitteilungszentrale nicht mit einem Klick auf das Menulet rechts oben in der Menüleiste öffnen möchten, definieren Sie hier eine Alternative.
- **Launchpad:** Die Schaltzentrale zur App-Auswahl wird nicht nur über das Dock, sondern auf Wunsch auch über eine Bildschirmecke aufgerufen.
- **Bildschirmschoner ein/aus:** Bildschirmschoner sind eigentlich ein Relikt vergangener Tage: Als Energiesparen noch ein Fremdwort war, sorgten die Bildschirmschoner dafür, dass das Bild bei über längere Zeit eingeschalteten Bildschirmen nicht »einbrannte«. Heute schaltet Ihr Mac automatisch nach einigen Minuten Untätigkeit in den Energiesparmodus.
- **Ruhezustand für Monitor:** Die Öko-Variante für das Display heißt Ruhezustand – damit wird es »schlafen gelegt« und spart Strom.
- **– (Keine Funktion):** Wenn Sie gar keine Funktion in die Monitorecken legen möchten, muss dieses Feld ausgewählt werden.

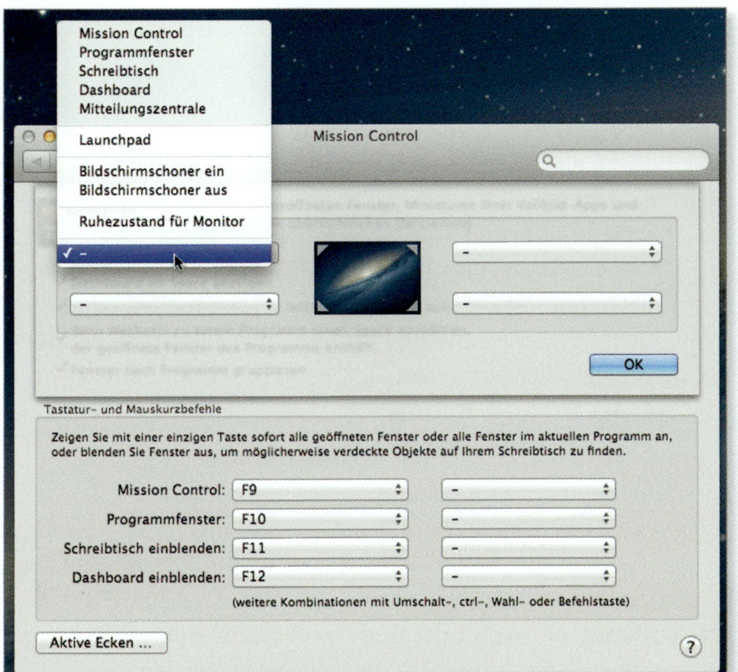

< Abbildung 12.16
Jede Bildschirmecke kann mit verschiedenen Funktionen belegt werden.

Sie werden sehen – schon nach kurzer Eingewöhnungszeit werden Sie die Mission Control nicht mehr missen wollen. Beim Arbeiten ist damit Übersicht garantiert.

Sprache & Text

Abbildung 12.17
Icon des Bereichs »Sprache & Text«

Der Bereich **Sprache & Text** bietet Ihnen die Möglichkeit, OS X ganz nach Ihren Wünschen und Sprachkenntnissen zu konfigurieren. Standardmäßig haben Sie ja schon bei der Installation und Einrichtung des Betriebssystems Ihre Hauptsprache definiert.

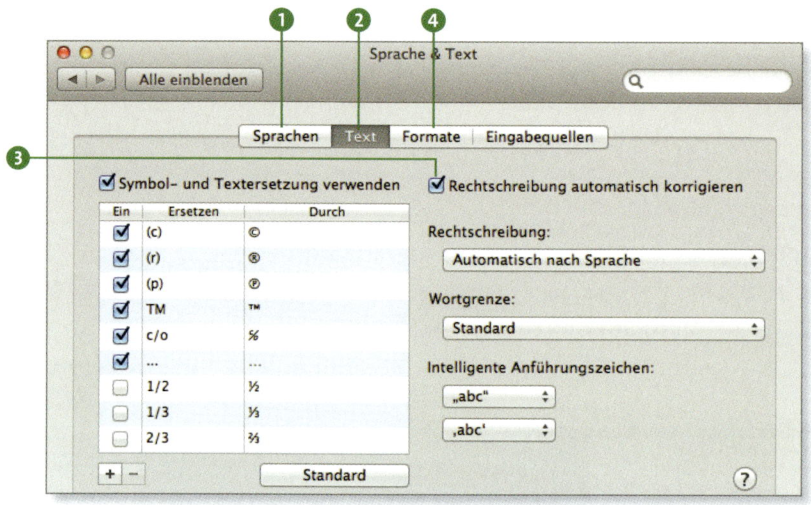

Abbildung 12.18
Die Rechtschreibkorrektur nervt? Nichts wie weg mit dem Häkchen.

In **Sprache & Text** geht es nun ins Detail (siehe Abbildung 12.18). Unter **Sprachen** ❶ irritiert eine lange Liste verschiedenster Sprachen. Deutsch beziehungsweise Ihre gewählte Sprache steht an erster Stelle. Per Mausklick können Sie diese Liste nun beliebig umsortieren. Doch wofür ist sie überhaupt von Bedeutung? Was sehr wichtig klingt, ist lediglich eine (wenn auch praktische) Detailfunktion von OS X. Ist ein Programm oder nur ein Menü nicht in Ihrer Hauptsprache verfügbar, wird es in der Sprache angezeigt, die als Nächstes in der Liste steht.

Mit den Einstellungen unter **Text** ❷ geben Sie OS X die Rolle eines Deutschlehrers. In vielen Programmen korrigiert das System automatisch Rechtschreibfehler in Ihren Eingaben und nimmt auf Wunsch auch die Autoergänzung von Sonderzeichen vor. Die automatische »Zwangskorrektur«, die viele leidgeprüfte Anwender auch auf iPhone und iPad nervt, kann in diesem Bereich einfach per Häkchen ❸ entfernt werden. Damit hört OS X auf, im Web oder anderen Systemapplikationen vollautomatisch Wörter zu korrigieren, ohne dass Sie das wollen.

Die **Formate** ❹ stimmen normalerweise ebenfalls, auf Wunsch können Sie aber Land, Region und Kalender wechseln. Wollten Sie nicht immer schon mal in buddhistischer Zeitrechnung arbeiten? Spaß beiseite, für Geschäftsreisende kann es durchaus wichtig sein, dass die Standardwährung Dollar oder Pfund ist. Auch das kann hier eingestellt werden.

Die **Eingabequellen** ❺ sind nur dann von Interesse, wenn Sie mit Ihrem Keyboard asiatische, russische oder griechische Schriftzeichen eintippen müssen. Aber wirklich praktisch ist der Punkt **Tastatur- und Zeichenübersicht** ❻. Wenn Sie das Häkchen an dieser Stelle setzen, erhalten Sie in der Menulets-Leiste ❼ im Apple-Menü eine Zeichentabelle mit Sonderzeichen. Ja, ganz wie in Windows.

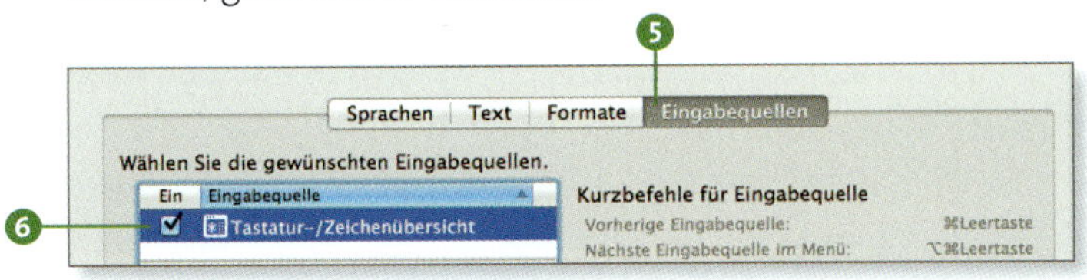

Abbildung 12.19
Häkchen rein, und schon haben Sie auch unter OS X eine tolle Zeichentabelle wie in Windows.

Zusätzlich zu dieser Sonderzeichenübersicht gibt es im gleichen Menulet auch noch die Tastaturübersicht. Diese reagiert direkt auf Ihre Eingabe. Drücken Sie die `alt`- oder `cmd`-Taste, werden sofort jene Zeichen eingeblendet, die man per Tastendruck (in Kombination mit anderen Tasten) erzeugen kann. Das ist dann praktisch, wenn Sie wissen wollen, wo Sie auf der Apple-Tastatur das Backslash- oder andere Zeichen finden.

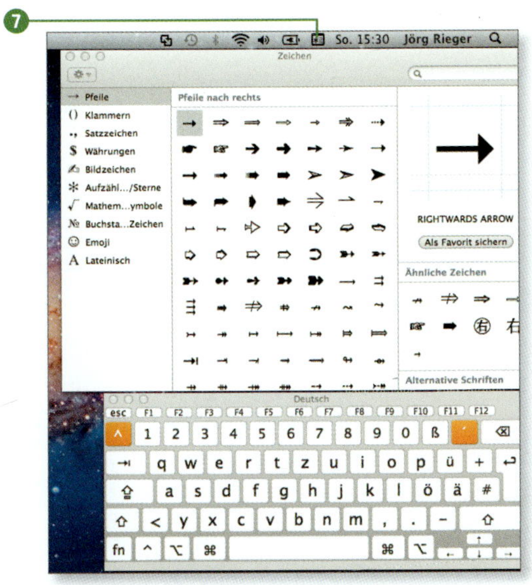

Abbildung 12.20
Die Zeichenübersicht sieht aus wie in Windows und hat tolle Sonderzeichen parat.

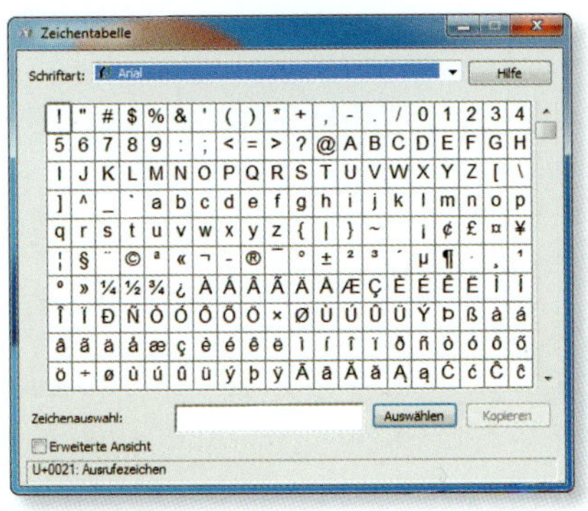

Abbildung 12.21
Die Zeichentabelle in Windows war simpel, immer griffbereit und bei exotischen Zeichen eine echte Hilfe.

Sicherheit

Abbildung 12.22
Icon des Bereichs »Sicherheit«

Sicherheit wird unter OS X großgeschrieben. Unter dem Tab **Allgemein** können Sie die Systemsicherheit rund um das An- und Abmelden einstellen. Sicherheit für Ihre Daten garantiert die Verschlüsselung *FileVault* ❶. Mithilfe dieser Technologie wird Ihr Benutzerordner verschlüsselt und kann nur mit Ihrem Anmeldekennwort wiederhergestellt werden. Das bringt für Ihre Daten maximale Sicherheit vor unbefugtem Zugriff; aber sollten Sie einmal Ihr Kennwort vergessen haben, kommt auch niemand mehr an Ihre Daten. Sie sollten sich daher diesen Schritt ganz genau überlegen – müssen die Urlaubsbilder und Ihre E-Mails tatsächlich in einem Alcatraz-ähnlichen Datentresor lagern?

Damit Ihr Computer von außen nicht gekapert werden kann, gibt es in OS X 10.8 Mountain Lion eine eingebaute Firewall. Einmal aktiviert, soll sie im Hintergrund für Recht und Ordnung sorgen. Wer im Internet unterwegs ist, sollte die Firewall in jedem Fall eingeschaltet haben ❷. Ist die Firewall damit nun wirklich ein sicherer Schutz? Für den Hausgebrauch bietet sie in jedem Fall mehr als ausreichende Sicherheit. Aber man muss ganz klar sagen: Hundertprozentige Sicherheit gibt es auf keinem Computer.

Abbildung 12.23
Simpel konfiguriert – einfach einschalten, und schon surft man sicher.

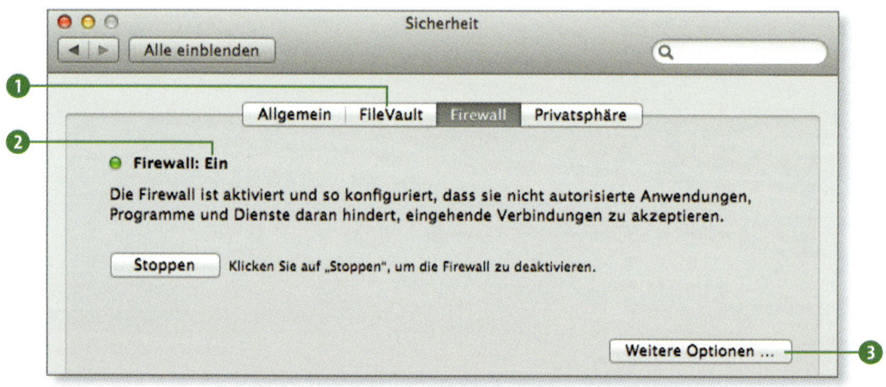

Über die Schaltfläche **Weitere Optionen** ❸ können Sie übrigens noch Ausnahmen für ganz besonders kommunikationsbedürftige Programme definieren; das dürfte aber nur in ganz speziellen Fällen notwendig sein. Unserer Erfahrung nach erkennt die Apple-Firewall Ihre Apps in nahezu 100 % aller Fälle. Wenn Sie ganz auf Nummer sicher gehen möchten, haken Sie **Alle eingehenden Verbindungen blockieren** ❹ an – dann kommt garantiert nichts auf Ihren Mac, aber viele Internetseiten und -dienste werden dann nicht mehr funktionieren. Das ist also nur eine Art »Notbremse« und für den normalen Einsatz nicht geeignet.

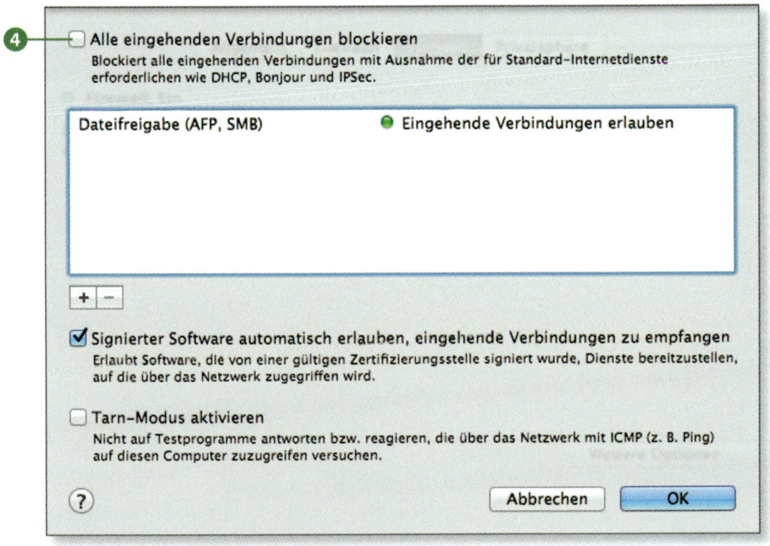

Abbildung 12.24
Unter »Weitere Optionen« werden alle Programme aufgelistet, die Sonderregelungen benötigen.

In der Rubrik **Privatsphäre** 5 des Dialogs **Sicherheit** geht es hauptsächlich darum, ob Ihr Computer von sogenannten Ortungsdiensten erfasst werden darf. Diese Funktionalität kann von Apps genutzt werden; wenn die Ortungsdienste aktiviert sind, werden diese Apps hier aufgelistet und können auf Wunsch deaktiviert werden.

Abbildung 12.25
Welchen Apps welcher Zugriff auf Ihre Daten erlaubt ist, sehen Sie hier.

Der Ortungsdienst von iCloud (siehe dazu den Abschnitt, »Geräte über iCloud orten« in Abschnitt 8.1 auf Seite 169), mit dem Sie Ihren Mac im Falle eines Verlustes wiederfinden, wird hier übrigens nie erscheinen. Dieser Dienst läuft immer im Hintergrund. Es wäre ja sinnfrei, wenn der Dieb Ihres Macs über diese Einstellungen verhindern könnte, dass Sie Ihren geliebten Computer wiederfinden.

Spotlight

Abbildung 12.26
Icon des Bereichs »Spotlight«

Sie haben die komfortable Suchfunktion von OS X bereits kennengelernt. Hier können Sie sie nun nach Ihren Wünschen konfigurieren. Unter dem Tab **Suchergebnisse** kann man per Mausklick die Reihenfolge der Dokumente ändern, die angezeigt werden sollen. Also beispielsweise, ob Filmdokumente vor Programmen oder E-Mails mit den gleichen Suchbegriffen in Spotlight erscheinen sollen. Verschieben Sie dazu die entsprechenden Punkte einfach per Drag & Drop in der Liste, bis die Reihenfolge Ihren Vorstellungen entspricht.

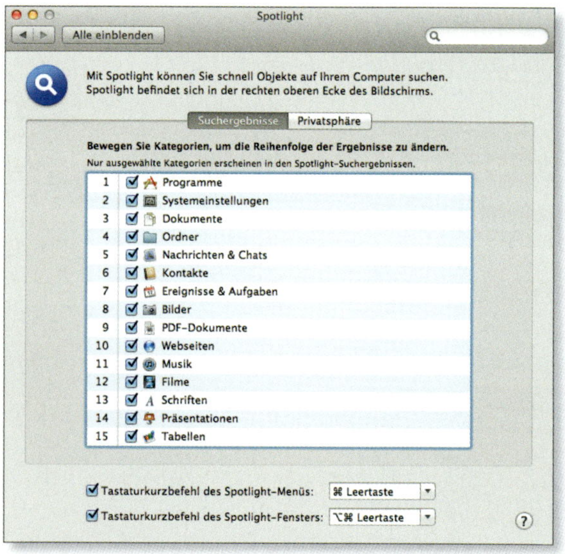

Abbildung 12.27
Spotlight im Rampenlicht. Hier können Sie die Suchreihenfolge ändern.

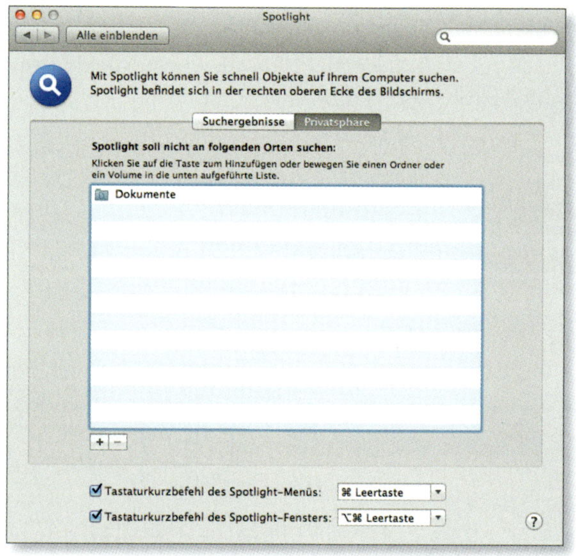

Abbildung 12.28
Einzelne Ordner können von der Spotlight-Suche ausgeklammert werden.

Im Bereich **Privatsphäre** können Sie auf Wunsch ganze Ordner oder Laufwerke von der Spotlight-Suche ausschließen. Mehr zu Spotlight und der Bedienung dieser Suchfunktion erfahren Sie übrigens in Abschnitt 4.2, »Besser suchen und finden mit Spotlight«.

Benachrichtigungen

Der Dienst *Benachrichtigungen*, Ihr ganz persönlicher Sekretär am rechten Bildschirmrand von OS X, der E-Mails, Termine und iMessages koordiniert, kann im Bereich **Benachrichtigungen** der Systemeinstellungen individuell eingestellt werden (siehe Abbildung 12.29). Geben Sie hier beispielsweise vor, welche Art von Benachrichtigung in der praktischen Seitenleiste erscheinen soll ❶ und wie »penetrant« ❷ die Hinweise und Erinnerungen ausfallen sollen.

< Abbildung 12.29
Die Benachrichtigungen können individuell konfiguriert werden.

12.2 Hardware

Der Menüpunkt **Hardware** in den Systemeinstellungen von OS X gibt Ihnen Zugriff auf die wichtigsten eingebauten oder angeschlossenen Geräte. Der Begriff ist trotzdem etwas verwirrend, denn nicht alle Geräte können hier, wie Sie es vom Windows-Geräte-Manager her gewohnt sind, konfiguriert werden, sondern nur eingebaute Komponenten Ihres Macs.

CDs & DVDs

Sie haben sich schon unter Windows über die immer wiederkehrenden Aktionsmeldungen beim Einlegen von CDs oder DVDs geärgert? Wie Sie sicher schon festgestellt haben, spart auch OS X nicht mit Meldungen,

∧ Abbildung 12.30
Icon des Bereichs »CDs & DVDs«

wenn es sich um beschreibbare Medien, Musik-, Video- oder Bilder-CDs und -DVDs handelt. Nur im Menüpunkt **CDs & DVDs** kann man Herr über alle Aktionen werden.

Über die Pulldown-Menüs sind verschiedene Einstellungen möglich. Puristen wählen natürlich immer **Keine Aktion**. Dann schweigt OS X und wartet geduldig, bis Sie selbst eingreifen und beispielsweise ein Programm zum Abspielen von Musik oder zum Brennen einer CD starten. Die Voraussetzung ist natürlich, dass Sie die Alternative zu den von Apple vorgegebenen Apps kennen.

Abbildung 12.31 >
Keine lästigen Alleingänge von OS X? Hier können Sie zumindest beim Einlegen von CDs und DVDs für Ordnung sorgen.

Monitore

Abbildung 12.32
Icon des Bereichs »Monitore«

Hier geht es um die Anzeige. Im Zeitalter von LCD-Bildschirmen erübrigt sich der Blick in diesen Bereich der Systemeinstellungen fast. Moderne Displays werden direkt für eine perfekte Anzeige konfiguriert, hier ist kein Mausklick mehr notwendig. Sollten Sie aus irgendeinem Grund aber doch mal die Bildschirmauflösung oder die Farbtiefe ändern wollen, haben Sie in dieser Rubrik die Gelegenheit dazu.

Abbildung 12.33 >
Zeig mir, was du hast – Monitoreinstellungen

Wirklich notwendig ist ein Eingriff im Bereich **Monitor** nur dann, wenn Sie einen zweiten Monitor oder Beamer anschließen. In Abschnitt 11.5, »Ein zweiter Bildschirm«, wird im Detail erläutert, wie ein zweites Display am Mac eingerichtet wird.

Abbildung 12.34
Icon des Bereichs »Energie sparen«

Energie sparen

In Windows konnten Sie Ihr grünes Gewissen in den Energieoptionen anpassen. In OS X 10.8 Mountain Lion sind die Einstellungen für einen klimafreundlichen Computer ebenfalls an einem Ort versammelt.

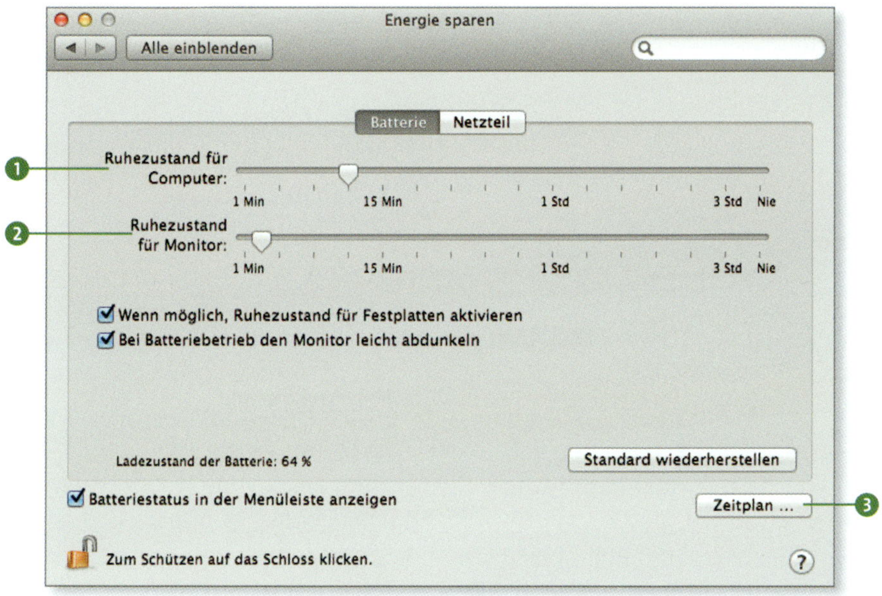

Abbildung 12.35
Klimaschutz am Mac

Wenn Sie ein MacBook Ihr Eigen nennen, also einen mobilen Apple-Computer, sind die Einstellungen von OS X schon entsprechend der Verwendung voreingestellt. Läuft der mobile Computer ohne Stromkabel, wird automatisch die Prozessorleistung gedrosselt und der Bildschirm schneller abgeschaltet. Das können Sie aber natürlich auch selbst regeln, im Übrigen auch an einem Desktop-Mac.

Die Schieberegler sind einleuchtend: Mit **Ruhezustand für Computer** ❶ wird festgelegt, wann der gesamte Mac »schlafen geht«. Das können Sie übrigens bedenkenlos auf 20 Minuten einstellen, denn der Mac ist mit einem Tastendruck in wenigen Sekunden wieder startklar. Wichtig zu wissen: Da bei diesem Vorgang natürlich auch die Festplatten ein- und ausgeschaltet werden, ist deren Verschleiß etwas höher, was sich unter Umständen auf deren Lebensdauer auswirken kann.

Ink

Wenn Sie mit einem Grafiktablett arbeiten, erscheint der Menüpunkt **Ink** in den Systemeinstellungen. Hier hat OS X eine automatische Handschriftenerkennung mit an Bord, die komfortables Schreiben »von Hand« ermöglicht.

Für den Mac gibt es von vielen Herstellern passende Grafiktabletts, angefangen bei Wacom bis hin zu Aiptek. Die Angebotspalette reicht von der Größe A6 bis hin zum Profitablett im Überformat.

Die Angabe bei **Ruhezustand für Monitor** (❷ in Abbildung 12.35) kann ebenfalls recht knapp kalkuliert werden – vorausgesetzt, Sie haben einen der schicken LCD-Monitore. Diese verzeihen häufiges Ein- und Ausschalten gern und sind auch sofort wieder aus dem Standby-Modus aufzuwecken.

Ein spannendes Feature ist **Zeitplan** ❸: Ganz versteckt, hat Ihr Mac nämlich eine Zeitschaltuhr eingebaut und schaltet sich so auf Wunsch ein und auch wieder aus. Damit können Sie morgens im Büro direkt loslegen und abends den Mac durchaus mit der einen oder anderen Aufgabe allein lassen, denn er schaltet sich von selbst ab.

Tastatur

Die Tastatur klickt zu schnell? In der Rubrik **Tastatur** ist eine detaillierte Einstellung nach Ihren ganz persönlichen Gewohnheiten möglich. Auch Tastenkürzel für jedes einzelne Programm können hier verwaltet werden.

Abbildung 12.36
Icon des Bereichs »Tastatur«

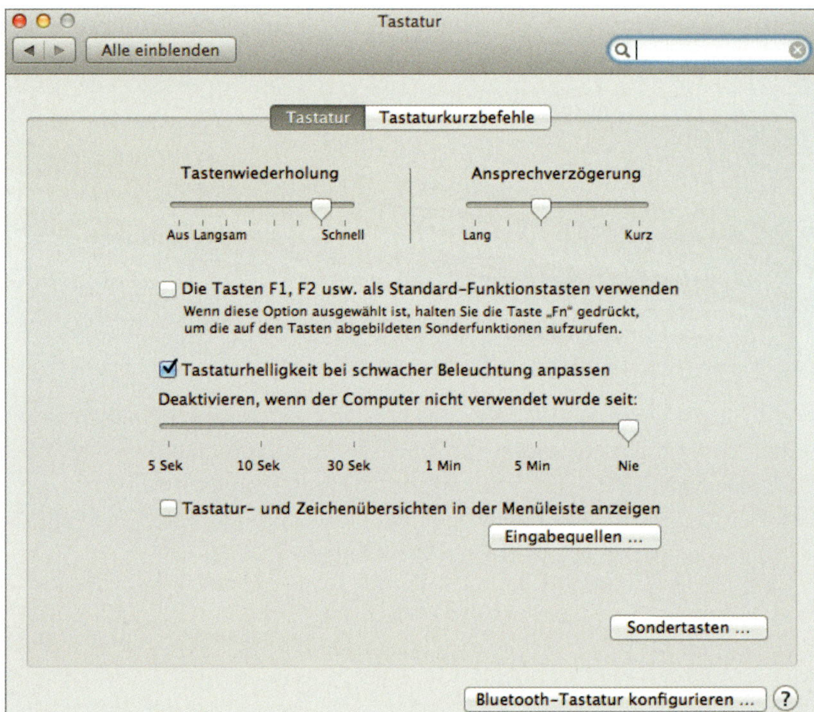

Abbildung 12.37
Tippen ganz einfach – die Einstellungen für die Tastatur

Die MacBooks haben teilweise eine beleuchtete Tastatur. Wie in Abbildung 12.37 zu sehen ist, stellt man hier auf Wunsch noch ein, wann und wie diese Beleuchtung reagieren soll.

Maus

Die Maus, das universelle Eingabegerät, wird in diesem Abschnitt korrekt und ganz nach Wunsch eingestellt. Die Geschwindigkeit des Zeigers, das Doppelklickintervall und die Scrollgeschwindigkeit sind per Schieberegler einstellbar. Wenn Sie eine originale Mac-Maus angeschlossen haben, klappt die Konfiguration noch einfacher, da die Maus sogar als Abbildung gezeigt wird.

Abbildung 12.38
Icon des Bereichs »Maus«

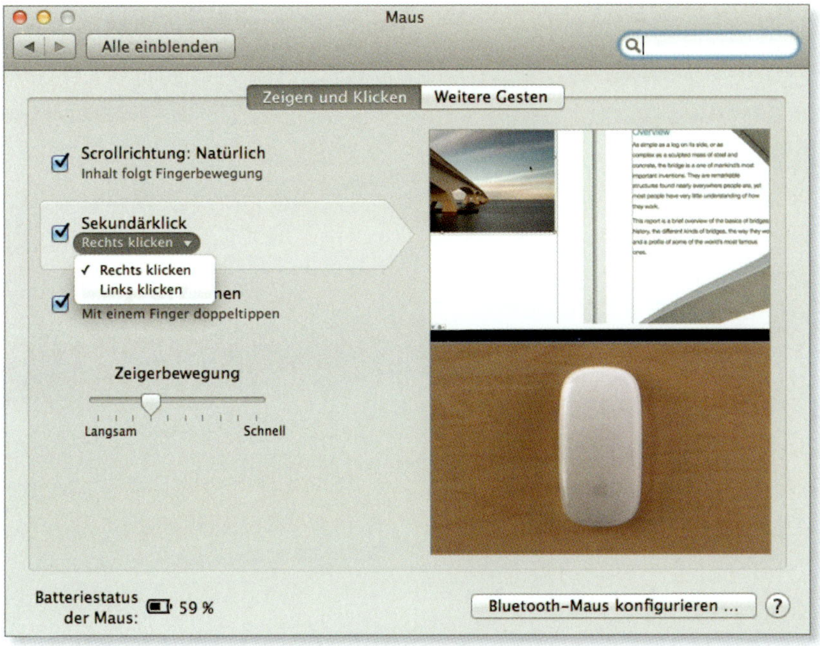

Abbildung 12.39
Einfach konfiguriert – die Magic Mouse von Apple in den Systemeinstellungen

Trackpad

Diesen Punkt gibt es nur bei MacBooks, und es lohnt sich in jedem Fall, sich damit zu beschäftigen. Denn die aktuellen Trackpads können viel mehr als nur Mausersatz sein: Objekte mit der Fingerspitze verschieben, scrollen, zoomen und vieles mehr ist mit den Apple Trackpads möglich. Und der Computerhersteller räumt auch gründlich mit der Ein-Finger-Bedienung auf: Bis zu vier Finger sind für die ordnungsgemäße und zugegebenermaßen unglaublich elegante Bedienung notwendig. Die Geste »Mit Daumen und drei Fingern verkleinern« aktiviert beispielsweise das Launchpad. Einfach cool, oder?

Abbildung 12.40
Icon des Bereichs »Trackpad«

Abbildung 12.41 >
Finger auf dem Trackpad – Computerbenutzung mit Fingerspitzengefühl

Drucken & Scannen

^ Abbildung 12.42
Icon des Bereichs »Drucken & Scannen«

Im Bereich **Drucken & Scannen** sind alle Drucker und Scanner versammelt und können zentral konfiguriert werden. Im Detail gehen wir in Abschnitt 4.5, »Dateien drucken«, und in Abschnitt 11.4, »Drucker«, darauf ein.

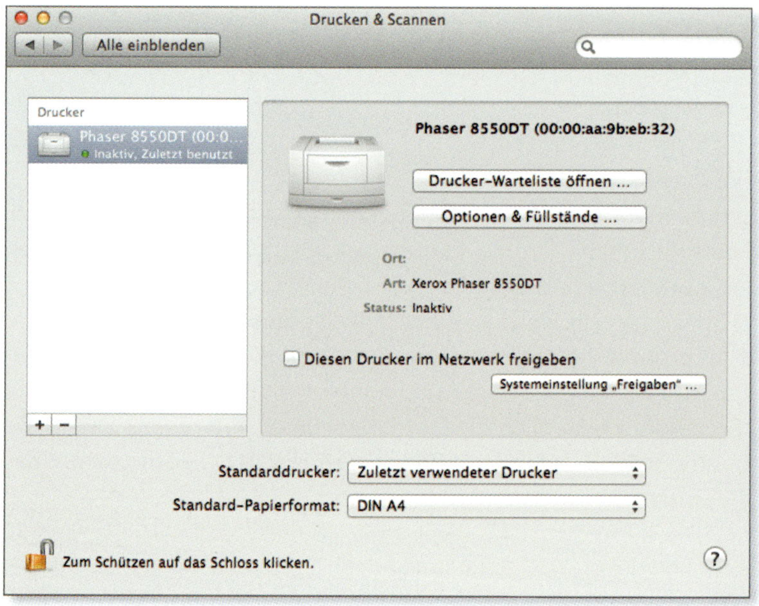

Abbildung 12.43 >
Drucken wie die Profis

Ton

Der Ton macht die Musik. Im Menüpunkt **Ton** der Systemeinstellungen ist es möglich, die Klangein- und -ausgabe zu definieren. Unter **Toneffekte** ❶ geht es um den Warnton von OS X, der bei fehlerhaften Eingaben oder eben Warnhinweisen ausgegeben wird. Die Auswahl ist nicht berauschend, aber vielleicht finden Sie ja doch einen Warnton, der zu Ihnen passt.

∧ **Abbildung 12.44**
Icon des Bereichs »Ton«

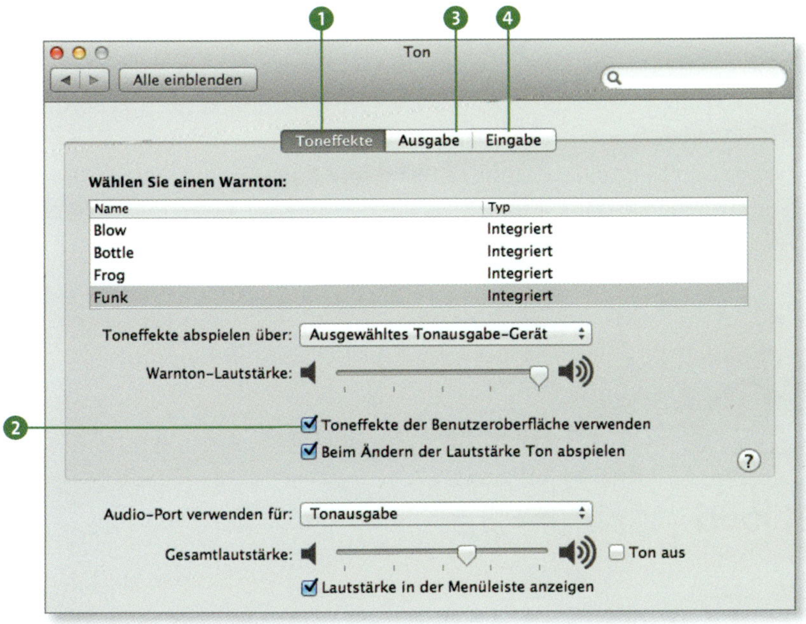

< **Abbildung 12.45**
In den Systemeinstellungen stellen Sie unter »Ton« beispielsweise Warntöne ein.

Wenn Sie Ihren Mitmenschen nicht allzu sehr auf die Nerven gehen möchten, nehmen Sie das Häkchen bei **Toneffekte der Benutzeroberfläche verwenden** ❷ raus. Ansonsten überrascht OS X bei diversen Aktionen im Finder und in Programmen mit mehr oder weniger passender Geräuschkulisse.

In den Rubriken **Ausgabe** ❸ und **Eingabe** ❹ werden, falls vorhanden, die entsprechenden Geräte konfiguriert. Wenn Sie separate Boxen oder ein USB-Mikrofon installiert haben, ist hier eine Umschaltung von den internen, bereits in Ihrem Mac installierten Geräten möglich.

12.3 Internet & Drahtlose Kommunikation

Willkommen im Web – Apple-Computer sind in vielerlei Hinsicht die perfekten Geräte für den Zugang zum Internet, allein schon der Virenresistenz wegen. Damit der Zugang nicht zur Sackgasse wird, sind unter

Internet & Drahtlose Kommunikation zahlreiche Einstellungsmöglichkeiten vorhanden, beispielsweise um den Mac in ein Netzwerk einzubinden oder die Internetverbindung mit anderen Computern zu teilen. Grundsätzlich gilt hier: Als Einsteiger in OS X und Umsteiger von Windows müssen Sie bis zu diesem Punkt normalerweise gar nicht vordringen.

iCloud

Abbildung 12.46
Icon des Bereichs »iCloud«

Mit iCloud konfigurieren Sie den Apple-Dienst nach Ihren Vorstellungen; Sie geben also an, ob Ihr Mac über iCloud geortet werden darf, ob Fotos und Kontakte synchronisiert werden und so weiter. Ganz ausführlich zeigen wir Ihnen in Kapitel 8, »iCloud – Termine, Adressen und vieles mehr organisieren«, wie Sie dank iCloud bald auf Wolke 7 schweben.

Abbildung 12.47
Alles in der Wolke mit iCloud

Mail, Kontakte und Kalender

Abbildung 12.48
Icon des Bereichs »Mail, Kontakte & Kalender«

Im Bereich **Mail, Kontakte & Kalender** hinterlegen Sie Daten Ihrer E-Mail-Konten, Twitter-Accounts und anderer Kommunikationsmittel. Diese Informationen nutzt Apple beispielsweise, um die in Ihren diversen Kommunikationsmitteln auflaufenden Meldungen im Programm Benachrichtigungen auf Ihrem Mac zusammenzufassen und anzuzeigen.

Abbildung 12.49
Alle Accounts im Griff mit »Mail, Kontakte & Kalender«

Auch das Verschicken von Twitter-Nachrichten über den **Senden**-Button aus beliebigen Finder-Fenstern heraus setzt voraus, dass Ihr Account unter **Mail, Kontakte & Kalender** »angemeldet« wurde.

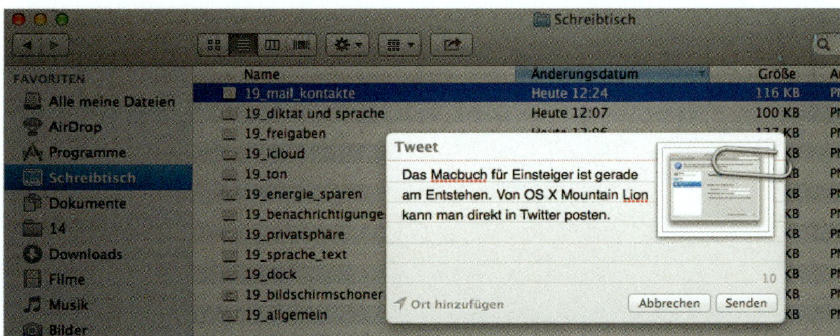

Abbildung 12.50
Schnell mal über den Finder twittern? Das klappt nur, wenn der Twitter-Account richtig eingerichtet wurde.

Netzwerk

Unter **Netzwerk** laufen quasi alle Fäden des Datenverkehrs vom Internet oder von den Netzwerken zusammen. Im linken Fenster haben Sie sofort im Blick, in welcher Form Sie momentan verbunden sind. Das Ampelsystem ist mehr als deutlich und hilft bei der Fehlersuche, sollte der Weg ins Netz mal nicht so richtig funktionieren.

Abbildung 12.51
Icon des Bereichs »Netzwerk«

Abbildung 12.52 >
Ein kurzer Blick genügt: Ihr Mac ist via WLAN mit dem Internet verbunden.

Unter **Weitere Optionen** sollten Sie allerdings wirklich nur dann Änderungen vornehmen, wenn Sie wissen, was Sie tun, und wenn Ihnen Begriffe wie MAC-Adresse, TCP/IP, Proxys und DNS geläufig sind. Normalerweise erkennt ein Mac automatisch, an welchem Netzwerk er angeschlossen ist, und bietet die richtige Verbindung an. Mehr zum Mac im Internet und über die korrekte Installation erfahren Sie in Kapitel 6, »Mit dem Mac ins Internet«.

Bluetooth

∧ **Abbildung 12.53**
Icon des Bereichs »Bluetooth«

Mit Bluetooth werden an Ihrem Mac standardmäßig Maus, Tastatur und Mobiltelefon verbunden. Im gleichnamigen Systempunkt können Sie bereits vorhandene Geräte ansehen beziehungsweise neue hinzufügen. Außerdem kann festgelegt werden, ob das entsprechende Symbol in der Finder-Leiste angezeigt wird. Zum Aktivieren von Bluetooth klicken Sie einfach auf das Symbol ❶ in der Finder-Leiste und wählen **Bluetooth aktivieren** aus dem Menü (Abbildung 12.54).

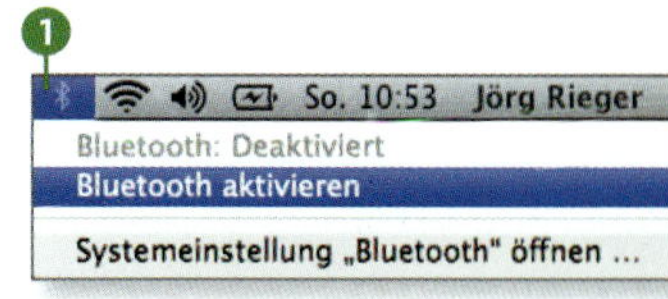

^ Abbildung 12.54
Ein Klick genügt, um die Bluetooth-Verbindung zu aktivieren.

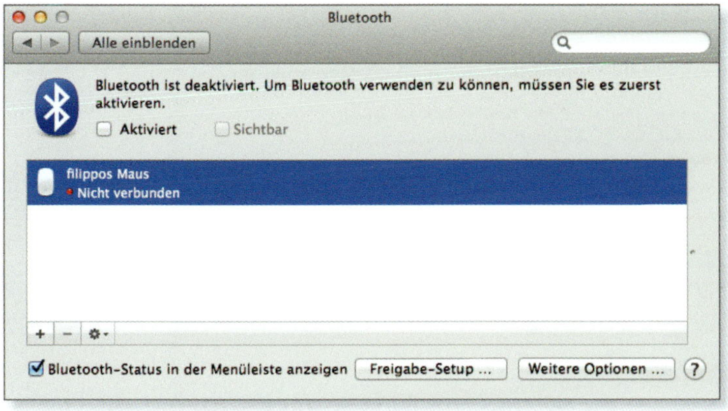

< Abbildung 12.55
Die Übersicht zeigt, ob und welche Bluetooth-Geräte am Mac angeschlossen sind.

Freigaben

In **Freigaben** verwalten Sie alle Netzwerkfreigaben für Ihren Mac. Sie können hier beispielsweise Ordner im Netzwerk freigeben (siehe dazu auch Kapitel 5, »Daten sicher übertragen – vom PC zum Mac«), den Internetzugang mit anderen Anwendern teilen oder den Zugriff auf angeschlossene Drucker zulassen. Praktisch ist die Vorgehensweise, dass Sie im linken Bereich die Funktion nach Belieben mit einem Häkchen **2** aktivieren oder deaktivieren können, die getätigten Einstellungen im rechten Bereich **3** davon aber unbehelligt bleiben und Sie sie also nicht jedes Mal aufs Neue vornehmen müssen.

^ Abbildung 12.56
Icon des Bereichs »Freigaben«

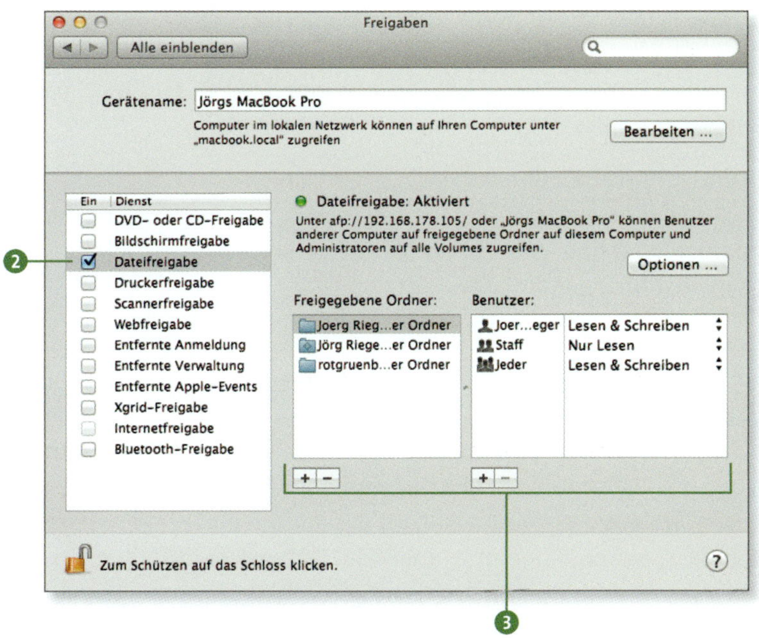

< Abbildung 12.57
Teilen leicht gemacht – in den Freigaben sehen Sie mit einem Blick, was Sie mit wem am Mac so teilen.

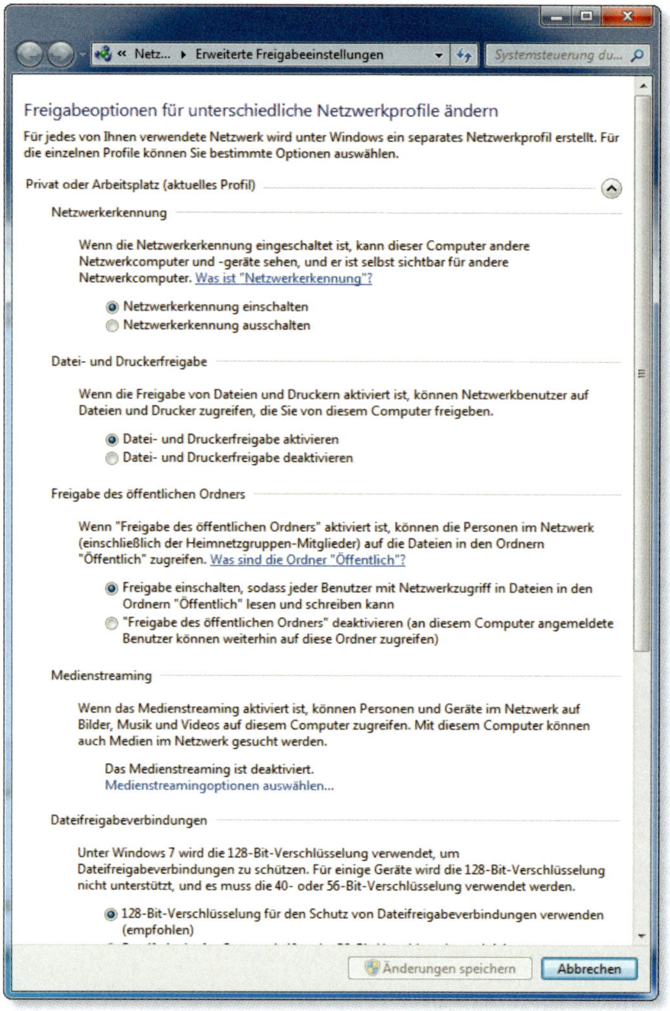

Abbildung 12.58 >
Wirklich kompliziert – die Freigabe-Optionen unter Windows 7 sind ein unsortiertes Durcheinander.

Die Datei- und Ordnerfreigabe unter OS X ist übrigens um ein Vielfaches übersichtlicher und einfacher gelöst als unter Windows 7. Wenn Sie schon einmal versucht haben, dort schnell eine Ordnerfreigabe im Heimnetzwerk einzurichten, werden Sie wissen, was wir meinen.

12.4 System

Ob die Sortierung der einzelnen Einstellungen nun logisch ist oder nicht – im Abschnitt **System** dreht sich alles um das komfortable und sichere Arbeiten mit OS X. Unter anderem werden hier Datensicherung, Jugendschutz und die Softwareaktualisierung konfiguriert.

Benutzer & Gruppen

Der Mac ist ein Familientier und kann folglich auch mit mehreren Benutzern umgehen. Detailliert erfahren Sie dazu alles in Kapitel 13, »Benutzerkonten und Datensicherung«.

^ Abbildung 12.59
Icon des Bereichs »Benutzer & Gruppen«

< Abbildung 12.60
Umfangreiche Einstellungen für alle Benutzer am Mac

Kindersicherung

Was bei Windows teuer bezahlt werden musste, gibt es beim Mac gratis dazu. Unter OS X 10.8 Mountain Lion ist es möglich, Benutzer für gewisse Programme und Webseiten zu sperren. Im Detail gehen wir hierauf ebenfalls in Kapitel 13, »Benutzerkonten und Datensicherung«, ein.

^ Abbildung 12.61
Icon des Bereichs »Kindersicherung«

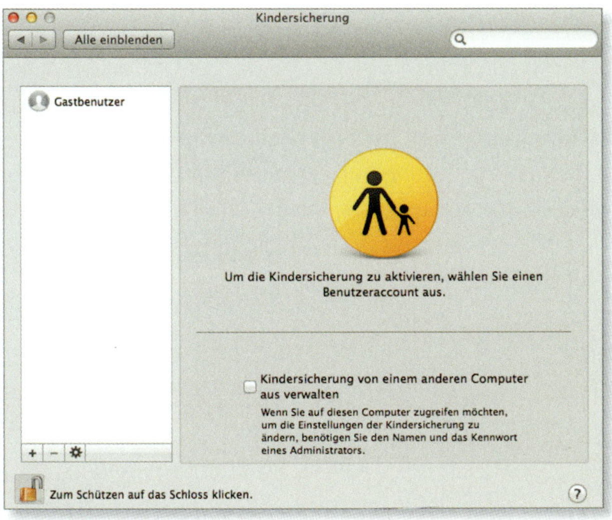

< Abbildung 12.62
Sicher surfen und arbeiten, das kann man unter OS X perfekt konfigurieren.

Datum & Uhrzeit

^ Abbildung 12.63
Icon des Bereichs »Datum & Uhrzeit«

Was hat Apple wohl in diesem Bereich versteckt? Richtig, Datum und Uhrzeit können hier eingestellt werden. Ist der Mac mit dem Internet verbunden, geschieht der Zeitabgleich immer vollautomatisch. Sollte der Apple-Computer aufgrund eines Stromausfalls ein falsches Datum anzeigen (mit Vorliebe eines aus den 1970er-Jahren, warum auch immer), genügt meistens ein Klick in der Rubrik **Datum & Uhrzeit**, um dem Gerät wieder das korrekte Datum einzubläuen.

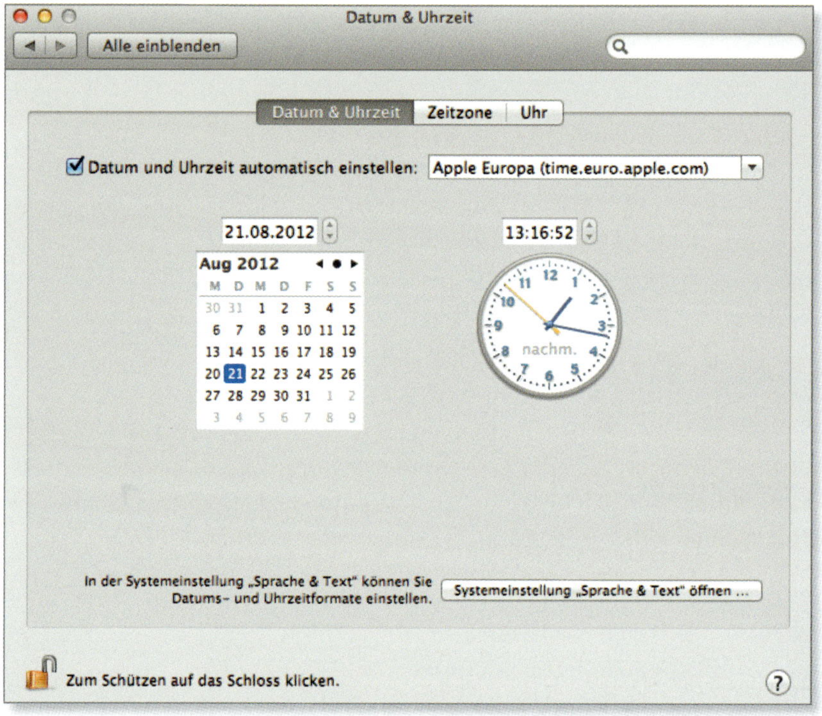

Abbildung 12.64 >
Just in Time – Datums- und Uhrzeiteinstellungen am Mac

Das Häkchen bei **Datum und Uhrzeit automatisch einstellen** ist die richtige Wahl, wenn Ihr Mac mit dem Internet verbunden ist. Ohne Webverbindung ist diese Einstellung wirkungslos, da der Uhrenabgleich online erfolgt.

Softwareaktualisierung

^ Abbildung 12.65
Icon des Bereichs »Softwareaktualisierung«

Neue Kleider für den Mac – und viel Systemtuning dazu. Die **Softwareaktualisierung** hält das Betriebssystem mit umfangreichen, automatischen Updates in Schwung. Dies läuft Hand in Hand mit dem App Store.

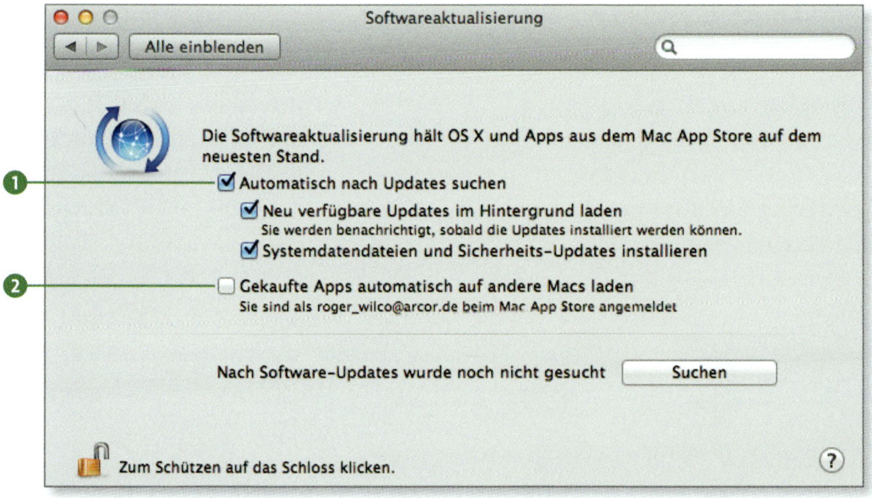

Abbildung 12.66
Die Softwareaktualisierung sorgt dafür, dass Ihr Mac immer »up to date« ist.

Die standardmäßig gesetzten Häkchen unter **Automatisch nach Updates suchen** ❶ sollten Sie stehen lassen. Nur so ist garantiert, dass Sie wichtige Aktualisierungen Ihres Betriebssystems und gekaufter Apps nicht verpassen.

Wenn Sie mehrere Macs Ihr Eigen nennen, lohnt ein Klick auf **Gekaufte Apps automatisch auf andere Macs laden** ❷. Das funktioniert aber natürlich nur dann, wenn Sie an dem anderen Mac mit der gleichen Apple-ID angemeldet sind. Auf dem einen Mac erworbene Software wird dann automatisch auch als Aktualisierung auf dem anderen Mac geladen. Entsprechende Einträge sehen Sie im App Store im Bereich **Updates**. Die Installation erfolgt direkt per Mausklick.

Einige Programme haben eigene Updateroutinen, die sich von Zeit zu Zeit melden. Diese können Sie weder über den App Store noch im Bereich **Softwareaktualisierung** beeinflussen.

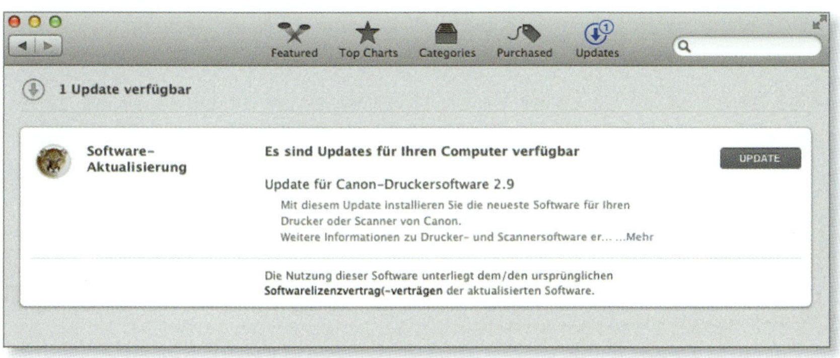

Abbildung 12.67
Updates werden über den App Store bereitgestellt.

Sprache

Abbildung 12.68
Icon des Bereichs »Sprache«

OS X versteht Sie und kann auch mit Ihnen sprechen – eine Funktion, die als netter Zusatz zu verstehen ist. Probieren Sie einfach aus, ob Sie Ihrem Mac zukünftig lieber gut zureden oder ihm doch eher mithilfe von Trackpad und Tastatur sagen möchten, wo es langgeht. Die entsprechenden Einstellungen zur Sprachausgabe finden Sie im Menü **Diktat & Sprache** der Systemeinstellungen.

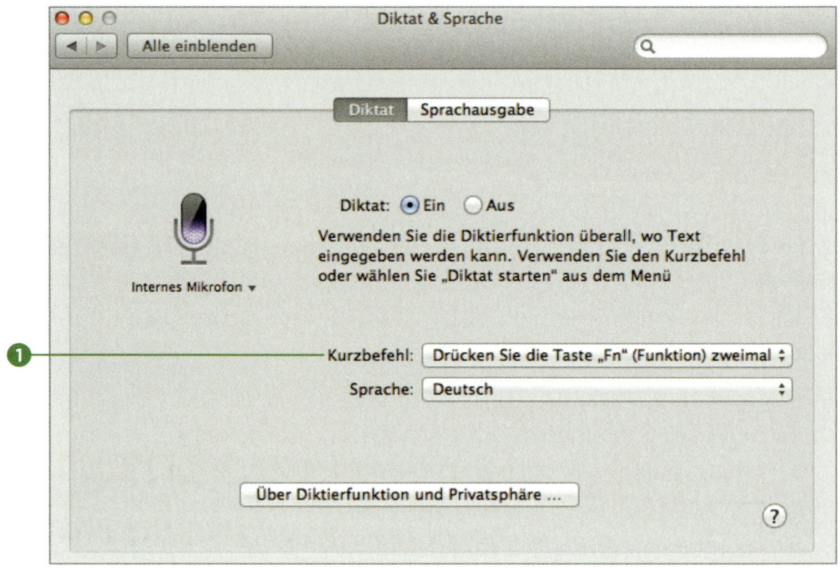

Abbildung 12.69
Hervorragend – auch Mountain Lion kann man zum Diktat bitten.

Richtig nützlich ist die Diktatfunktion. Mittels eines Kurzbefehls – am Notebook genügt ein zweifaches Drücken der fn-Taste – aktivieren Sie die Diktierfunktion. Mit einem iMac mit einer drahtlosen Tastatur ohne fn-Taste müssen Sie hierfür erst eine Kombination im Feld **Kurzbefehl** 1 festlegen. Das Diktieren klappt im Programm Apple Mail, in Word, in TextEdit – überall dort, wo man einen Text ohne Diktierfunktion von Hand tippen müsste.

Für diese Diktierfunktion haben die Apple-Entwickler sicherlich ein wenig bei »Siri« abgeschaut, dem Sprachassistenten des iPhones, denn sie klappt überraschend fehlerfrei.

Time Machine

Abbildung 12.70
Icon des Bereichs »Time Machine«

Zurück in die Datenzukunft. Time Machine ist die Datensicherung für Ihren Mac. Alle Einstellungen erklären wir Ihnen ausführlich in Kapitel 13, »Benutzerkonten und Datensicherung«.

Abbildung 12.71
Die Time Machine ist der Datenretter, wenn Sie Ihre Dateien versehentlich gelöscht oder überspeichert haben.

Bedienungshilfen

In der Rubrik **Bedienungshilfen**, unter Windows als *Eingabehilfen* bekannt, ist Schluss mit der Apple-Ästhetik. Hier geht es darum, dass jeder Anwender mit dem Betriebssystem zurechtkommt. Die Funktion **VoiceOver** 2 liest jeden Menüpunkt auf Wunsch vor, was in den meisten Fällen hervorragend funktioniert. Die Sprachausgabe am Mac ist wirklich gelungen.

Abbildung 12.72
Icon des Bereichs »Bedienungshilfen«

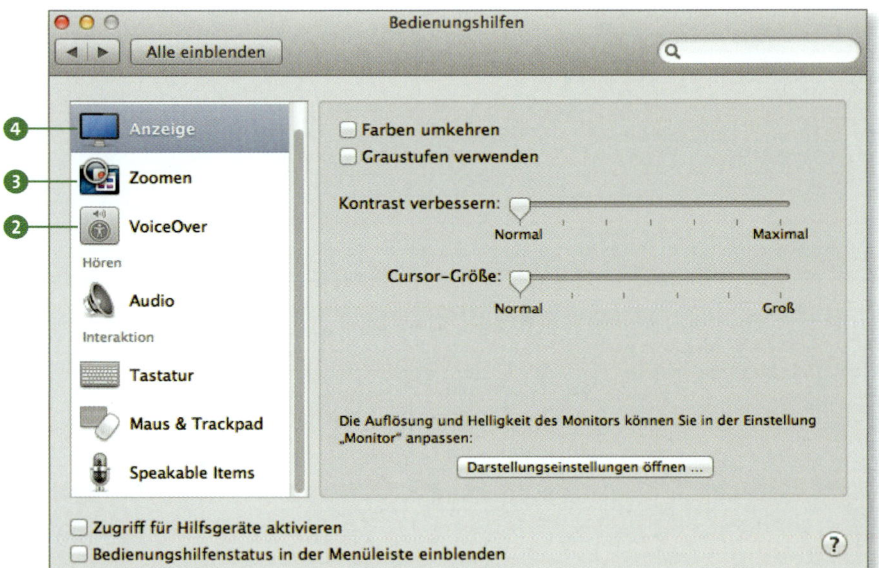

Abbildung 12.73
Die Rubrik »Bedienungshilfen« enthält Funktionen, die dazu dienen, dass jeder Mensch mit dem Apple Computer arbeiten kann.

Noch praktischer kann die Option **Zoomen** (❸ in Abbildung 12.73) sein, über den Sie per Tastenkombination beliebige Bildschirmbereiche massiv vergrößern können. Zusätzlich stehen unter **Anzeige** ❹ zahlreiche Einstellungen zur Verfügung, um Schrift und Bild noch besser lesbar zu machen. Auch in den übrigen Rubriken dreht sich alles um die persönliche Einrichtung des Apple-Systems, damit Sie auch mit Behinderungen perfekt damit arbeiten können.

Startvolume

Abbildung 12.74
Icon des Bereichs »Startvolume«

In der Rubrik **Startvolume** legen Sie fest, mit welchem System Ihr Mac standardmäßig geladen werden soll ❺. Haben Sie beispielsweise OS X und Windows mit Boot Camp installiert, stehen Ihnen zwei Systemplatten zur Verfügung. Wählen Sie einfach das Laufwerk aus, von dem aus Sie zukünftig starten möchten. Bei jedem Neustart des Macs haben Sie trotzdem immer die Möglichkeit, einfach mit gedrückter `alt`-Taste das Startvolume vorübergehend zu ändern und auf eine eventuell angeschlossene externe Festplatte umzuschalten. Mehr Informationen zur Verwendung von Windows auf dem Mac finden Sie in Kapitel 14, »Windows auf dem Mac«.

Abbildung 12.75
Unter »Startvolume« legen Sie fest, von welcher Festplatte der Mac standardmäßig bootet.

Eine ziemlich »krasse« Funktion, die man als Windows-Anwender so gar nicht kennt, ist **FireWire-Festplattenmodus** ❻. Allerdings ist er hier etwas fehlplatziert, denn diesen Menüpunkt brauchen Sie eigentlich nur, wenn Ihr Mac erst gar nicht mehr startet. Sie können damit Ihren Mac per FireWire-Kabel an einen anderen Mac anschließen und ihn dort als externe Festplatte verwenden – also, um es einfach zu sagen: Ihr Mac wird schlicht zu einer externen Festplatte degradiert. Wozu diese Funktion gut ist? Angenommen, Ihr Mac startet aufgrund eines Systemfehlers nicht mehr, und Sie haben kein Time-Machine-Backup. Dann können Sie, eine Installations-DVD oder einen USB-Stick mit OS X vorausgesetzt, beim Start Ihres Macs diesen Modus wählen und dann alle Daten vom »Fremd-Mac« komfortabel sichern. Wie Sie übrigens ganz einfach aus der Download-Datei von OS X 10.8 Mountain Lion des Apple App Stores einen Installations-USB-Stick erzeugen, zeigen wir Ihnen im Abschnitt »Ein Installationsmedium anlegen« in Abschnitt 15.4 auf Seite 357.

12.5 Sonstige

Was bei Veranstaltungen gern unter dem Begriff *Verschiedenes* läuft, ist in den Systemeinstellungen der Bereich **Sonstige**. Dort packt OS X alles hinein, was nachträglich auf Ihrem Mac installiert wird. Der Punkt erscheint also auch nur in diesem Fall in den Systemeinstellungen. Leider legt Mountain Lion hier eine gepflegte Inkonsequenz an den Tag. Denn selbst die Einstellungen von zusätzlicher Hardware, beispielsweise einem Grafiktablett, landen hier und nicht bei der Hardware.

13 Benutzerkonten und Datensicherung

Wie Windows bietet auch OS X die Möglichkeit, mehrere Benutzer unter einem System zu vereinen. Neben der klassischen Verwaltung mit verschiedenen Zugriffsrechten gibt es zudem noch einen praktischen Kinder-Modus mit vereinfachter Benutzeroberfläche und eingebautem »Bundestrojaner«, der alle Webaktivitäten überwacht. Ebenfalls in diesem Kapitel: die automatische Datensicherung mit Time Machine, die nicht nur bei Datenverlust eine echte Hilfe ist, sondern auch im Falle eines Umzugs Ihrer Daten auf einen neuen Mac ganz schnell für Heimatgefühle sorgt.

Passwort, Passwort, Passwort

Es geht Ihnen auf die Nerven, dass OS X nach kurzer Inaktivität wie einer Kaffeepause auf »Schwarz« schaltet und die Passworteingabe verlangt? Was in einer Firma noch verständlich ist, wird zu Hause doch etwas absurd und lästig. Sie können diesen Punkt in den Systemeinstellungen im Bereich **Sicherheit** bei **Allgemein** einfach abschalten.

13.1 1, 2, 3 – Benutzerkonten unter OS X

Nach der ersten Installation hat das Apple-Betriebssystem genau ein Benutzerkonto – Ihres! Und wenn der Computer nur von Ihnen genutzt wird, brauchen Sie auch keine zusätzlichen Accounts einzurichten. Wenn der Computer aber in der Familie oder beruflich von verschiedenen Personen genutzt wird, sind separate Benutzerkonten wirklich sinnvoll.

< Abbildung 13.1
Das Benutzerkonto unter Windows 7

Unter Umständen soll beispielsweise Ihr Nachwuchs nicht in Ihren Dokumenten wühlen, Ihre Fotos durcheinanderbringen oder gar Änderungen am System vornehmen können. Genau hierfür sind die Benutzerkonten ideal, da Sie damit auf Wunsch die sogenannten *Verwaltungsrechte* jedes Anwenders genau eingrenzen können.

Die Benutzerverwaltung

Benutzerverwaltung – allein das Wort klingt schon alles andere als spannend. Aber mit diesem praktischen Hilfsmittel ist es nicht nur möglich, dass sich mehrere Anwender einen Mac-Computer teilen, sondern dass Sie auch deren Rechte völlig individuell einstellen können. Der Filius, der Ihnen in einem unbeaufsichtigten Moment sämtliche Einstellungen »zerbröseln« könnte, wird damit ganz komfortabel in seine Schranken gewiesen. Und auf Wunsch sorgt sogar eine Kindersicherung dafür, dass selbst gewiefte Kids nur das am Computer machen dürfen, was Papa oder Mama auch erlaubt haben.

Abbildung 13.2 >
Die Benutzerverwaltung sorgt für den Familienfrieden – auch im Büro.

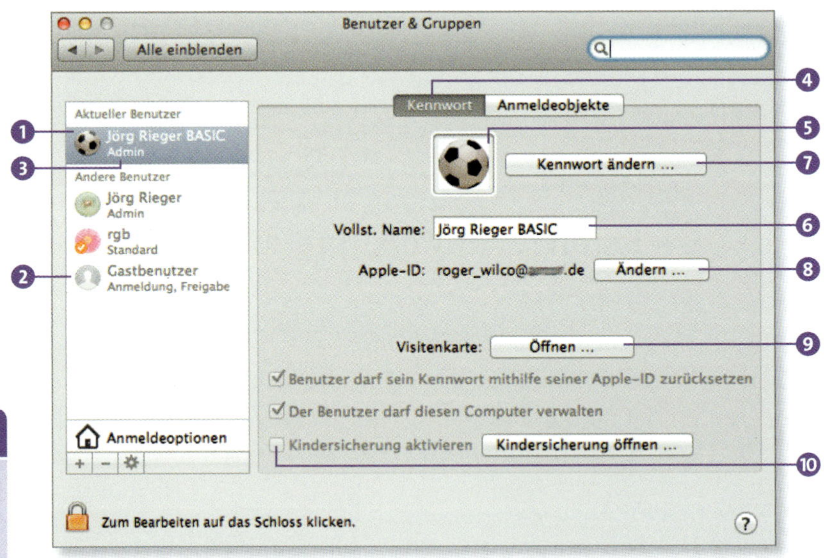

Einen Riegel vorschieben

Sie klicken wie wild auf die Einstellungen, aber nichts passiert? Werfen Sie einfach mal einen Blick nach unten links – höchstwahrscheinlich ist das Schloss noch nicht durch die Eingabe Ihres Passwortes geöffnet worden. Klicken Sie es einfach an, und schon können Sie die nötigen Einstellungen vornehmen.

Sie starten die Benutzerverwaltung am besten über die Systemeinstellungen und klicken dort in der Abteilung **System** auf **Benutzer & Gruppen**. Im nächsten Fenster sehen Sie nun, vorausgesetzt, Ihr Mac wird bisher nur von Ihnen genutzt, genau zwei angelegte Benutzer. Das sind zum einen Sie ❶ und zum anderen ein sogenannter **Gastbenutzer** ❷. Dieser dient aber nur der Datenübertragung via Netzwerk und hat für die Anmeldung bei OS X keine Bedeutung.

Wie Sie sehen, steht in der unteren Zeile Ihres Accounts der Begriff **Admin** ❸. Der Benutzer mit diesem Zusatz darf alle systemrelevanten Aktionen durchführen – ohne Einschränkung. Unix-Puristen und Linux-Anwender nennen das auch den »root-User«.

Auf der rechten Seite finden Sie nun unter **Kennwort** ❹ sowohl Ihr Bild ❺ (oder das entsprechend ausgewählte Apple-Motiv) als auch Ihren Benutzernamen ❻. Wenn Sie möchten, können Sie Ihr Kennwort hier ganz einfach ändern ❼. Übrigens, sollte Ihr Foto nicht gelungen sein, genügt ein Mausklick darauf, um es in ein neutrales Symbol zu verwandeln oder die Aufnahme erneut zu versuchen. Die Apple-ID ist für die Benutzung der Apple-Services wie iCloud, iTunes oder den App Store einfach Pflicht – eine Änderung ist per Klick ❽ hier jederzeit machbar.

Der Punkt **Visitenkarte: Öffnen** ❾ ist an dieser Stelle vielleicht etwas fehlplatziert – aber nun gut, per Mausklick öffnet sich das Adressbuch, und Sie sehen Ihren ganz persönlichen Eintrag.

Die **Kindersicherung** ❿ können Sie hier noch nicht aktivieren, dazu kommen wir noch im weiteren Verlauf des Kapitels (ab Seite 300).

Bei **Anmeldeobjekte** (⓫ in Abbildung 13.3) wird es interessant. Was unter Windows als *Autostart* lief, heißt unter OS X eben Anmeldeobjekte. Über das Plussymbol ⓬ besteht dann die Möglichkeit, all jene Programme in die Liste hineinzuladen, die zum Systemstart automatisch aktiviert werden sollen; also beispielsweise das E-Mail-Programm, Word und Kalender. (Sie können aber auch einfach den Ordner **Programme** über den Finder öffnen und die Programme mit der Maus in das Fenster ziehen.)

Ein Häkchen in der Spalte **Ausblenden** ⓭ bewirkt, dass die entsprechende Anwendung direkt im Dock abgelegt wird und nicht den Blick auf den Bildschirm versperrt.

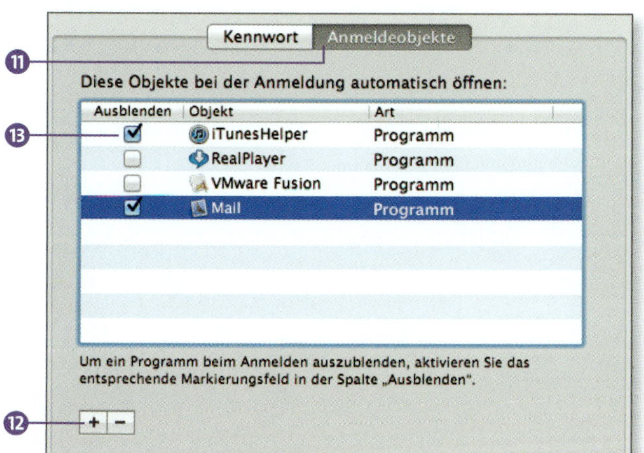

Abbildung 13.3
Klicks sparen – ausgewählte Programme in der Liste werden beim Systemstart automatisch geladen.

Vor dem Anlegen eines neuen Benutzers werfen wir einen Blick auf die **Anmeldeoptionen** ❶ (Abbildung 13.4). Diese entscheiden darüber, wie zukünftig mit weiteren Mac-Benutzern umgegangen wird. Im Feld **Automatische Anmeldung** ist standardmäßig die Option **Deaktiviert** ❷ ausgewählt. Damit kommt beim Systemstart immer eine Abfrage des Kennwortes, auch wenn Sie alleiniger Benutzer sind. Wenn Sie Ihren Mac sowieso nur alleine nutzen, genügt ein Klick auf dieses Pulldown-Menü und auf **Aktiviert**, um die Anmeldung automatisch und ohne weitere Abfragen erfolgen zu lassen.

Abbildung 13.4 >
Die Anmeldeoptionen im Detail

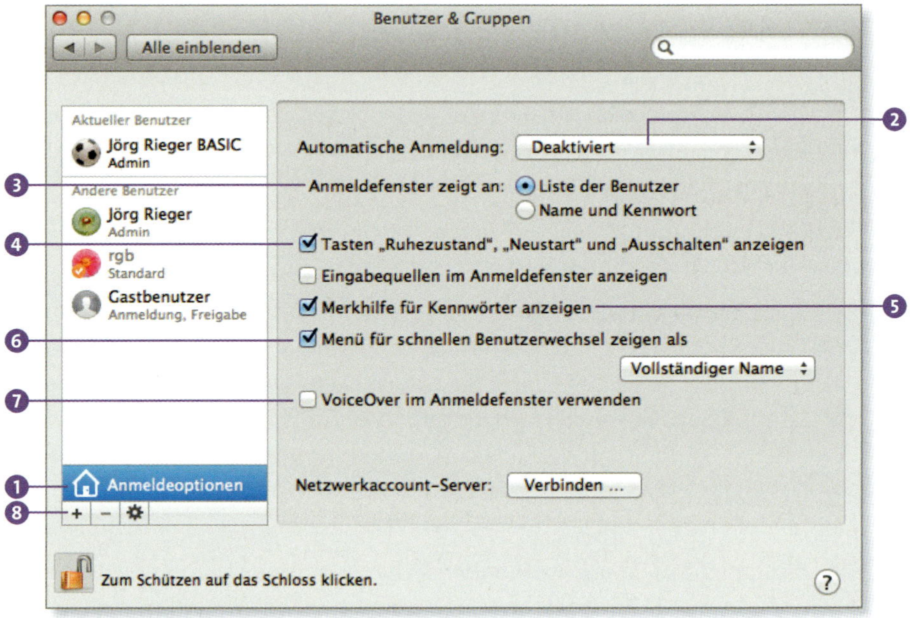

∧ Abbildung 13.5
Auch bei Windows können Sie in der Anmeldemaske Ihren Computer neu starten oder abschalten.

Bei **Anmeldefenster zeigt an** ❸ wird entschieden, wie Sie zukünftig bei OS X begrüßt werden: **Liste der Benutzer** ist die schönere Variante, dann werden neben dem Namen auch die passenden Bilder oder Symbole angezeigt.

Ganz wie bei Windows besteht auch bei OS X die Möglichkeit, den Rechner direkt in der Anmeldemaske abzuschalten oder neu zu starten. Klar ist es sinnvoll, die entsprechenden Buttons auch eingeblendet zu lassen ❹.

Die Merkhilfe für Kennwörter ❺ ist die Aufweichung des Kennwortschutzes. Haben Sie sich vertippt oder wissen Ihr Passwort einfach nicht mehr, zeigt OS X die beim Anlegen des Benutzers eingegebene Hilfe an. Das kann auf Wunsch aber deaktiviert werden, beispielsweise beim Firmenrechner.

< Abbildung 13.6
OS X kann direkt an der Anmeldemaske neu gestartet, in Standby versetzt oder komplett abgeschaltet werden.

Nun kommen wir zum Punkt **Menü für schnellen Benutzerwechsel zeigen als** 6. Wenn mehrere Personen am Mac arbeiten, kann man dann direkt über die Finder-Menüleiste auf einen anderen Mac-User umschalten, ohne den ersten Arbeitsbereich beenden zu müssen. Das heißt, alle Programme und Dokumente, die gerade geöffnet sind, werden auch durch den schnellen Benutzerwechsel nicht geschlossen. Klar, dass diese Funktion auf Kosten des Arbeitsspeichers und der Systemgeschwindigkeit geht. Und die Passwortabfrage kommt bei dieser Art des Wechselns natürlich trotzdem zum Zuge.

^ Abbildung 13.7
Die schnelle Benutzerumschaltung wird direkt in der Finder-Leiste vorgenommen.

Beim Abschalten des Computers hingegen wird es bei mehreren angemeldeten Usern etwas lästig: Hier muss jeder, unter Eingabe seines Passwortes, den eigenen Arbeitsbereich ordnungsgemäß beenden und sich vom System abmelden. Damit soll Datenverlust verhindert werden, wenn beispielsweise noch nicht gespeicherte Dokumente aktiv sind.

Die letzte Option ist weniger interessant – achten Sie lediglich darauf, dass die Option **VoiceOver im Anmeldefenster verwenden** (7 in Abbildung 13.4), also die Sprachausgabe, deaktiviert ist, sonst redet OS X bei der Anmeldung mit Ihnen.

Einen neuen Benutzer anlegen

Mit einem Klick auf das Plussymbol links unten im Dialog **Benutzer & Gruppen** (8 in Abbildung 13.4) ist es jederzeit möglich, einen neuen

Mac-Benutzer anzulegen. Im nächsten Fenster (Abbildung 13.9) steht ganz oben unter **Neuer Account** ❶ immer zuerst **Standard**:

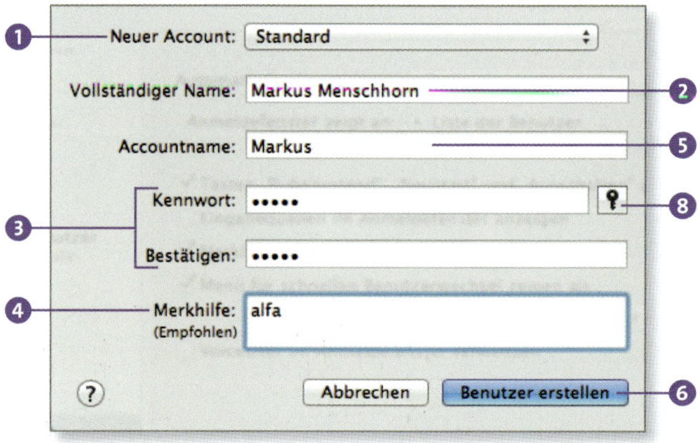

Abbildung 13.9 >
Neue Benutzer sind mit wenigen Mausklicks angelegt.

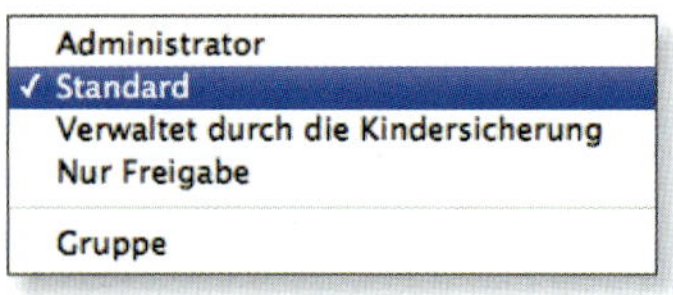

^ Abbildung 13.8
Diese verschiedenen Accounttypen gibt es am Mac.

- **Standard** ist der klassische Account, um zusätzliche Benutzer anzulegen. Die neuen Benutzer dürfen damit uneingeschränkt Dokumente anlegen und speichern, ins Internet gehen, CDs brennen und vieles mehr. Allerdings bleibt ihnen der Zugang zu systemrelevanten Einstellungen verwehrt. Auch eine Programminstallation kann man mit diesem Modus nicht selbst durchführen. Hier muss dann ein Administrator vorher ein Kennwort eingeben.
- Und damit sind wir auch schon beim nächsten Punkt der Liste: Als **Administrator** hat man alle Rechte am Mac – und es kann nicht nur einen, sondern beliebig viele Administratoren geben.
- **Verwaltet durch die Kindersicherung** ist für Ihre Sprösslinge interessant. Mithilfe der Kindersicherung kann der Zugriff auf sämtliche Dienste, das Internet und das System ganz individuell eingeschränkt werden.
- Die beiden letzten Möglichkeiten, **Nur Freigabe** und **Gruppe**, sind nur für professionelle Anwender wichtig. Mit **Nur Freigabe** kann man in einem großen Computernetzwerk regeln, welche Benutzer freigegebene Daten auf Ihrem Mac sehen dürfen. Über die Auswahl **Gruppe** können Sie, sollten Sie eine Großfamilie mit 20 Köpfen haben, die Benutzer in Gruppen organisieren.

Egal, für welchen Accounttyp Sie sich entscheiden – es werden neben dem Namen ❷ auch das **Kennwort** ❸ und eine optionale **Merkhilfe** ❹ abgefragt. Bei Letzterer können Sie sich eine Eselsbrücke zum Passwort bauen, sollten Sie es einmal vergessen. Ein nettes Beispiel wäre »Der Geburtstag meiner Mutter, die ersten zwei Buchstaben ihres Mädchennamens und das Datum, an dem ich meine Freundin/meinen Freund kennenlernte«. Das Passwort könnte dann so aussehen: 23121956WE04052001.

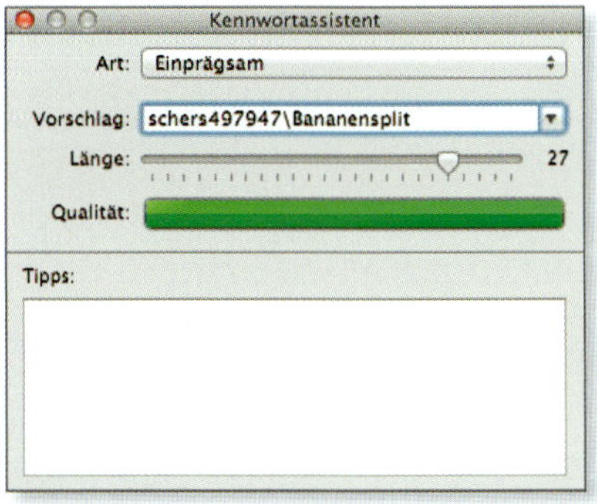

Abbildung 13.10
Supersicher, was OS X so an Passwörtern vorschlägt

Der **Accountname** ❺ erscheint beispielsweise in der Finder-Leiste und kann durchaus auch zur Anmeldung oder bei diversen Abfragen von Passwort und Benutzernamen verwendet werden. Es ist also sinnvoll, ihn recht kurz zu halten und nicht den Vorschlag von OS X anzunehmen, einfach Vor- und Nachname zusammenzuschreiben.

Ein Klick auf **Benutzer erstellen** ❻ legt den neuen User an. Auch hier können Sie, wie schon bei Ihrem Benutzerkonto, nun die Anmeldeoptionen sowie die Startobjekte wählen.

Kennwortassistent

Klicken Sie doch einmal auf den Schlüssel ❽ hinter dem Feld **Kennwort**. Hier hat Apple einen Passwort-Generator versteckt und zeigt zudem an, wie hochwertig das momentan von Ihnen gewählte Kennwort ist. Das Passwort in Abbildung 13.10 ist jedenfalls ziemlich sicher. Wir wünschen schon jetzt viel Freude beim Auswendiglernen solcher Zeichenmonster!

Benutzer wechseln

Um einen Benutzer zu wechseln, gibt es die im Folgenden beschriebenen Möglichkeiten. Sie werden sehen, das läuft eigentlich ganz genauso wie bei Windows:

- Beim Start von OS X: Hier erscheint, bevor OS X 10.8 Mountain Lion endgültig geladen wird, eine Anmeldemaske. Wählen Sie einfach den gewünschten Account, tippen Sie Ihr Passwort ein, und bestätigen Sie mit der [↵]-Taste.
- In OS X: Der Befehl zum Abmelden ist in der Finder-Menüleiste im Apfelmenü ganz unten zu finden. Damit werden alle aktiven Fenster, Programme und Dokumente geschlossen, und die Anmeldemaske mit der Account-Auswahl erscheint wieder, ganz wie bei einem Neustart.
- Haben Sie den schnellen Benutzerwechsel aktiviert, können Sie über die Finder-Menüleiste direkt per Mausklick den Benutzer wechseln. Alle bereits angemeldeten Accounts bleiben im Hintergrund erhalten, und man kann beliebig, natürlich nur nach der Eingabe des Kennwortes, zwischen ihnen wechseln.

Auf die Weise ist es überhaupt kein Problem, mit mehreren Personen an einem Rechner zu arbeiten, ohne dass jede auf die Daten der anderen zugreifen kann.

^ Abbildung 13.11
Nehmen Sie Ihre Kids an die Hand – oder, besser gesagt, an die kurze Leine.

Kindersicherung

Wenn Sie einen neuen Benutzer mit **Verwaltet durch die Kindersicherung** angelegt haben, haben Sie im Anschluss die Möglichkeit, in den Systemeinstellungen unter dem Eintrag **Kindersicherung** Riegel und Schlösser einzubauen, wo es Ihnen dem Alter Ihres Nachwuchses entsprechend notwendig erscheint. Eine ähnliche Lösung gibt es unter Windows nur von Drittherstellern. Tatsächlich ist die OS X-Kindersicherung so aufgebaut, dass sie auch durch clevere Kids nicht ausgehebelt werden kann.

Nach der Auswahl eines Benutzers in der Kindersicherung stehen Ihnen vielfältige Möglichkeiten zur Verfügung. Der einfache Finder (Abbildung 13.12) ist tatsächlich deutlich unkomplizierter aufgebaut und deshalb für kleinere Kinder durchaus sinnvoll.

Abbildung 13.12 >
Der einfache Finder aus der Kindersicherung ist nicht nur für Kinder ideal, um in die Computerwelt einzusteigen, sondern auch für ungeübte Anwender.

Wenn Sie ein Häkchen bei **Programme beschränken** ❶ setzen, ist der Zugriff auf alle anderen Anwendungen, die nicht in der Liste stehen ❷, verboten. Es fehlen Programme in der Liste? Suchen Sie einfach über den Finder das entsprechende Programm im Ordner **Programme**, und ziehen Sie es zusätzlich in die Liste. Meistens genügt aber ein Blick in **Andere Apps**, denn dort sind eigentlich sämtliche Applikationen aufgelistet.

Auch den App Store und seine Apps können Sie per Mausklick sperren beziehungsweise tatsächlich an das Alter des Kindes anpassen ❸. Damit das klappt, hat jede App im App Store eine solche Angabe hinterlegt, das ist verpflichtend.

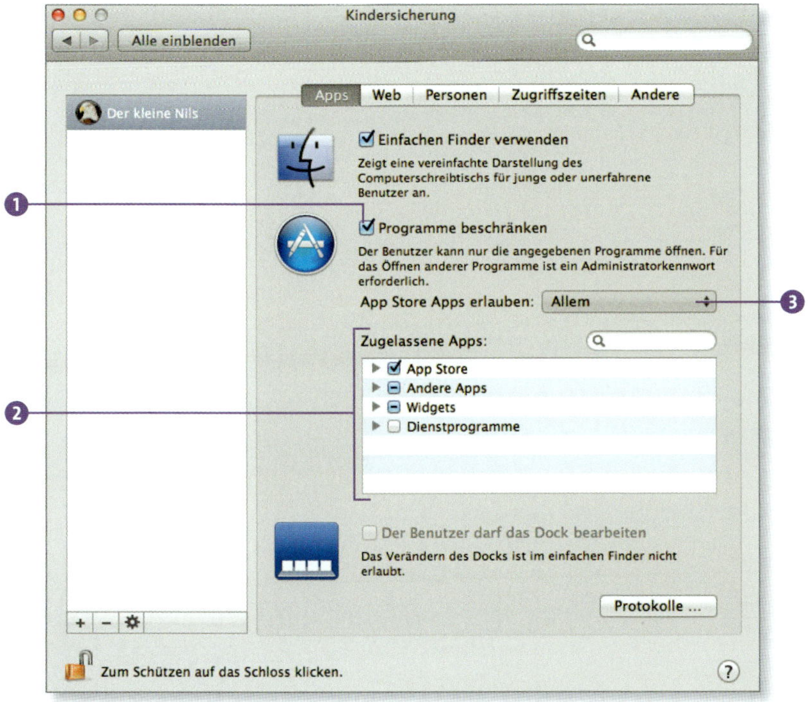

Abbildung 13.13
Die Kindersicherung – Fort Knox in OS X

Im Tab **Web** (❹ in Abbildung 13.14) wird eingestellt, ob und welche Webseiten besucht werden dürfen. Das geht zum einen über **Zugriff auf nicht jugendfreie Websites so gut wie möglich automatisch beschränken** ❺. Hier filtert OS X automatisch alle Webseiten nach »bösen« Wörtern. Wird das System fündig, wird die Seite gesperrt. Gerade für jüngere Kinder ist es aber sinnvoll, tatsächlich nur den Zugriff auf bestimmte Seiten zu erlauben. Auch das wird hier aktiviert ❻.

Datenschutzrechtlich bedenklich wird es beim Punkt **Protokolle** ❼. Damit zeichnet »Big Brother OS X« so ziemlich alle Ihre Aktivitäten am Mac auf. Selbst Programme, die Sie benutzen, werden hierüber protokolliert und dem Administrator kenntlich gemacht.

Abbildung 13.15
Mit der Kindersicherung kann man alle besuchten Webseiten aufzeichnen lassen.

Auf dem Reiter **Personen** ❽ legen Sie auf Wunsch fest, mit wem Ihre Kinder über den Rechner kommunizieren können. Voraussetzung ist, dass diese Teilnehmer im Adressbuch und in der Liste unter **Personen** eingetragen sind.

Abbildung 13.14 >
Wer darf was im Web?

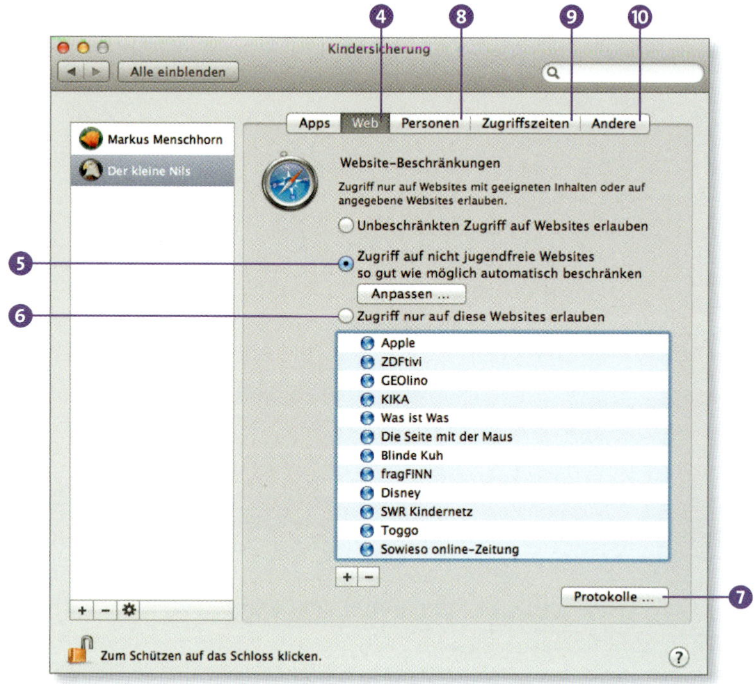

Perfekt, wenn der neue Mac im Kinderzimmer steht: Die Einstellungen unter **Zugriffszeiten** ❾ regeln ganz klar, wann der Computer benutzt werden darf. Lästige Diskussionen und die »Netzteilkontrolle« gehören damit der Vergangenheit an.

Viva America – das kann man in der Abteilung **Andere** ❿ live erleben! Dort gibt es den Punkt **Anstößige Inhalte im Lexikon ausblenden**. Das finden wir, mit Verlaub, schon sehr restriktiv.

Ist die Kindersicherung wunschgemäß eingerichtet, können Sie das Fenster einfach schließen. Eine zusätzliche Bestätigung ist nicht notwendig.

∧ Abbildung 13.16
Komplex – die Schlüsselbund-verwaltung

13.2 Schlüsselbund – alle Passwörter im Griff

Den (Schlüssel-)Bund fürs digitale Leben liefert OS X gleich mit. Allerdings ist diese Funktion gut versteckt und auch nicht über die Systemeinstellungen erreichbar. Trotzdem wird man oft mit der Meldung »Möchten Sie das aktuelle Kennwort Ihrem Schlüsselbund hinzufügen?« konfrontiert.

Was bedeutet das? Apple kann sämtliche Kennwörter von Programmen oder Internetdiensten auf Wunsch speichern. Eine erneute Abfrage wird dann nicht mehr durchgeführt. Das ist besonders für immer wiederkehrende Abfragen, wie die nach dem Passwort für das WLAN oder Ähnliches, interessant. Auch die E-Mail-Passwörter und Zugänge zu Internetseiten werden dort verwaltet, also einfach alles, was durch Kennwörter geschützt wird. Die Anwendung ist insofern praktisch, als man sich ja nun wirklich nicht alle Passwörter und Benutzernamen merken kann.

Um einzelne Kennwörter wieder aus dem Schlüsselbund zu entfernen oder ein vergessenes Passwort wiederherzustellen, öffnen Sie das Fenster **Schlüsselbundverwaltung** über den Ordner **Programme > Dienstprogramme**.

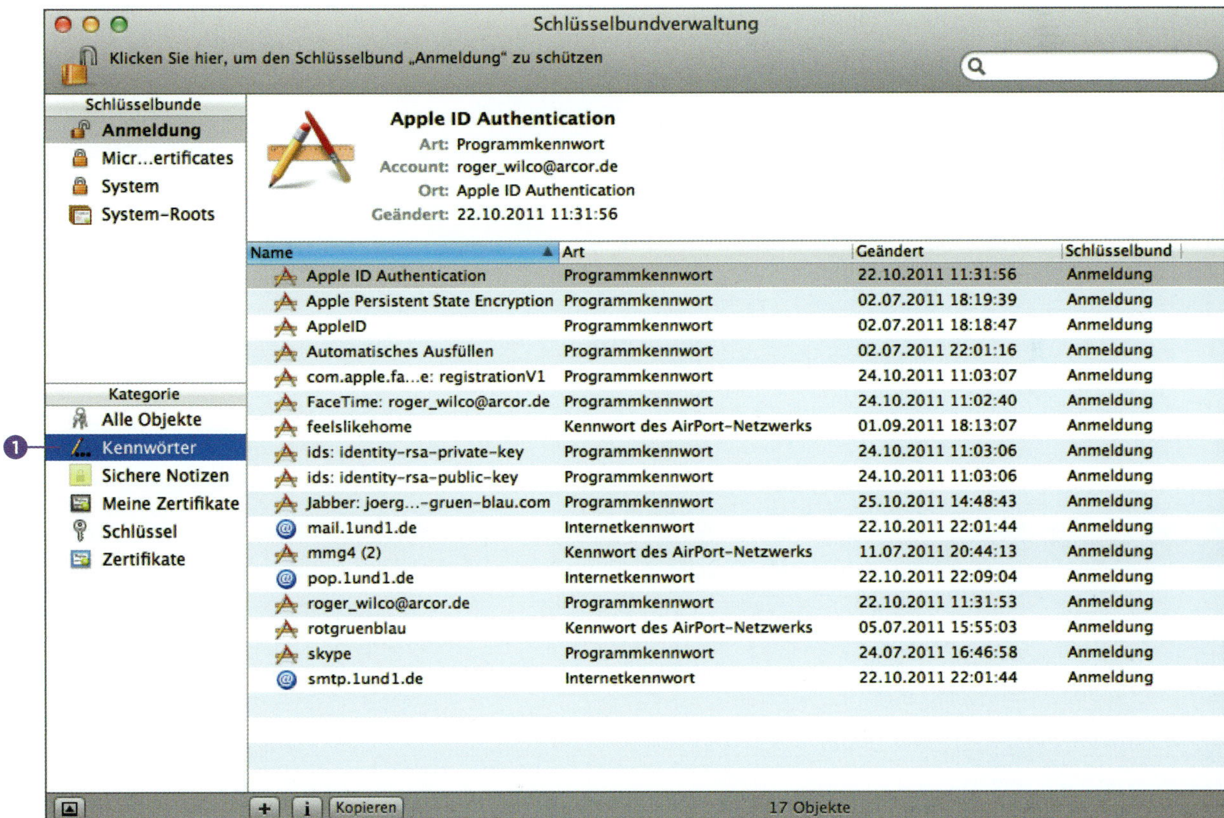

^ Abbildung 13.17
Die Schlüsselbundverwaltung im Einsatz

Das Fenster sieht nicht gerade nach Apple-Benutzerfreundlichkeit aus, und tatsächlich ist dieser Bereich doch eher etwas für Profis. Wir beschränken uns daher auf jenen Bereich links unten bei **Kennwörter** ❶. Klicken Sie darauf, dann werden Ihre Passwörter im rechten Teil des

Fensters aufgelistet. Die Überraschung ist geglückt – hätten Sie gedacht, dass Sie so viele verschiedene Benutzerdaten haben?

Mit einem Doppelklick gelangen Sie in die Details zum entsprechenden »Schlüssel« (Abbildung 13.18). Sie müssen nicht wegen des Häkchens bei **Kennwort einblenden** ❷ erschrecken. Zwar zeigt Apple beim Anhaken das passende Kennwort an, ohne es durch Punkte oder Sternchen zu verschleiern – vorher wird aber Ihr Benutzerpasswort abgefragt, also jenes Kennwort, das auch beim Start des Macs oder einer Softwareinstallation verlangt wird. Wer das nicht kennt, kann also auch nicht unbefugt in diesem sensiblen Bereich herumspielen. In diesem Fenster können Sie das Passwort und Ihren zugehörigen Benutzernamen gegebenenfalls ändern.

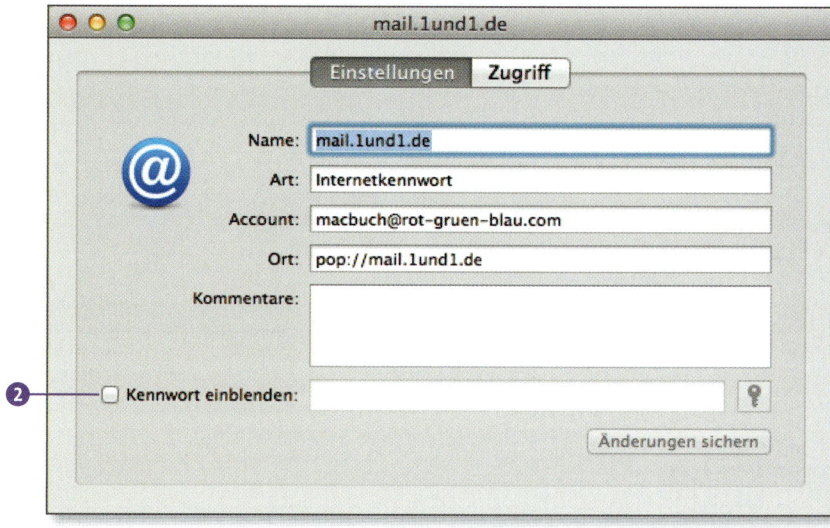

Abbildung 13.18 >
Kennwort einblenden? Aber bitte mit Passwort!

Sie möchten einen Zugang komplett löschen? Dann müssen Sie zurück zur Listenansicht. Leider hat Apple hier das übliche Minussymbol vergessen. Sie müssen manuell für Ordnung sorgen, und zwar mit einem Rechtsklick auf die entsprechende Zeile und der entsprechenden Auswahl im Kontextmenü.

Achtung!

Es birgt ein gewisses Risiko, wichtige Passwörter im Schlüsselbund zu speichern. Denn ist Ihr Mac erst einmal eingeschaltet, kann jeder auf die gespeicherten Passwörter zugreifen und sie in der passenden Anwendung benutzen, wenn das »Hauptpasswort« für den Schlüsselbund geknackt wurde.

13.3 Daten sichern

OS X 10.8 Mountain Lion hat ein vollautomatisches Backup-System mit an Bord, also eine Datensicherung, die selbst denkt und definitiv alles sichert, was so auf Ihrem Mac gespeichert ist. Das klingt unglaublich, funktioniert aber richtig gut. Sie benötigen hierzu lediglich eine externe

Festplatte. Bei dieser sollten Sie nicht an Größe sparen: Ein Terabyte (1.000 Gigabyte) darf Ihre neue Festplatte schon haben. Je größer der externe Datenträger ist, desto weiter zurück reicht später die Datensicherung. Als Faustregel gilt: Die externe Festplatte sollte mindestens doppelt so viel Kapazität wie Ihr Mac-Computer haben.

Sie können zur Datensicherung am Mac jede beliebige externe Festplatte verwenden. Der Datenübertragungsstandard USB 2.0 ist bei neuen Festplatten sowieso Standard und sorgt für schnellen Datentransfer. Ansonsten haben Sie die Qual der Wahl im Elektrofachmarkt oder beim Computerhändler.

Time Machine hat im Vergleich zu herkömmlichen Datensicherungsprogrammen folgende Vorteile:

- komplette Systemsicherung
- vollautomatische Sicherung
- Wiederherstellung von Dokumenten direkt aus Finder-Ordnern oder direkt in der Anwendung

Festplatte teilen

Sie möchten Ihre neue externe Festplatte aufteilen und nicht komplett für das Backup verwenden? Im Abschnitt »Externe Festplatten aufteilen« auf Seite 345 in Abschnitt 15.3 lernen Sie, wie das am Mac vonstattengeht. Wichtig: Die Aufteilung müssen Sie *vor* dem Einrichten des Backups vornehmen!

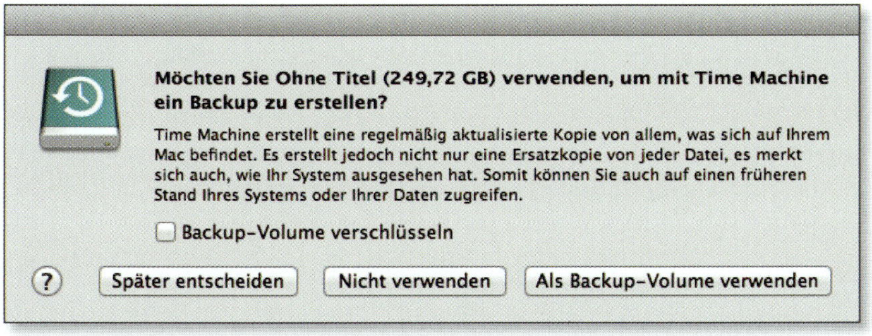

Abbildung 13.19
Schneller als die Polizei erlaubt – wenn noch kein Backup definiert ist und eine neue Festplatte angeschlossen wird, überrascht Time Machine mit dieser Meldung.

Das Time-Machine-Backup verwenden

Zuhause müssen Sie die externe Festplatte nur noch an Ihren Mac anschließen, und schon schlägt OS X vor, das neue Volume für das Backup mit Time Machine zu verwenden. Wenn Sie **Als Backup-Volume verwenden** aktivieren, wird die gesamte Festplatte für die Datensicherung reserviert; andere Dateien können dann dort nicht mehr abgelegt werden.

Im nächsten Fenster präsentiert sich Apple mal wieder von seiner übersichtlichen Seite. Sie haben die Möglichkeit, das Backup ein- oder auszuschalten (❶ in Abbildung 13.20). Unter **Optionen** ❷ finden sich nicht viele Möglichkeiten. Dort können Sie lediglich Ordner definieren, die von Time Machine nicht erfasst werden sollen. Den Rhythmus bestimmt die

Backup unterbrechen

Sie können ein gerade laufendes Backup jederzeit stoppen. Klicken Sie dazu einfach in den Menulets auf das Time-Machine-Symbol, und wählen Sie **Backup stoppen**. Mit **Backup jetzt erstellen** kann die Datensicherung jederzeit neu gestartet werden.

Software selbst, und so können Sie es nur akzeptieren, dass stündlich, täglich oder wöchentlich gesichert wird. Wir finden das sehr praxisnah, denn so müssen Sie gar nicht selbst Hand anlegen und einen individuellen Backup-Plan ausarbeiten.

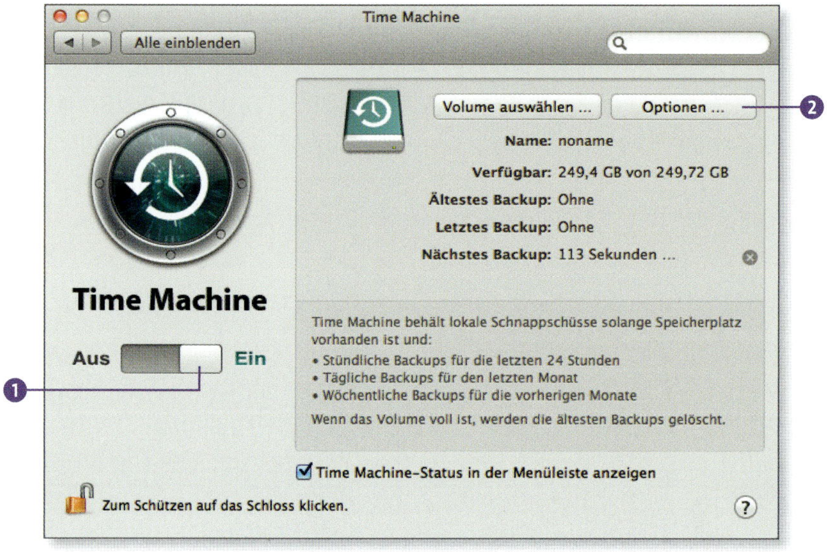

Abbildung 13.20 >
Ein oder aus? Die Systemeinstellungen zu Time Machine sind übersichtlich.

Wenn Sie die Einstellungen zu Time Machine schließen, ist die Datensicherung aktiv. Beim ersten Durchgang nimmt dieser Vorgang einige Zeit in Anspruch, da die komplette Festplatte gesichert wird. Später kommen nur jene Daten hinzu, die geändert oder neu erstellt wurden.

Time Machine sichert bei angeschlossener externer Festplatte stündlich die neuen Daten. Ist die Festplatte nicht angeschlossen, wird natürlich auch keine Datensicherung erstellt. OS X meldet sich allerdings erst zu Wort, wenn schon über zehn Tage lang kein Backup mehr durchgeführt werden konnte.

^ Abbildung 13.21
Time Machine als Datenretter

Verlorene Daten wiederholen

Im Falle eines Falles ist der Schreck groß: Ein wichtiges Foto fehlt, im Word-Dokument fehlen plötzlich Seiten. Jetzt ist es Zeit für Time Machine. Das Programm kann jederzeit über das Dock aktiviert werden. Egal, ob Sie im Finder eine Datei oder einen Ordner wiederherstellen oder eine frühere Version eines Word-Dokuments zurückhaben möchten: Nach dem Klick auf das Time-Machine-Icon geht es ab ins Daten-Weltall.

An der rechten Seite des Bildschirms (siehe Abbildung 13.22) ist die Zeitleiste **3** untergebracht. Jeder Strich steht für einen Sicherungszeitpunkt, den Sie per Mausklick anwählen können. Im Hauptbildschirm steht das Dokument beziehungsweise die Finder-Ansicht, wie sie zum jeweiligen Zeitpunkt ausgesehen hat. In der unteren Leiste sehen Sie das gewählte Datum mit genauer Uhrzeit ④. Markieren Sie nun die gewünschten Objekte. Ein Klick auf **Wiederherstellen** ⑤ stellt den Ordner oder das Dokument so wieder her, wie es aktuell in Time Machine angezeigt wird, und am besten immer direkt aus dem jeweiligen Finder-Ordner.

Selbstverständlich kann das Backup auch durchsucht werden. Hier stellt Ihnen Apple die üblichen Suchfunktionen zur Verfügung. Tippen Sie den gesuchten Begriff, zum Beispiel einen Dateinamen, einfach direkt in Time Machine im Suchfeld ⑥ des angezeigten Finder- oder Programmfensters ein.

Ungesicherte Dokumente

Achtung: Time Machine kann natürlich nur Dokumente zurückholen, die auch abgespeichert wurden. Eine stundenlange Retusche in Photoshop, die nicht gesichert wurde, kann nicht »Minute für Minute« zurückgedreht werden.

Abbildung 13.22
Losbrausen und Daten suchen, hier im Finder

Sie müssen übrigens keine Angst haben, dass Time Machine vorhandene Daten überschreibt. OS X stellt Sie immer vor die Wahl, wie mit der Datensicherung umgegangen werden soll (Abbildung 13.23). Unser Tipp: Die richtige Wahl ist **Beide behalten**, also die zurückgesicherte Version und das Original auf der Festplatte; so können Sie im Anschluss entscheiden, welche Datei die richtige ist.

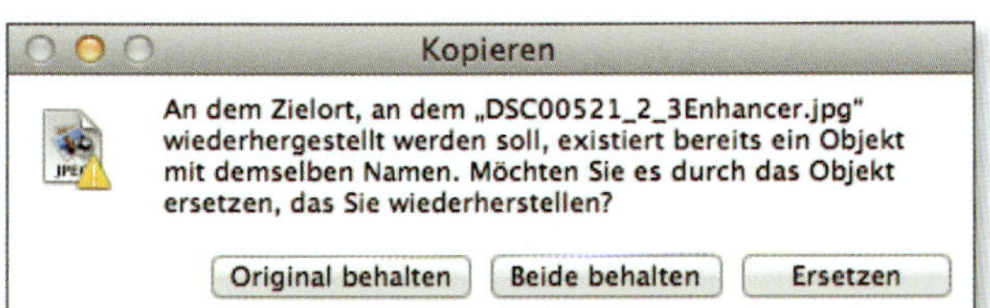

Abbildung 13.23
Sicherheit geht vor – »Beide behalten« lässt Ihnen maximale Entscheidungsfreiheit.

Mit der aktuellen Version 7 wurde außerdem die 3D-Funktionalität stark erweitert, sodass auch Actionspiele unter Parallels funktionieren. Hier ist allerdings ein richtig schneller Mac Voraussetzung, damit es nicht ruckelt.

Erstaunlich – Sie können sogar Ihr OS X 10.8 Mountain Lion nochmals als virtuelles Betriebssystem installieren. Das ist aber nun doch eher für Programmierer und Softwareentwickler gedacht, die ständig mit Beta-Versionen neuer Programme arbeiten müssen und bei denen ein Systemcrash anderweitig quasi an der Tagesordnung wäre. Mit der virtuellen Maschine hat man dann eben nicht den kompletten Computer lahmgelegt, sondern kann das virtuelle System mit wenigen Mausklicks wiederbeleben.

Komplettumzug vom PC? Parallels Switch to Mac

Wenn Sie Ihren PC »wie er ist« auf den Mac umziehen wollen, ist die spezielle »Switch to Mac«-Edition von Parallels geeignet. In diesem Softwarepaket ist nicht nur die Software selbst, sondern auch ein spezielles Datenübertragungskabel dabei, um Mac und PC über USB miteinander zu verbinden.

Ansonsten funktioniert der Umzug ganz einfach: Parallels unter OS X holt sich das gesamte Windows-System Ihres alten Systems, konfiguriert es neu, und wenige Zeit später ist Ihr PC komplett virtuell unter OS X einsatzbereit – mit allen Daten, Programmen und lieb gewonnenen Eigenheiten, die ein Windows-PC so bietet. Klingt komfortabel? Ist es in jedem Fall und erspart im Extremfall mehrere Stunden Nachinstallation von dringend benötigten Windows-Programmen.

Parallels Desktop installieren

Die Installation von Parallels ist mit wenigen Mausklicks erledigt. Wichtig: Wie bei Boot Camp brauchen Sie auch hier eine Windows-Lizenz und natürlich eine passende Installations-CD/DVD. Die wird beim Aufspielen benötigt, genauso wie die Seriennummer.

Zu Beginn wird die Partitionsgröße, also die Festplattengröße abgefragt, die Windows belegen soll. Hier müssen Sie wissen, was benötigt wird. In dieser Partition werden nämlich nicht nur Windows, sondern natürlich auch alle anderen Windows-Programme installiert. Erfahrungsgemäß sind Sie mit 40 Gigabyte Platz auf der sicheren Seite.

Die Windows-Installation unter Parallels Desktop klappt mit Versionen ab XP ganz problemlos, also natürlich auch mit Vista, Windows 7 oder

Schneller installieren

Wenn Sie gleich mehrere getrennte virtuelle Windows-Systeme anlegen möchten, beispielsweise eines mit Ihren Spielen und eines für Ihre Buchhaltungsanwendung, dann kann die lahme Installation über die Windows-DVD lästig sein. Muss es aber nicht – öffnen Sie den Bereich **Dienstprogramme** auf Ihrem Mac, starten Sie das Festplatten-Dienstprogramm, legen Sie die Windows-DVD ein, und wählen Sie sie in der Seitenleiste links aus. Jetzt noch das Symbol für **Neues Image** in der Menüleiste anklicken, schon wird die DVD auf die Festplatte konvertiert (siehe auch Seite 105). Danach steht Windows als DMG-Datei zur Verfügung. Bei der Installation von Parallels Desktop wie auch von VMware Fusion kann man Windows auch von einem Image installieren – und das geht nun wirklich richtig, richtig schnell.

Abbildung 14.15
Parallels Desktop ist schnell installiert.

Windows 8, und ist mit wenigen Mausklicks fertiggestellt. Erfreulich ist, dass Ihnen ein Treiberchaos erspart bleibt; während der gesamten Installation werden Sie dank Apple-Hardware keine CD oder DVD suchen müssen.

Ins Internet oder Netzwerk kommen? Auch das geht vollautomatisch, auch der Drucker wird automatisch angeschlossen. Allerdings müssen Sie hier noch, je nach Modell, die Windows-Treiber nachladen.

1. Erste Schritte

Gleich nach der App-Installation starten Sie voll durch – im ersten Bildschirm haben Sie die Wahl, ein neues Windows zu installieren (1) oder – wie im vorangegangenen Abschnitt beschrieben – den Umzug von einem vorhandenen PC durchzuführen (2). Wir entscheiden uns hier aber für eine neue Installation. Sie können auch mit der »normalen« Parallels-Version einen Umzug vom PC durchführen – dazu brauchen Sie dann aber das passende Cross-USB-Datenkabel. Haben Sie Windows bereits unter Boot Camp installiert und finden das ewige Neustarten unpraktisch, ist die dritte Möglichkeit **Windows von Boot Camp aus nutzen** (3) perfekt. Sie bringt die Boot-Camp-Installation in Parallels zum Laufen – ganz ohne aufwendige Windows-Neuinstallation.

Abbildung 14.16
Windows soll frisch auf dem Mac installiert werden.

2. Datenträger wählen

Jetzt gilt es, die Windows-DVD, -CD oder eine Image-Datei zu wählen, also jenes Installationsmedium, von dem Parallels die Windows-Version kopieren soll. Haben Sie eine Original-Installations-CD oder -DVD eingelegt, erkennt Parallels automatisch, worum es sich handelt.

Abbildung 14.17
Hier wurde eine Image-Datei als Quelle gewählt. Das Image wurde zuvor mit dem Festplatten-Dienstprogramm erstellt (siehe Kasten auf Seite 319).

3. Seriennummer bereithalten

Ja, auch hier muss man die Seriennummer parat haben. Tippen Sie sie einfach wie gewohnt ein, und klicken Sie dann auf **Fortfahren**.

Abbildung 14.18
Ohne Seriennummer geht es hier nicht weiter.

4. Wie ein Mac? Oder wie ein PC?

Vor der Installation müssen Sie noch angeben, ob sich Windows komplett in OS X integrieren (**Wie ein Mac**) oder separat als Programmfenster starten soll (**Wie ein PC**). Im ersten Modus verschmelzen die Windows-Programme und werden fast wie echte Mac-Apps aussehen. Allerdings ist diese Auswahl hier nicht endgültig, Sie können diese Ansicht später jederzeit einfach per Klick ändern, sooft Sie möchten.

Abbildung 14.19 >
Wie sollen die Windows-Programme dargestellt werden?

5. Speicherort und Namen eingeben

Abschließend müssen Sie noch den Speicherort für das virtuelle Windows eingeben oder den sinnvollen vorgeschlagenen Speicherort von Parallels bestätigen und Windows einen Namen geben.

Abbildung 14.20 >
Legen Sie fest, wo Parallels gespeichert werden soll.

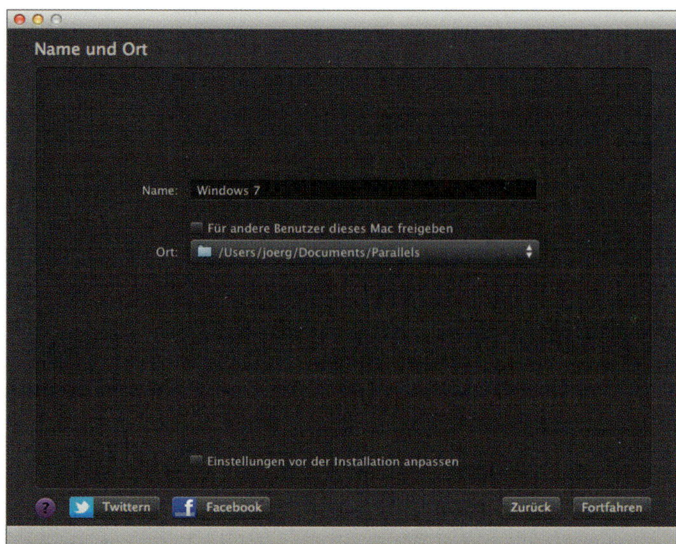

6. Windows installiert

Haben Sie es vermisst? Jetzt läuft die Installation von Windows nahezu vollautomatisch: Mehr als Ihre Landessprache müssen Sie nicht mehr eingeben, den Rest erledigt Parallels für Sie. Also – zurücklehnen.

Abbildung 14.21
Die Installation läuft.

7. Fertig

Hier ist es, das brandneu installierte Windows unter OS X, einsatzbereit und schon mit sämtlichen Treibern ausgestattet. Der Desktop von Windows wird übrigens direkt mit dem Schreibtisch von OS X synchronisiert, es sind also immer die identischen Daten sichtbar.

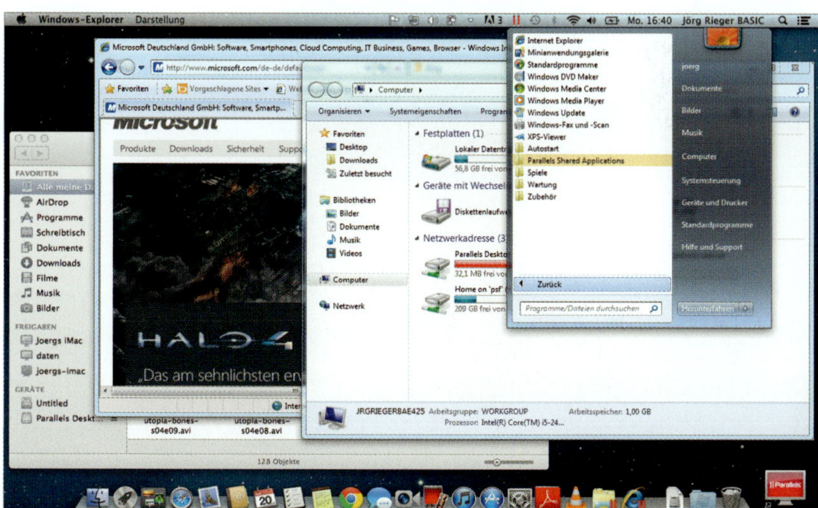

Abbildung 14.22
Ungewohnt, aber praktisch: Windows-Programme laufen ganz einfach auf Ihrem Mac.

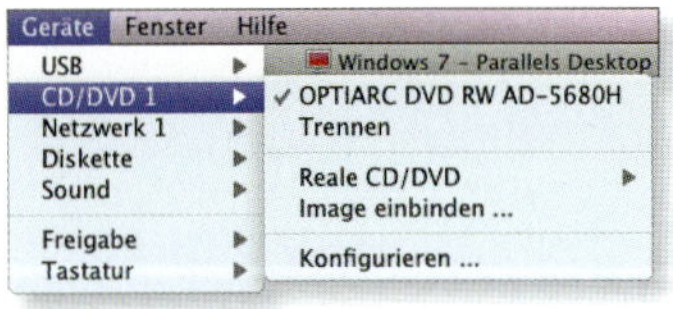

Abbildung 14.23
Im Menü »Geräte« von Parallels verbinden oder trennen Sie Laufwerke, USB-Sticks und andere Geräte mit oder von Parallels.

Besonderheiten bei USB- und DVD-Laufwerken

Das Programm selbst gibt wenig Rätsel auf. Eine Besonderheit gibt es allerdings: USB-Laufwerke und CD-Laufwerke können nicht gleichzeitig von Parallels Desktop und OS X 10.8 Mountain Lion genutzt werden. Möchten Sie einen USB-Stick für Ihr virtuelles Windows nutzen, müssen Sie es daher im Menü **Geräte** auswählen. Um das CD/DVD-Laufwerk zu nutzen, wählen Sie es im Menü **Laufwerke** aus.

USB-Sticks oder externe Festplatten müssen Sie immer beim ersten Anschließen zuweisen. Die entsprechende Meldung wird immer eingeblendet, und Sie entscheiden, ob das Gerät über Parallels oder OS X genutzt werden soll.

Abbildung 14.24
Hier entscheiden Sie, wo die USB-Disk verwendet werden soll.

Abbildung 14.25
VMware »fusioniert« Windows und OS X.

14.4 VMware Fusion für Mac

VMware ist eine sehr praktische Lösung, um Windows auch am Mac zum Laufen zu bringen. Die App fristet im Vergleich mit Parallels ein wenig ein Schattendasein, allerdings völlig zu Unrecht: Sie kann grundsätzlich genauso viel wie die Konkurrenz. Mit dem *Unity-Modus*, der OS X mit Windows, bevorzugt Windows 7 bzw. Windows 8, zu einer Einheit verschmilzt, arbeitet es sich besonders komfortabel. Trauen Sie Ihren Augen, hier sind Dock, Launchpad und Startleiste ganz friedlich vereint.

Vor der Installation steht der Download der Software im Web an – hier müssen Sie sich vorher kostenlos registrieren lassen, sonst kommen Sie nicht zur Installationsdatei. Nach erfolgreichem Herunterladen genügt ein Doppelklick, und VMware startet die Installationsroutine.

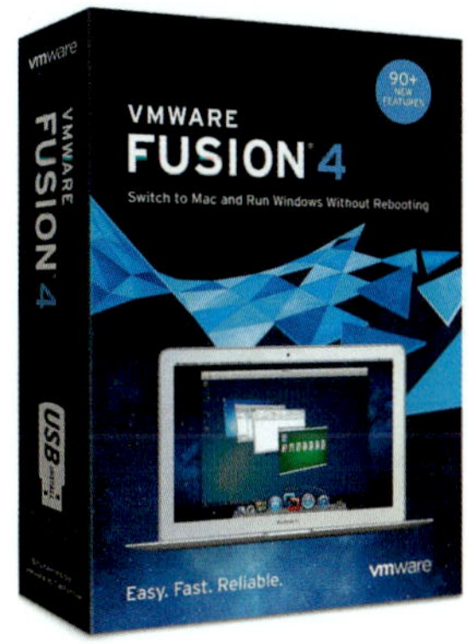

Abbildung 14.26
Die aktuelle Version 4 von VMware Fusion bringt zahlreiche Neuerungen.

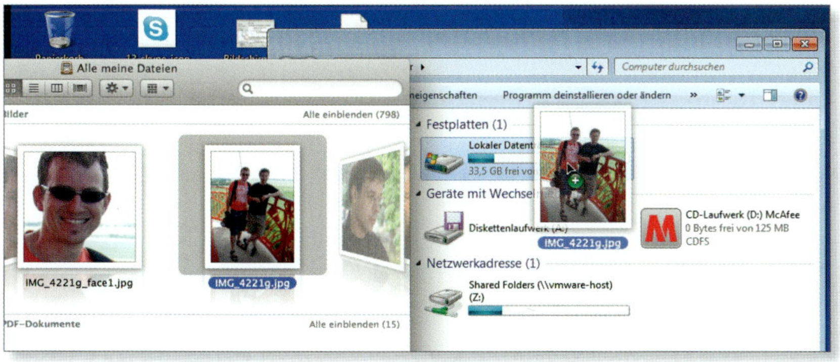

Abbildung 14.27
Drag & Drop von OS X auf Windows und umgekehrt ist auch mit VMware kein Problem.

Der Rest ist ein Kinderspiel. Netzwerkverbindungen, Drucker, Treiber – alles wird von der Software ohne Nachfrage und im Handumdrehen erledigt.

Abbildung 14.28
VMware am Mac

VMware im Netz

Unter *www.vmware.com* können Sie VMware Fusion für den Mac herunterladen und nach kostenloser Registrierung mehrere Tage lang ausprobieren.

VMware Fusion bringt Windows ans Laufen. Auf den folgenden Seiten zeigen wir Ihnen die notwendigen Installationsschritte im Detail.

1. Installation starten

Im Startbereich von VMware Fusion klicken Sie auf **Neu erstellen** (1), um ein neues Windows installieren zu können. Hier könnten Sie auch alternativ die Daten eines vorhandenen alten PCs nutzen (**Vorhandenen PC migrieren**), sofern dieser mit dem Mac verbunden ist.

Abbildung 14.29 >
Eine neue virtuelle Maschine wird erstellt.

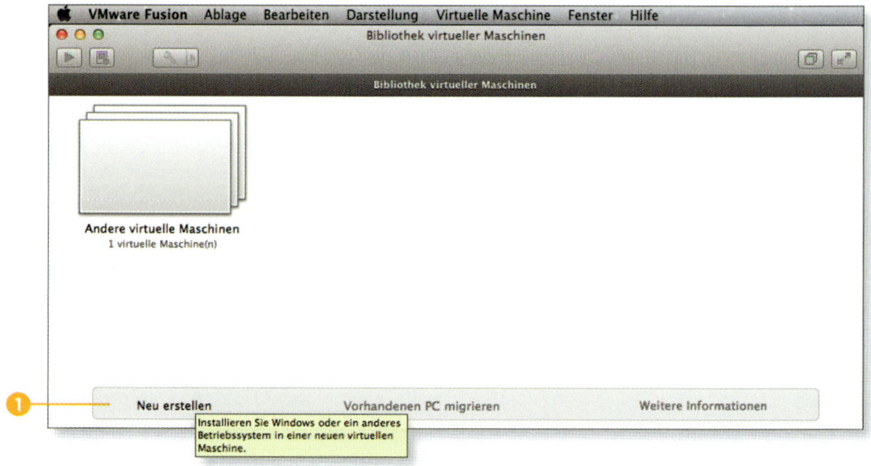

2. Image oder DVD wählen

Im folgenden Fenster wählen Sie jenes Laufwerk oder jene Image-Datei aus, von der Windows installiert werden soll. Im Normalfall wird das Ihr DVD-Laufwerk sein.

Abbildung 14.30 >
Das Installationsmedium muss angegeben werden.

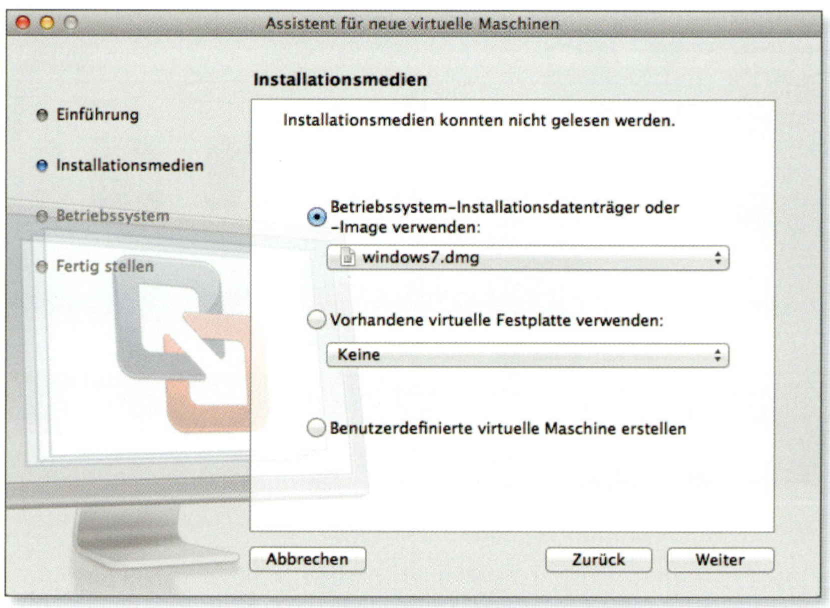

3. Betriebssystem auswählen (nur beim Image)

Wir haben in unserem Beispiel eine Image-Datei von Windows 7 als Installationsmedium gewählt. Dort erkennt VMware das Betriebssystem leider nicht automatisch, daher erscheint noch der in Abbildung 14.32 dargestellte Bildschirm mit der Auswahl des Betriebssystems.

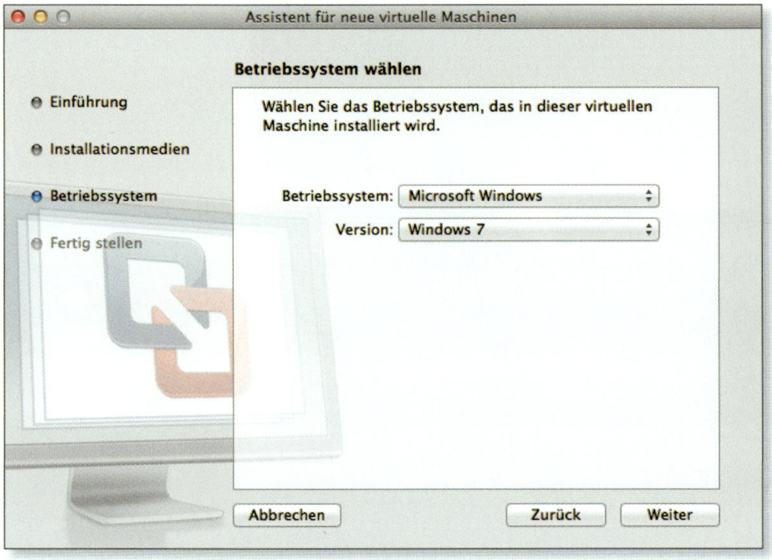

Abbildung 14.31
Sonderfall Image: Hier ist ein Zwischenschritt nötig.

4. Einfache Windows-Installation

Jetzt wird es einfach: Mit den Angaben zum Login unter Windows, die Sie frei wählen können, haben Sie es fast geschafft.

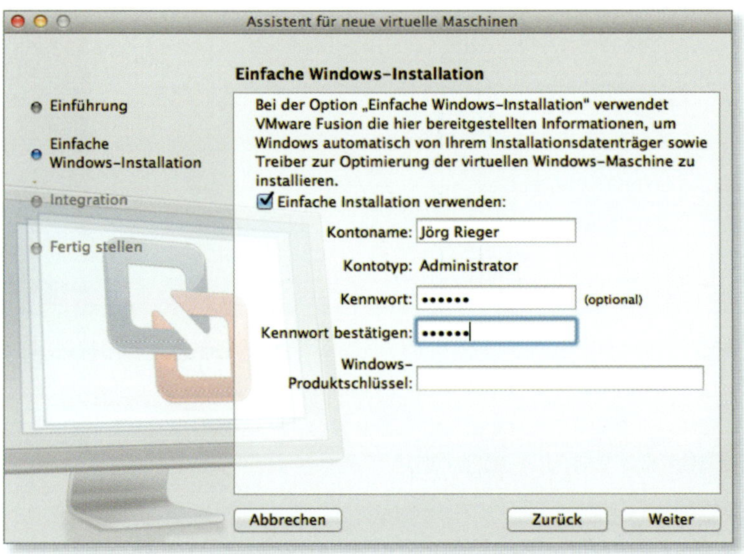

Abbildung 14.32
Noch einige wenige Angaben müssen vor der Installation gemacht werden.

5. Installation starten

Danach erscheint die neue virtuelle Maschine im Auswahlfenster von VMware. Per Doppelklick wird sie geladen. Ein weiterer Klick startet vom schwarzen Bildschirm aus die Windows-Installation.

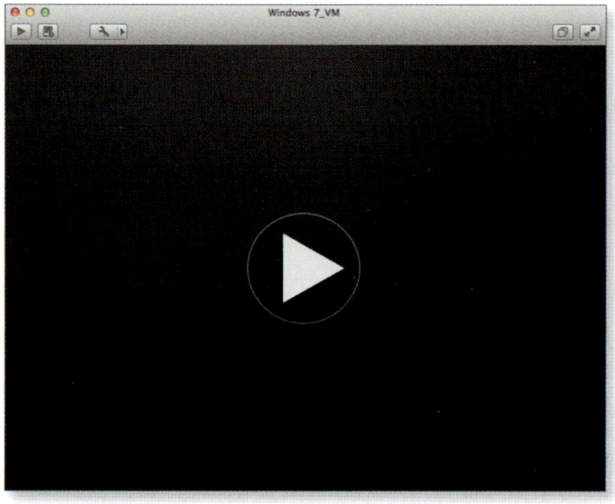

Abbildung 14.33 >
Ein Klick auf den prominenten Play-Button startet die Installation.

6. Windows installieren

Anders als bei Parallels müssen Sie nun keinerlei weitere Eingaben mehr machen; die Windows-Installation erfolgt ohne einen weiteren Mausklick.

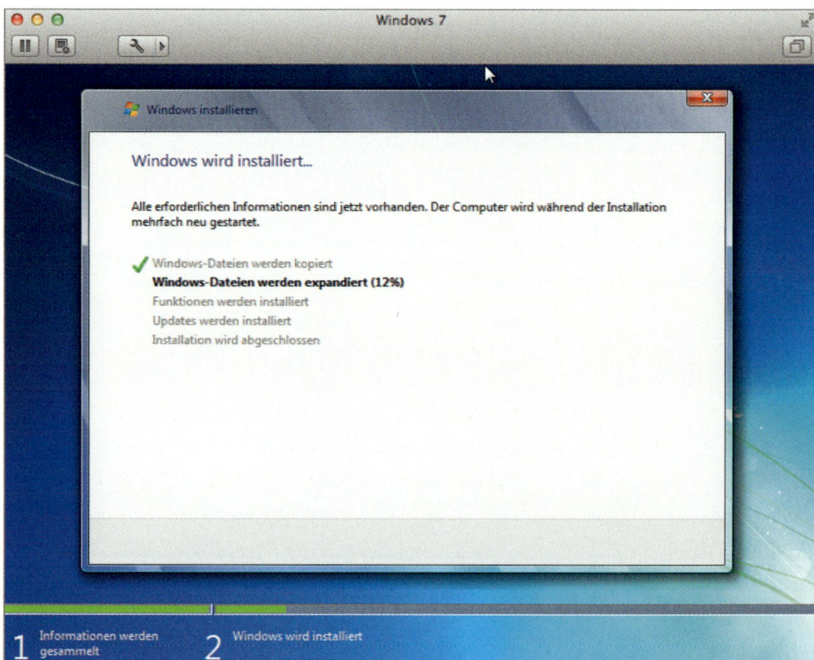

Abbildung 14.34 >
Die Windows-Installation ist unproblematisch, da Sie keinerlei Angaben mehr machen müssen.

7. Fertig zum »Fensterln«

Nach wenigen Minuten ist Ihr Windows unter OS X startklar. Es fügt sich perfekt in die Mountain-Lion-Umgebung ein und könnte sogar im Vollbildmodus ausgeführt werden.

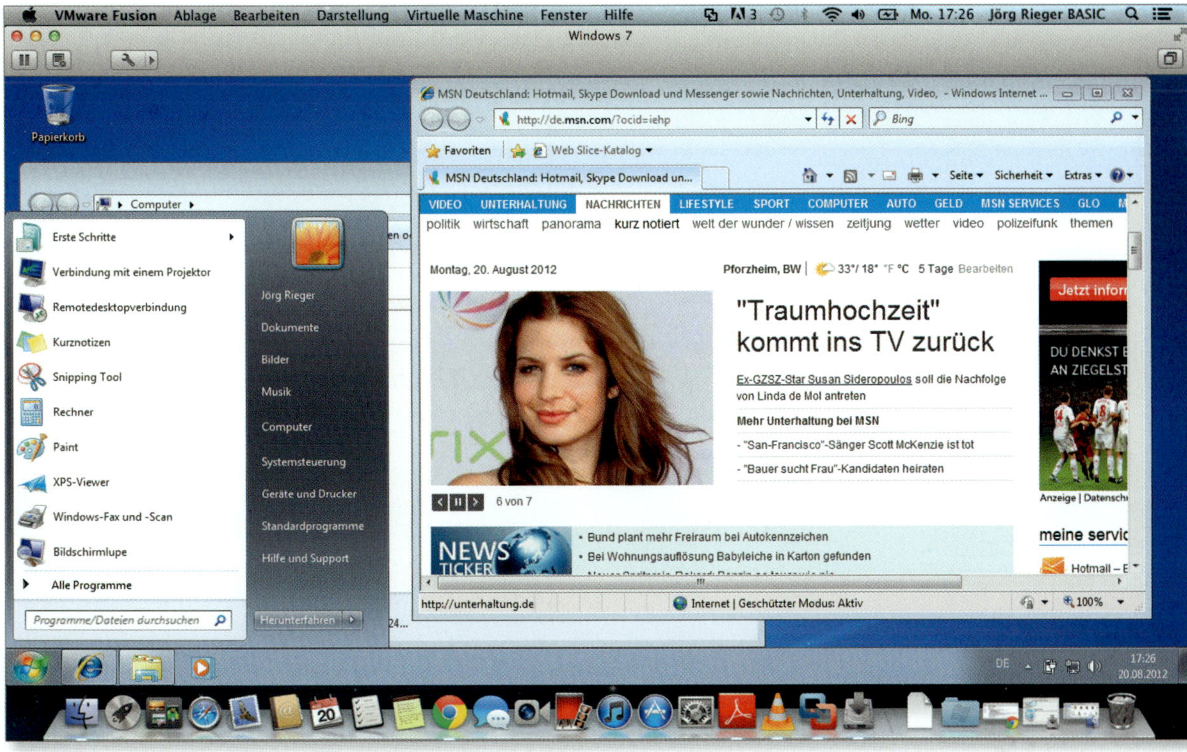

Abbildung 14.35
Fast so wie früher am PC: Windows am Mac dank VMware Fusion inklusive Windows-Desktop

14.5 VirtualBox

VirtualBox von Oracle ist eine kostenlose Virtualisierungslösung. Sie wird von einer freien Entwicklergemeinde konzipiert und ist erstaunlich leistungsstark. Allerdings ist man als Einsteiger bei der Installation doch etwas mehr gefordert als bei Parallels oder VMware; als ehemaliger Windows-Anwender sind Sie aber komplexe Installationsroutinen gewohnt. Auch bietet die Basisinstallation recht wenig Komfort, da Windows hier abgekapselt in einem Fenster arbeitet und nicht nahtlos in OS X integriert ist. Die Lösung bietet zusätzliche Erweiterungssoftware. Diese ist zwar ebenfalls kostenlos, aber hier ist dann ziemlich viel Know-how und vor allem der Wille zum Ausprobieren notwendig. Die Vorteile von VirtualBox liegen allerdings in der Geschwindigkeit, wenn es um pure

Download von VirtualBox

Unter *www.virtualbox.org* kann die aktuellste Version der Virtualisierungslösung VirtualBox kostenlos heruntergeladen werden.

Abbildung 14.36
VirtualBox bringt Windows unter OS X völlig kostenlos ans Laufen.

Rechenleistung geht – was an Komfort gespart wurde, wurde an Power hinzugegeben.

Spielernaturen werden mit der VirtualBox auch wenig Freude haben, da keine 3D-Grafikdarstellung unterstützt wird. Unsere Empfehlung: Wer in die Windows-Welt unter OS X hineinschnuppern möchte, kann das mit VirtualBox einfach ausprobieren. Für normale Software, wie zum Beispiel Buchhaltungsprogramme oder Ähnliches, ist es in jedem Fall eine gangbare Lösung.

Wir zeigen Ihnen nun also Schritt für Schritt, wie Sie Windows mithilfe von VirtualBox installieren:

1. VirtualBox starten

Ist die Software geladen, klicken Sie direkt auf den Punkt **Neu**. Im Fenster, das sich gleich darauf öffnet, klicken Sie einfach auf **Weiter**. Insgesamt haben es die Programmierer der VirtualBox etwas zu gut gemeint mit der Benutzerfreundlichkeit und erschlagen Sie geradezu mit gut gemeinten Ratschlägen, wie Sie gleich feststellen werden.

Abbildung 14.37
Der Start ins kostenlose Virtualisierungsglück

2. Betriebssystem festlegen

Im nächsten Schritt wählen Sie das Betriebssystem aus, das Sie installieren möchten. Liegt die DVD von Windows bereits im Laufwerk, erkennt die Software dies automatisch.

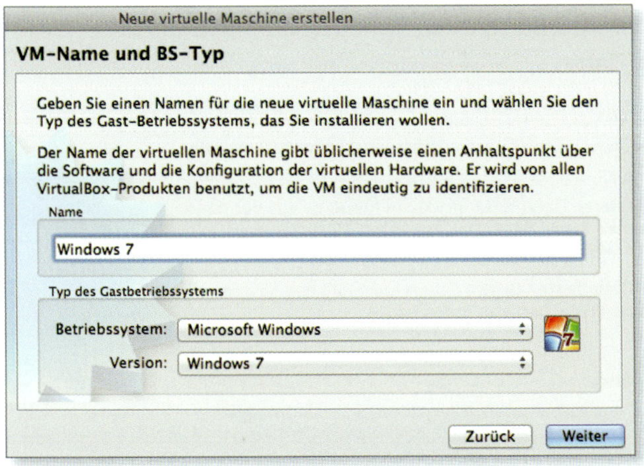

Abbildung 14.38
Windows wird üblicherweise direkt erkannt.

3. **Virtuelle Festplatte erstellen**
Ihr Windows braucht Speicherplatz. Dieser wird hier aber nicht, wie bei Boot Camp, partitioniert und damit komplett reserviert, sondern in Form einer sehr großen Datei auf der Festplatte gesichert. Ignorieren Sie das Fachchinesisch und die vielen Möglichkeiten; die erste Auswahl, **VDI (Virtual Box Disk Image)**, ist perfekt.

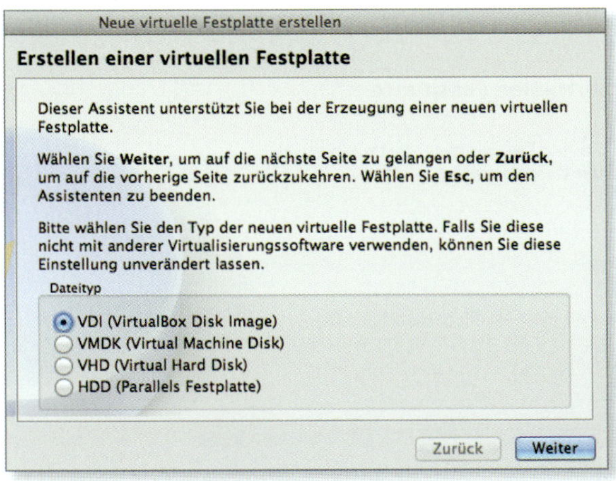

Abbildung 14.39
Informations-Overkill – hier waren wohl Technik-Nerds am Werk.

4. **Festplatten-Art festlegen**
Sie denken, die komplizierten Abfragen sind damit erledigt? Zu früh gefreut, denn nun müssen Sie noch die Festplattenart definieren. Hier ist natürlich die dynamische Lösung sinnvoll. Das bedeutet: Wenn Sie eine »Festplattengröße« von 60 Gigabyte definieren, aber zunächst nur 20 Gigabyte brauchen, wird auch entsprechend weniger Speicher von Ihrer Hauptfestplatte abgezwackt. Benötigen Sie später mehr, erledigt VirtualBox das automatisch im Hintergrund.

Abbildung 14.40 >
Dynamik ist gut, man hätte es aber auch einfach »dynamische Größe« nennen können.

5. **Virtuelle Festplatte sichern**
Nun müssen Sie VirtualBox noch mitteilen, wie die virtuelle Festplatte heißt und wo Sie sie speichern möchten. Auch ihre Größe wird hier per Schieberegler definiert; 40 bis 50 Gigabyte sind ein guter Wert (siehe Abbildung 14.41).

Abbildung 14.41 >
Abschließende Informationen vor der eigentlichen Windows-Installation

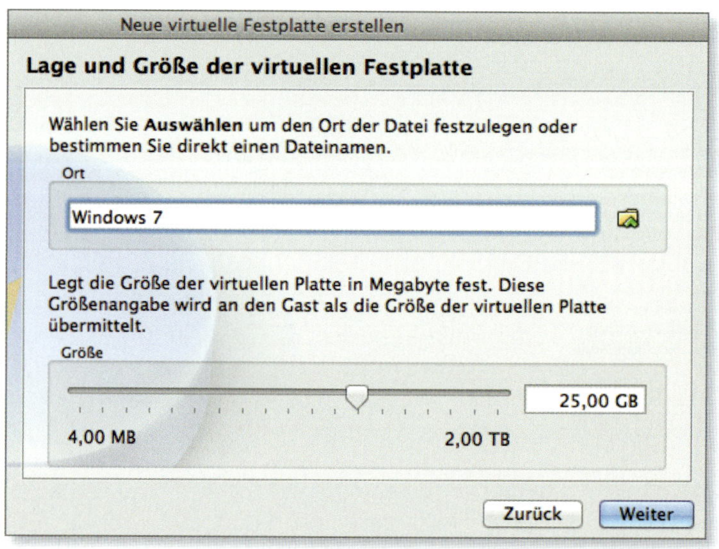

6. **Windows-Installation starten**
Das virtuelle System ist nun startklar, Sie können Windows installieren. Markieren Sie in der linken Leiste das gerade angelegte System (❶ in Abbildung 14.42) , und klicken Sie dann auf **Starten** ❷.

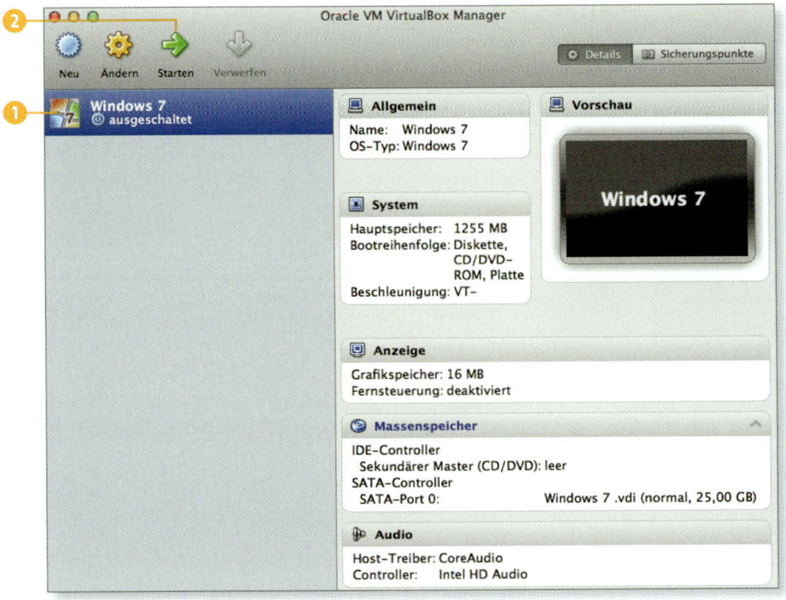

Abbildung 14.42
Klarmachen zum »Fensterln«!

Windows wird Schritt für Schritt installiert. Eine Besonderheit besteht: Da VirtualBox nur undefinierten Speicher zur Verfügung stellt, können Sie bei der Installation nur auf **Benutzerdefiniert** klicken. Wählen Sie im Fenster, das sich dann öffnet, einfach die angezeigte Festplatte aus, schon startet die Installation. Danach steht Windows unter VirtualBox als »nahezu echtes« Betriebssystem zur Verfügung.

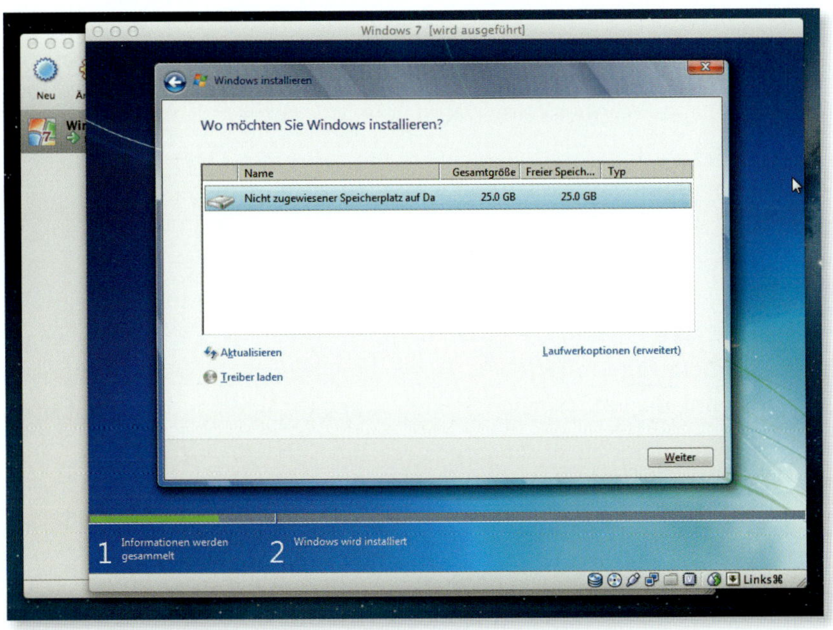

Abbildung 14.43
Bei der Windows-Installation muss man auf die benutzerdefinierte Variante ausweichen.

Abbildung 14.44 >
Kostenlos – die VirtualBox ist die Gratislösung, erfordert aber viel Know-how.

14.6 NTFS-Dateisystem – das kann kein Mac, oder doch?

Richtig problematisch ist am Mac unter OS X, dass dieses System mit dem NTFS-Dateisystem nicht allzu viel anfangen kann. Was das für Sie bedeutet? Nun, es kann hin und wieder passieren, dass Ihnen eine externe Festplatte mit diesem Format unterkommt. Und diese NTFS-Partitionen kann man unter OS X 10.8 Mountain Lion zwar lesen, aber nicht beschreiben. Sprich, Sie können zwar die Daten von Ihrer externen Festplatte auf den Mac kopieren, aber keine Daten vom Mac zurück.

Das ist ärgerlich. Abhilfe verschafft hier aber ein kleines, praktisches Zusatzprogramm: *NTFS for Mac OS X* von Paragon Software. Diese kleine Software installieren Sie einfach wie gewohnt, und schon kann OS X auch die Windows-eigenen Festplatten »knacken«. Sie merken bei der Arbeit über den Finder übrigens keinen Unterschied, das Programm tut einfach nur seine Arbeit. Lediglich in den Systemeinstellungen finden Sie einen Programmeintrag. Dort stehen einige wenige Einstellungsmöglichkeiten zur Auswahl, die im normalen Betrieb aber ganz und gar unwichtig sind.

Ach ja – um eines nicht zu vergessen: Die Software ist auch für Ihren PC ein praktisches Hilfsmittel. Dort hilft sie nämlich, Mac-formatierte Medien unter Windows aufzurufen und zu bearbeiten. Nur für den Fall, dass Sie doch mal wieder Ihren alten Personal Computer anwerfen.

NTFS for Mac OS X

Unter *www.paragon-software.com* steht die aktuelle Version der praktischen Software NTFS for Mac OS X für OS X zum Kauf für ca. 20 € zur Verfügung.

15 Fehlerfahndung und Wartung

In diesem Kapitel haben wir Ihnen für den einen oder anderen OS X-Fehler ein paar Tricks und Tipps für den »Fall eines Falles« zusammengestellt. Außerdem zeigen wir Ihnen, ob sich das Selbstaufrüsten oder -reparieren am Mac wirklich lohnt. In Abschnitt 15.3, »Festplatten-Dienstprogramm«, zeigen wir Ihnen zudem, wie Sie Computerproblemen vorbeugen können und wie das Pendant zur Defragmentierung unter Windows aussieht.

15.1 Probleme mit OS X und die passende Lösung

Ganz ehrlich – wir haben uns schwer getan, Ihnen hier noch ein paar allgemeingültige Tipps für den Fall zu geben, dass OS X 10.8 Mountain Lion nicht mehr so richtig will. Eigentlich ist das System verdammt stabil, denn einen kompletten Absturz und den »Tod des Betriebssystems« haben wir von Softwareseite in unserer langjährigen Praxis noch nie erlebt. Aber natürlich kann auch mal ein Defekt im Mac selbst dafür sorgen, dass OS X nicht mehr will. Und um hier nicht zu laute Lobeshymnen zu singen: Auch bei OS X gibt es ein Pendant zum Windows-»Blue-Screen«: die »Kernel Panic«. Das klingt dramatisch und ist es auch. In diesem Fall sehen Sie nur noch einen grauen Bildschirm mit dem Hinweis, dass sich Ihr System »aufgehängt« hat. Grundsätzlich gilt bei allen Systemfehlern oder »Hängern«: Bewahren Sie einen kühlen Kopf, denn nur in den seltensten Fällen ist Ihr OS X oder gar Ihr Mac wirklich defekt, meistens bekommt man alles mit wenigen Handgriffen wieder ans Laufen.

Abbildung 15.1 >
»Kernel Panic« – der »Blue Screen« am Mac bedeutet aber nicht immer Datenverlust und Systemausfall.

Der Mac startet überhaupt nicht

Ihr Mac verweigert den Dienst und will gar nicht erst starten? Kein Grund zur Aufregung, meistens liegt kein gravierender Hardwaredefekt vor. Hier ein paar Tipps, um den Mac-Computer wieder in Fahrt zu bekommen:

- **Stecker drin?**
  Lachen Sie nicht – der Fehler Nummer 1 ist ein herausgezogener Netzstecker, den man versehentlich beispielsweise beim Putzen oder durch Fußverrenkungen aus der Steckerleiste oder aus dem Computer selbst gezogen hat. Besonders tückisch sind hierbei übrigens die MacBooks mit ihrem magnetischen Netzteil, das sich bei stärkerem Zug von selbst »aussteckt«. Also: vor größerer Panik erst mal die Stromzufuhr testen.
- **Externe Geräte prüfen**
  Haben Sie kurz vorher neue Geräte angesteckt, beispielsweise einen USB-Hub? Dann entfernen Sie diesen, und probieren Sie nochmals, den Mac einzuschalten. Falls Ihr Mac dann funktioniert, ist das neue Gerät nicht mit Ihrem Mac kompatibel oder hat vielleicht einen Defekt. Eine häufige Fehlerquelle!
- **Arbeitsspeicher**
  Erst mal »raus« heißt es auch, wenn Sie Arbeitsspeicher nachgerüstet haben und Ihr Computer dann nicht mehr startet. In Sachen Speicher

ist der Mac extrem heikel. Besonders bei Modulen von Fremdherstellern kann es sein, dass sie sich nicht mit dem Computer vertragen. Hier müssen Sie im Vorfeld recherchieren oder den Fachmann fragen, welche Module welchen Herstellers mit Ihrem Computer funktionieren.

- **PRAM löschen**
  Das sogenannte *Parameter Random Access Memory* enthält Funktionen wie die eingestellte Lautstärke, Datum und Uhrzeit sowie das Startvolume. Wenn Ihr Mac nicht mehr starten mag und die obigen Tipps nicht helfen, macht das Gerät wahrscheinlich hier einen »Denkfehler«. Beim Systemstart kann man ihm diese Flausen austreiben. Dazu braucht man aber gleich vier Finger: Drücken Sie `alt`+`cmd`+`R`+`P` beim Einschalten, bis zweimal ein Signalton ertönt. Jetzt können Sie Ihren Mac neu starten – und eigentlich sollte er nun wieder prima hochfahren.

Diese kleinen Handgriffe bringen in vielen Fällen Ihren Mac wieder in Schwung. Sie sollten sie einfach Stück für Stück durchgehen, bevor Sie in Panik verfallen.

Probleme beim Start

Auch beim Mac kann es beim Starten zu kleineren und größeren Schwierigkeiten kommen. Wenn Ihr Mac nach wenigen Sekunden stehen bleibt und ein Festplattensymbol mit Fragezeichen erscheint, kann der Mac seine Startdateien oder auch die komplette Festplatte nicht mehr finden. Es kann hier entweder ein Softwareproblem mit OS X 10.8 Mountain Lion vorliegen oder im schlimmsten Fall die Festplatte »im Eimer« sein. Probieren Sie folgende Lösungen:

- Normalerweise kann man das Problem mithilfe der Wiederherstellung von Mountain Lion beheben. Starten Sie Ihren Mac neu, und halten Sie `cmd`+`R` gedrückt. Hier lädt Mountain Lion nun entweder aus einer vorhandenen Systempartition Ihrer Festplatte oder direkt aus dem Internet die Diagnosetools und Dienstprogramme. Anschließend wählen Sie in diesem ersten Menü den Eintrag **Festplatten-Dienstprogramm** aus. Dort können Sie dann Ihre Systemfestplatte reparieren. Wie das geht, können Sie im Abschnitt »Defragmentierung? Systemoptimierung!« auf Seite 343 in Abschnitt 15.3, nachlesen. Danach sollte der Mac wieder ordnungsgemäß hochfahren.

Kein Datenverlust

Beim Reparieren Ihrer Festplatte mit der nebenstehenden Methode bleiben alle Ihre Daten komplett erhalten, hier wird nichts gelöscht oder überschrieben.

- Wenn dieses Verfahren keinen Erfolg liefert, hilft mal wieder der Griff in die Tasten und das PRAM-Reset (siehe Abschnitt »Der Mac startet überhaupt nicht« ab Seite 336).

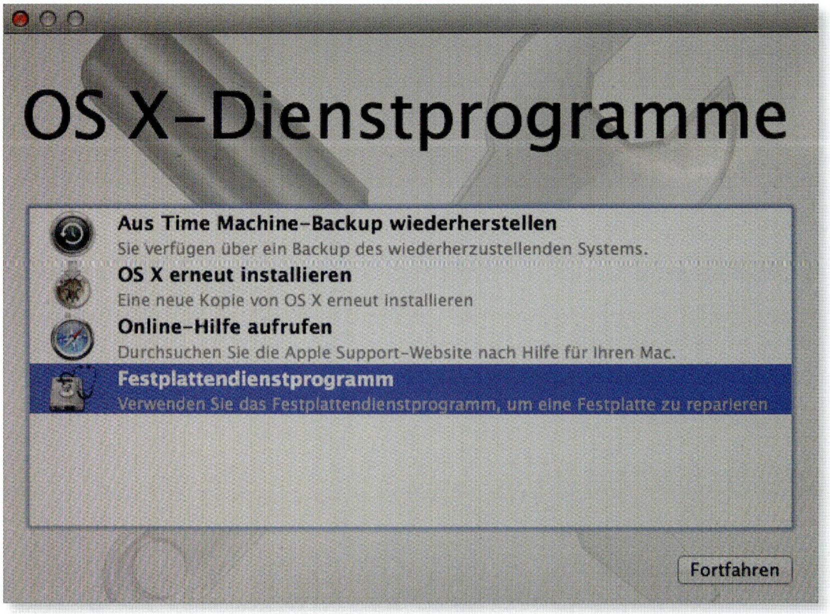

Abbildung 15.2 >
Das Festplatten-Dienstprogramm und weitere Diagnosetools können direkt beim Systemstart aufgerufen werden, um den Mac zu überprüfen.

Der Mac ist zu langsam

OS X bringt Sie nur noch zum Gähnen? Dann ist es Zeit, die Festplatte aufzuräumen und Platz zu schaffen. Das ist besonders bei den Apple-Notebooks notwendig, die mit recht wenig Speicher ausgestattet sind und schon recht bald Platzprobleme bekommen können. Es wird empfohlen, dass Ihr Mac mindestens 20 Gigabyte Plattenplatz frei hat, um temporäre Dateien und Speicherinhalte zwischenspeichern zu können. Blöd nur, dass Ihnen Ihr Mac das nicht direkt verrät – oder erst dann, wenn wirklich kein Platz mehr vorhanden ist.

Es ist sowieso sinnvoll, die Festplattenkapazität dauerhaft im Blick zu haben. Gehen Sie daher einfach in den Finder, und wählen Sie unter **Darstellung** die Option **Statusleiste einblenden**. Im unteren Bereich jedes Finder-Fensters finden Sie dann immer die verfügbare Plattenkapazität ❶.

Vor allem Musik und Fotos nehmen richtig viel Speicherplatz weg. Da ist es sinnvoll, diese einfach auf eine externe Festplatte auszulagern. Wenn Sie weder mit iPhoto noch mit iTunes arbeiten, geht das ganz einfach: Kopieren Sie die Daten auf das neue Laufwerk, und löschen Sie dann die Daten auf dem alten. Fertig!

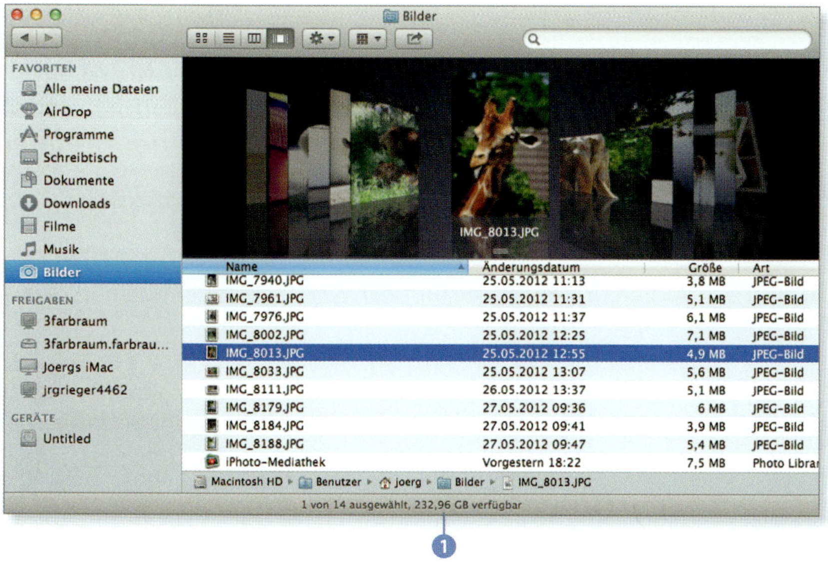

Abbildung 15.3
In der unteren Zeile sehen Sie, wie viel Speicherplatz noch auf der Festplatte vorhanden ist.

Haben Sie Ihre Fotos jedoch in den Apple-Programmen organisiert und die Bilder in die iPhoto-Mediathek kopieren lassen, gibt es Probleme. In iPhoto selbst können Sie standardmäßig nicht bestimmen, wo die Datenbank, die iPhoto Library, abgelegt wird. Die liegt immer in Ihrem Ordner **Bilder**. Wer raffinierterweise versucht, die komplette Bibliothek zu verschieben, wird enttäuscht. Apple iPhoto legt dann beim nächsten Programmstart einfach wieder eine neue Bibliothek an, natürlich wieder im Ordner **Bilder**. Hier hilft allerdings das Tool *iPhoto Library Manager*, mit dem Sie iPhoto perfekt überlisten können.

iPhoto Library Manager

Sie können die Software *iPhoto Library Manager* von Fat Cat zum Test unter *www.fatcatsoftware.com* herunterladen. Die lohnende Vollversion kostet ca. 15 €.

Abbildung 15.4
Die Software iPhoto Library Manager ermöglicht den Umzug Ihrer Bilder ohne Reibungsverluste.

Bei iTunes und Ihrer Musiksammlung können Sie die MP3-Dateien ganz ohne Zusatztools umziehen. Das ist allerdings anspruchsvoll – sollten Sie sich nicht ganz sicher sein, führen Sie die folgenden Schritte lieber gemeinsam mit einem Mac-kundigen Bekannten durch.

1. Um MP3-Dateien auf eine externe Festplatte auszulagern, schließen Sie zunächst iTunes.

2. Gehen Sie im Finder auf Ihren Benutzerordner und dort in das Verzeichnis **Musik**. Dort finden Sie den Ordner **iTunes**. Hier wird standardmäßig all Ihre Musik von iTunes abgelegt.

3. Kopieren Sie diesen Ordner auf Ihre externe Festplatte.

4. Ist der Kopiervorgang abgeschlossen, können Sie den Ordner **iTunes** von Ihrer Festplatte löschen.

5. Damit iTunes trotzdem noch alle Musik findet, erzeugen Sie ein Alias des Ordners **iTunes** auf Ihrer externen Festplatte (Symbol anklicken, cmd+L drücken). Dieses Alias kopieren Sie zurück auf die Festplatte Macintosh HD und entfernen nun das Anhängsel »Alias«. Das Alias gaukelt iTunes vor, dass nach wie vor alles in bester Ordnung ist. Die Anwendung wird nicht bemerken, dass sie durch das Alias einfach auf eine externe Festplatte umgeleitet wird.

6. Starten Sie iTunes wieder. Ihre Musiksammlung sollte jetzt vollständig übernommen worden sein.

Downloads-Ordner leeren

Unser Tipp: Wenn die Festplatte überläuft, schauen Sie mal in Ihren **Downloads**-Ordner. Hier mal kurz eine Testversion geladen, dort ein neues Programm ... Schnell sammeln sich dort mehrere Gigabyte Daten an, die Sie ohne Probleme löschen können.

Es gibt aber ein Problem: Sie müssen zwingend die externe Speichermöglichkeit angeschlossen haben, wenn iTunes in Betrieb ist. Starten Sie iTunes ohne eingeschaltete Platte, wird die Software direkt wieder eine neue Library anlegen.

Zu kompliziert? Die im Rahmen von iPhoto erwähnte Softwareschmiede Fat Cat hat auch hier ein passendes Tool parat: PowerTunes.

Abbildung 15.5 *PowerTunes ermöglicht ein komfortables Management Ihrer iTunes-Musik.*

Falls das Verlegen Ihrer Bilder- und Musiksammlung nicht reicht, um Platz auf der Festplatte zu schaffen, geht es mutig ans Löschen. Dabei sollten Sie aber die Ordner **System** und **Library** außen vor lassen, denn hier steckt alles drin, was Ihr Betriebssystem zusammenhält. Auch im Ordner **Programme** sollten Sie nur die Anwendungen löschen, die Sie wirklich nicht mehr benötigen. Dabei gilt: Löschen Sie keine OS X-Programme!

Meist genügt ein Blick in den Ordner **Dokumente**. Sie glauben gar nicht, was sich darin alles verbirgt. Sicherlich liegt dort das eine oder andere Megabyte, das getrost in den Papierkorb kann. Das Aufräumen ist also schon mal ein Anfang. Wichtig zu wissen ist aber: Erst wenn der Papierkorb geleert ist, steht der Speicherplatz auf Ihrer Macintosh HD auch wieder zur Verfügung.

Abbildung 15.6
Einer muss den Müll runtertragen – erst mit »Papierkorb entleeren« werden Dateien entfernt, und Speicherplatz wird freigegeben. Der Powertipp, um schnell Plattenplatz frei zu bekommen.

Den Mac selbst aufrüsten?

Wenn Sie aus dem Windows-Lager kommen, haben Sie bei einem Defekt vielleicht schon selbst Hand angelegt und den Computer in alle Einzelteile zerlegt. Grundsätzlich ist das beim Mac natürlich auch möglich – die großen Mac-Pro-Computer sind mustergültig in Sachen Wartungsfreundlichkeit: Ob Speicheraufrüstung, neue Festplatte, zusätzliche Steckkarten – das alles funktioniert sogar ganz ohne lästiges Schraubendrehen.

Wenig erbaulich ist der Blick auf die Notebooks und iMacs von Apple – Speicher aufrüsten geht noch recht simpel, aber der Tausch einer Festplatte kann schnell zum Fiasko werden. Dabei ist weniger das Auseinandernehmen, sondern das Zusammenfügen das Problem: Wartungsunfreundlich ist gar kein Ausdruck, und beim Mac mini oder dem MacBook Air benötigt man schon zum Öffnen des Gehäuses ein Spezialwerkzeug. Um die Festplatte beim aktuellen iMac auszutauschen, muss man sogar das TFT-Panel entfernen, um überhaupt erst an die Festplatte zu kommen.

In solchen Fällen sollten Sie lieber zum Computerhändler Ihres Vertrauens gehen, um Auf- und Umrüstungen vornehmen zu lassen. Vor allem, wenn Sie keine Lust auf Abenteuer haben und keinen eventuell drohenden Garantieverlust riskieren wollen.

Abbildung 15.7
Wenig Bauteile, diese sind aber extrem ineinander verschachtelt – der aktuelle Mac Mini in Einzelteilen. (Foto: ifixit.com)

Sie müssen übrigens bei Standardkomponenten wie Speicher oder Festplatten nicht die originalen und meist sündhaft teuren Ersatzteile von Apple nehmen. Hier wird ein Fachmann Sie aber sicher beraten und Ihnen günstige und funktional völlig identische Alternativen vorschlagen.

Sollte wirklich ein Hardwaredefekt vorliegen, gilt der gleiche Rat wie beim grundsätzlichen Aufrüsten des Mac-Computers: Selbst zu schrauben, bringt meist mehr Ärger als Nutzen. Ja, wenn Sie gerne PCs der »Marke Eigenbau« unter Windows verwendet haben, werden Sie bei Apple in ganz klare Schranken und an den freundlichen Fachhändler verwiesen.

15.2 Den Mac bei der Arbeit beobachten

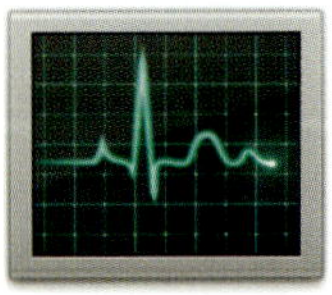

∧ Abbildung 15.8
Megahertz-Schlag – hier sehen Sie, wo Ihr Mac besonders viel leistet.

Irgendwie vermisst man unter OS X schon die Anzeige der Systemleistung, oder? Unter Windows konnte man prima beobachten, wie beschäftigt das System war. Auch unter OS X gibt es das passende Programm. Ebenfalls im Ordner **Programme > Dienstprogramme** finden Sie hierzu die Aktivitätsanzeige. Sie haben hier vielfältige Möglichkeiten, Ihren Mac nach Herzenslust zu analysieren. Und natürlich ist die obligatorische CPU-Auslastung ganz wie bei Windows in einem grafischen Chart sichtbar (1).

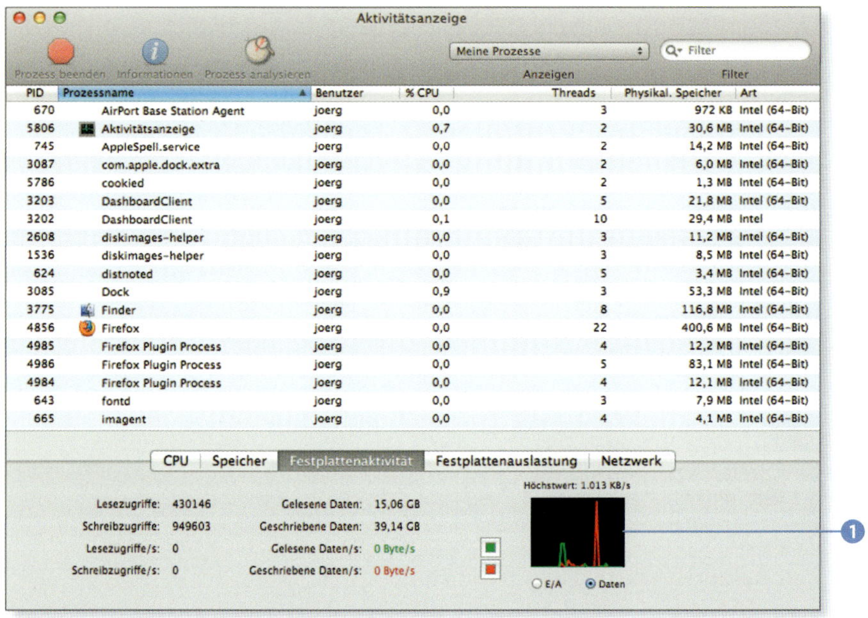

Abbildung 15.9 >
Fleißiger Mac oder fauler Hund? Die Aktivitätsanzeige zeigt Ihnen ganz genau, wie beschäftigt der Computer gerade ist.

Im Fenster **Aktivitätsanzeige** können Sie über das Menü **Darstellung > Symbol im Dock** verschiedene einzelne Statusanzeigen in das Dock legen. Sie haben dann immer im Blick, ob noch alles im grünen Bereich ist. Die Aktivitätsanzeige können Sie dann sogar schließen; das Symbol bleibt weiterhin im Dock.

∧ Abbildung 15.10
Die Aktivitätsanzeige im Kleinformat im Dock

Die Aktivitätsanzeige ist vor allem dazu geeignet, Schwachstellen in Ihrem Computer zu finden. Wenn Sie beispielsweise der Ansicht sind, dass Ihr Mac beim Programmstart zu lange benötigt oder andere Vorgänge langsamer als sonst sind, findet man hier schnell eine Übersicht, wo vielleicht das Problem versteckt liegt. Oftmals ist die Ursache zu wenig Arbeitsspeicher oder eine volle Festplatte.

15.3 Festplatten-Dienstprogramm

OS X ist ein stabiles Betriebssystem. Trotzdem schadet es nicht, ab und zu nach dem Rechten zu sehen und von Zeit zu Zeit eine kleinere Systemwartung durchzuführen. Damit beugen Sie größeren Problemen vor und beheben kleine Systemfehler mit wenigen Mausklicks.

Ein typisches Warnsignal sind beispielsweise Programmabbrüche direkt beim Start oder im laufenden Betrieb. Spätestens dann sollten Sie Hand anlegen und das *Festplatten-Dienstprogramm* starten.

Defragmentierung? Systemoptimierung!

Wer mit Windows arbeitet, stolpert unweigerlich über die »Defragmentierung«. Damit bezeichnet man den Vorgang, bei dem die Festplatte sortiert und aufgeräumt wird. Das ist auch notwendig, da Windows-Systeme die Daten recht unkoordiniert auf eine Festplatte schreiben. Eine große Datei kann unter Umständen auf verschiedenen Sektoren verteilt sein. Die Folge ist ein deutlich verzögerter Schreib- und Lesezugriff, das System wird dadurch langsam. Hier hilft die Festplatten-Defragmentierung, die alle Dateien zusammenfasst und eine logische Dateiordnung wiederherstellt.

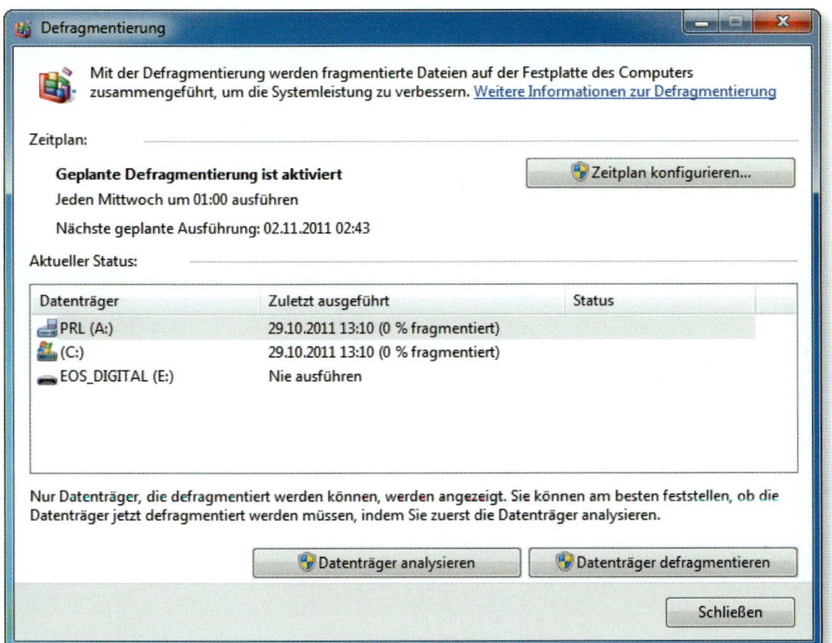

Abbildung 15.11
Defragmentierung unter Windows 7

Die gute Nachricht: Da OS X auf Unix-Basis arbeitet, gibt es keine Dateifragmente. Die schlechte Nachricht: Auch unter OS X muss man von Zeit zu Zeit die Festplatte optimieren. Hier liegt die Quelle für langsamen Dateizugriff allerdings in falschen Schreib- und Lesezugriffsrechten. Denn unter OS X haben jede Datei und jedes Verzeichnis spezielle Zugriffsrechte – sind diese fehlerhaft, wird das System langsam. Auch Programmabstürze können eine Folge sein.

^ Abbildung 15.12
Das Festplatten-Dienstprogramm hilft, Probleme zu vermeiden.

Hier springt nun das Festplatten-Dienstprogramm ein. Sie finden es im Ordner **Programme** unter **Dienstprogramme**. Das Programmfenster sieht komplizierter aus, als es ist. Zur einfachen Systemoptimierung wählen Sie im linken Bereich Ihre Festplatte **Macintosh HD** ① aus. Im Hauptbildschirm erscheinen jetzt zahlreiche Optionen und Buttons. Die Kategorie **Erste Hilfe** ② ist genau die richtige Wahl.

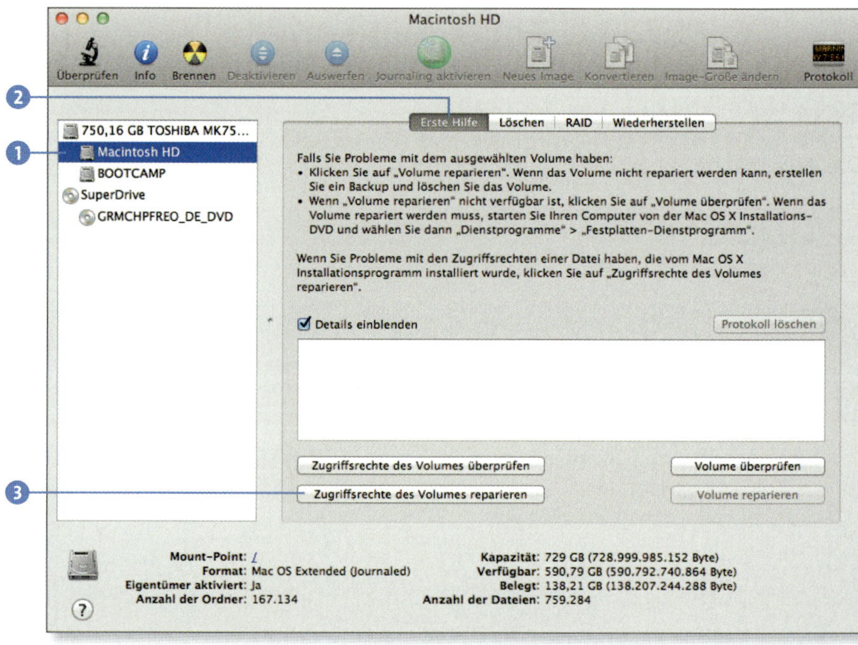

Abbildung 15.13 >
Die Kategorie »Erste Hilfe« für Festplatte und System hilft, wenn Programme nicht mehr stabil laufen.

Sie können nun direkt auf **Zugriffsrechte des Volumes reparieren** ③ klicken. OS X prüft dann sämtliche Daten auf der Festplatte und repariert eventuelle Probleme ohne Nachfrage. Während dieses Vorgangs schnurren, sofern falsche Zugriffsrechte gefunden werden, ganze Kolonnen kryptischer Zeichen über den Bildschirm, die Sie aber getrost ignorieren können. Das ist höchstens für Profis von Interesse. Besser, Sie gehen währenddessen einen Kaffee trinken. Wer will, kann auch einfach die Details ausblenden, indem er mit einem Klick das Häkchen entfernt ④.

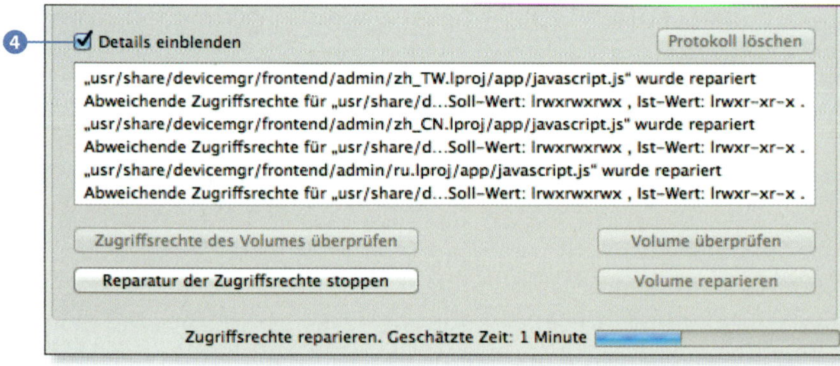

Abbildung 15.14
OS X bei der Arbeit – Zugriffsrechte werden souverän repariert.

Wenige Minuten später sollte OS X wieder einwandfrei funktionieren. Wenn Sie in Ihrem Computer mehrere Festplatten installiert haben, wiederholen Sie den gerade beschriebenen Vorgang für die anderen Datenträger.

Externe Festplatten aufteilen

Das Festplatten-Dienstprogramm ist aber nicht nur zur Systemwartung da, sondern kann auch Ihre Festplatten aufteilen. Partitionieren hieß das bei Windows – Sie erinnern sich, oder? Auch unter OS X kann man mithilfe der Partitionierung die Festplatten in verschieden große Stücke unterteilen.

Warum sollte man eine Festplatte überhaupt aufteilen? Für die Systemperformance bringt eine geteilte Festplatte keinerlei Vorzüge im Vergleich zu einer kompletten. Allerdings kann es für die Übersicht in der Dateiverwaltung große Vorteile bringen. Denn mal ehrlich – 500 Gigabyte benötigt man nicht nur für Fotos, sondern vielleicht auch für Musik oder das Time-Machine-Backup von OS X. Es handelt sich also um völlig unterschiedliche Datenarten, die man am besten auch auf unterschiedliche Partitionen legt, um den Überblick nicht zu verlieren. Für den geschilderten Fall wäre beispielsweise eine Aufteilung in zwei Teile sinnvoll: Ein Teil könnte »Media« genannt werden, der andere würde »Backup« heißen. Nach der Partitionierung werden die Laufwerke komplett getrennt auf Ihrem Schreibtisch angezeigt.

Systemfestplatte teilen

OS X kann auch die Systemfestplatte auf dem beschriebenen Weg ohne Probleme und Datenverlust aufteilen. Beispielsweise, um Ihre MP3-Musik komplett separat abzuspeichern. Wichtig: Sie sollten Ihrer Systempartition noch genügend Platz lassen. 20 Gigabyte freien Speicher benötigt OS X für den reibungslosen Betrieb.

Auch für eine sogenannte *Multiboot Installation*, also wenn Windows und OS X parallel installiert werden sollen, ist eine Partitionierung notwendig. Hier übernimmt aber praktischerweise Boot Camp die Aufteilung. Mehr dazu erfahren Sie in Kapitel 14, »Windows auf dem Mac«.

Vorsicht, wenn Sie eine Festplatte mit Daten aufteilen möchten – hier klappt's nur mit dem Mac-Dateisystem ohne Datenverlust. Festplatten mit FAT32 oder NTFS werden komplett gelöscht. Aber auch hier wird Ihnen OS X vorher einen ordentlichen Warnhinweis präsentieren.

Um Ihre Festplatte aufzuteilen, wählen Sie im linken Fenster die entsprechende Festplatte aus ❶ (Abbildung 15.15). Im Hauptbildschirm erscheint jetzt zusätzlich die Rubrik **Partition** ❷, die Sie mit einem Klick öffnen. Sie sehen nun die aktuelle Aufteilung der Festplatte.

Über das Dropdown-Menü unter **Partitionslayout** ❸ bietet das Dienstprogramm die Möglichkeit, das Laufwerk in bis zu 16 Stücke zu zerlegen. Praxisnah ist aber wohl eher die Einteilung in ein bis drei separate Laufwerke. Um die jeweiligen Einstellungen zu prüfen, müssen Sie das Laufwerk mit einem Mausklick auswählen ❹.

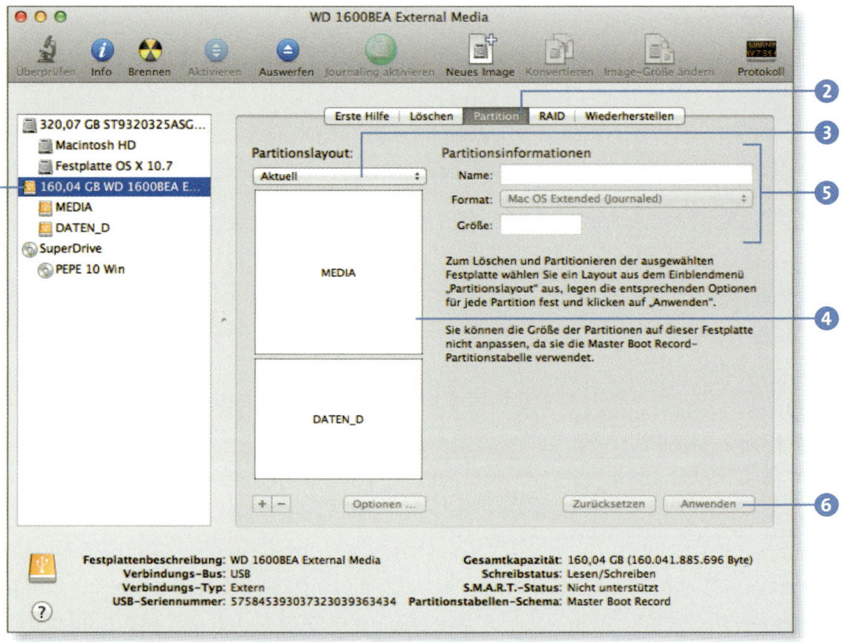

Abbildung 15.15 >
Partitionieren kann man auch unter OS X.

Daten weg!

Das Festplatten-Dienstprogramm bietet Basis-Kost. Das Aufteilen selbst ist kein Problem, allerdings werden die Daten, sofern noch auf der Festplatte vorhanden, bei diesem Vorgang komplett gelöscht. Ausnahmen:

- Bei einer Partitionierung für Windows unter Boot Camp bleibt Ihr System trotzdem erhalten.
- Auch die Systemfestplatte kann problemlos unterteilt werden.

Im Bereich **Partitionsinformationen** ❺ ist zunächst der Name des Laufwerks interessant. Er wird dann auf dem Schreibtisch als Laufwerksbezeichnung verwendet, kann allerdings auch nachträglich einfach direkt umbenannt werden. Im Feld **Format** bieten sich einige kompliziert anmutende Auswahlmöglichkeiten. Als Einsteiger können Sie sich aber folgende einfache Regeln merken:

- Wird das neue Laufwerk nur auf OS X-Systemen eingesetzt, ist das voreingestellte Format **Mac OS Extended (Journaled)** die richtige Wahl. Das Dateisystem ist dann perfekt auf OS X eingerichtet.

Wichtig: Mit einem Windows-PC kann auf ein Laufwerk mit diesem Dateisystem nur mit Zusatzprogrammen zugegriffen werden.

- Soll das neue Laufwerk unter OS X und Windows funktionieren, sollte unter **Format** das **MS-DOS-Dateisystem FAT** gewählt werden. Wie Sie eventuell bemerkt haben, wird der Laufwerksname dann auf maximal elf Zeichen verkürzt – mehr werden von Windows-Systemen nicht unterstützt. Haben Sie die Software *NTFS for Mac OS X* installiert (siehe Abschnitt 14.6, »NTFS-Dateisystem – das kann kein Mac, oder doch?«), steht außerdem das NTFS-Dateisystem zur Auswahl.

Diese Einstellungen müssen Sie für jedes neue »Laufwerksstück« durchführen! Selbstverständlich ist es dabei möglich, beispielsweise das erste Laufwerk als OS X-Laufwerk zu definieren und das zweite FAT-formatiert für den gemeinsamen Zugriff mit Windows. Da können Sie völlig frei arbeiten, und es funktioniert sowohl mit der eingebauten Festplatte Macintosh HD wie auch mit externen Festplatten problemlos.

Mit einem Klick auf **Anwenden** 6 werden die Änderungen durchgeführt und die neuen Laufwerke erstellt. Sie werden dann auf dem Schreibtisch von OS X sichtbar und sind sofort einsatzbereit.

15.4 OS X 10.8 Mountain Lion neu installieren

Für den Fall, dass Sie sich dieses Buch vor Ihrem ersten Mac gekauft haben oder eine Neuinstallation des Systems planen, folgt hier die Anleitung, um das Betriebssystem schnell und sauber auf die Festplatte zu bannen.

Abbildung 15.16
Ein neuer »Berglöwe« bringt oftmals Schwung auf den Mac.

Neuinstallation des Systems

Vor der Neuinstallation empfehlen wir Ihnen dringend, ein komplettes Time-Machine-Backup von Ihrem Computer auf einer externen Festplatte zu erstellen, denn das dient bei einer Neuinstallation als Grundlage (siehe Seite 304). Persönliche Einstellungen und Dokumente werden dann von OS X direkt beim Installieren übernommen, und Sie können nahtlos weiterarbeiten. Die 100 €, die eine externe Festplatte kostet, stehen in keinem Verhältnis zu eventuell später vermissten persönlichen Dateien, die sich in einem Unterordner versteckt haben und nicht gesichert wurden.

Wenn Sie sich einen nagelneuen Mac gekauft haben, müssen Sie ihn lediglich einschalten und direkt bei Schritt 1, »Landeseinstellungen«, des Abschnitts »Den Mac in Betrieb nehmen« (ab Seite 350) starten. Wenn jedoch eine komplette Neuinstallation ansteht, lotsen wir Sie hier durch den gar nicht so komplizierten Prozess.

- **Möglichkeit 1: OS X von Recovery-Partition oder Internet installieren**
  Wenn Sie Mountain Lion aufgrund eines Systemfehlers neu installieren möchten, gibt es zwei Möglichkeiten. Die erste und wahrscheinlichste: Sie haben gar keinen Datenträger mit Mountain Lion. Im Idealfall ist Mountain Lion aber noch auf einem versteckten Festplattenbereich gesichert.

  Wie auch immer: Starten Sie Ihren Mac, und halten Sie [cmd]+[R] gedrückt. Es erscheinen die Dienstprogramme. Hier wählen Sie dann **OS X erneut installieren** (1), und alles läuft prima. Sollten Sie auf Ihrem Rechner keine Recovery-Daten mehr haben, sind eine Internetverbindung und die Angabe Ihrer Apple-ID notwendig. Mountain Lion holt dann alle Daten über das Internet.

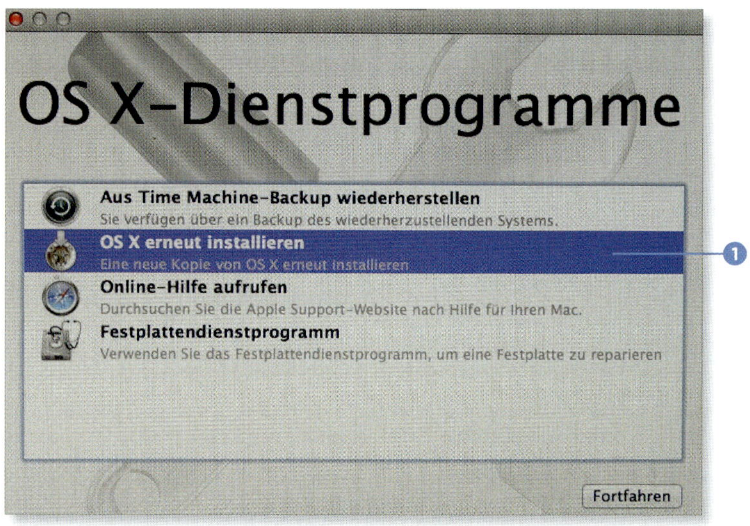

Abbildung 15.17 >
OS X 10.8 Mountain Lion von einer Recovery-Partition oder dem Internet neu installieren

- **Möglichkeit 2: Installation von DVD oder USB-Stick**

  Starten Sie Ihren Mac, legen Sie die System-DVD ein, oder stecken Sie den USB-Stick mit Mountain Lion ein. Sie haben keine DVD und auch keinen Stick mit Ihrem System? Dann lesen Sie bitte den Kasten »Installationsmedium selbst gemacht«.

  Drücken Sie die [alt]-Taste so lange, bis die Auswahl **Volume** erscheint. Neben der Festplatte ist nun auch ein DVD- beziehungsweise ein USB-Symbol sichtbar. Klicken Sie es an, und schon startet der Installationsvorgang. Es erscheint ein Auswahlfenster, in dem Sie **Eine neue Kopie von OS X erneut installieren** wählen.

Installationsmedium

Da Mountain Lion nicht mehr über DVD vertrieben wird, empfiehlt es sich, so ein Installationsmedium selbst anzulegen. Denn wenn es einmal »hart auf hart« kommt, kann so ein Backup ein wahrer Segen sein. Wie Sie dazu vorgehen, erfahren Sie im Abschnitt »Ein Installationsmedium anlegen« auf Seite 357.

Wenn die Festplatte vorher komplett gelöscht werden soll, öffnen Sie zuvor das Festplatten-Dienstprogramm (Abbildung 15.18). Dort besteht dann die Möglichkeit, das Laufwerk komplett zu löschen.

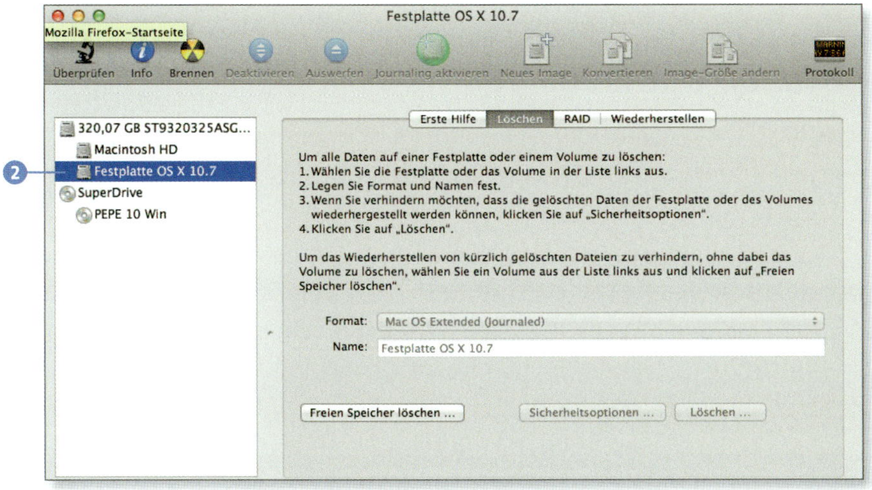

Abbildung 15.18
Das Festplatten-Dienstprogramm hilft, die Festplatte vor einer Neuinstallation komplett zu löschen.

Möchten Sie OS X 10.8 auf ein älteres OS X überspielen oder einfach Ihr System in den Urzustand zurückversetzen, ohne dass alle Daten auf Ihrem Mac verloren gehen, wählen Sie im folgenden Fenster das gewünschte Laufwerk aus ❷, und klicken Sie auf **Installieren** ❸. Schon wird OS X überspielt. Alle Daten und Benutzerdaten bleiben dabei erhalten – vorausgesetzt, Sie haben vorher nicht die Festplatte gelöscht.

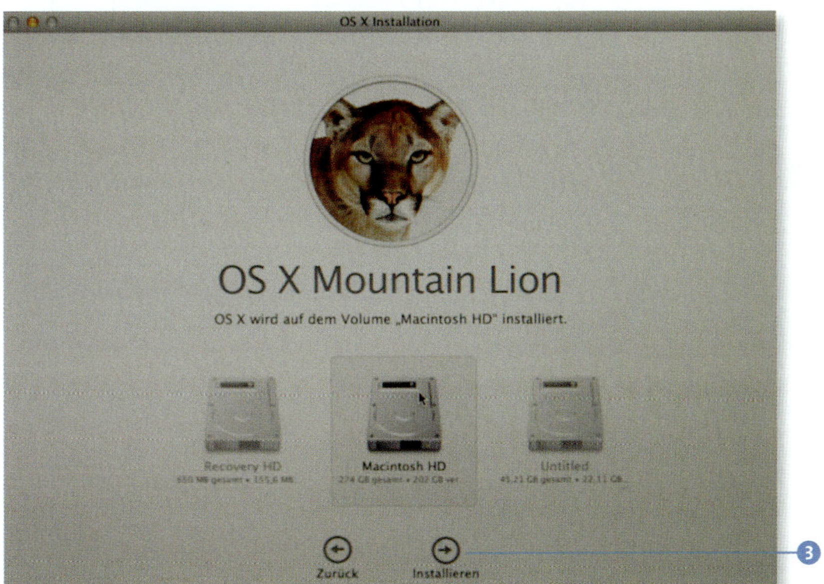

Abbildung 15.19
Hier wählen Sie jene Festplatte aus, auf der OS X installiert werden soll.

Nun können Sie endlich die Installation starten. Das Überspielen der Daten dauert rund eine Stunde, dann geht es weiter mit den Schritten, die wir im folgenden Abschnitt beschreiben und die identisch sind mit der Einrichtung des Systems, wenn Sie Ihren Mac neu gekauft haben.

Den Mac in Betrieb nehmen

Egal, ob Sie das System zuvor neu installiert oder gerade einen neuen Mac mit OS X 10.8 Mountain Lion gekauft haben, die folgenden Schritte zur Inbetriebnahme Ihres Macs sind in beiden Situationen dieselben.

1. Landeseinstellungen

Ihr Mac bietet Ihnen bei der Installation schon einige Landessprachen zur Auswahl. Sollte die Wunschsprache nicht dabei sein, müssen Sie einfach ein Häkchen vor **Alle einblenden** (1) setzen. Klicken Sie auf **Fortfahren**, wenn die Ländereinstellungen in Ordnung sind.

Abbildung 15.20 > *Willkommen unter OS X – stimmt die Landeseinstellung?*

2. Tastaturbelegung

Bei der Tastaturwahl im folgenden Fenster bietet Apple schon aufgrund der Landesauswahl passende Tastaturbelegungen an. Auch hier wird über **Alle einblenden** genügend Raum für Individualität gegeben: Selbstverständlich können Sie trotz gewählter deutscher Sprache ein englisches Tastaturlayout bestimmen.

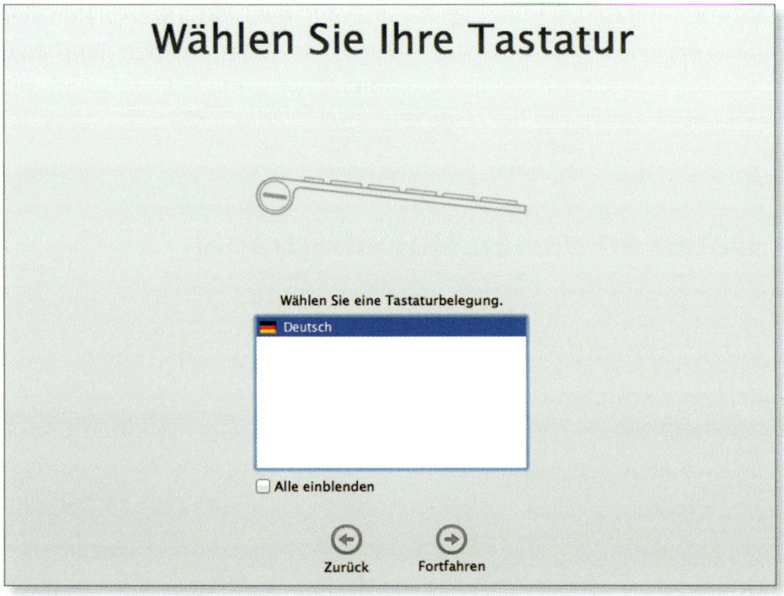

Abbildung 15.21
Die Tastatur ist standardmäßig auf Deutsch eingestellt.

3. Daten übertragen

Nichts ist lästiger, als ein neues System einzurichten. Unter Windows gibt es schon seit geraumer Zeit einen Assistenten zum Übertragen persönlicher Daten. Auch OS X 10.8 Mountain Lion kann mit einem ähnlichen Feature aufwarten, das Ihre persönlichen Daten, Dokumente und Einstellungen direkt übernimmt. Sie haben folgende Möglichkeiten:

- **Von einem anderen Mac:** Wenn Ihr alter Mac noch in der Ecke steht, genügt ein FireWire-Kabel, um die Benutzereinstellungen auf das neue System zu übertragen. Schließen Sie die Macs einfach über das Kabel zusammen. Das ist dann sinnvoll, wenn Ihr alter Computer noch unter einem älteren OS X-System als 10.6 läuft.
- **Von einem Windows-PC:** Apple bietet die Möglichkeit, die Daten von Ihrem Windows-PC herüberzuretten. Wir halten es aber für sinnvoller, dies später manuell zu erledigen, wie hier im Buch beschrieben (siehe dazu Kapitel 5, »Daten sicher übertragen – vom PC zum Mac«).
- **Von Time Machine oder einem anderen Volume:** Diese Methode ist am komfortabelsten. Wenn Sie ein aktuelles Time-Machine-Backup Ihres alten Systems auf einer externen Festplatte (oder ein komplett installiertes OS X auf einer anderen Festplatte) besitzen, nimmt OS X dieses zur Grundlage bei der Neuinstallation. Sie werden erstaunt sein, dass Mountain Lion tatsächlich »Ihr« OS X übernimmt, und Sie werden keinen Unterschied merken, sondern sofort wieder wie gewohnt loslegen können.

Migrationsassistent aufrufen

Der Migrationsassistent befindet sich unter OS X 10.8 im Ordner **Programme > Dienstprogramme**. Nachdem Sie ihn mit einem Doppelklick gestartet haben, sehen Sie dort die gleichen Optionen zur Benutzerdatenübertragung wie bei der Neuinstallation.

- **Später:** Wenn dieser der erste Mac ist, den Sie besitzen, ist diese Einstellung korrekt. OS X wird dann komplett neu und »leer« installiert. Über den sogenannten *Migrationsassistenten* kann man auch später, nach der Installation, die Benutzerdaten mit den soeben beschriebenen Optionen integrieren.

Abbildung 15.22 > *Hatten Sie schon einmal einen Mac?*

4. Internetzugang

Der »Berglöwe« ist schlau und spürt direkt bei der Installation die Internetverbindung auf. In diesem Fall wurde er beim WLAN fündig. Wenn Sie ein Heimnetzwerk installiert haben, muss es auch in dieser Liste zu finden sein.

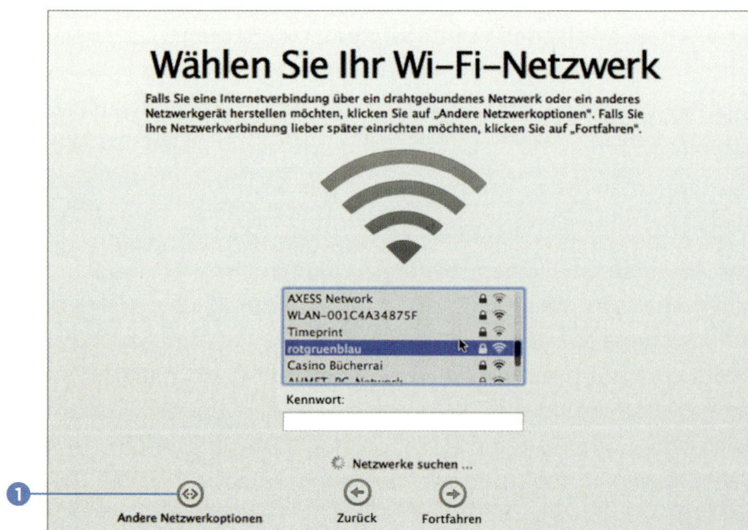

Abbildung 15.23 > *So viele Drahtlos-Netzwerke! Und welches ist Ihres?*

Falls Sie über ein Netzwerkkabel ins Internet gehen oder Sie Ihren Anschluss nicht finden, klicken Sie auf **Andere Netzwerkoptionen** ①. Dort sind alle anderen Anschlussmöglichkeiten ins weltweite Datennetz aufgelistet. Wenn Sie momentan noch nicht ans Netz möchten, klicken Sie einfach auf **Fortfahren**.

5. Ortungsdienste aktivieren

Wo befindet sich mein Mac? Diese Frage interessiert nicht nur Sie, sondern auch viele Apps und Services auf Ihrem Mac. Beispielsweise ermittelt der Routenplaner automatisch Ihren aktuellen Standort, und auch Infos zum Wetter, das Datum und die Uhrzeit werden auf diesem Weg ganz unkompliziert angepasst. Wir empfehlen Ihnen daher, die Ortungsdienste zu aktivieren. Dieser Service ist aber durchaus auch kritisch zu sehen – auf diesem Wege kann eine App theoretisch Daten über all die Plätze sammeln, an denen Sie sich gerne aufhalten.

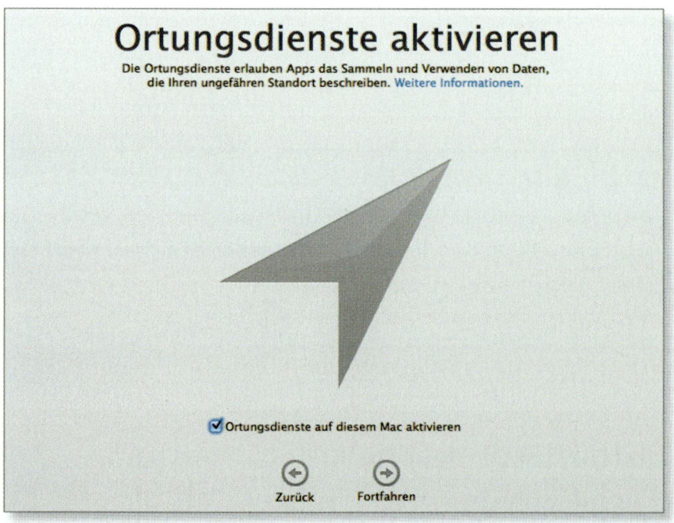

Abbildung 15.24
Wo ist der Mac? Ortungsdienste geben diese Info über OS X weiter, damit Ihre Infos immer passgenau sind.

6. Apple-ID

Die Apple-ID ist Dreh- und Angelpunkt für die Nutzung des »Apple-Kaufhauses«. Sie benötigen eine Apple-ID, um in iTunes und dem App Store einzukaufen oder um iCloud nutzen zu können.

Mit **Gratis Apple-ID erstellen** können Sie sich, falls Sie noch nicht wegen Ihres iPads oder iPhones sowieso schon angemeldet sind, bei Apple unkompliziert und gratis registrieren. Folgen Sie einfach den Anweisungen. Sie benötigen dazu lediglich eine eigene E-Mail-Adresse. Natürlich besteht die Möglichkeit, diesen Vorgang zu überspringen, das ist im Alltag aber nicht sinnvoll, da Sie dann selbst kostenlose Apple-Services nicht nutzen können.

iCloud & Co.

Was Sie mit iCloud anfangen können, erfahren Sie in Kapitel 8, »iCloud – Termine, Adressen und vieles mehr organisieren«, ab Seite 163.

Abbildung 15.25 >
Apple-ID eintragen

7. Willkommen in der Cloud

iCloud ist ein virtueller Speicher für Ihre Dokumente, Musik, Adressen, Fotos und E-Mails. Dieser Cloud-Computing-Service von Apple ist in der Basisversion kostenlos. Nur wenn Sie mehr als die 5 Gigabyte Datenspeicher benötigen, müssen Sie dafür zahlen. Besonderes Highlight: Alle Ihre Apple-Geräte, also Mac, iPhone und iPad, sind miteinander verknüpft und synchronisiert. Ein Bild, das Sie mit dem iPhone aufnehmen, ist direkt auch am Mac und auf dem iPad sichtbar.

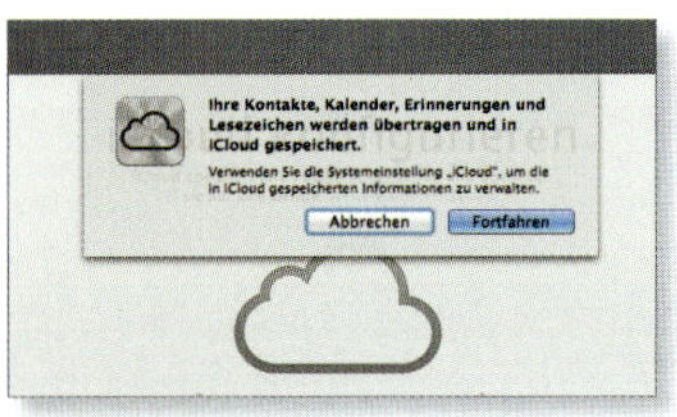

^ Abbildung 15.26
Genauso funktioniert es – iCloud synchronisiert alles, was wichtig ist.

Wenn Sie, wie in Abbildung 15.27 zu sehen, das Häkchen setzen, wird iCloud inklusive aller zugehörigen Dienste auf Ihrem Mac eingerichtet.

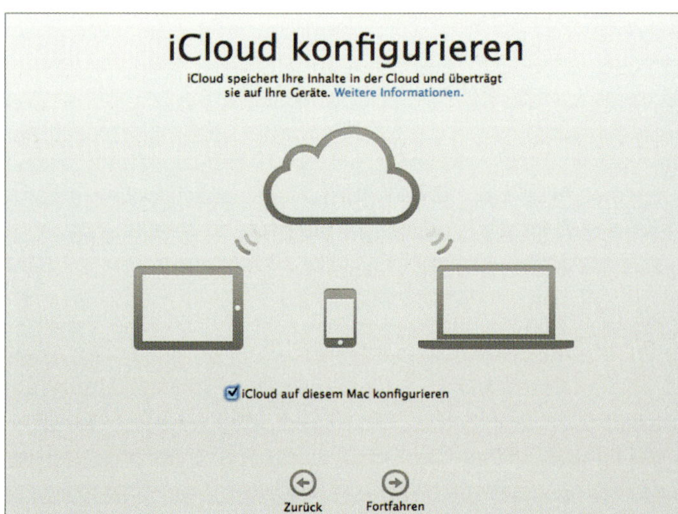

Abbildung 15.27 >
iCloud aktivieren

Wo aktiviere ich die Mountain-Lion-Firewall?	Ebenfalls in den Systemeinstellungen finden Sie in der Rubrik **Sicherheit > Firewall** die Möglichkeit, Ihren Computer vor Viren und anderer Schadsoftware zu schützen. Über die Schaltfläche **Weitere Optionen** können Sie gegebenenfalls Ausnahmen definieren.
Wie verhindere ich, dass bei jedem System-Neustart über Boot Camp Windows statt OS X geladen wird?	In der Systemeinstellung **Startvolume** legen Sie mit wenigen Mausklicks fest, welches System beim Neustart Priorität hat.
Warum finde ich im Menüeintrag »Hardware« meine angeschlossenen Geräte wie die Webcam oder das Grafiktablett nicht?	OS X hat hier eine eigene Logik. Alles, was von Fremdherstellern kommt, wird unter **Sonstige** abgelegt.
Warum kann ich mich nicht zu MobileMe anmelden?	MobileMe war der Vorgänger von iCloud und ist nur noch für bereits angemeldete Abonnenten verfügbar. Melden Sie sich stattdessen einfach für iCloud an, um die gleichen Funktionalitäten nutzen zu können.
Kann ich iCloud als Datenspeicher oder virtuelles Laufwerk für beliebige Daten verwenden?	Nein, iCloud ist aktuell kein offener Cloud-Dienst, wie es ihn von anderen Anbietern gibt. Lediglich Dokumente, Musik und Fotos lassen sich über die jeweiligen Apple-Programme abspeichern. Um wirklich alle Daten flexibel »in der Wolke« zu speichern, müssen Sie leider einen zusätzlichen Dienst abonnieren, beispielsweise den 1und1-Onlinespeicher.
Warum kann ich meine externe Windows-Festplatte unter OS X sehen, Dateien kopieren, aber keine neuen Daten abspeichern?	In diesem Fall ist die Festplatte wahrscheinlich NTFS-formatiert. Dieses Windows-Dateiformat kann OS X standardmäßig nur lesen, aber nicht speichern. Das klappt nur mit einem zusätzlichen Programm: *NTFS for Mac OS X* von Paragon Software. Installieren Sie dieses Programm, und schon kann OS X auch die Windows-eigenen Festplatten »knacken«.
Wie kann ich Windows-Programme am Mac nutzen?	Mit Zusatzsoftware wie Parallels, VirtualBox oder VMWare können Sie Windows unter OS X installieren und dann alle Windows-Programme wie gewohnt ausführen. Boot Camp ist bei OS X inklusive, funktioniert aber nur ab Windows 7 und hat einen großen Nachteil: Bei jedem Systemstart müssen Sie entscheiden, ob Sie OS X oder Windows starten wollen, ein schneller Wechsel ist damit nicht möglich. Allerdings ist Boot Camp ideal, wenn Sie gerne aufwendige 3D-Games unter Windows spielen, die viel Rechenleistung brauchen.

Hat OS X eine Kindersicherung?	Ja, in den Systemeinstellungen im Bereich **Benutzer** können Sie eine Kindersicherung einstellen. Auf Wunsch sieht der jeweilige Benutzer dann nur eine vereinfachte Systemoberfläche, außerdem können der Zugriff auf Programme und vor allem die Internetnutzung explizit geregelt werden.
Kann ich meinen Mac selbst aufrüsten?	Hier gibt es ein klares »Jein«: Speicher kann man bei den aktuellen iMacs problemlos selbst einbauen. Ansonsten gilt: Lieber einen Fachhändler werkeln lassen, schon alleine das Öffnen der Gehäuse der Apple-Geräte macht Spezialwerkzeug notwendig. Das ist ein echter Nachteil der kompakten Bauweise. Schnell mal die Festplatte tauschen geht weder am MacBook noch beim iMac wirklich schnell.
Warum kann ich unter OS X meine Windows-Videos nicht mehr abspielen? Gibt es eine Alternative?	OS X hat standardmäßig mit dem QuickTime Player einen recht widerwilligen Zeitgenossen an Bord, wenn es um Videoformate geht. Die App kommt nur mit wenigen Videodateien klar. Hier lohnt es sich, den kostenlosen VLC-Player zu installieren, mit ihm können Sie jedes Format öffnen.
Wie kann ich Blu-ray-Medien am Mac abspielen?	Apple hat Blu-ray einfach übersprungen. Das hat vor allem lizenzrechtliche Gründe. Bei den aktuellen Macs gibt es auch weiterhin nur DVD-Laufwerke. Wenn Sie Blu-rays abspielen oder brennen möchten, müssen Sie ein externes Laufwerk kaufen. Übrigens ist selbst das DVD-Laufwerk bei den Macs bald Geschichte; Apple setzt ganz auf digitale Medien.
Auf wie vielen Macs kann ich im AppStore gekaufte Programme installieren?	Erfreulicherweise können Sie Apps aus dem AppStore auf beliebig vielen Macs installieren. Sie müssen lediglich auf allen Geräten mit der gleichen Apple-ID angemeldet sein.

Index

C

D

E

I

N

O

P

Q

R

S

W

Y

Z